U1000988

计量经济学

祝发龙　编著

中国矿业大学出版社
·徐州·

内 容 简 介

本书根据教育部高等学校经济学学科教学指导委员会制定的《计量经济学》教学大纲的基本要求安排内容。计量经济学作为经济学门类的核心课程以及管理学门类的主要课程，对于培养经济管理类学生采用定量分析特别是采用计量经济模型分析实际经济问题提供了理论和方法。

全书共分十章，以多元线性计量经济模型为基础，详细介绍了违背假设问题、虚拟变量模型、滞后变量模型、协整理论、面板数据模型及联立方程模型等理论和方法。对经典计量经济模型和宏观经济模型及其应用也进行了深入浅出的讨论。

本书在给出计量经济学各种理论和方法的数学描述和推导的基础上，重点是借助于方法讨论实际经济问题的分析过程，也就是侧重于分析经济问题而不是数学过程的推演。特别是在例题的选择上，注重理论联系实际，并采用 EViews 8 软件给出了模型的处理过程。本书内容安排连贯，文字叙述通俗易懂，便于读者学习，可作为高等学校经济管理类专业的教材或教学参考书，也可供具有一定数学、经济学、统计学基础的经济管理人员和研究人员学习与参考。

图书在版编目(CIP)数据

计量经济学 / 祝发龙编著. —徐州 ：中国矿业大学出版社，2021.1

ISBN 978-7-5646-4853-4

Ⅰ. ①计… Ⅱ. ①祝… Ⅲ. ①计量经济学—高等学校—教材 Ⅳ. ①F224.0

中国版本图书馆 CIP 数据核字(2020)第 242668 号

书　　名 计量经济学
JILIANGJINGJIXUE

编　　著 祝发龙

责任编辑 姜　华　马晓彦

出版发行 中国矿业大学出版社有限责任公司
（江苏省徐州市解放南路　邮编 221008）

营销热线 (0516)83884103　83885105

出版服务 (0516)83995789　83884920

网　　址 http://www.cumtp.com　**E-mail**:cumtpvip@cumtp.com

印　　刷 江苏淮阴新华印务有限公司

开　　本 787 mm×960 mm　1/16　**印张** 20.25　**字数** 382 千字

版次印次 2021 年 1 月第 1 版　2021 年 1 月第 1 次印刷

定　　价 38.00 元

（图书出现印装质量问题，本社负责调换）

前　言

自20世纪80年代初以来，计量经济学作为一门新兴学科引入我国，部分高等院校在经济管理学科的本科生及研究生中开设了这门课程，从而带动了我国计量经济学理论与应用等方面的研究。经过近40年的发展，虽然有过波折和疑问，但计量经济学在验证经济理论、分析经济变化规律和趋势、模拟有关经济政策等方面表现出独特的优势，在实际经济问题分析中发挥了传统经济学分析方法不可替代的作用。

1997年7月，在中国数量经济学会年会上，经过近百所高校教师的充分讨论，建议将计量经济学作为经济类专业的核心课程。1998年7月，教育部高等学校经济学学科教学指导委员会成立，并确定了高等学校经济学门类各专业的8门核心课程，即政治经济学、西方经济学、计量经济学、国际经济学、货币银行学、财政学、会计学、统计学。将计量经济学列入经济学门类各专业的核心课程，这是我国经济学学科和国际接轨的重要标志。在管理学学科中，计量经济学的原理和方法作为一种先进的决策和管理方法也得到了普遍的应用。因此，计量经济学作为一门重要的前沿性及应用性课程，必将对我国经济及管理学人才的培养产生重要的影响。

本书建议安排40～50学时课堂教学、12学时以上的实验教学。在学习本课程之前，学生应掌握微积分、线性代数、概率论与数理统计、微观经济学、宏观经济学、统计学等方面的基本知识。为了能够更好地使学生利用计量经济模型分析经济领域中的实际问题，提高学生综合分析问题的能力，不仅需要学生熟练地掌握微观经济学及宏观经济学的有关理论，而且也需要学生能够熟练地使用有关模型处理与分析的软件，从而便于得到有效合理的经济变量之间的经济关系。

本书作为大学本科的计量经济学教材，有其自身的特点，一是将计量经济学方法广泛地应用于客观经济环境，并对模型及其参数估计结果的经济意义进行了比较充分的解释，而对于繁杂的数学描述和推导只作一般性的介绍，从而避免了将计量经济学课程讲授成数学方法类课程；二是针对大学本科阶段的教学需要，内容通俗易懂、循序渐进，并有大量的案例分析；三是对计量经济模型的前沿性问题进行了一些初步的讨论，使学生能够对计量经济学方法与应用的发展趋势有所了解。

本书的编著者长期从事计量经济学、运筹学、经济学、管理学等教学与科研工作，本书内容是教学与研究多年成果的结晶。本书在编写过程中参考了许多学者的专著、教材及学术论文，在此向有关文献作者表示衷心的感谢。由于编著者水平有限，不妥和错误之处在所难免，敬请各位专家、同仁及读者提出宝贵意见。

编著者

2020 年 10 月

目　录

第一章　绪　　论

第一节　计量经济学概述

一、什么是计量经济学

“Econometrics”（计量经济学）一词是由挪威经济学家、第一届诺贝尔经济学奖获得者费里希（R. Frish）于1926年仿照“Biometrics”（生物计量学）提出的，它的出现标志着经济科学的发展已从定性描述进入了定量分析阶段。我国经济学工作者对“Econometrics”有两种翻译方法：经济计量学或计量经济学。前一种是英文的直译，后一种强调它是一门经济学科，本书采用目前国内习惯使用的计量经济学。

1930年12月29日，在费里希和荷兰经济学家丁伯根（J. Tinbergen）等著名学者的发起下，国际计量经济学会在美国俄亥俄州克里夫兰成立，耶鲁大学的欧文·斐休当选为第一任学会会长。由学会创办的学术刊物 *Econometrica* 于1933年正式出版发行。国际计量经济学会的成立及会刊的出版发行，标志着计量经济学作为一门独立学科正式诞生了。费里希在 *Econometrica* 创刊词中对什么是计量经济学作了比较全面的阐述：“对经济的数量研究有几个方面，其中任何一个方面都不应该与计量经济学混为一谈。计量经济学绝不等同于经济统计学；也不同于我们所说的一般经济理论，尽管经济理论中有很大部分具有确定的数量特征；计量经济学也不应视为数学应用于经济学的同义语。经验表明，统计学、经济理论和数学这三者对于实际理解现代经济生活的数量关系都是必要的，但其中任何单独一种都是不够的。这三者的统一才是强有力的工具，正是这三者的统一才构成了计量经济学。”因此，根据费里希的表述，计量经济学是通过经济学、统计学和数学之间相互支撑以解释现实的经济活动，也就是说，计量经济学以经济理论为基础，利用数学和统计学的基本方法，通过模型来研究现实经济现象中的经济数量关系和变化规律。

许多著名的经济学家对什么是计量经济学都提出了自己的观点，著名经济学家、诺贝尔经济学奖获得者萨缪尔森（P. Samuelson）曾对计量经济学做了如下定义:“在理论与观测协调发展的基础上,运用相应的推理方法,对实际的经济现象进行数量分析。”著名经济学家、诺贝尔经济学奖获得者克莱因(R. Klein)对计量经济学所做的定义是:“计量经济学是数学方法、统计技术和经济分析的综合。就其字义来看,计量经济学不仅是对经济现象加以度量,而且包含根据一定的经济理论进行计算的含义。”另外,还有众多的经济学家对计量经济学都有比较明确的定义。总体来看,尽管各位经济学家的描述有一些差异,但其本质和核心都是一致的,充分考虑了数学和数理统计方法的基础作用,考虑了如何分析和理解经济问题的数量关系。

计量经济学起源于对经济问题的定量研究,因而对传统经济问题的定性分析提出了挑战。20 世纪初,部分经济学者在长期的经济研究中,已经不满足于对经济问题的定性分析,他们认为纯定性分析不可能说明任何实际问题,是“乌托邦”理论;纯定性分析难以有效地确定经济现象的变化规律,无法从量的特征上理解经济现象。例如,我国在市场经济的发展过程中,由于经济发展受到众多因素的影响,如何调整产业结构、制定国家政策,才能避免泡沫经济的出现、经济危机的发生或者从世界经济危机中走出低谷?这迫使政府采取必要的经济手段指导和干预经济发展的走势。因此,需要有一种能对大量经济数据进行科学分析,并从中得到规律性认识的有效工具,这显然不属于传统经济学的范畴。所谓传统经济学,是指在研究和论述经济问题时,一般是力求排除经济现象中非本质、次要的东西,通过抽象、推理和逻辑归纳,进而引出某种结论、概念或规律性的描述。其特点在于不重视数量分析和科学论证,致使对现实经济问题的研究很难具体化及准确化,这必然削弱对实际经济工作的指导作用。又如,我国实行改革开放以后,外资的引进对我国国民经济的发展起到了重要的作用,但也由于国际经济大环境及“泡沫经济”的影响和冲击,经济增长受到了一定程度的影响,那么这个影响程度有多大呢?只知道有影响而不知道影响的程度,就难以理解和把握经济现象的变化趋势。再如,在 2008 年美国次贷危机的影响下,我国为了有效地拉动需求、刺激经济增长,采取了积极的财政政策及宽松的货币政策,而经济走势趋于上升阶段时,又提出了稳健的货币政策。在这个过程中,利率调整是国家政策的取向,那么利率每下调一个百分点对经济增长能产生多大的影响呢?下调利率是否产生了预期的效果呢?对这些问题都不应仅仅在定性分析的层面上,而必须借助于定量研究的方法才能得到合乎客观的结论。的确,只要经济理论建立在纯定性的基础上,而不设法去定量不同因素影响的重要程度,实际上不可能得出任何可操作的“结论”。

二、计量经济学的发展过程

1926 年费里希首次提出计量经济学以后,至今已有 90 多年的历史。特别是经过20世纪中叶以后的大发展时期，计量经济学在经济领域中得到了迅速的发展，现在已经形成了一个完整的学科体系，在经济学科中占据极其重要的地位。著名经济学家萨缪尔森对计量经济学有如下的评价："第二次世界大战后的经济学是计量经济学的时代。"在计量经济学发展的初期，计量经济学方法的研究，即如何利用数学和统计方法对经济问题进行分析是计量经济学的重点内容，如经济理论的模型化与数学化方面的研究为计量经济学学科体系的形成奠定了坚实的基础。特别是20世纪50年代，泰尔(H. Theil)提出了二阶段最小二乘法，这是对计量经济学的重要贡献。在方法研究的同时，逐步将计量经济学方法用于微观经济及宏观经济分析，如在消费理论与市场行为分析、边际生产力分析、需求弹性分析等方面都有卓越的贡献。

我们应该看到，数量经济领域内各学科的发展与电子计算机的应用与发展是密不可分的，伴随着计算机从军事领域应用向经济领域应用的转变，使得大量复杂的经济数据以及用计量经济学方法构造的模型得以有效的解决。经济学家们从而将对方法问题的研究转向经济行为理论的研究，已经不太需要为如何求解模型而耗费大量的时间了。实际上，只有正确地对经济行为理论进行探讨、正确地掌握经济现象的变化规律，才能达到用计量经济学方法研究客观经济现象的目的。因此，电子计算机的应用促进了计量经济学理论与应用的发展。

计量经济学诞生以后，出现了两大分支：一是理论计量经济学，就是经济学家们仍继续对计量经济学的理论进行研究，模型方法、估计方法、检验方法是研究的主要内容；二是应用计量经济学，它以实际的经济活动为背景，利用计量经济模型进行经济预测与经济分析、模拟国家经济政策的运行。当然，方法研究是应用研究的基础，而方法与数学关系紧密，但离开了经济背景及对经济现象的解释，它将是一堆无用的数学符号。因此，如何将计量经济学的方法运用于经济问题的分析是本书的重要内容。计量经济模型的发展是计量经济学发展过程中一个很重要的特征，有的计量经济模型规模很大，如世界计量经济连接模型系统中的中国宏观计量经济模型(1996年版)由90个方程组成，模型中包括了生产、消费、投资和资本存量、金融、财政、价格、对外贸易、人口劳动力、收入分配等9大模块，可以看出模型结构复杂，涉及国民经济的各个方面，通过模块或方程之间的信息交流和反馈，形成了描述宏观经济运行的完整体系，对于国民经济预测及国家政策的模拟分析都具有重要的作用。

计量经济学在发展过程中对经济理论问题的分析和验证，以及在实际经济问题中的广泛应用，使得这一学科越来越引起经济学工作者的重视，从而得到迅速发展。从1969年诺贝尔经济学奖设立起，在诺贝尔经济学奖获得者中，有近半数以上的获得者是与计量经济学研究密切相关的，其中有直接对计量经济学的创立和发展作出杰出贡献的第一届诺贝尔经济学奖获得者、挪威经济学家费里希和荷兰经济学家丁伯根；有从事经济增长理论研究而获得1987年诺贝尔经济学奖的R.索罗；有从事微观计量经济学研究而获得2000年诺贝尔经济学奖的美国经济学家姆斯·赫克曼和丹尼尔·麦克法登。因此，众多的经济学家致力于计量经济学的理论研究和应用研究，使计量经济学在西方国家经济学科中居于最重要的地位。在西方国家的大多数大学和学院中，计量经济学的讲授已经成为经济学课程体系中最有权威的一部分；计量经济学是西方许多国家经济学类专业的三门核心课程（宏观经济学、微观经济学、计量经济学）之一，这表明了计量经济学在经济学领域的地位及其发展的状况。

计量经济学在西方国家经济学中的地位和影响，使得我国的一些学者在20世纪70年代末开始将计量经济学引入我国。1980年，应中国社会科学院邀请，美国著名经济学家、诺贝尔经济学奖获得者克莱因教授率领由美国7位著名计量经济学家组成的来华讲学团，在北京颐和园讲授计量经济学，为我国培训了一批计量经济学学者，国内有人称其为"计量经济学的黄埔一期"，这批学者成为我国计量经济学学科的带头人，对我国计量经济学的教学、研究、应用及发展起到了重要作用。自1984年中国社会科学出版社出版了第一本张守一教授编著的《经济计量学基础知识》开始，众多从事计量经济学教学研究的专家学者陆续编著出版了有关计量经济学的教材和相关方面的专著，这对我国计量经济学的教学工作及培养从事计量经济学应用研究的人才起到了促进作用。随着对计量经济学研究的深入和应用领域的不断拓展，我国许多高校在经济类、管理类、应用数学类等有关专业中开设了计量经济学课程。1998年7月，在教育部高等学校经济学学科教学指导委员会第一次会议上，确定了高等学校经济学门类各专业的8门核心课程，即政治经济学、西方经济学、计量经济学、货币银行学、财政学、统计学、会计学和国际经济学，将计量经济学列入了核心课程。

三、计量经济学的研究对象与特点

20世纪初期，计量经济学方法的思想及经济概念定量化描述已经出现了。在这个时期，数理经济学和数理统计学已经成熟，又由于计量经济学是以数理经济学和数理统计学为理论基础和方法论基础的交叉科学，因而有人认为计量经济学不是一门独立的学科，没有自己的研究对象，认为经济学的任何一个分支只要应用数学和统计学就成了计量经济学。应该说一门独立的学科如果没有自己的研究对象，就很难存在和发展。那么，什么是计量经济学的研究对象呢？

采用计量经济学方法对现实经济问题进行研究时，首要的是对经济理论的理解和掌握，脱离了经济理论，计量经济学就成了一堆无用的数学符号；其次是对经济现象的变化过程进行观测，也就是利用经济现象变化过程中的统计资料，没有统计资料，计量经济学就无法分析和掌握经济现象的变化规律；最后是对统计资料的分析需要借助数学方法和计算技术，才能得到经济现象之间的数量关系。因此，计量经济学是研究经济现象中的数量依存关系和变化规律，具体来说就是以经济理论为基础，以数学方法、数理统计学与计算技术为工具，根据实际观测资料，对经济现象的本质及经济数量关系进行研究的一门学科。从计量经济学的研究对象可以看出，计量经济学可以涉及经济学的一切领域，以经济理论作为基础，但与数理经济学有区别；以统计资料作为分析依据，采用数理统计学的基本方法，但又不同于数理统计学。可以说，数理经济学和数理统计学是计量经济学的理论基础和方法论基础。

计量经济学必须建立在对经济理论充分认识的基础上，经济理论给出了经济关系的定性描述，体现了对经济关系的定性的研究，这种定性的研究是计量经济学对经济关系的定量分析的前提与条件，只有在定性分析的基础上才能有效地得到定量的规律，否则可能会出现错误的结果。但是经济理论的表述不能代替计量经济学的作用，因为经济理论只是以一般的、系统的方法研究经济规律，采用的是文字叙述和演绎推理的方法，而计量经济学是在对经济理论进行演绎推理的基础上描述经济规律的数量依存关系，重点在于能够测度、能够计算。

在很多情况下，计量经济学的初学者往往容易混淆计量经济学与数理经济学，计量是讨论一个量的问题，数理也是指数学描述，其差异在哪儿呢？数理经济学是用数学符号描述经济现象之间的关系，所给出的这种经济关系是一种“精确”的形式，不注重经济变量关系的随机性特征，也不为经济关系的参数提供数值，或者只为经济关系的参数提供一些假设的数据，因而有人认为数理经济学是一只“空匣子”。计量经济学尽管同数理经济学有相似的地方，用数学符号描述经济关系，但用数学符号描述的计量经济模型包含了随机因素，并能根据统计资料提供的数据对模型中的参数进行估计，从而得到反映经济关系变化规律的参数值，这正好利用了参数的估计值填充了数理经济学的“空匣子”，并且可利用模型参数的估计值对经济关系做出解释。

为了具体说明数理经济学与计量经济学的区别，下面用反映某种商品市场需求问题的经济关系来讨论。

根据商品需求的经济理论，假设商品的需求量取决于消费者的现期收入、商品的价格、消费者的储蓄余额、区域内平均收入水平等因素。因此，在数理经济学中可用线性需求函数的形式表述商品需求量与其影响因素之间的关系

$$Q_t = \alpha_0 + \alpha_1 Y_t + \alpha_2 P_t + \alpha_3 S_t + \alpha_4 \overline{Y}_t \tag{1-1}$$

模型中，Q_t 为某种商品的需求量；Y_t 为消费者的收入；P_t 为商品的价格；S_t 为消费者的储蓄余额；$\bar{Y}_t$ 为区域内平均收入水平。

模型(1-1)表明，某种商品的需求量只受到消费者的收入、商品的价格、消费者的储蓄余额、区域内平均收入水平四个因素的影响，即只有当这四个因素发生变化时，需求量才发生变化。实际上在现实的经济生活中，影响商品需求量的因素还包括消费者的偏好、气候因素、社会经济环境、国家经济政策等许多方面，尽管这些因素可能并不是十分重要的，但也应该在模型中考虑这些因素，从而使模型具有更合理的经济解释。因此，在计量经济学中引入随机因素 μ，它包含了这些非主要因素对商品需求量的影响。这样，用计量经济模型所表述的需求函数模型为

$$Q_t = \alpha_0 + \alpha_1 Y_t + \alpha_2 P_t + \alpha_3 S_t + \alpha_4 \bar{Y}_t + \mu_t \tag{1-2}$$

模型(1-2)与模型(1-1)的根本区别就在于引入了随机因素，将客观经济现象的因果关系用随机的方法加以研究，参数估计和统计检验过程也是基于随机问题的理论和方法。

既然数理统计学是计量经济学的方法论基础，那么数理统计学又是如何表述经济关系的呢？数理统计学是以客观世界中大量的随机现象为其研究对象的，它不注重经济关系的研究。由于计量经济学引入了随机因素，从而使数理统计学成为研究经济变量关系的有效方法。但也应该注意到，数理统计学是在实验室研究的基础上发展起来的，偏重于纯粹的数学推演，事先规定了一些严格的条件和假设，若不满足这些条件和假设就不能采用这些结论。在实际经济问题中，能够满足这些假设或者始终满足这些假设是不可能的，例如人们的消费观念发生变化，消费偏好也不可能保持不变，因而实际经济问题往往具有某种特定的统计规律，在研究经济现象之间的数量依存关系时，需要有特定的方法，即计量经济学方法。

综上所述，计量经济学是以数理经济学和数理统计学为理论基础和方法论基础的交叉科学，它以客观经济系统中具有随机特征的经济关系为研究对象，用数学模型方法定量描述和分析经济关系。

四、计量经济学的应用领域

计量经济学理论与方法的逐渐成熟，使其在经济中的应用领域越来越广泛，尤其经过 20 世纪 50 年代的发展阶段和 60 年代的扩展阶段，计量经济学的应用领域表现出如下特征：一是对经典的应用领域有了更深入的研究；二是计量经济学方法和其他经济数学方法的结合，使其应用领域不断扩展；三是已从传统的经济预测转到经济理论的假设和政策模拟；四是一直将世界经济社会环境中的热

点问题作为计量经济学关注的焦点。

在西方经济学的发展过程中，许多经典模型的研究奠定了计量经济学发展的基础，也形成了计量经济学初期的研究成果，这主要表现在生产函数、需求函数、消费函数、投资函数及货币需求函数等经典模型。在20世纪20年代末，美国数学家柯布(Cobb)和经济学家道格拉斯(Dauglas)提出了生产函数的概念，并用1899—1922年的统计资料导出了著名的C-D生产函数。在生产函数提出以后，对生产函数的研究一直持续不断，形成了许多著名的模型和结论，如体现技术进步的生产函数模型、CES生产函数模型、边界生产函数模型等。在需求函数方面，如邹至庄构建了著名的存量调整模型，利用美国1921—1953年的统计资料对美国汽车需求进行分析。费里希对测度需求弹性及边际生产力的研究、舒尔茨(Schultz)在消费理论与市场行为方面的研究、道格拉斯在生产力方面的研究、凯恩斯(Keynes)提出的绝对收入假设消费函数理论、杜森贝利(Duesenberry)和莫迪利安尼(Modigliani)提出的相对收入假设消费函数理论、弗里德曼(Friedman)提出的持久收入假设消费函数理论、克拉克(Clark)提出的投资函数加速模型理论等，这些重要的理论和模型都充分表明了计量经济学在经典领域的应用状况。随着经济的发展以及市场经济环境的完善，世界各国又根据自身的经济特点提出了许多新的应用模型，从而对经典应用领域又有了新的拓展。

计量经济学方法在数量经济领域内有其自身的特点，但也必然存在局限性。从另一个角度说，其他的方法和模型如果结合计量经济学的方法和模型，可能会得到更好的结论。因此，将计量经济学方法和其他数量经济方法结合起来已经成为经济研究的必然趋势。例如，将计量经济学方法与投入产出方法相结合，用计量经济学方法预测最终产品，研究直接消耗系数的变化规律，可以建立功能强大的用于综合平衡发展的宏观经济模型；将计量经济学方法与最优化方法相结合，可建立用于政策评价的经济模型。这些方面的研究已有许多相关的学术论文发表和许多专著问世。

计量经济模型主要用于经济预测、结构分析和政策评价等方面，特别是在经济预测方面发挥了重要的作用，并从经济预测功能的体现上不断发展和完善了计量经济学的理论、方法和应用。在20世纪五六十年代，西方国家有许多成功的经济预测模型。但也应该看到，经济预测对于平稳的经济环境是有效的，但随着世界经济的一体化，如果在国际大的经济环境中出现了诸如石油危机、次贷危机、泡沫经济、自然灾害、战争等方面的问题，预测就必然会受到怀疑。因为预测是通过对经济发展历史的模拟，从已经发生的经济活动中找出各经济变量之间的因果关系，从而得出未来经济的发展趋势和结论。那么，对于非稳定发展的经济过程，对于缺乏规范行为理论的经济现象，预测就必然存在很大的误差。实际上，非稳定性正是经济研究中“三非”(非稳定、非线性、非参数)研究的热点问题之一。在计量经济学的应用中,随着经济预测功能的逐步减弱,结构分析和政策评价的功能在逐渐增强。结构分析和政策评价是通过统计资料解释经济理论的变化趋势、反映和评价国家政策的效应,这使得模型成为国家宏观经济政策的“实验室”。

在对传统领域不断研究和发展的基础上,随着世界经济的发展,对许多热点问题的研究愈来愈重要了。例如,工资问题一直是西方资本主义国家劳资双方争论的焦点;失业问题不仅是发达国家的一大难题,也是发展中国家制约经济发展的重要因素;福利一直是社会主义国家优越性的重要体现,但给社会主义国家的经济体制改革带来了不可否认的阻力,我国在改革发展的过程中已充分证实了这一点。当然,以瑞典为代表的高福利的资本主义国家,如何改革福利制度也显得十分重要;随着世界经济一体化进程的不断加快,WTO 成员方及非成员国如何在国际贸易方面取得进展,新型的区域性国际组织如何打造新的发展优势,是各国经济持续发展的重要议题。在这些新的应用领域中,越来越多地采用了计量经济学的方法。特别是随着我国经济体制改革的逐步深入,改革过程中所面临的问题也需要用科学的分析方法加以研究和决策,如经济社会发展规划的制定、人才需求总量预测等方面更多地采用了计量经济模型。

第二节 计量经济模型

一、什么是计量经济模型

模型是对客观现实的描述或模拟,模型的优劣关键在于模型能否比较真实、客观地反映所要研究的客观现象,特别是能否反映客观现象中本质的东西。由于客观现象的属性不同、研究的目的不同、对模型的要求不同,从而就形成了各种不同类型的模型,如文字(逻辑)模型、物理模型、几何模型、计算机模拟模型、数学模型等。

文字(逻辑)模型是最简单、最常用的模型,就是在一定的条件下,用文字类比或例证分析的方法,推断客观现实的运行特征。众多的经济学说都属于文字(逻辑)模型。例如,市场是一只“看不见的手”,这个原理表述了市场机制的作用。又如,对需求不足条件下的生产活动的经济行为可描述为:某产品的产量将受到市场需求的决定,反映市场需求的因素有居民收入水平、平均收入水平、物价指数等方面,在一般情况下,随着居民收入水平的提高,需求量将有所增加,因而产品的产量也应有上升的趋势。

物理模型是自然科学中最常用的模型,用简化的实物来描述客观现实,所以也称为实物模型，只是称为模型的实物与客观现实存在一个大小的比例。例如飞机模型、变速器模型、齿轮模型等。将物理模型用于经济学研究较为罕见。

几何模型是用几何图形描述客观现实，例如房屋的施工图、零部件的加工图等。在经济学研究中，可以用几何模型描述经济变量之间的关系，也就是用二维及三维的几何图形来体现。但是，由于受空间维数的限制，几何模型只能直观地研究两三个经济变量之间的关系，当变量个数较多时，必须借助于数学模型进行研究。

计算机模拟模型是在计算机技术发展的基础上兴起的用于经济研究的全新的模型方法。这种模型充分利用计算机技术的特点，是计算机模拟客观现实的一种体现，如人工神经网络技术就是计算机模拟技术。

数学模型是用数学语言描述客观现实，是一种重要的模型方法。通过数学模型，往往能够揭示客观现实中的数量依存关系。将数学模型用于经济研究中，所采用的就是经济数学模型。因此，经济数学模型就是用数学方法反映经济现象之间的数量关系，有人认为经济数学模型就是经济理论的数学公式化。经济数学模型基于经济理论，应用于经济研究和分析，因此，根据其目的和作用的不同，经济数学模型表现出各种不同的类型。

(1) 按研究的范围划分：宏观模型、中观模型、微观模型；

(2) 按模型的特征划分：计量经济模型、投入产出模型、最优化模型、经济控制论模型、系统动力学模型；

(3) 按模型的状态划分：静态模型、动态模型；

(4) 按模型的变量关系划分：线性模型、非线性模型；

(5) 按模型的随机特征划分：随机模型、确定性模型；

(6) 按模型的用途划分：经济预测模型、结构分析模型、政策评价模型。

计量经济模型是用随机的数学模型描述经济问题，揭示客观经济系统中各个因素之间的定量关系及其变化规律。例如在投入与产出的经济问题分析中，常见的柯布-道格拉斯(C-D)生产函数模型为

$$Y = AK^{\alpha}L^{\beta} \tag{1-3}$$

模型中，Y 为产出量；A 为技术效率；K 为资本投入；L 为劳动力投入。

若利用该模型分析某企业的投入产出问题，模型中产出量、资本投入及劳动力投入取得了足够的样本数据，经参数估计能得到该模型的回归方程。假设回归方程为

$$\hat{Y} = 0.455K^{0.66}L^{0.38} \tag{1-4}$$

模型(1-3)就是著名的C-D生产函数模型的形式，模型(1-4)是基于特定样本情况下的回归结果，它反映了生产过程中技术进步、资本投入、劳动力投入与产出量之间的数量依存关系。利用模型(1-4)可对生产过程中的投入产出关系

进行定量的分析和研究，如资本投入每增加1%，产出将增加0.66%；劳动力投入每增加1%，产出将增加0.38%。另外，模型中参数 $\alpha+\beta\approx1$，也可能表明该企业处于不变规模报酬阶段。

二、模型与方程

根据研究的目的和范围的不同，计量经济模型可能是一个方程的模型，也可能是由多个方程组成的模型。只有一个方程构成的模型称为单方程模型，如模型(1-3)；而由多个方程组成的模型称为联立方程模型。下面的计量经济模型是由三个方程组成的联立方程模型：

$$\begin{cases}C_t=\alpha_0+\alpha_1Y_t+\mu_{1t}\\I_t=\beta_0+\beta_1Y_t+\beta_2Y_{t-1}+\mu_{2t}\\Y_t=C_t+I_t+G_t\end{cases}\tag{1-5}$$

模型中，C_t 为消费支出；I_t 为投资；Y_t 为收入；Y_{t-1} 为前期收入；G_t 为政府支出。

根据模型中变量的随机性特征，方程有随机方程和确定性方程两类。由于单方程模型包含随机误差项，因而一定具有随机性特征；而联立方程模型中，某个方程可能是随机方程也可能是确定性方程。

随机方程是根据经济行为理论、经济技术关系及统计关系所构造的具有随机特征的经济关系表达式。随机方程包括行为方程、技术方程、统计方程、制度方程等四种类型。行为方程是指描述经济系统中经济变量之间的行为关系，主要是因果关系，如生产函数、需求函数、消费函数、投资函数等都属于行为方程；技术方程是指描述由技术决定的经济变量之间的关系，如总产值与净产值之间的关系；统计方程是指经济数据之间的相关性所描述的经济变量之间的关系，如城镇居民收入与农村居民收入之间的比例，统计方程所描述的往往不是一种直接的因果关系；制度方程是由国家政策、制度和法规决定的经济变量之间的关系，如根据税率确定的税收和收入之间的关系，再如用进口总额作为关税收入的解释变量所建立的方程也是制度方程。

确定性方程是根据经济理论、统计学方法、指标间的关系而构造的反映某些经济变量关系的方程式，有时也称为定义方程或平衡方程。例如，国民收入分解为消费、投资和政府支出；国内生产总值等于第一、二、三产业增加值之和；研究供应与需求问题的供需平衡关系。值得注意的是，有些学者在研究某一微观问题时，将税收政策等方面的制度方程也作为确定性方程进行讨论。

三、经济变量

计量经济模型反映客观经济现象中的经济关系，经济关系也就是计量经济模型中所描述的经济因素之间的关系。这些经济因素在不同的时间、空间都会有不同的状态，表现为不同的数量水平，这类反映客观经济现象的经济因素在模型中用经济变量表示。经济变量在构造计量经济模型及模型的分析与应用中具有重要的意义，由于研究方法、模型特征等方面的差异，经济变量也有不同的属性，因而用专门的名称来表示。一般来说，从变量之间的因果关系角度，变量可分为解释变量和被解释变量；从变量的性质角度，变量可分为内生变量和外生变量。

1. 内生变量与外生变量

对于联立方程模型，无论该模型的规模大小，其变量可以分为两类：内生变量和外生变量。内生变量是具有一定概率分布的随机变量，它的数值是由模型自身决定的；外生变量是确定性变量（实际上也有可能是随机变量），它的数值是在模型之外决定的，也就是说是已知的或给定的。内生变量影响模型中其他内生变量，但同时又受到外生变量和模型中其他内生变量的影响；而外生变量只影响模型中的内生变量，不受模型中任何变量的影响。

在客观经济环境中具有相同含义的经济变量，在不同的模型中，经济变量的属性有可能存在着差异，也就是说内生变量和外生变量的划分是相对的，相同含义的经济变量在一个模型中是内生变量，而在另一个模型中则可能是外生变量。所以，模型中哪些是内生变量、哪些是外生变量，要根据模型所研究的经济问题、模型中经济变量的含义和性质以及经济变量之间的关系，加以分析和确定。在如下供需平衡模型中，D_t、S_t、P_t 是内生变量；Y_t 是外生变量。

简单的供需平衡模型为

$$\begin{cases} D_t = \alpha_0 + \alpha_1 P_t + \alpha_2 Y_t + \mu_{1t} \\ S_t = \beta_0 + \beta_1 P_t + \beta_2 P_{t-1} + \mu_{2t} \\ D_t = S_t \end{cases} \tag{1-6}$$

模型中，D_t 为需求量；S_t 为供给量；P_t 为价格；P_{t-1} 为前期价格；Y_t 为收入。

计量经济模型中，为了反映在时间序列上前期经济指标对未来经济发展的影响，以及反映模型具有动态的特征，往往分析和讨论某内生变量的前期值对于所研究问题的影响，如居民的消费行为中消费的不可逆性表明，前期消费水平对于后期消费具有显著的影响，将这类变量称为滞后变量。滞后变量在模型确定之前显然是已知的量，在模型中的作用视同于外生变量。因此，在联立方程模型中，将外生变量和滞后内生变量（内生变量的滞后变量）合称为先决变量，表明在模型确定之前已经给定。另外，为了研究国家政策对经济发展的影响，在研究宏观经济问题的联立方程模型中，内生变量往往是目标变量，也就是经济发展的目标；外生变量往往是政策变量，又称为可控外生变量，是决策者可以控制可以调整的变量。因此，在模型的应用分析中，通过对政策变量的调节，从而达到目标变量所预期的水平。

2. 解释变量与被解释变量

对于单方程模型或者联立方程模型中的某个随机方程来说，往往都描述了某种因果关系。解释变量是变动的原因，被解释变量是变动的结果。被解释变量是模型要分析研究的对象，通常称为因变量；解释变量是被解释变量的影响因素，通常称为自变量。

对于单方程计量经济模型，一般只有解释变量和被解释变量之分。如模型(1-2)中，某种商品的需求量 Q_t 是被解释变量，而收入 Y_t 和价格 P_t 等是解释变量。对于联立方程模型，如模型(1-5)所示的第二个方程即投资方程，投资 I_t 为被解释变量，而收入 Y_t 和前期收入水平 Y_{t-1} 是解释变量。联立方程模型中，某方程的被解释变量一定是模型的内生变量，模型的外生变量一定是解释变量，而解释变量既包括外生变量，也包括内生变量。

四、经济参数

在线性计量经济模型中，变量的系数都有一定的经济意义，我们称之为经济参数。如模型(1-6)中的 α，β 等就是经济参数。经济参数往往能够反映计量经济模型中经济行为的结构特性，因而又可称为结构参数。

经济参数反映了某个方程中解释变量对被解释变量的影响程度，但这种影响程度的大小必须经过参数估计才能得到，也就是说模型的经济参数在未估计之前是未知的，只有依据统计资料，采用特定的数理统计方法，对经济参数估计完成后，经济参数的估计值就确定了。

如何选择经济参数的估计方法，也是计量经济学发展过程中的基本任务之一。参数估计方法要依据模型的特征和属性进行选择，单方程模型和联立方程模型都有多种参数估计的方法。另外，参数估计方法的选择还需要考虑样本数据的统计特性问题。

利用统计资料的样本数据对经济参数进行估计后，也就确定了模型中各变量之间的经济关系，从而可利用参数估计值对经济理论进行验证以及进行经济预测、结构分析或政策评价等各种不同的任务。当然，在计量经济模型中，有些参数是根据经验预先确定的，这类参数不属于参数估计的范围。

五、样本数据

计量经济模型建立以后，首先要考虑模型中反映经济关系的经济参数如何进行估计，估计参数必须要确定能够反映各经济变量变化状况的样本数据。样本数据的取得是计量经济模型能否反映客观实际的重要环节，对模型的质量有很大的影响。样本数据是依据统计方法，在所研究的总体中抽样取得的，故称为样本。显然，样本能否反映总体必然影响参数估计的结果及经济关系的合理性。另外，还要考虑样本数据的质量问题。

1. 样本数据的类型

样本数据是拟合计量经济模型的原料，样本数据有两种基本类型，即时间序列数据和截面数据。另外，为了参数估计的有效性及能够比较客观地反映经济环境，必要时可采用面板数据（即时间序列数据和截面数据的综合）及虚拟变量数据。

时间序列数据又称时序数据，它是按时间先后顺序排列的统计数据。在统计年鉴中有多种指标是时间序列数据。例如 1980 年以来的 GDP、平均收入水平、合同外资金额等各项指标都是时间序列数据。再如某省从 1950 年至 2010 年各年末的人口数是由 61 个时点数组成的时间序列数据，而各年的粮食产量则是由时期数组成的时间序列数据。

截面数据是发生在同一时间、不同统计单位或地点的具有相同统计指标的数据列。例如工业普查数据、全国人口普查数据、黄河水质普查数据等。截面数据必须是同一时间截面上的数据。

面板数据是一批在不同时间、不同统计单位或地点的具有相同统计指标的数据列。采用面板数据的模型可以用来分析经济变量之间的关系，也可以同时反映经济关系在时间序列和截面上的变化规律。例如居民消费中如何体现地区差异问题，截面数据只能反映特定年份不同地区的消费差异状况，而结合时间序列数据可以反映出不同年份的消费差异状况。

虚拟变量是为了反映某些因素对所研究的问题有重要的影响，但又难以得到统计数据用于定量分析，一般把这类因素称为定性因素，如国家政策、气候条件、时间范围等。那么，如何取得虚拟变量的样本数据呢？一般来说，虚拟变量用 0 或 1 表示其某种特征。例如研究我国粮食生产问题，很显然，粮食播种面积、土壤成分是影响粮食产量的主要因素，但也应看到气候条件、灾害情况都对粮食产量产生了直接、显著的影响，这就需要引入虚拟变量描述灾害情况，灾年取 0，丰年取 1；再如研究居民的边际消费倾向，改革前后的边际消费倾向是有明显差异的，因此可引入虚拟变量，改革前取 0，改革后取 1。关于虚拟变量的取值问题，许多经济学家突破了 0 或 1 的取值范围，即可根据影响程度的不同取 0、0.5、1，甚至取 −1、−0.5。但对虚拟变量的取值一定要慎重，以防止违背客观经济现象。

2. 样本数据的质量

样本数据质量的好坏是计量经济模型能否真实反映客观经济现象的基础，

如果样本数据本身就不能反映客观经济实际，那么经过模型分析所得到的结果就更不能解释经济现象，样本数据的质量在计量经济模型的分析与应用中非常重要，样本数据的质量包括完整性、准确性、可比性、一致性等四个方面。

完整性是指模型中各经济变量应取得抽样范围之内的所有样本观测值。抽样范围包括时间序列范围和抽样地点范围，特别是在时间序列上，如果出现了某一时期没有样本的情况，将会直接影响对经济现象规律性的正确认识。因此，完整性是经济现象本身应具有的特征，同时也是模型参数估计的需要。但在实际问题中，由于对统计数据认识不足以及核算体系转轨等，可能会出现统计数据遗失的现象。出现“遗失数据”，如果是时间序列数据，应采用插入法等统计手段弥补数据；如果是截面数据，样本点之间联系又不紧密，可以不考虑该样本点或重新选择另一个样本点。

准确性是指模型中各经济变量的样本数据在数值上是准确的，即统计数据或调查数据是真实的，能够反映它所描述的客观经济现象。数据准确与否，会直接影响参数估计的结果，也会影响利用参数的估计值对经济现象分析的结果。在模型的实际应用中，数据的准确性还包括经济变量的样本数据能否反映模型的特征问题。例如在经典的生产函数模型中，作为解释变量的资本、劳动力等投入要素必须是投入到生产过程中的、对产出有直接影响的生产要素。如果用企业的固定资产作为资本的投入，若企业固定资产中包含了闲置的固定资产，它对于生产没有产生直接的影响。建立以投入要素为解释变量的生产函数，其目的是研究资本或劳动力的产出弹性，也就是对产出的贡献大小，如果包含了闲置的固定资产，就会错误地理解各投入要素的贡献率，往往会导致决策者错误的决策行为。

可比性是指样本数据在不同的样本点之间数据口径的一致性问题，这个口径主要包括统计范围口径和价格口径。经济变量采用时间序列数据作为样本，由于价格因素的作用，若用当年价格而不用不变价格，在不同年份往往不具有可比性。例如某职工的工资收入在 1995 年是每月 500 元，而在 2005 年为每月 2 000 元，500 元和 2 000 元尽管都是某职工的月工资收入，但不具有可比性。截面数据也会存在不可比的问题，其主要原因可能是统计范围口径的不一致。很显然，如果样本数据不具有可比性，所得到的规律性难以反映客观实际情况，是一种虚假的表现。因此，一般采用不变价格对以价值形态表示的数据进行调整后，才能用于模型的参数估计。

一致性是指母体与样本的一致性问题，实际上是指样本能否反映所研究的经济问题。例如对某行业内企业的生产函数进行研究，只能用企业的数据作为样本，可以是某一个企业的时间序列数据，那么研究的结果只能反映该企业生产变化的趋势和各经济变量之间的影响程度;也可以是该行业内各企业或部分企业在某时点或某时期的截面数据,那么这时的研究结果表明了企业投入产出的情况及企业生产非效益情况,但绝不能用行业总量数据来研究行业内企业的生产发展情况。同样,对行业的生产函数进行研究,就只能选择行业总量的时间序列数据作为样本,可以分析整个行业的生产变化趋势。关于母体与样本的一致性问题,还应包括样本范围内经济行为的一致性问题。

第三节 计量经济学研究问题的方法与步骤

计量经济学方法研究经济问题的步骤包括四个阶段:模型设定、参数估计、模型检验和应用分析,其流程如图 1-1 所示。

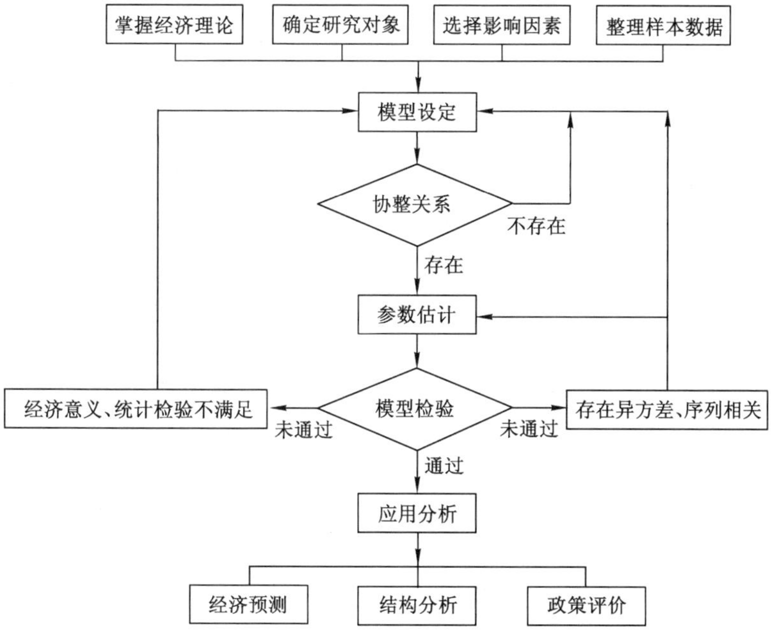

图 1-1 计量经济学方法研究问题流程图

一、模型设定

模型设定是采用计量经济学方法研究客观经济问题的第一步,没有一个好的模型就不可能吻合客观的经济环境,也就不可能得到经济变量之间稳定的参数估计值,因而就不能用该模型分析经济变量之间相互影响关系。

从研究问题的角度出发，分析经济系统中经济行为及其相互关系，确定影响所研究问题的主要因素，采用合理的模型形式以描述主要因素对所研究问题的影响关系。

1. 经济系统的分析

模型设定就是依据对经济系统的认识和分析，用计量经济模型的形式描述经济变量之间的因果关系。因此，建立计量经济模型是计量经济学研究问题的基础，所建立的模型是否合理、能否反映客观经济现象，是计量经济学研究实际经济问题的关键。从结构特征上看，建立模型包括模型总体设计和个体设计。总体设计是指通常用流程图或框图的形式表示所研究的经济系统的整体结构，以说明模型系统中包括哪些子系统或子模型，以及各子系统之间的相互关系，因而总体设计的客观依据是所研究的现实经济系统；而个体设计是依据单一的研究对象，分析客观经济现象的行为规律。

经济系统是一个重要的概念。在现实的社会环境中，人类生存于各种不同类型的社会"系统"中，如政治系统、生物系统、经济系统等，通过系统的运转使人类得以延续和发展。系统是什么呢？实际上系统是由各部分组成的整体，系统中的各个部分在一定的外部条件下相互协调、相互制约，从而达到系统的整体目标。当然，在社会系统中的经济系统是维持人类发展的重要源泉。由于经济系统也是一个复杂的大系统，是由若干个小的经济系统组成的，因此，研究现实经济系统首先应能够划分所研究的经济系统的边界，找准构成经济系统的各要素及其外部条件。例如，国民经济系统是由生产、流通、分配和消费等各个子系统组成的，当研究整个国民经济活动规律时，必须对生产、流通、分配和消费的各个方面进行研究；而当研究生产问题时，只需要对生产过程的规律及其影响因素进行分析和研究。

总体设计全面反映了现实经济系统的运行机制，因此，宏观经济问题及其经济活动规律往往只能用联立方程模型的形式反映。总体设计中包括个体设计，也就是用数学关系式来描述和说明经济变量之间的相互依存关系。例如，对消费行为、生产行为、投资行为等方面的分析可以是总体设计中的一个部分，也可以是个体设计的具体内容。不论是总体设计还是个体设计，都要求能够正确反映经济变量之间的因果关系。

2. 影响因素的选择

模型设定就是对所研究的经济系统进行深入的分析，根据研究的目的、经济行为理论或客观经济现象，确定模型所包含的经济关系。在计量经济模型中，经济关系就是讨论研究对象与其影响因素之间的关系，经济关系是通过经济变量之间的关系来反映的。

不论是联立方程模型中的某一个随机方程，还是反映单一经济行为的计量经济模型，都反映了经济系统的因果关系。当然，作为研究对象应是因果关系中的“果”，而计量经济学研究经济问题时，至关重要的一点就是正确地选择影响这一经济问题的因素，即“因”。“因”与“果”分别被称为计量经济模型的解释变量与被解释变量。

例如，研究某种商品的需求问题，以某种商品现期需求量为研究对象，那么影响某种商品现期需求量的影响因素有哪些呢？

通过对商品需求问题的分析，能够确定消费者的现期收入水平、商品的价格是最基本、最主要的影响因素。另外，某种商品前期的需求量是否对该商品现期的需求量产生影响呢？答案是肯定的。若这种商品是耐用品，反映了存量对于需求的影响；若这种商品是易耗品，反映了消费者的消费习惯。再就是消费者的前期收入水平或者消费者的储蓄余额也是某种商品现期需求量的影响因素，如果某政策因素对商品的需求量有显著的影响，但又难以定量描述，因而可通过引入虚拟变量予以反映，从而描述政策因素对所研究问题的影响程度。

综上分析，某种商品的需求问题的计量经济模型如下

$$Q_t = \alpha_0 + \alpha_1 Q_{t-1} + \alpha_2 Y_t + \alpha_3 P_t + \alpha_4 Y_{t-1} + \alpha_5 K_t + \mu_t \quad (1\text{-}7)$$

模型中，Q_t 为某种商品现期的需求量；Q_{t-1} 为某种商品前期的需求量；Y_t 为消费者的现期收入水平；P_t 为商品的价格；Y_{t-1} 为消费者的前期收入水平；K_t 为政策因素。

模型(1-7)中，某种商品现期的需求量 Q_t 是研究对象，是模型的被解释变量；而 Q_{t-1}，Y_t，P_t，Y_{t-1}，K_t 等是影响某种商品现期需求量的主要影响因素，是模型的解释变量。显然，作为解释变量的可以是滞后被解释变量、外生变量，还可以包括政策因素等虚拟变量。

再如，在我国经济发展过程中，房地产经济起到了很重要的作用，学术界也有房地产财政一说，可以认为房地产市场是经济持续稳定发展的双刃剑。如果以房地产需求问题为研究对象构建计量经济模型，其相关的主要影响因素有哪些呢？

房地产和一般商品一样，消费者收入水平和价格水平是最直接影响房地产需求的，反映了消费者购买力和购买欲望。如果仅从购买力角度分析，它包括现有购买力、新增就业的购买力、迁移居住，具体影响因素可考虑有：城镇居民家庭人均可支配收入，农村居民家庭人均纯收入，房地产价格指数；地区生产总值，新增固定资产投资；城市宜居指数等。

因此，房地产需求的计量经济模型如下

$$Q_t = \beta_0 + \beta_1 YC_t + \beta_2 YN_t + \beta_3 P_t + \beta_4 GDP_t + \beta_5 K_t + \beta_6 H_t + \mu_t \quad (1\text{-}8)$$

模型中，Q_t 为房地产需求量；YC_t 为城镇居民家庭人均可支配收入；YN_t 为农村

居民家庭人均纯收入;P_t 为房地产价格指数;GDP_t 为地区生产总值;K_t 为新增固定资产投资;H_t 为城市宜居指数。

在影响因素的选择问题上,必须对经济行为理论和经济行为规律有正确的认识,才能很好地解释经济现象。另外,选择哪些影响因素还与特定的经济环境有很大关系。例如,在研究企业某种产品产量问题时,若在供给不足的经济环境中,应以原材料、劳动力、资金、技术及设备等投入要素为产品产量的影响因素;若在需求不足的经济环境中,应以居民收入、人口、消费习惯等需求要素为影响因素。对于不同类型的生产问题,其影响因素也有所不同。

影响因素的选择是一个十分重要的问题,若在模型中引入了不合理的或者不重要的影响因素作为解释变量,必将与被解释变量呈现出错误的关系,导致模型的解释能力减弱,甚至导致完全错误的分析结果。因此,分析所研究的问题受到哪些因素的影响,一是应该采用主因素分析法,即确定主要影响因素,忽略那些对所研究问题不重要的次要影响因素;二是所选择的影响因素应该能够方便地收集样本数据,便于模型的定量分析;三是应在模型参数估计及其检验的过程中,结合对所研究问题的进一步认识,不断调整和优化模型,即剔除一些不显著的影响因素或添加有显著影响的主要因素,从而更好地用于经济问题的分析。

3. 模型形式的确定方法

模型形式就是模型的数学关系表达式,模型形式是否正确反映了经济变量之间的经济关系,与所研究的客观经济问题是否吻合。从经典模型及实际应用情况看,计量经济模型的基本形式主要有线性模型和指数模型,当然也存在一些不规则的非线性模型。对于一些非线性模型可以通过必要的变换转变成线性模型;而另有一些非线性模型是很难进行线性化处理的。那么,对于一个实际的经济问题,应该选择什么样的模型形式呢?如何选择模型的形式呢?

在各种不同的模型形式中,线性模型和指数模型是两类最基本、最常用的模型形式。这是因为,一方面是模型简单易于进行参数估计;另一方面是模型参数的经济意义明确,便于分析模型中影响因素对于所研究问题的影响程度。线性模型的参数表示边际,反映解释变量每增加 1 个单位被解释变量的增量;指数模型的参数表示弹性,反映解释变量每增加 1%被解释变量变化的百分比。因此,在模型拟合程度较高、参数经济意义合理的前提下,一般优先考虑采用线性模型和指数模型。

例如消费函数计量经济模型

$$C_t = \beta_0 + \beta_1 Y_t + \beta_2 C_{t-1} + \mu_t \tag{1-9}$$

模型中,C_t 为消费者现期消费;Y_t 为消费者的收入水平;C_{t-1} 为消费者的前期消费。

模型(1-9)是简单的线性模型，描述了消费者的收入水平、消费者的前期消费对于消费者现期消费的影响，这是依据消费问题的相对收入假说中消费的不可逆性构建的消费函数计量经济模型。模型中参数 β_0，β_1，β_2 分别表示自发消费、边际消费倾向、前期消费对于现期消费的边际影响程度。

再如常见的柯布-道格拉斯(C-D)生产函数模型

$$Y = AK^{\alpha}L^{\beta} \tag{1-10}$$

模型中，Y 为产出量；A 为技术效率；K 为资本投入；L 为劳动力投入。

模型(1-10)是指数模型，描述了资本投入、劳动力投入、技术进步对于经济增长的贡献。模型中参数 α，β 分别表示资本的产出弹性和劳动力的产出弹性。

借鉴经典模型是研究经济问题的常用建模方法。模型形式的确定应主要依据经济行为理论，也就是根据经济行为理论所描述的经济关系得到相应的模型，如经典的生产函数、需求函数、消费函数、投资函数等模型为我们提供了成功的建模经验，可以借鉴这些研究成果和结论。但应该注意到，借鉴成功的模型应充分考虑它所适应的经济环境，也就是说许多经典模型都是在特定的经济环境下提出的，它能够很好地反映当时经济环境下的经济行为，若经济环境发生变化，模型可能不适应，也可能需要进行必要的修正。如模型(1-10)所示的 C-D 生产函数模型只考虑了两个要素投入的情况，即资金和劳动力是影响产出的重要因素。但在我国目前的经济环境中，劳动力供大于求，也可能不是制约生产的主要因素；再从另一角度看，制约企业生产的要素不仅仅是资本投入和劳动力投入，原材料、技术、电力等也可能是影响产出的主要因素，模型就可能变成多要素生产函数模型。因此，在借鉴经典模型时必须考虑这些方面的问题，从而对模型进行改进。

模型形式的确定还必须注重实证研究，也就是说建立在一定经济学理论假设基础上的计量经济模型，必须能够很好地解释已经发生的经济历史，能够很好地模拟历史统计数据。如果模型不能很好地解释历史，就更谈不上能够反映未来的经济发展状况，从而也不能为人们所接受。能够很好地解释历史就是需要模型能够很好地吻合历史统计数据，因此可根据经验采用各种可能的形式进行模拟，然后选择一种模拟结果较好的模型予以采用。

在采用模拟法确定模型形式之前，应对经济变量之间的关系有初步的认识，这种认识或经验可以通过图示法予以确认，也就是根据经济变量的样本数据做出解释变量与被解释变量之间关系的散点图，由散点图所显示的变量之间的函数关系作为模型的形式。如果该模型有多个解释变量，那么每次取一个解释变量的样本与被解释变量的样本构造散点图反映函数关系，掌握了所有解释变量与被解释变量的函数关系后，模型的形式就可以确定下来了。

二、参数估计

计量经济模型的参数估计是计量经济学的核心内容。根据经济行为理论建立计量经济模型及取得符合经济分析要求的样本数据以后,就可以选择适当的参数估计方法,估计模型中的结构参数和随机变量的分布参数,得到模型参数的估计值。

参数估计是一个纯技术的过程,也主要是数学过程。模型的参数估计过程包括模型的识别(对于联立方程模型而言)、估计方法的选择、参数估计软件的应用等方面。有关模型的识别及估计方法的选择将分别在后面的章节中详细介绍。

参数估计软件的应用是随着计算机技术的发展而发展起来的,目前主要有EViews、Stata等计量经济学分析软件。这些软件能采用普通最小二乘法(OLS)、二阶段最小二乘法、非线性最小二乘法等参数估计方法,并能够对模型的估计结果进行必要的检验。参数估计软件的应用为参数估计的可靠性提供了保证,也使得对大样本、大模型的分析成为可能,如研究宏观经济问题一般采用联立方程模型的形式,对这种有近百个方程、百余个变量的大型模型,不使用参数估计软件对结构参数进行估计是不可能的。

三、模型检验

经济参数能否客观地揭示所研究的经济现象中诸因素之间的关系、能否客观地解释经济现象,还需要对模型的结果加以检验,确定模型的合理性和稳定性。模型检验包括经济意义检验、统计检验、违背假设问题检验、预测检验等四个方面。

1. 经济意义检验

所谓经济意义检验,就是检验模型的参数估计值与实际的经济含义是否一致。经济意义检验的方法是将参数的理论期望值与估计值进行比较,分析是否符合期望值的变化范围。参数的理论期望值包括参数估计值的正负、大小、相互关系等方面。例如经参数估计得到如下日用品需求函数模型

$$\hat{Q}_t = 3.62Y_t^{1.2}P_t^{-6.4}\bar{Y}_t^{-0.3} \tag{1-11}$$

模型中,Q_t 为日用品的需求量;Y_t 为消费者的现期收入水平;P_t 为日用品的价格;$\bar{Y}_t$ 为区域内平均收入水平。

该模型是指数模型,因此各解释变量的指数是各影响因素的需求弹性。首先,从参数估计值的正负来看,区域内平均收入水平的需求弹性为−0.3,表示了区域内平均收入水平每增长1%,日用品的需求量将减少0.3%,将消费的“示范

性”结论引用到需求函数模型中,可以看出这一结论没有合理的经济解释,日用品属于生活必需品,随着消费者所在区域收入水平的增加,必然带来区域内该日用品需求量的增加,“示范性”的作用使得消费者日用品需求量增加;其次,从参数估计值的大小来看,日用品价格的需求弹性为-6.4,表示了日用品价格每增长1%,日用品的需求量将减少6.4%,这个弹性值属于奢侈品,而日用品是家庭的日常用品,属于生活必需品范畴,日用品的价格对于其需求量的敏感性程度难以达到这样的水平;最后,消费者收入水平的需求弹性为1.2,表示收入水平每增长1%,日用品的需求量将增加1.2%,增长幅度超过了收入的增长幅度,一般认为该弹性值超过了生活必需品弹性值(0~1)的合理范围。从整个模型上看,参数的经济意义与实际的经济环境有一定的出入。

2. 统计检验

所谓统计检验,就是采用数理统计的方法对模型参数的估计结果进行检验,目的在于检验模型的统计特性。目前主要的统计检验方法有拟合优度检验、变量的显著性检验和方程的显著性检验三个方面。拟合优度检验就是检验模型与样本数据的拟合程度,也就是模型能否反映样本数据的变化趋势;变量的显著性检验就是检验模型中解释变量对被解释变量是否有显著的影响,对于影响程度很小的解释变量可以从模型中剔除;方程的显著性检验就是检验模型的线性关系是否显著,它从另一个侧面反映了模型能否解释客观经济现象。

3. 违背假设问题检验

违背假设问题检验是由计量经济学理论决定的,计量经济模型是在假设的前提下进行参数估计,但客观实际的经济现象难以和假设条件相吻合,因此违背假设的情况是常见的现象。若计量经济模型违背基本假设,模型参数的估计值的合理性值得怀疑,那么对违背假设的计量经济模型应该如何进行参数估计,这是计量经济学所面临的一个重要任务。违背假设问题检验主要包括随机误差项的异方差和序列相关、解释变量的多重共线性等问题。

4. 预测检验

预测检验是检验模型参数估计值的稳定性及是否具有超样本特性。计量经济模型的一个重要作用是经济预测,预测结果能否反映客观实际的经济现象是计量经济模型能否成功运用的关键,因而对模型进行预测检验是必要的。由于计量经济模型参数估计是基于历史数据的,那么模型是否可以用于样本观测值以外的范围,即模型是否具有超样本特性是非常关键的问题。预测检验的具体方法为:① 利用扩大的样本重新估计模型参数,将新估计值与原估计值进行比较,检验二者之间差距的显著性;② 将模型用于样本以外某一时期的实际预测,并将该预测值与实际值进行比较,检验二者之间差距的显著性。

四、应用分析

计量经济模型是根据经济行为理论建立的，采用数学及统计学的基本方法，对所研究的经济现象中各因素之间数量上的相互依存关系进行估计。研究客观存在的经济因素之间的数量依存关系，是经济研究的重要任务，是进行经济决策的重要依据，是检验经济理论的重要手段。因此，将模型应用于实际经济问题的分析是计量经济学研究最主要的目的之一，模型应用主要包括结构分析、经济预测和政策评价与模拟。

结构分析主要是对经济现象中经济变量之间相互关系的研究，它不同于日常所说的产业结构、产品结构、消费结构和投资结构等问题中的结构分析。具体来看，计量经济模型应用中的结构分析是讨论某经济变量的变化对于所研究问题的影响程度，结构分析所采用的主要方法有弹性分析、乘数分析、比较静力学分析。弹性是一个重要的经济学概念，弹性分析是经济学分析问题的主要手段，它是研究某一变量的相对变化引起另一变量相对变化的度量，即弹性是变量的变化率之比。例如某种商品需求的收入弹性为 1.8，它表明收入每增长 1%，该种商品的需求量将增长 1.8%，需求的增长幅度超过了收入的增长幅度，从弹性值的范围能够基本判定该商品属于高档奢侈品范畴。弹性的一个重要特征是无量纲，便于经济问题的对比分析。乘数也是一个重要的经济学概念，乘数分析研究的是某一变量的绝对变化引起另一变量绝对变化的度量，是变量的增量之比。乘数分析在某种情况下也称为边际分析，如边际消费倾向一般反映收入每增加 1 个单位，消费将增加的绝对量。显然，不同的量纲，边际消费倾向是有差别的。比较静力学分析是讨论在某个外力(可能是经济危机，也可能是国家的经济政策)的作用下，某经济系统从一个均衡状态到另一个均衡状态时经济变量的变化对经济系统的影响。

经济预测是对目标变量的预期水平即对未来经济发展的推测，它是计量经济模型应用的基础。在 20 世纪五六十年代，在西方国家利用计量经济模型进行经济预测有许多成功的案例。当然，模型并不是万能的，世界经济复杂多变的环境，特别是经济危机、金融危机、石油危机、资源掠夺战争危机等出现，使得计量经济模型不能很好地预测这些危机对经济造成的影响，预测功能受到了质疑和批评，但绝不能否认经济预测的意义。在模型的经济预测方面，短期预测和长期预测对模型特征的要求存在差异，提高模型的预测精度是预测的结果能够用于经济社会发展决策的重要前提。

政策评价与模拟是指从许多不同的政策中选择较好的政策予以执行，或者说是研究不同的政策对经济目标所产生影响的差异。我国改革开放以后，许多经济政策的实施采用的是在小范围内先试点而后推广的办法，局部可行而全局不可行是客观存在的现象。从某个角度上看，随着经济环境的逐步稳定、经济政策运行机制的形成，计量经济模型可以起到“经济政策实验室”的作用，通过对经济系统政策运行机制的分析和模拟，揭示经济变量之间的相互关系。因此，作为政策评价模型特别强调政策变量在模型中的运用，模拟政策变量的变化或者经济政策的实施所产生的效果，从而评价经济政策的效能。

第四节 计量经济模型案例分析

本节选取公开发表在各类期刊中的几篇学术论文，尽管都是研究经济增长问题，但不论是模型的特征、影响因素的选择或者是分析问题的思路，都有很多值得读者借鉴的地方。需要说明的是，学术论文基本保留了原文的总体结构，但对部分内容进行了删减。

一、实际利用外资对经济增长的影响分析

我国自改革开放以来，优惠的政策条件、良好的投资环境以及庞大的市场吸引了大量的外资，外资的引进对我国产业结构的调整、企业技术水平的提高、国内生产总值的增长及推动城乡消费方式的变革都起了一定的促进作用。随着我国改革开放力度的不断加大和投资环境的持续改善，外资的引进也呈现着一定的变化趋势。1984—1989 年期间，一些改革开放的政策不到位，政策的稳定性难以把握，使实际利用外资的增长幅度及绝对量相对偏小；1992 年邓小平视察南方谈话以后，改革开放环境更加宽松，特别是政策的稳定性有了保障，实际利用外资呈现了稳定的增长趋势；由于东南亚金融危机及“泡沫经济”的出现，1997—1998 年期间，合同外资金额及实际利用外资都出现了较大的波动，而由于我国在处理东南亚金融危机及“泡沫经济”过程中强有力的政策手段，2000 年以后，实际利用外资又出现了大幅增长的趋势。可以说，我国改革开放初期经济增加的主要源泉来自投资的不断增加，那么，外资引进对经济增长起了多大的作用呢？

1. 模型设定

改革开放政策的实施及国有企业的改组改造，使企业深化了内部体制改革、转变了经营机制，从而使国民经济保持了稳定的经济增长趋势。但也应该看到外资的引进对经济增长有较为显著的影响，以经济增长较快的山东省及其沿海城市烟台市为例，采用计量经济模型定量分析实际利用外资对经济增长的影响程度，以地区生产总值作为经济增长的指标。

山东省和烟台市地区生产总值及实际利用外资的样本数据如表 1-1 所示。

依据该样本数据，若采用简单的线性模型或增加时间变量的线性模型分析实际利用外资对地区生产总值的影响程度，则其分析结果和拟合优度不如对数模型。因此，分别构造如下两个对数模型(指数模型的线性比)

(1) $\ln SDGDP_t = \alpha_0 + \alpha_1 \ln SDFC_t + \mu_t$

(2) $\ln YTGDP_t = \beta_0 + \beta_1 \ln YTFC_t + \mu_t$

模型中，$SDGDP_t$ 为山东省地区生产总值；$SDFC_t$ 为山东省实际利用外资；$YTGDP_t$ 为烟台市地区生产总值；$YTFC_t$ 为烟台市实际利用外资。

表 1-1　山东省和烟台市地区生产总值与实际利用外资数据

年份	山东省		烟台市	
	地区生产总值/亿元	实际利用外资/万美元	地区生产总值/亿元	实际利用外资/万美元
1984	581.56	1 642	47.04	278
1985	680.46	6 375	57.26	1 922
1986	742.05	11 743	66.02	1 588
1987	892.29	10 219	84.73	900
1988	1 117.66	14 231	115.10	2 277
1989	1 293.94	31 498	125.86	2 099
1990	1 511.19	31 123	148.53	5 323
1991	1 810.54	46 789	172.16	7 383
1992	2 196.53	137 684	229.60	28 810
1993	2 735.68	226 068	320.02	51 622
1994	3 810.03	340 137	427.86	60 512
1995	4 895.26	326 698	539.40	61 208
1996	5 894.82	339 426	615.24	59 768
1997	6 625.08	358 447	675.00	46 103
1998	7 162.20	361 036	740.00	50 170
1999	7 662.10	374 464	800.66	33 390
2000	8 542.44	381 243	879.59	49 549
2001	9 438.31	424 886	979.50	69 120
2002	10 552.06	652 124	1 115.00	120 493
2003	12 435.93	1 125 985	1 316.00	204 995

2. 参数估计和统计检验

采用普通最小二乘法分别对两个模型的结构参数进行估计，其结果分别为

$$\ln S D \hat{G} D P = 1.8912 + 0.5313 \ln SDFC$$
$$(4.4277)\ (14.459)$$
$$\bar{R}^2 = 0.916,\quad d = 0.549$$
$$\ln YT\hat{G}DP = 0.4665 + 0.544 \ln YTFC$$
$$(1.093)\quad (12.48)$$
$$\bar{R}^2 = 0.891,\quad d = 0.776$$

对于模型参数估计的结果，从经济意义上看是合理的，能够解释实际利用外资对地区生产总值的影响；两个模型的拟合优度分别为 0.916 和 0.891，可以认为样本对于回归方程的拟合程度较好；实际利用外资这一经济变量的 t 统计量分别达 14.459 和 12.48，查临界值表得到 $t_{0.05/2}=2.101$，也就是说有 95%的把握保证实际利用外资对地区生产总值的影响是显著的。

需要说明的是，计量经济模型仅仅通过统计检验仍然是不够的，还应该讨论违背假设问题以及经济变量之间因果关系等方面的分析。

3. 模型应用分析

从山东省的模型分析看，其实际利用外资的产出弹性为 0.531 3，说明实际利用外资每增加 1%，山东省地区生产总值(GDP)将增长 0.531 3%。假设 2004 年山东省实际利用外资金额在 2003 年的基础上增长 1%，即增长 11 260 万美元，那么 GDP 将增长 66.072 亿元，这将给山东省的地方财政收入至少带来 6 亿多元，应该说外资引进对于山东省经济增长的作用是比较明显的。若从烟台市的情况分析看，结论基本上与山东省一致，烟台市实际利用外资的产出弹性为 0.544，略高于山东省平均水平，反映了烟台市作为沿海开放城市的龙头作用并不明显，弹性值的差距不明显也表明了沿海城市的经济发展也带动了内陆城市的改革开放和经济发展，内陆城市引进外资有了明显的突破，说明了山东省整体发展速度是较快的。当然，影响经济增长的因素除了引进外资以外，还有其他如资本投入、劳动力投入、科技进步等方面的因素。

从模型的实证分析来看，随着改革开放政策的不断调整，山东省实际利用外资增长速度较快，表明了不仅外资大量涌进沿海开放城市，而且也向内陆城市、新的经济领域不断渗透。经过 30 余年的发展，外资在我国许多领域都站稳了脚跟，在向传统产业投资的同时，开始涉足基础设施建设、社会文化教育、金融保险、交通电信等新的产业方向。

二、制度因素对江、浙两省经济增长影响的比较研究

世界经济发展研究中，经济增长因素分析一直是经济学界最为传统和重要

的部分，而在中国经济快速发展的过程中，一系列的制度变迁对于中国经济的作用是毋庸置疑的，因而将制度作为中国经济增长要素加以研究是理论界关注的热点问题。但是由于制度因素量化的困难，以及如何适当选取制度代理变量、如何获得有效统计数据、如何得到最佳拟合模型等问题，制度对中国经济的影响也成为多年来的一个研究难点。

首先需要指出的是，政策与制度是彼此相关而又各有其内涵的两个不同概念，二者都带有权威性和强制性。下面将主要从制度的角度，基于我国江、浙地区经济的发展背景和现状，结合经济增长理论和区域经济理论分析，借鉴其他学者的研究方法，适当改进以有效测度制度因素对经济增长的影响，并通过江、浙两省的实证研究结果进行比较分析。

1. 研究的理论基础

第一，从理论研究进展来看，将制度作为经济增长的因素，国内外有许多相关研究。特别是近年来国内学者在制度对经济增长影响的研究方面也取得了一定的进展，应用新制度经济学对中国的制度变革进行分析和解释，代表性的有：杨瑞龙于 1998 年对中国制度变迁过程中地方政府的制度创新行为进行了研究；黄少安进一步研究了制度变迁主体角色转换假说及其对中国制度变革的分析，对所有制结构与市场经济关系以及中国产权制度变革进行了理论分析，提出并且验证了关于制度变迁的一些新的理论假说；孙斌栋以上海为例研究制度变迁与区域经济增长；于效梅研究了长三角区域经济制度演化趋势。

第二，从模型的应用和进展方面来看，国外许多经济学者对制度与经济增长之间的关系进行了大量的计量研究，主要是在经济制度、政治制度、社会制度（非正规制度）、综合性制度质量、腐败、资源禀赋、贸易程度等方面与经济增长之间关系的计量研究。

第三，从制度变量的指标构建研究来看，国际上所采用的制度量化指标体系主要有美国和加拿大三大机构使用不同的指标构成体系测度的经济自由度。我国学者尽管对于市场化程度及其测度的研究也不多，自从提出市场化指数以来，樊纲等学者对中国各地区的市场化相对程度进行了测度，使用 5 个方面 19 项指标建立的指标体系构造制度变量，从而不依赖于"专家评分"等主观因素，更加趋于客观。

2. 需要突破的一些问题

结合我国经济发展的环境背景从定量分析的角度测度制度对经济增长的作用的研究仍然较为薄弱，主要表现为：第一，对制度因素如何进行量化的方法选择上还有争论，未能得到受到普遍认可的有效方法；第二，在指标体系的构建上国内外研究存在较大差异，如何构建衡量我国制度变迁的指标体系还有必要进行系统和科学的研究;第三,模型方法过于单一、结论说服力不强,目前仍然没有得到受到较为普遍认可的分析研究成果。

为了衡量制度因素在经济增长中的贡献率,许多研究者都采用了代理变量的方法。如使用非国有化程度(或产权私有化程度)、市场化程度、对外开放程度、进出口额占 GDP 的比率等作为制度的"代理变量",进而对代理变量进行量化。问题是所选代理变量是否是制度变量或制度变迁的"射影",是否具有统计学上所说的效度,分析结果是否具有可信度。另外,通过对制度量化分析其在经济增长中的贡献率,实际上是分析在相同的资本、劳动力及技术条件下,制度状态不同带来的生产效率的不同。测度这种贡献率就是测度由制度变迁导致的生产向生产可能性边界推移所带来的经济效率的提高程度。由于数据等方面的局限性,下面最终选用非国有化率作为制度代理变量测度其对江、浙两省经济增长的贡献。

3. 江、浙两省经济发展背景与现状

我国自 20 世纪 70 年代末实行改革开放政策以来,经济增长举世瞩目,人民生活水平明显改善,成为世界上经济增长最快的国家之一。同时,长三角地区又走在中国改革与发展的前列,江苏省和浙江省是我国乃至全世界经济发展最具活力的地区,市场经济体系也较为完善,政府对于经济监管当中的"淡化微观,强调宏观"的思想已经得到了普遍认同,两省自改革开放以来,通过农村工业化获得了快速的发展,形成了具有代表性的"苏南模式"和"温州模式"。比较两地区发展模式,我们发现以温州商人为代表的民营经济在浙江省经济发展中起到了关键作用,而相比之下江苏省集体所有制工业比重较大。但体现在非国有经济的发展比例上,两省差异不大,有关统计数据如表 1-2 所示。在 1995—2007 年期间江、浙两省 GDP 增速平缓后又呈现了明显上升趋势,其中江苏增速最为明显。从非国有化率来看,1995—2007 年期间江苏省非国有化率明显高于浙江省同期水平,而 2005 年之后两地相当,甚至浙江省超过了江苏省。1998 年受到亚洲金融危机的影响,国家财政注入资金大力扶持重点企业,同年非国有化率明显下降。

通过统计数据分析经济的快速增长,固定资产投资的大幅度增加应该是起到了决定性作用。江苏省经济增长在保持一定增长速度和效益的同时,实现由粗放到集约的转变,内涵式增长取得重要成效,改革开放以来实施了一系列改革措施,如:国有企业改组改制,使许多产能资源的市场进入和退出机制得到了有效规制,国有存量资产向控制国民经济的关键行业和领域集聚,向产业层次、经济层次的高端集聚,其他所有制企业的各种改造和深层次的变化由于具有较大的市场压力,更是快于国有企业,进一步加强了资源的优化配置,并因此形成了经济的持续增长。浙江省经济的高速增长主要释放在改革开放初期,在 1984 和

1985两年时间里，浙江省的GDP增幅高达22%。如此高的增长速度，导致能源、交通、原材料等基础产业所需的超前增长速度相对于GDP快速增长而言严重不足，以至于在后期由于产业结构严重失衡而出现了经济的大幅回落。其后随着市场化进程进一步加快，又兴起了新一轮的快速增长。

表 1-2 1995—2007年江、浙两省有关经济发展指标

年份	江苏省				浙江省			
	GDP /亿元	非国有化率/%	投资 /亿元	从业人员 /万人	GDP /亿元	非国有化率/%	投资 /亿元	从业人员 /万人
1995	5 155.25	0.75	1 764.76	3 765.4	3 557.55	0.72	1 482.62	2 700.7
1996	6 004.21	0.76	1 963.06	3 747.7	4 188.53	0.72	1 611.44	2 701.9
1997	6 680.34	0.76	2 174.97	3 745.5	4 686.11	0.73	1 608.56	2 700.3
1998	7 199.95	0.74	2 450.40	3 635.0	5 052.62	0.67	1 801.70	2 651.0
1999	7 697.82	0.77	2 441.90	3 596.0	5 443.92	0.68	1958.10	2 661.0
2000	8 553.69	0.80	2 570.00	3 559.0	6 141.03	0.71	2 350.00	2 700.0
2001	9 456.84	0.85	2 823.20	3 565.0	6 898.34	0.74	2 834.90	2 772.0
2002	10 606.85	0.86	3 450.10	3 506.0	8 003.67	0.77	3 477.50	2 835.0
2003	12 442.87	0.87	5 233.00	3 610.3	9 705.02	0.81	4 740.30	2 961.9
2004	15 003.60	0.85	6 557.10	3 719.7	11 648.70	0.82	5 781.30	3 092.0
2005	18 305.66	0.85	8 165.40	3 877.7	13 437.85	0.85	6 520.10	3 202.9
2006	21 645.08	0.86	10 069.20	3 931.8	15 742.51	0.86	7 590.20	3 372.3
2007	25 741.15	0.87	12 268.10	4 193.2	18 780.44	0.88	8 420.40	3 615.4

注：非国有化率=非国有工业总产值/工业总产值。

4. 制度因素对江、浙两省经济增长贡献的计量经济分析

基于经济增长理论与发展过程的实践分析，制度变迁在区域经济发展中体现出重要的作用，然而制度的复杂性是学者公认的，制度的量化是至今学术界仍有很大争议的问题。为此，我们选择非国有化率来衡量市场化制度变革对江、浙两省经济增长的贡献，以此作为以下定量研究的切入点。描述经济增长的要素(包含制度因素)对区域经济增长影响的生产函数模型主要有如下三种形式：制度独立要素模型、人力资本增进型制度内生模型和物质资本增进型制度内生模型。

(1) 制度独立要素模型

$$Y = AK^{\alpha}H^{\beta}e^{\lambda R}$$

模型中，Y 为区域经济总量，即地区生产总值(GDP)；K 为物质资本存量；H 为人力资本存量(从业人员规模与从业人员平均受教育年限乘积)；R 为非国有化率；α,β,λ 为资本存量产出弹性，人力资本存量产出弹性，制度影响系数。

(2) 人力资本增进型制度内生模型

$$Y = AK^{\alpha}\ (He^{R})^{\beta}$$

模型中，β 也反映了制度影响系数。

(3) 物质资本增进型制度内生模型

$$Y = A\ (Ke^{R})^{\alpha}H^{\beta}$$

模型中，α 也反映了制度影响系数。

通过选取江苏省和浙江省 1995—2007 年的统计数据分别估计上述三类经济增长模型，发现采用物质资本增进型制度内生模型拟合效果最佳，并具有合理的经济意义。江、浙两省经济增长模型估计结果分别为

$$\hat{Y} = (Ke^{R})^{0.047}H^{0.97}$$

$$\hat{Y} = (Ke^{R})^{0.045}H^{0.62}$$

估计结果可以看出，在样本期内人力资本对于经济增长的贡献大于物质资本对于经济增长的贡献，特别是江苏省人力资本的产出弹性达到 0.97；除了资本和劳动以外，制度对两省经济增长的作用是通过物质资本产生作用的，因此属于物质资本增进型，制度作用于物质资本的产出弹性两省差距不大，制度因素(非国有化率)促进了物质资本的投入转化成经济增长。

为了验证解释变量选取的合理性，通过格兰杰(Granger)因果关系检验发现江、浙两省人力资本、物质资本和制度变量是 GDP 变化的原因，同时制度变量更为显著。因此，物质资本增进型的计量模型是合理的。

通过模型分析，以非国有化率来衡量市场化制度变革对江、浙两省经济增长的贡献是明显的。我国自改革开放以来，制度因素变化最为根本的表现在所有制结构的变化，而所有制结构变化又突出表现为非国有经济比重的变化，非国有经济比重不断提高，极大地促进了中国经济的增长。江、浙两省制度因素对经济增长的独立促进作用是显著的，主要表现为非国有经济作用于物资资本的投入对经济增长产生贡献。但也应该看到，仅选取非国有化率来衡量市场化制度变革对区域经济增长的影响是不够全面的，也不能完全体现制度因素的作用。

三、城市化与经济增长的长期均衡与短期动态关系

改革开放以来，我国经济增长取得了举世瞩目的成就，同时城市化进程也在不断推进。《中国统计年鉴》数据显示：中国城市化率(城镇人口占总人口的比

重)在1978年只有14.9%,2010年达到49.9%,2011年已经攀升至51.3%。城市化率的快速提高与经济高速增长的同步性引起了学者们的关注:城市化是否促进了我国经济的高速增长?城市化的经济增长效应究竟有多大?进一步分析,城市化能否成为中长期保持经济持续增长的动力?对这些问题的回答需要我们对我国城市化与经济增长之间的长期均衡和短期动态关系进行深入的实证研究,从而为未来经济持续增长的路径选择和具体经济政策的实施提供支撑。

1. 研究的理论基础

经济理论认为城市化的推进有利于拉动地区经济增长,并从溢出效应、规模经济等角度分析了城市化的经济增长效应的形成机制,很多学者提出了各种不同的理论体系。早在1890年,马歇尔(Marshall)就提出城市提供企业接触紧密的环境,带来了本地信息溢出,从而促进经济增长;卢卡斯(Lucas)认为本地信息和知识溢出使得城市成为经济增长的引擎;罗默(Romer)认为外部规模经济和知识溢出一起提升了个人人力资本积累的收益,从而驱动经济的长期增长。而研究城市经济学的学者特别关注规模经济这一构成城市的重要特征,进而强调和分析了城市规模经济的微观基础,如溢出效应、本地劳动力市场的搜寻匹配;还有学者对这些溢出效应和匹配效应进行了量化分析。

近年来,众多国内学者对我国城市化的经济增长效应也进行了相应研究。李金昌、程开明基于我国1978—2004年城市化率与人均GDP数据,利用格兰杰因果检验、协整和误差修正模型发现,城市化对长期经济增长具有显著正影响,但短期效应并不显著;沈坤荣、蒋锐则分别使用我国1978—2003年的时间序列数据和29个省份的面板数据检验了城市化对人均产出的影响,研究发现城市化水平和人均产出呈显著正相关。朱孔来等使用我国1978—2009年城市化率和人均GDP年度时间序列数据,运用脉冲响应函数和方差分解分析了城市化进程与经济增长之间的动态影响,又采用我国2000—2009年31个省的面板数据进行协整检验发现,我国城市化进程与经济发展水平之间存在长期稳定的均衡关系。

理论与实证研究都表明城市化的确存在经济增长效应,我们从经济增长理论出发,采用1995—2010年我国各省、直辖市、自治区(以下简称为省)经济总量(GDP)、物质资本、人力资本和城市化率的面板数据,通过区域总量生产函数,实证分析城市化的经济增长效应;特别考虑到城市经济理论中强调城市化是通过溢出效应和规模经济等机制影响全要素生产率进而影响经济增长,将城市化率作为全要素生产率影响变量纳入生产函数,因而具有较强的建模理论基础。运用面板数据协整模型来考察城市化与经济增长之间的长期均衡,以此揭示城市化的长期经济增长效应;另外,基于长期均衡所派生的面板误差修正模型(PVECM),研究城市化与经济增长的短期动态调整效应。

2. 模型的设定

为了分析城市化对经济增长的影响,我们使用包含人力资本的生产函数模型来描述中国省际经济增长问题,其一般形式为

$$Y_{it} = A_{it}K_{it}^{\alpha}H_{it}^{\beta}$$

模型中,Y 为区域经济总量,即地区生产总值(GDP);K 为物质资本存量;H 为人力资本存量;i,t 为截面单元,时间序列;α,β 为物质资本存量产出弹性,人力资本存量产出弹性。

考虑到城市为企业提供紧密联系和区域邻近的环境,便于企业间的沟通和信息交流,从而带来本地信息溢出;同时,经济活动向城市集中所产生的集聚效应,会带来较高的规模收益,尤其是来自信息与知识的溢出不仅提升了个人人力资本积累的收益,而且为技术创新提供了便利条件,并提高了区域全要素生产率,从而驱动经济长期的内生增长。因此,将城市化率(URB)作为全要素生产率的影响因素,模型为

$$Y_{it} = A_{i0}\mathrm{e}^{\gamma URB_{it}}K_{it}^{\alpha}H_{it}^{\beta}$$

式中,γ 是测度城市化对经济总量的平均增长效应。需要特别说明的是,经济理论认为,城市化通过溢出效应和规模经济等机制影响生产率从而驱动经济的增长,模型中的解释变量能够体现这一特征;但另一方面,由于经济的快速增长,人口和经济活动在地理空间上不断聚集,导致不同规模和类型的城市不断出现并日益扩大,使得城市化成为经济增长的必然结果,因而该模型会产生内生性问题。但从我国城市化过程的具体特征来看,由于长期的户籍等制度性安排影响了城乡人口之间的迁移,阻碍了人口和经济活动在地理空间上的自由聚集,部分切断了经济增长带动城市化率提高的链条,一定程度上避免了内生性问题。

3. 实证分析

首先,样本数据的选取问题。区域经济总量(Y)可利用各省的地区生产总值(GDP)作为样本数据。物质资本存量(K)可以按照下式核算

$$K_{it} = K_{it-1}(1-\delta_{it}) + I_{it}$$

式中,δ 为物质资本折旧率;I 为各省固定资本投资额。人力资本存量(H)用人力资本丰裕系数乘以从业人数得到,阎淑敏构建的人力资本丰裕系数包括教育丰裕系数、职业培训丰裕系数、健康丰裕系数。城市化率(URB)考虑到数据的可获得性及统计口径的一致性,用城镇人口占总人口的比重来测度各省城市化水平。

其次,面板数据的单位根检验与协整检验。将指数模型转化成线性模型并引入随机误差项,模型为

$$\ln Y_{it} = \ln A_{i0} + \gamma URB_{it} + \alpha\ln K_{it} + \beta\ln H_{it} + \mu_{it}$$

通过检验发现,模型中 $\ln Y$、URB、$\ln K$、$\ln H$ 四个变量都具有一阶单整并

存在协整关系，因此，该经济增长模型是有效的模型。

第三，估计结果及其分析。采用普通最小二乘法估计得到

$$\ln Y_{it} = 0.877\,8 + 0.023\,3URB_{it} + 0.577\,4\ln K_{it} + 0.292\,5\ln H_{it}$$
$$(4.887\,8) \qquad (2.937\,1) \qquad (2.395\,6)$$

由结果可以看出，解释变量显著，表明各影响因素对经济增长有显著影响，物质资本产出弹性为 0.577 4，表明物质资本存量每增加 1%，经济总量增加 0.577 4%；人力资本产出弹性为 0.292 5，比物质资本产出弹性小，这与改革开放前期我国经济增长的投资依赖的典型特征相吻合；而就城市化对经济增长的影响来看，城市化对经济增长具有显著的正影响，表明城市化进程的推进对长期经济增长具有显著的促进作用。

为了讨论非均衡误差的短期动态调整，估计了基于面板数据的误差修正模型(PVECM)，并对估计结果进行了简化，不显著的滞后项没有列出。模型估计结果为

$$\Delta\ln Y_{it} = 0.012\,5 - 0.026ECM_{it-1} + 0.772\Delta\ln Y_{it-1} + 0.000\,3\Delta URB_{it-2} + 0.025\,8\Delta\ln K_{it-1}$$

显然，非均衡误差调节系数为－0.026，反映变量之间的均衡关系偏离长期均衡状态时，将其调整到均衡状态的调整速度，负值表明经济增长模型的长期稳定关系对短期的波动具有显著的抑制调节作用；其他系数反映各经济变量的短期波动对经济总量(GDP)的短期变化的影响，而滞后一期的经济总量(GDP)波动、滞后一期的物质资本存量波动、滞后二期的城市化率波动对短期经济总量具有显著的正影响，因而，城市化对短期经济增长具有显著的促进作用，但其影响是滞后的。

4. 政策建议

首先，从数据和模型结果来看，我国 2011 年城市化率为 51.3%，而目前全球发达地区城市化率平均值为 75.16%，显然我国城市化水平还存在巨大的提升空间。无论是从短期还是长期来看，城市化对于中国经济增长都具有显著的拉动作用，从而积极推进城市化就成为促进我国经济持续增长的战略选择，因而，为了经济能够持续稳定增长，政府有必要采取有力的政策措施，稳步推进城市化进程。

其次，从我国城市化进程的推进路径来看，以往的城市化基本上是与工业化同步的概念，伴随的是农业产值比重和农村人口比重的降低，使得我国成为世界最大的加工工厂，但却导致钢铁、汽车等中低端行业面临严重的产能过剩，若延续过去的城市化推进方式，即使可以推动中国经济前行，也可能加剧经济失衡现象。考虑到城市化影响经济增长的主要渠道是通过溢出效应和规模经济等对全要素生产率产生影响，因而，政府应采取措施，由目前大规模地介入经济领域，尤其是公共

投资领域转为更多地提供社会服务，通过为微观经济主体提供有利于产生溢出效应和规模经济的外部环境，带来经济活动的聚集效应，带动生产技术水平的提高，从而在较长的时间范围内能对我国经济的可持续增长提供巨大的动力。

第三，从拉动需求角度来看，在目前内需不足的背景下，城市化可成为当前扩大内需的最大潜力。城市化进程的推进，可以通过带动基础设施建设的投资及第三产业的发展，从而形成扩大内需的重要途径，为区域经济增长，尤其是城市化水平较低的省域的经济增长提供源源不断的动力。

第四，从世界城市化进程角度看，城市化的推进需要工业化作为基础，这是城市化进程的一般规律。对于我国来说，城市化的特殊性还在于农村承担了二分之一的人口，农业的生产经营方式滞后。因此，基于当前国情，我国城市化的推进不仅需要工业化协调发展，同时也需要农业现代化协调发展。

思考与练习题

1. 什么是计量经济学？

2. 简述计量经济学在经济研究中的地位和作用。

3. 如何认识计量经济学是经济学的分支学科？

4. 简述计量经济学的应用领域及特点。

5. 什么是计量经济模型？计量经济模型的组成要素有哪些？

6. 计量经济模型中方程有哪些类型？什么是随机方程？

7. 什么是内生变量、外生变量？什么是解释变量、被解释变量？

8. 经济参数的作用是什么？

9. 样本数据有哪些类型？样本数据的质量包括哪些方面？

10. 计量经济学研究问题的方法包括哪几个步骤？每一步重点应掌握什么？

11. 如何确定计量经济模型的形式？简述线性模型和指数模型的特点。

12. 模型检验包括哪几个方面？如何进行经济意义的检验？

13. 计量经济模型的应用主要体现在哪些方面？其特点是什么？

14. 根据下列要点分别构造计量经济模型：

(1) 在货币政策问题的研究中，如何通过货币供应量的调整促进经济增长；

(2) 在粮食生产问题的研究中，粮食产量应考虑哪些主要影响因素；

(3) 在铁路运输问题研究中，货运量或者客运量的大小与哪些因素有关；

(4) 在经济持续稳定发展的环境中，构建某市经济增长模型；

(5) 研究某群体的消费问题或者某类商品的需求问题。

第二章 单方程多元线性计量经济模型

第一节 单方程多元线性计量经济模型概述

单方程计量经济模型以单一经济活动为研究对象，模型只有一个方程，是应用最为普遍的计量经济模型。单方程计量经济模型按解释变量的数目分为一元模型和多元模型；按模型的形式分为线性模型和非线性模型。对于一元模型，可以纳入多元模型中一并讨论；而线性模型是计量经济模型的基础，对于非线性模型，一般通过转换变成线性模型，若无法转换成线性模型，可采用非线性的估计方法。因此，本章从单方程多元线性计量经济模型着手，介绍模型处理与分析的基本方法。

一、模型的一般形式

下面通过一个例子引入线性模型。

根据凯恩斯的绝对收入假设消费理论，收入水平 Y 与在此收入水平下的消费支出 C 之间的函数关系为线性关系，即

$$C = \alpha + \beta Y \tag{2-1}$$

同时，无论是从人类的先验知识，还是从经济行为理论，我们都可以放心地依赖一个基本的心理定律：平均来说，在收入增加时，人们倾向于增加其消费，但消费的增长往往小于收入的增长，即边际消费倾向呈递减趋势，可描述为

$$0 < \frac{\partial C}{\partial Y} < 1 \ , \ \frac{\partial C}{\partial Y} < \frac{C}{Y}$$

则在方程(2-1)中，有 $\alpha > 0$，$0 < \beta < 1$。

方程(2-1)是一个确定性关系，方程中所表述的消费与收入的关系是准确实现的，即给定一个收入值，就可以根据方程得到一个唯一确定的消费值。但在实际经济环境中，根据方程(2-1)确定的理论消费额与实际消费额很少完全相符。因此，用任何简单的确定性关系来描述收入与消费的关系都是不可能的，这主要由以下几个原因引起：

(1) 消费除了受到收入水平的影响之外，还受到其他一些因素的影响，如消

费者对未来收入的预期、消费者的消费心理和消费习惯等人类行为固有的内在随机性因素，尽管这些因素的影响可能不是主要的，但确实客观存在。

(2) 理论上给出精确定义的消费与收入的关系是容易实现的，而实际中获取这些消费与收入的精确度量的数据却是困难的，存在测量误差。

(3) 消费与收入之间的线性关系只是一个假设，假设并不是严格成立的，也就是说在现实经济环境中会出现违背这一假设的现象。

因此，要想更符合实际地反映消费与收入之间的关系，应给方程(2-1)添加一个随机误差项，即模型可表述为

$$C = \alpha + \beta Y + \mu \tag{2-2}$$

模型中，μ 是随机误差项，它综合反映各种随机因素对模型的影响。

模型(2-2)是一个一元线性模型，对于消费支出 C，只确定了一个影响因素，也就是只有一个解释变量，即收入水平 Y。在客观经济环境中，某一个经济问题可能受到多个因素的影响，表现在模型中就有多个解释变量，这就是多元模型。多元线性模型是计量经济模型最基本的形式，许多非线性模型和多项式模型都可以转化为多元线性模型来研究，因而研究多元线性模型有着普遍而重要的意义。

一般地，单方程多元线性计量经济模型可定义为

$$Y = \beta_0 + \beta_1 X_1 + \beta_2 X_2 + \cdots + \beta_k X_k + \mu \tag{2-3}$$

模型中，Y 为被解释变量；$X_1, X_2, \cdots, X_k$ 为解释变量；$\beta_0, \beta_1, \beta_2, \cdots, \beta_k$ 为模型中结构参数；k 为解释变量的个数；μ 为随机误差项。

一般地，将常数项 β_0 可以看成一个虚拟的解释变量 X_0 的系数，在参数估计中，该虚拟的解释变量 X_0 的取值始终为 1，因此可以认为解释变量的数目为 $k+1$个，与结构参数的个数是一致的。

若估计模型(2-3)中的结构参数，则应给各变量在总体中抽取足量的样本。假设选取 n 组样本，将每组样本代入模型(2-3)，可得到如下的方程组：

$$\begin{cases} y_1 = \beta_0 + \beta_1 x_{11} + \beta_2 x_{21} + \cdots + \beta_k x_{k1} + \mu_1 \\ y_2 = \beta_0 + \beta_1 x_{12} + \beta_2 x_{22} + \cdots + \beta_k x_{k2} + \mu_2 \\ \cdots\cdots \\ y_n = \beta_0 + \beta_1 x_{1n} + \beta_2 x_{2n} + \cdots + \beta_k x_{kn} + \mu_n \end{cases}$$

因此，模型(2-3)或者代入样本的方程组也可以表示为

$$Y_i = \beta_0 + \beta_1 X_{1i} + \beta_2 X_{2i} + \cdots + \beta_k X_{ki} + \mu_i \quad (i = 1, 2, \cdots, n) \tag{2-4}$$

也可用矩阵表示为

$$\boldsymbol{Y} = \boldsymbol{XB} + \boldsymbol{U} \tag{2-5}$$

其中

$$
\boldsymbol{Y}=\begin{pmatrix} y_1 \\ y_2 \\ \vdots \\ y_n \end{pmatrix}_{n\times 1},\ \boldsymbol{X}=\begin{pmatrix} 1 & x_{11} & x_{21} & \cdots & x_{k1} \\ 1 & x_{12} & x_{22} & \cdots & x_{k2} \\ \vdots & \vdots & \vdots & & \vdots \\ 1 & x_{1n} & x_{2n} & \cdots & x_{kn} \end{pmatrix}_{n\times(k+1)},
$$

$$
\boldsymbol{B}=\begin{pmatrix} \beta_0 \\ \beta_1 \\ \vdots \\ \beta_k \end{pmatrix}_{(k+1)\times 1},\ \boldsymbol{U}=\begin{pmatrix} \mu_1 \\ \mu_2 \\ \vdots \\ \mu_n \end{pmatrix}_{n\times 1}
$$

二、模型的特征分析

对于单方程多元线性计量经济模型

$$
Y=\beta_0+\beta_1 X_1+\beta_2 X_2+\cdots+\beta_k X_k+\mu
$$

有两个方面的重要特征:一是含有随机误差项;二是线性随机方程。

计量经济模型中包含随机误差项的主要原因在于不论模型是复杂还是简单,用有限个解释变量、以一种确定的关系来准确描述客观经济环境中的复杂经济现象是难以完成的。具体来说,模型中引入随机误差项的主要原因是:

(1) 被忽略的影响因素。研究某一经济问题时,影响该经济问题的因素有很多,建立计量经济模型时不可能也没有必要将所有的影响因素都作为解释变量,往往是选取一些主要的影响因素;再者,由于建模者对经济环境和经济行为认识不足,可能会出现一些重要的影响因素被建模者忽略了。这样,次要的影响因素及被忽略的影响因素对所研究问题的影响都归入了随机误差项。

(2) 变量观测值存在测量误差。对于变量观测值,不管是实际测量还是来源于统计数据,都会不可避免地产生误差,这些误差也将归入随机误差项。

(3) 模型设定误差的影响。用模型来表示客观的经济现象,模型的形式是非常重要的。模型形式能否反映客观复杂的经济现象,特别是用简单的线性模型描述经济行为关系,模型设定误差是客观存在的。

(4) 其他随机因素的影响。经济行为与经济环境的变化、自然条件的变化、国家政策的调整等无不对经济现象产生直接的影响,其中有些因素难以准确地度量,特别是一些影响程度比较小的随机因素,也反映在随机误差项中。

另外,线性计量经济模型是最基本的表现形式,用模型描述经济行为,其形式一定是线性的吗?或者说经济变量之间一定能够呈现线性关系吗?显然很难满足这一假设。如果变量之间不呈现线性关系而用线性模型来研究,其结果是没有意义的。也就是说,实际应用中的计量经济模型可能存在非线性模型的形式,如柯布-道格拉斯(C-D)生产函数模型就是一个指数模型

$$Y = AK^{\alpha}L^{\beta}$$

那么,如何处理非线性模型呢?非线性模型可以分为两类:一是可线性化的模型;二是不可线性化的模型。对于可线性化的模型,可通过取对数、变量替换等方法使变换后的模型成为线性模型,如类似于柯布-道格拉斯(C-D)生产函数模型的指数模型,首先应该两边取对数,然后进行变量替换,形成线性模型。一般来说,对于能够线性化的非线性模型,尽可能用线性模型的参数估计方法估计参数;对于不可线性化的非线性模型,只能采取非线性的估计方法估计参数。对于下面的模型,第一个模型可通过变量替换转换为线性模型;第二个模型只能采用非线性处理方法。

$$Y = \alpha\,(X_1 + X_2)^2 + \beta X_3^3 + \mu$$

$$Y = A\,(\delta_1 K^{-\rho} + \delta_2 L^{-\rho})^{-\frac{m}{\rho}}$$

三、模型的基本假设

多元线性计量经济模型

$$Y_i = \beta_0 + \beta_1 X_{1i} + \beta_2 X_{2i} + \cdots + \beta_k X_{ki} + \mu_i \quad (i = 1, 2, \cdots, n)$$

表明了一个线性的随机关系,即估计参数所需的样本观测值是由随机过程产生的,由于随机误差项的存在,被解释变量 Y 也具有随机性的特征,因此,参数的估计从根本上依赖于对随机误差项等所作的假设。

模型的基本假设包括:

(1) 随机误差项在各个不同样本点的数学期望为 0,即

$$E(\mu_i) = 0 \quad (i = 1, 2, \cdots, n)$$

则

$$E(\boldsymbol{U}) = \begin{pmatrix} E(\mu_1) \\ E(\mu_2) \\ \vdots \\ E(\mu_n) \end{pmatrix} = \begin{pmatrix} 0 \\ 0 \\ \vdots \\ 0 \end{pmatrix};$$

(2) 随机误差项在各个不同样本点具有相同的方差,即

$$\mathrm{Var}(\mu_i) = \sigma_{\mu}^2 \quad (i = 1, 2, \cdots, n);$$

(3) 随机误差项在各个不同样本点之间是相互独立的,不存在序列相关,即

$$\mathrm{Cov}(\mu_i, \mu_j) = E\left\{[\mu_i - E(\mu_i)][\mu_j - E(\mu_j)]\right\} = E(\mu_i \mu_j) = 0$$

$$(i \neq j; i, j = 1, 2, \cdots, n)$$

那么,根据随机误差项具有同方差、不存在序列相关的假设,其协方差矩阵可表示为

$$\mathrm{Cov}(\boldsymbol{U})=\begin{pmatrix}\mathrm{Cov}(\mu_1,\mu_1) & \mathrm{Cov}(\mu_1,\mu_2) & \cdots & \mathrm{Cov}(\mu_1,\mu_n)\\ \mathrm{Cov}(\mu_2,\mu_1) & \mathrm{Cov}(\mu_2,\mu_2) & \cdots & \mathrm{Cov}(\mu_2,\mu_n)\\ \vdots & \vdots & & \vdots\\ \mathrm{Cov}(\mu_n,\mu_1) & \mathrm{Cov}(\mu_n,\mu_2) & \cdots & \mathrm{Cov}(\mu_n,\mu_n)\end{pmatrix}$$

$$=\begin{pmatrix}\sigma_\mu^2 & 0 & \cdots & 0\\ 0 & \sigma_\mu^2 & \cdots & 0\\ \vdots & \vdots & & \vdots\\ 0 & 0 & \cdots & \sigma_\mu^2\end{pmatrix}$$

$$=\sigma_\mu^2\boldsymbol{I}$$

随机误差项的协方差矩阵还可以表示为

$$\mathrm{Cov}(\boldsymbol{U})=\begin{pmatrix}\mathrm{Cov}(\mu_1,\mu_1) & \mathrm{Cov}(\mu_1,\mu_2) & \cdots & \mathrm{Cov}(\mu_1,\mu_n)\\ \mathrm{Cov}(\mu_2,\mu_1) & \mathrm{Cov}(\mu_2,\mu_2) & \cdots & \mathrm{Cov}(\mu_2,\mu_n)\\ \vdots & \vdots & & \vdots\\ \mathrm{Cov}(\mu_n,\mu_1) & \mathrm{Cov}(\mu_n,\mu_2) & \cdots & \mathrm{Cov}(\mu_n,\mu_n)\end{pmatrix}$$

$$=\begin{pmatrix}E(\mu_1\mu_1) & E(\mu_1\mu_2) & \cdots & E(\mu_1\mu_n)\\ E(\mu_2\mu_1) & E(\mu_2\mu_2) & \cdots & E(\mu_2\mu_n)\\ \vdots & \vdots & & \vdots\\ E(\mu_n\mu_1) & E(\mu_n\mu_2) & \cdots & E(\mu_n\mu_n)\end{pmatrix}$$

$$=E\begin{pmatrix}\mu_1\mu_1 & \mu_1\mu_2 & \cdots & \mu_1\mu_n\\ \mu_2\mu_1 & \mu_2\mu_2 & \cdots & \mu_2\mu_n\\ \vdots & \vdots & & \vdots\\ \mu_n\mu_1 & \mu_n\mu_2 & \cdots & \mu_n\mu_n\end{pmatrix}$$

$$=E(\boldsymbol{U}\boldsymbol{U}')$$

即

$$\mathrm{Cov}(\boldsymbol{U})=E(\boldsymbol{U}\boldsymbol{U}')=\sigma_\mu^2\boldsymbol{I};$$

(4) 解释变量是确定性变量，解释变量之间不相关；

(5) 随机误差项与解释变量之间不相关，即

$$\mathrm{Cov}(\mu,X_j)=0\quad(j=1,2,\cdots,k);$$

(6) 随机误差项服从零均值、同方差的正态分布，即

$$\mu_i\sim N(0,\sigma_\mu^2)\quad(i=1,2,\cdots,n)。$$

第二节　多元线性计量经济模型参数估计原理

对于单方程多元线性计量经济模型，其参数估计就是利用样本数据推断模

型结构参数的估计值。尽管有多种参数估计方法，但最小二乘法是应用最普遍的一种参数估计方法。

一、普通最小二乘法的基本原理

下面先利用一元线性计量经济模型介绍普通最小二乘法的基本原理，然后将其推广到多元线性计量经济模型。

假设一元线性计量经济模型为

$$Y = \beta_0 + \beta_1 X + \mu \tag{2-6}$$

如果已经取得样本观测值 $x_i, y_i (i=1,2,\cdots,n)$，每一个样本$(x_i, y_i)$对应平面直角坐标系中的一个点，所有这些样本观测值构成平面直角坐标系中的一个散点图（如图 2-1 中所有小圆点构成），那么如何确定回归方程 $\hat{Y} = \hat{\beta}_0 + \hat{\beta}_1 X$ 呢？就是用一个直线去拟合这些样本点，这条线是由参数 $\hat{\beta}_0$ 和 $\hat{\beta}_1$ 决定的。也就是说 $\hat{\beta}_0$ 和 $\hat{\beta}_1$ 值为多少能使回归方程 $\hat{Y} = \hat{\beta}_0 + \hat{\beta}_1 X$ 尽量接近各个样本点，对接近程度的度量就构成了各种拟合准则。

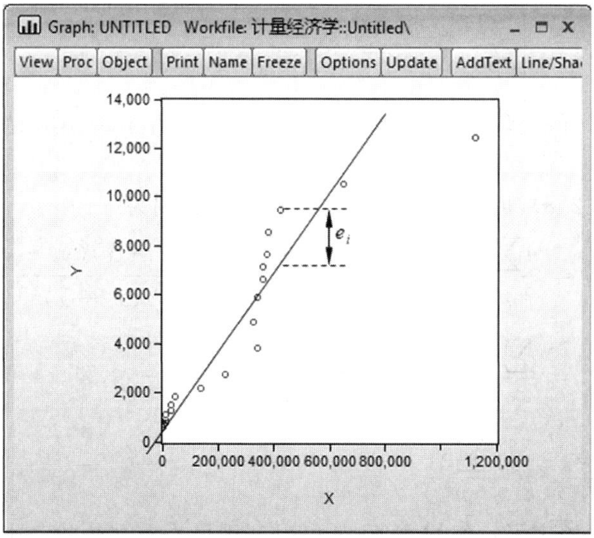

图 2-1 被解释变量 Y 与解释变量 X 的散点图、回归方程与残差示意图

假设参数估计值为 $\hat{\beta}_0$ 和 $\hat{\beta}_1$，对于回归方程

$$\hat{y}_i = \hat{\beta}_0 + \hat{\beta}_1 x_i \quad (i=1,2,\cdots,n)$$

其中，$\hat{y}_i$ 为被解释变量样本值 y_i 的估计值，被解释变量样本值与估计值之差记为残差 e_i，即

$$e_i = y_i - \hat{y}_i = y_i - (\hat{\beta}_0 + \hat{\beta}_1 x_i) \quad (i=1,2,\cdots,n)$$

回归方程和残差如图 2-1 所示,残差反映了被解释变量的样本值与估计值的接近程度。由于残差可正可负,简单求和有可能将很大的误差抵消,所以采用残差平方和

$$Q = \sum_{i=1}^{n} e_i^2 = \sum_{i=1}^{n} (y_i - \hat{\beta}_0 - \hat{\beta}_1 x_i)^2 \tag{2-7}$$

反映被解释变量的实际值与估计值的接近程度。

从残差平方和的角度看,最好的拟合应该使残差平方和达到最小,记作

$$\min Q = \min \sum_{i=1}^{n} e_i^2 = \min \sum_{i=1}^{n} (y_i - \hat{\beta}_0 - \hat{\beta}_1 x_i)^2$$

因此,对于一元线性计量经济模型,普通最小二乘法的基本原理就是 $\hat{\beta}_0$ 和 $\hat{\beta}_1$ 如何取值使残差平方和 Q 达到最小。如何求出结构参数的估计值呢?残差平方和 Q 是结构参数 $\hat{\beta}_0$ 和 $\hat{\beta}_1$ 的函数,求式(2-7)关于 $\hat{\beta}_0$ 和 $\hat{\beta}_1$ 的偏导数,并令一阶偏导数等于 0,得到

$$\begin{cases} \dfrac{\partial Q}{\partial \hat{\beta}_0} = -2\sum_{i=1}^{n}(y_i - \hat{\beta}_0 - \hat{\beta}_1 x_i) = 0 \\ \dfrac{\partial Q}{\partial \hat{\beta}_1} = -2\sum_{i=1}^{n} x_i(y_i - \hat{\beta}_0 - \hat{\beta}_1 x_i) = 0 \end{cases} \tag{2-8}$$

解方程组(2-8),可得到 $\hat{\beta}_0$ 和 $\hat{\beta}_1$ 的估计值分别为

$$\hat{\beta}_1 = \frac{n\sum x_i y_i - \sum x_i \sum y_i}{n\sum x_i^2 - (\sum x_i)^2} = \frac{\sum (x_i - \bar{x})(y_i - \bar{y})}{\sum (x_i - \bar{x})^2}$$

$$\hat{\beta}_0 = \frac{\sum x_i^2 \sum y_i - \sum x_i \sum x_i y_i}{n\sum x_i^2 - (\sum x_i)^2} = \bar{y} - \hat{\beta}_1 \bar{x}$$

式中,$\bar{x} = \dfrac{\sum x_i}{n}$,$\bar{y} = \dfrac{\sum y_i}{n}$。

因此,只要给定了一组样本值,就可以利用最小二乘法的基本原理估计出模型参数,从而得到经济变量之间关系的定量描述。需要说明的是,上节给出了模型的一系列假设,实际上从严格意义上说,这些假设并不是针对模型的,而是针对参数估计方法的,或者说得到的参数估计结果是否满足估计量的特性问题。

二、正规方程组

对于一元线性模型,利用普通最小二乘法的基本原理,通过对残差平方和求

偏导数得出一个重要的结论，即得到一组方程为

$$\begin{cases} \sum_{i=1}^{n}[y_i-(\hat{\beta}_0+\hat{\beta}_1 x_i)]=0 \\ \sum_{i=1}^{n}x_i[y_i-(\hat{\beta}_0+\hat{\beta}_1 x_i)]=0 \end{cases} \tag{2-9}$$

将这组方程称为正规方程组。根据一元线性模型正规方程组所体现的模型结构、解释变量等方面的特征，正规方程组可推广到二元及多元线性计量经济模型中。假设二元线性计量经济模型为

$$Y=\beta_0+\beta_1 X+\beta_2 P+\mu$$

其正规方程组应是

$$\begin{cases} \sum[y_i-(\hat{\beta}_0+\hat{\beta}_1 x_i+\hat{\beta}_2 p_i)]=0 \\ \sum x_i[y_i-(\hat{\beta}_0+\hat{\beta}_1 x_i+\hat{\beta}_2 p_i)]=0 \\ \sum p_i[y_i-(\hat{\beta}_0+\hat{\beta}_1 x_i+\hat{\beta}_2 p_i)]=0 \end{cases}$$

因此，对于单方程多元线性计量经济模型

$$Y=\beta_0+\beta_1 X_1+\beta_2 X_2+\cdots+\beta_k X_k+\mu$$

其正规方程组为

$$\begin{cases} \sum[y_i-(\hat{\beta}_0+\hat{\beta}_1 x_{1i}+\cdots+\hat{\beta}_k x_{ki})]=0 \\ \sum x_{1i}[y_i-(\hat{\beta}_0+\hat{\beta}_1 x_{1i}+\cdots+\hat{\beta}_k x_{ki})]=0 \\ \cdots\cdots \\ \sum x_{ki}[y_i-(\hat{\beta}_0+\hat{\beta}_1 x_{1i}+\cdots+\hat{\beta}_k x_{ki})]=0 \end{cases} \tag{2-10}$$

需要说明的是，多元线性计量经济模型的正规方程组也可以通过残差平方和对各结构参数求偏导数得到，每一个结构参数对应正规方程组中一个方程；若模型没有常数项，则正规方程组(2-10)中就没有第一个方程；另外，通过求解正规方程组(2-10)能够得到单方程多元线性计量经济模型的参数估计式，由于比较复杂，这种描述方式的参数估计式不再讨论。

正规方程组(2-10)还可以表示为

$$\begin{cases} \sum(y_i-\hat{y}_i)=0 \\ \sum x_{1i}(y_i-\hat{y}_i)=0 \\ \cdots\cdots \\ \sum x_{ki}(y_i-\hat{y}_i)=0 \end{cases}，即 \begin{cases} \sum e_i=0 \\ \sum x_{1i}e_i=0 \\ \cdots\cdots \\ \sum x_{ki}e_i=0 \end{cases} \tag{2-11}$$

若记 $\boldsymbol{e}=(e_1 \quad e_2 \quad \cdots \quad e_n)'$，且

$$\begin{pmatrix} \sum e_i \\ \sum x_{1i}e_i \\ \vdots \\ \sum x_{ki}e_i \end{pmatrix} = \begin{pmatrix} 1 & 1 & \cdots & 1 \\ x_{11} & x_{12} & \cdots & x_{1n} \\ \vdots & \vdots & & \vdots \\ x_{k1} & x_{k2} & \cdots & x_{kn} \end{pmatrix} \begin{pmatrix} e_1 \\ e_2 \\ \vdots \\ e_n \end{pmatrix} = \boldsymbol{X}'\boldsymbol{e}$$

则

$$\boldsymbol{X}'\boldsymbol{e} = \boldsymbol{0} \tag{2-12}$$

第三节　单方程多元线性模型的参数估计

参数估计是计量经济学方法分析经济问题最重要的过程之一，这是因为没有参数估计值，就无法借助模型分析客观经济问题。模型的参数估计包括两个方面的内容：一是对反映变量之间经济关系的结构参数的估计，即估计模型中解释变量的系数；二是对模型中随机误差项分布参数的估计，根据对随机误差项所作的一系列假设，即随机误差项服从零均值、同方差的正态分布，分布参数指随机误差项的方差。

一、结构参数估计

根据普通最小二乘法的基本原理，对于多元线性计量经济模型，从其正规方程组可以看出，求解该正规方程组是比较复杂的。为此，下面用矩阵形式描述参数估计的方法。

一般地，对于多元线性计量经济模型

$$\boldsymbol{Y} = \boldsymbol{X}\boldsymbol{B} + \boldsymbol{U} \tag{2-13}$$

设 $\boldsymbol{B}$ 的估计值为 $\hat{\boldsymbol{B}}$（结构参数的估计值），则 $\boldsymbol{Y}$ 的估计值为

$$\hat{\boldsymbol{Y}} = \boldsymbol{X}\hat{\boldsymbol{B}}$$

各样本点的残差用向量可表示为

$$\boldsymbol{e} = \boldsymbol{Y} - \hat{\boldsymbol{Y}}，即 \begin{pmatrix} e_1 \\ e_2 \\ \vdots \\ e_n \end{pmatrix} = \begin{pmatrix} y_1 \\ y_2 \\ \vdots \\ y_n \end{pmatrix} - \begin{pmatrix} \hat{y}_1 \\ \hat{y}_2 \\ \vdots \\ \hat{y}_n \end{pmatrix} \tag{2-14}$$

那么

$$\boldsymbol{Y}=\hat{\boldsymbol{Y}}+\boldsymbol{e}$$

$$\boldsymbol{Y}=\boldsymbol{X}\hat{\boldsymbol{B}}+\boldsymbol{e}$$

$$\boldsymbol{X}'\boldsymbol{Y}=\boldsymbol{X}'\boldsymbol{X}\hat{\boldsymbol{B}}+\boldsymbol{X}'\boldsymbol{e}$$

由式(2-12)知 $\boldsymbol{X}'\boldsymbol{e}=\boldsymbol{0}$,则

$$\boldsymbol{X}'\boldsymbol{Y}=\boldsymbol{X}'\boldsymbol{X}\hat{\boldsymbol{B}}$$

$$\hat{\boldsymbol{B}}=(\boldsymbol{X}'\boldsymbol{X})^{-1}\boldsymbol{X}'\boldsymbol{Y} \tag{2-15}$$

式(2-15)就是单方程多元线性计量经济模型的参数估计式,参数估计式的推导过程是通过正规方程组的结论给出的。若直接根据最小二乘法原理推导,也就是通过残差平方和求导数,过程如下:

$$Q=\sum_{i=1}^{n}e_i^2=e_1^2+e_2^2+\cdots+e_n^2=\boldsymbol{e}'\boldsymbol{e}$$

则

$$\begin{aligned}\boldsymbol{Q}&=(\boldsymbol{Y}-\hat{\boldsymbol{Y}})'(\boldsymbol{Y}-\hat{\boldsymbol{Y}})\\&=(\boldsymbol{Y}-\boldsymbol{X}\hat{\boldsymbol{B}})'(\boldsymbol{Y}-\boldsymbol{X}\hat{\boldsymbol{B}})\\&=\boldsymbol{Y}'\boldsymbol{Y}-\hat{\boldsymbol{B}}'\boldsymbol{X}'\boldsymbol{Y}-\boldsymbol{Y}'\boldsymbol{X}\hat{\boldsymbol{B}}+\hat{\boldsymbol{B}}'\boldsymbol{X}'\boldsymbol{X}\hat{\boldsymbol{B}}\\&=\boldsymbol{Y}'\boldsymbol{Y}-2\hat{\boldsymbol{B}}'\boldsymbol{X}'\boldsymbol{Y}+\hat{\boldsymbol{B}}'\boldsymbol{X}'\boldsymbol{X}\hat{\boldsymbol{B}}\end{aligned}$$

为了使残差平方和达到最小,对 $\hat{\boldsymbol{B}}$ 求偏导数,并令一阶偏导数等于0,得到

$$\frac{\partial \boldsymbol{Q}}{\partial \hat{\boldsymbol{B}}'}=\frac{\partial}{\partial \hat{\boldsymbol{B}}'}(\boldsymbol{Y}'\boldsymbol{Y}-2\hat{\boldsymbol{B}}'\boldsymbol{X}'\boldsymbol{Y}+\hat{\boldsymbol{B}}'\boldsymbol{X}'\boldsymbol{X}\hat{\boldsymbol{B}})=-2\boldsymbol{X}'\boldsymbol{Y}+2\boldsymbol{X}'\boldsymbol{X}\hat{\boldsymbol{B}}=0$$

即

$$\boldsymbol{X}'\boldsymbol{Y}=\boldsymbol{X}'\boldsymbol{X}\hat{\boldsymbol{B}}$$

$$\hat{\boldsymbol{B}}=(\boldsymbol{X}'\boldsymbol{X})^{-1}\boldsymbol{X}'\boldsymbol{Y}$$

显然,虽然推导过程不同,但都是基于残差平方和最小的基本原理即普通最小二乘法基本原理,得到了相同的单方程多元线性计量经济模型的参数估计式,如式(2-15)所示。因此,只要解释变量和被解释变量都取得了足够的样本,即 $\boldsymbol{X}$、$\boldsymbol{Y}$ 矩阵中有样本数据,根据参数估计式就可得到单方程多元线性计量经济模型结构参数的估计值。

参数估计式(2-15)是一个通用的参数估计式,不论有无常数项或者不论有多少个解释变量,都可以用式(2-15)估计结构参数,这种通用性是通过解释变量样本矩阵 $\boldsymbol{X}$ 来体现的。因此,一定要注意 $\boldsymbol{X}$、$\boldsymbol{Y}$ 样本矩阵的表示方法,按前述定义有

$$\boldsymbol{Y}=\begin{pmatrix}y_1\\y_2\\\vdots\\y_n\end{pmatrix},\ \boldsymbol{X}=\begin{pmatrix}1&x_{11}&x_{21}&\cdots&x_{k1}\\1&x_{12}&x_{22}&\cdots&x_{k2}\\\vdots&\vdots&\vdots&&\vdots\\1&x_{1n}&x_{2n}&\cdots&x_{kn}\end{pmatrix}$$

二、分布参数估计

根据计量经济模型的基本假设

$$\mu_i \sim N(0, \sigma_\mu^2)$$

即随机误差项服从零均值、同方差的正态分布，而方差 σ_μ^2 具体是多少呢？确定随机误差项的分布参数，是研究结构参数估计值的分布特征及被解释变量的分布特征的基础。在实际经济问题研究中，总体方差往往是未知的，因此，确定方差 σ_μ^2 的估计值就成为计量经济学参数估计的另一个重要任务。那么 σ_μ^2 的估计值是多少呢？可以证明

$$\hat{\sigma}_\mu^2 = \frac{\boldsymbol{e}'\boldsymbol{e}}{n-k-1}$$

根据式(2-14)有

$$\begin{aligned}
\boldsymbol{e} &= \boldsymbol{Y} - \hat{\boldsymbol{Y}} \\
&= \boldsymbol{XB} + \boldsymbol{U} - \boldsymbol{X}\hat{\boldsymbol{B}} \\
&= \boldsymbol{XB} + \boldsymbol{U} - \boldsymbol{X}(\boldsymbol{X}'\boldsymbol{X})^{-1}\boldsymbol{X}'\boldsymbol{Y} \\
&= \boldsymbol{XB} + \boldsymbol{U} - \boldsymbol{X}(\boldsymbol{X}'\boldsymbol{X})^{-1}\boldsymbol{X}'(\boldsymbol{XB} + \boldsymbol{U}) \\
&= \boldsymbol{XB} + \boldsymbol{U} - \boldsymbol{X}(\boldsymbol{X}'\boldsymbol{X})^{-1}\boldsymbol{X}'\boldsymbol{XB} - \boldsymbol{X}(\boldsymbol{X}'\boldsymbol{X})^{-1}\boldsymbol{X}'\boldsymbol{U} \\
&= \boldsymbol{U} - \boldsymbol{X}(\boldsymbol{X}'\boldsymbol{X})^{-1}\boldsymbol{X}'\boldsymbol{U} \\
&= [\boldsymbol{I} - \boldsymbol{X}(\boldsymbol{X}'\boldsymbol{X})^{-1}\boldsymbol{X}']\boldsymbol{U}
\end{aligned}$$

记 $\boldsymbol{M} = \boldsymbol{I} - \boldsymbol{X}(\boldsymbol{X}'\boldsymbol{X})^{-1}\boldsymbol{X}'$，$\boldsymbol{M}$ 为幂等矩阵。根据幂等矩阵的有关性质有

$$\boldsymbol{M}' = \boldsymbol{M},\ \boldsymbol{MM} = \boldsymbol{M}$$

那么

$$\boldsymbol{e}'\boldsymbol{e} = (\boldsymbol{MU})'\boldsymbol{MU} = \boldsymbol{U}'\boldsymbol{M}'\boldsymbol{MU} = \boldsymbol{U}'\boldsymbol{MU}$$

取期望

$$E(\boldsymbol{e}'\boldsymbol{e}) = E\{\boldsymbol{U}'\boldsymbol{MU}\}$$

又 $\boldsymbol{U}'\boldsymbol{MU}$ 为一阶矩阵，根据矩阵迹的含义有

$$\boldsymbol{U}'\boldsymbol{MU} = \mathrm{tr}(\boldsymbol{U}'\boldsymbol{MU})$$

$$\begin{aligned}
E(\boldsymbol{e}'\boldsymbol{e}) &= E[\mathrm{tr}(\boldsymbol{U}'\boldsymbol{MU})] = E[\mathrm{tr}(\boldsymbol{MUU}')] = \mathrm{tr}[E(\boldsymbol{MUU}')] \\
&= \mathrm{tr}[\boldsymbol{M}E(\boldsymbol{UU}')] = \mathrm{tr}[\boldsymbol{M}\sigma_\mu^2\boldsymbol{I}] = \sigma_\mu^2\mathrm{tr}(\boldsymbol{M})
\end{aligned}$$

即

$$E(\boldsymbol{e}'\boldsymbol{e}) = \sigma_\mu^2\mathrm{tr}[\boldsymbol{I} - \boldsymbol{X}(\boldsymbol{X}'\boldsymbol{X})^{-1}\boldsymbol{X}'] = \sigma_\mu^2\{\mathrm{tr}\boldsymbol{I} - \mathrm{tr}[\boldsymbol{X}(\boldsymbol{X}'\boldsymbol{X})^{-1}\boldsymbol{X}']\}$$

$$=\sigma_{\mu}^{2}\{n-\mathrm{tr}[\boldsymbol{X}'\boldsymbol{X}(\boldsymbol{X}'\boldsymbol{X})^{-1}]\}=\sigma_{\mu}^{2}[n-(k+1)]$$

则
$$E(\frac{\boldsymbol{e}'\boldsymbol{e}}{n-k-1})=\sigma_{\mu}^{2}$$

根据无偏性的特征:估计值的数学期望等于待估参数,当随机误差项方差的估计值

$$\hat{\sigma}_{\mu}^{2}=\frac{\boldsymbol{e}'\boldsymbol{e}}{n-k-1} \tag{2-16}$$

满足无偏性要求,即 $E(\hat{\sigma}_{\mu}^{2})=\sigma_{\mu}^{2}$。

式(2-16)中 $n-k-1$ 为残差平方和的自由度。

【例 2-1】 住房是衡量人民生活状况的重要指标,我国住房的商品化改革关系到民生问题,而政府财政收入也在房地产产业中收获颇多,目前来看各地的房地产市场已经进入温和发展的状态。为此,建立以住宅销售为研究对象的计量经济模型,以住宅销售面积为被解释变量,选择国内生产总值、就业人口、城镇居民人均可支配收入和住宅销售价格为解释变量,样本数据如表 2-1 所列。

表 2-1　住宅销售面积及相关影响因素统计数据

年份	住宅销售面积/万 m^2	国内生产总值/亿元	就业人口/万人	城镇居民人均可支配收入/元	住宅销售价格/(元/m^2)
1998	10 827.10	85 195.5	70 637	5 425	1 854
1999	12 997.87	90 564.4	71 394	5 854	1 857
2000	16 570.28	100 280.1	72 085	6 256	1 948
2001	19 938.75	110 863.1	72 797	6 824	2 017
2002	23 702.31	121 717.4	73 280	7 652	2 092
2003	29 778.85	137 422.0	73 736	8 406	2 197
2004	33 819.89	161 840.2	74 264	9 335	2 608
2005	49 587.83	187 318.9	74 647	10 382	2 937
2006	55 422.95	219 438.5	74 978	11 620	3 119
2007	70 135.88	270 092.3	75 321	13 603	3 645
2008	59 280.35	319 244.6	75 564	15 549	3 576
2009	86 184.89	348 517.7	75 828	16 901	4 459
2010	93 376.60	412 119.3	76 105	18 779	4 725
2011	96 528.41	487 940.2	76 420	21 427	4 993
2012	98 467.51	538 580.0	76 704	24 127	5 430
2013	105 187.79	592 963.2	76 977	26 467	5 850
2014	112 412.29	643 563.1	77 253	28 844	5 933
2015	115 722.69	688 858.2	77 451	31 195	6 473

表 2-1(续)

年份	住宅销售面积/万 m^2	国内生产总值/亿元	就业人口/万人	城镇居民人均可支配收入/元	住宅销售价格/(元/m^2)
2016	137 539.93	746 395.1	77 603	33 616	7 203
2017	144 788.77	832 035.9	77 640	36 396	7 614
2018	147 929.42	919 281.1	77 586	39 251	8 544

若线性计量经济模型为

$$AS=\beta_0+\beta_1 GDP+\beta_2 EP+\beta_3 PI+\beta_4 P+\mu$$

模型中,AS 为住宅销售面积;GDP 为国内生产总值;EP 为就业人口;PI 为城镇居民人均可支配收入;P 为住宅销售价格。

模型参数估计结果如图 2-2 所示,则回归模型为

$$\hat{AS}=-488\ 755.5+0.062GDP+6.618EP-2.21PI+18.79P$$

$$\bar{R}^2=0.989$$

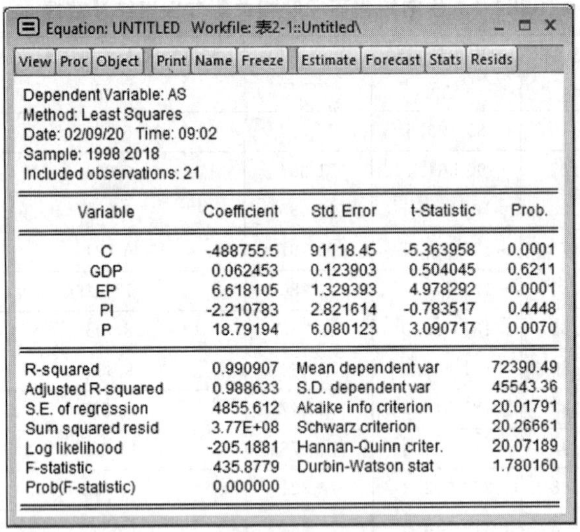
Equation: UNTITLED Workfile: 表2-1::Untitled\

View Proc Object Print Name Freeze Estimate Forecast Stats Resids

Dependent Variable: AS
Method: Least Squares
Date: 02/09/20 Time: 09:02
Sample: 1998 2018
Included observations: 21

Variable	Coefficient	Std. Error	t-Statistic	Prob.
C	-488755.5	91118.45	-5.363958	0.0001
GDP	0.062453	0.123903	0.504045	0.6211
EP	6.618105	1.329393	4.978292	0.0001
PI	-2.210783	2.821614	-0.783517	0.4448
P	18.79194	6.080123	3.090717	0.0070

R-squared	0.990907	Mean dependent var	72390.49
Adjusted R-squared	0.988633	S.D. dependent var	45543.36
S.E. of regression	4855.612	Akaike info criterion	20.01791
Sum squared resid	3.77E+08	Schwarz criterion	20.26661
Log likelihood	-205.1881	Hannan-Quinn criter.	20.07189
F-statistic	435.8779	Durbin-Watson stat	1.780160
Prob(F-statistic)	0.000000		

图 2-2 住宅销售模型参数估计结果

由参数估计结果可以看出,尽管回归模型的拟合优度很高,但模型中城镇居民人均可支配收入及住宅销售价格的结构参数的经济意义不合理:收入的增加应该能带来住宅销售面积的增加,可支配收入的结构参数为负表明随着收入的增加住宅销售面积反而减少;住宅销售价格的上升在正常情况下应能引起住宅销售面积的减少,住宅销售价格的结构参数为正也与实际经济环境难以吻合。

因此，该回归模型并不理想。在这里只是作为单方程多元线性计量经济模型参数估计的一个例子，模型经参数估计后还需要进行相关检验，在后面有关内容的讨论中将对该模型进一步优化和调整完善，从而使模型具有合理的经济解释，以便用于分析住宅销售受各因素影响的程度。

三、估计值的性质及样本容量问题

1. 估计值的性质

目前，参数估计有多种方法，对于相同模型、相同样本采用不同的估计方法，可能得到不同的参数估计值。那么究竟采用哪种估计方法好呢？这就涉及用什么标准来评价估计值的问题。

（1）无偏性

根据数理统计的有关知识，若估计值 θ 的数学期望等于未知参数的真值，即

$$E(\hat{\theta})=\theta$$

则称 $\hat{\theta}$ 为 θ 的满足无偏性准则的估计值，也就是说 $\hat{\theta}$ 是 θ 的无偏估计。

无偏性实际上是指对于一个估计值，屡次变更数据并反复求估计值后，估计值的平均数与真值相一致，即尽管 $\hat{\theta}$ 有时比 θ 大，有时比 θ 小，但总体来看，它的“平均值”就是 θ。在多元线性模型满足基本假设的情况下，用普通最小二乘法所得到的参数估计值具有无偏性。

$$\begin{aligned}E(\hat{\boldsymbol{B}})&=E[(\boldsymbol{X}'\boldsymbol{X})^{-1}\boldsymbol{X}'\boldsymbol{Y}]=E[(\boldsymbol{X}'\boldsymbol{X})^{-1}\boldsymbol{X}'(\boldsymbol{XB}+\boldsymbol{U})]\\&=E[\boldsymbol{B}+(\boldsymbol{X}'\boldsymbol{X})^{-1}\boldsymbol{X}'\boldsymbol{U}]=\boldsymbol{B}\end{aligned}$$

这里利用了解释变量与随机误差项不相关的假设。

（2）有效性

无偏性只考虑估计值的平均结果是否等于待估参数的真值，而不考虑每个估计值与待估参数的真值之间偏差大小和分散程度。在实际问题中，不仅希望估计值是无偏的，更希望估计值的偏差尽可能地小。

设 $\hat{\theta}_1$，$\hat{\theta}_2$ 为 θ 的两个无偏估计值，若 $\hat{\theta}_1$ 的方差小于 $\hat{\theta}_2$ 的方差，即

$$D(\hat{\theta}_1)<D(\hat{\theta}_2)$$

则称 $\hat{\theta}_1$ 是较 $\hat{\theta}_2$ 有效的估计值。

在多元线性模型满足基本假设的情况下，用普通最小二乘法得到的参数估计值的协方差矩阵为

$$\begin{aligned}\mathrm{Cov}(\hat{\boldsymbol{B}})&=E\{[\hat{\boldsymbol{B}}-E(\hat{\boldsymbol{B}})][\hat{\boldsymbol{B}}-E(\hat{\boldsymbol{B}})]'\}=E[(\hat{\boldsymbol{B}}-\boldsymbol{B})(\hat{\boldsymbol{B}}-\boldsymbol{B})']\\&=E\{[(\boldsymbol{X}'\boldsymbol{X})^{-1}\boldsymbol{X}'(\boldsymbol{XB}+\boldsymbol{U})-\boldsymbol{B}][(\boldsymbol{X}'\boldsymbol{X})^{-1}\boldsymbol{X}'(\boldsymbol{XB}+\boldsymbol{U})-\boldsymbol{B}]'\}\end{aligned}$$

$$=E[(\boldsymbol{X'X})^{-1}\boldsymbol{X'UU'X}(\boldsymbol{X'X})^{-1}]$$
$$=(\boldsymbol{X'X})^{-1}\boldsymbol{X'E}(\boldsymbol{UU'})\boldsymbol{X}(\boldsymbol{X'X})^{-1}$$
$$=\sigma_\mu^2(\boldsymbol{X'X})^{-1}$$

即

$$\text{Cov}(\hat{\boldsymbol{B}}) = \sigma_\mu^2\,(\boldsymbol{X'X})^{-1} \qquad (2\text{-}17)$$

式(2-17)表示结构参数估计值的协方差矩阵。$\sigma_\mu^2\,(\boldsymbol{X'X})^{-1}$ 的主对角线元素对应估计值 $\hat{\beta}_i$ 的方差,即 $\text{Var}(\hat{\beta}_i)$;非主对角线元素为结构参数估计值之间的协方差,如 $\text{Cov}(\hat{\beta}_1,\hat{\beta}_2)$。可以证明,$\text{Var}(\hat{\beta}_i)$是所有无偏估计值方差中最小的,所以该参数估计值具有有效性,也称为最小方差性。

若采用其他估计方法估计参数,参数估计值在小样本下不完全具有无偏性和有效性,但随着样本容量的增加,参数估计值具有渐近无偏性和渐近有效性,也将这种统计特性称为一致性。

2. 样本容量的确定

前面的讨论都是在假设样本容量 n 已知的条件下进行的。但在实际问题研究中,能否取得足够多的样本呢?样本的取得,一方面依赖于统计资料,另一方面也可能依赖于调查方案和抽样调查获得的数据,抽样数目的多少直接影响着调查工作量与抽样误差。样本数目小,抽样误差增大,统计推断就会失去价值。所以,如何确定样本容量,使之既能满足模型参数估计和分析的需要,又能保证样本的质量。

确定样本容量需要从两个方面来考虑:

(1) 最小的样本容量。在普通最小二乘法参数估计式中,要求矩阵 $\boldsymbol{X'X}$ 为 $k+1$ 阶满秩矩阵,即样本容量不少于模型中结构参数的个数,也就是说必须满足条件:$n\geqslant k+1$。

(2) 参数估计质量的要求。样本容量较少所得到的参数估计值的稳定性可能不好,并且统计检验也需要样本容量足够大,如 t 检验在 $n\geqslant k+8$ 时,t 分布较为稳定,分布变化缓慢,检验才较为有效。

当然,若样本容量 $n\geqslant 30$ 或者更大,并能够保证样本质量的要求,这更有利于参数估计值的稳定性。

第四节 统计检验与置信区间

通过参数估计,回归模型初步确定了,但模型能否真实地反映客观经济现象,模型的可靠性如何,直接关系到模型能否应用于客观经济问题分析。例如在某一个问题的研究中，我们只不过是根据定性分析假设解释变量 $X_1, X_2, \cdots, X_k$ 与被解释变量 Y 之间存在线性关系，假设解释变量 $X_1, X_2, \cdots, X_k$ 对被解释变量 Y 有比较大的影响，因而采用普通最小二乘法进行参数估计，拟合被解释变量与解释变量之间的线性关系。那么，如果假设不成立会出现什么结果？因此，首先要对模型的拟合状况及显著性问题进行检验。

一、拟合优度检验

计量经济学方法是因果分析方法，就是用回归模型来描述经济变量之间定量的因果关系。该回归模型（回归方程）能否比较好地解释因果关系，就要看样本点是否落在回归方程上。换句话说，拟合优度就是反映回归方程对样本观测值的拟合程度。

1. 统计量的特征

拟合优度是对样本点与回归方程接近程度的评判标准，若所有样本点都能落在回归方程上将是最满意的结果，但在现实中几乎是不可能的；反过来说，若能使残差平方和越小则越好。一般地，对于回归模型

$$\hat{Y} = \hat{\beta}_0 + \hat{\beta}_1 X_1 + \cdots + \hat{\beta}_k X_k$$

若 y_i 为第 i 个样本点被解释变量的样本观测值（样本值）；$\hat{y}_i$ 为第 i 个样本点被解释变量的估计值（回归值）；$\bar{y}_i$ 为被解释变量的样本平均值，于是定义

$$TSS = \sum (y_i - \bar{y})^2$$

$$ESS = \sum (\hat{y}_i - \bar{y})^2$$

$$RSS = \sum (y_i - \hat{y}_i)^2$$

TSS 为总离差平方和（Total Sum of Squares），反映了被解释变量样本观测值与样本平均值的总偏差的大小；

ESS 为回归平方和（Explained Sum of Squares），表示已经被解释变量解释的部分，反映了解释变量 $X_1, X_2, \cdots, X_k$ 的变化所引起的被解释变量 Y 的波动；

RSS 为残差平方和（Residual Sum of Squares），是被解释变量的样本值与估计值之间的离差平方和，它是由随机因素及观测误差等原因引起的，它的大小反映了随机因素及观测误差对被解释变量 Y 的影响。

$$\begin{aligned} TSS &= \sum (y_i - \bar{y})^2 \\ &= \sum [(y_i - \hat{y}_i) + (\hat{y}_i - \bar{y})]^2 \\ &= \sum (y_i - \hat{y}_i)^2 + 2\sum (y_i - \hat{y}_i)(\hat{y}_i - \bar{y}) + \sum (\hat{y}_i - \bar{y})^2 \end{aligned}$$

其中

$$
\begin{aligned}
&\sum(y_i-\hat{y}_i)(\hat{y}_i-\bar{y})\\
&=\sum\hat{y}_i(y_i-\hat{y}_i)-\bar{y}\sum(y_i-\hat{y}_i)\\
&=\sum(\hat{\beta}_0+\hat{\beta}_1x_{1i}+\cdots+\hat{\beta}_kx_{ki})(y_i-\hat{y}_i)-\bar{y}\sum(y_i-\hat{y}_i)\\
&=(\hat{\beta}_0-\bar{y})\sum(y_i-\hat{y}_i)+\hat{\beta}_1\sum x_{1i}(y_i-\hat{y}_i)+\cdots+\hat{\beta}_k\sum x_{ki}(y_i-\hat{y}_i)
\end{aligned}
$$

将正规方程组(2-11),即

$$
\begin{cases}
\sum(y_i-\hat{y}_i)=0\\
\sum x_{1i}(y_i-\hat{y}_i)=0\\
\cdots\cdots\\
\sum x_{ki}(y_i-\hat{y}_i)=0
\end{cases}
$$

代入上式有 $\sum(y_i-\hat{y}_i)(\hat{y}_i-\bar{y})=0$,则

$$TSS=\sum(y_i-\hat{y}_i)^2+\sum(\hat{y}_i-\bar{y})^2$$

即

$$TSS=RSS+ESS \tag{2-18}$$

并且,各统计量的自由度也存在如下关系:

$$(n-1)=(n-k-1)+k$$

为什么 RSS 的自由度是 $n-k-1$? RSS 表示 $e_1,e_2,\cdots,e_n$ 的平方和,而 $e_1,e_2,\cdots,e_n$ 存在 $k+1$ 个相互独立的线性约束条件,这 $k+1$ 个相互独立的线性约束条件恰好就是 $k+1$ 个方程组成的正规方程组。因此,RSS 的自由度是 $n-k-1$。

需要指出的是,采用普通最小二乘法估计模型的参数,总离差平方和一定等于回归平方和与残差平方和之和吗?也就是说 $TSS=RSS+ESS$ 吗? 如果模型不含常数项(模型中可以没有常数项),$\sum(y_i-\hat{y}_i)\neq 0$,$TSS=RSS+ESS$ 就不成立,而存在一定的误差。

2. 拟合优度的指标

一个好的模型应该比较好地拟合样本观测值,因此,在总离差平方和(TSS)中,回归平方和(ESS)所占的比例越大,说明已经被解释变量解释的部分越多,则残差平方和(RSS)所占的比例就越小,模型的拟合效果就越好。所以可以选择回归平方和与总离差平方和的接近程度作为评判模型拟合优度的标准,即

$$R^2=\frac{ESS}{TSS}=1-\frac{RSS}{TSS} \tag{2-19}$$

R^2 称为样本的可决系数，可用 R^2 检验回归模型与样本观测值的拟合程度。

据式(2-18)和式(2-19)可以确定

$$0\leqslant R^2\leqslant 1$$

如果 $R^2=1$，表示回归模型与样本观测值完全拟合。完全拟合是一种极端情况，在客观经济问题研究中几乎不可能出现。很显然，R^2 越接近于1，模型的拟合程度越高。

可决系数 R^2 有一个重要的特征：一般认为它是解释变量个数的递增函数。也就是说随着模型中解释变量个数的增加，样本可决系数 R^2 也增大，在实际应用中就容易引起一种错觉：解释变量个数越多，模型拟合效果越好。在实际问题分析中，有些解释变量对于被解释变量的影响较小，增加这些解释变量对于减小残差平方和作用不大，而在样本容量一定的情况下，增加解释变量必定增加待估参数的个数，从而减少了残差平方和的自由度，使得随机误差项方差 $\hat{\sigma}_{\mu}^2$ 的估计值增大，这将导致结构参数估计值的稳定性及被解释变量预测精度的降低。为此，可用自由度去修正可决系数，即

$$\bar{R}^2=1-\frac{RSS/(n-k-1)}{TSS/(n-1)} \tag{2-20}$$

修正的可决系数 $\bar{R}^2$ 的值小于可决系数 R^2 的值，特别是在一些特殊的情况下，修正的可决系数 $\bar{R}^2$ 可能出现负值，这种情况下定义 $\bar{R}^2=0$。另外，修正的可决系数 $\bar{R}^2$ 的值多大才算通过拟合优度检验呢？或者说模型从拟合优度角度看怎样才算满意呢？应该说要根据具体情况而定。拟合优度检验并不是检验模型优劣的唯一标准，在有些情况下，为了使模型的参数有比较合理的经济解释，甚至可以牺牲一点拟合优度。因此，通过修正的可决系数来判断模型优劣时仍需慎重。

二、回归方程的显著性检验

拟合优度检验是一种检验回归模型对样本观测值拟合程度的方法，可决系数越大，拟合优度越高，解释变量 $X_1,X_2,\cdots,X_k$ 对被解释变量 Y 的解释程度就越强。但这只是一个模糊的推测，因为对相同总体，不同样本的可决系数是不一样的。所谓回归方程的显著性检验，就是对模型中被解释变量与解释变量之间的线性关系在总体上是否显著成立做出推断。

1. 参数联合检验的基本原理

对于多元线性计量经济模型

$$Y=\beta_0+\beta_1X_1+\beta_2X_2+\cdots+\beta_kX_k+\mu$$

若检验模型中参数 $\beta_1=\beta_2=\cdots=\beta_g=0(g\leqslant k)$ 是否成立，也就是检验前 g 个参数

是否同时为0。为此，提出原假设及备择假设为

$$H_0: \beta_1 = \beta_2 = \cdots = \beta_g = 0;$$
$$H_1: \beta_1, \beta_2, \cdots, \beta_g \text{ 不全为 } 0$$

这称为参数的联合检验，原假设 H_0 意味着在原模型中施加了 g 个约束条件，模型增加约束条件后进行回归称为受约束回归(restricted regression)；与此对应，原模型无约束条件，模型不加任何约束条件的回归称为无约束回归(unrestricted regression)。估计原模型得到残差平方和 RSS；再估计有约束模型得到残差平方和 RSS_r，构造 F 统计量为

$$F = \frac{(RSS_r - RSS)/(k - k_r)}{RSS/(n-k-1)} \sim F(k - k_r, n-k-1) \tag{2-21}$$

式(2-21)中，分子的自由度 $k-k_r$ 是无约束回归和受约束回归中解释变量个数之差，可能等于约束条件个数 g。给定显著性水平 α，根据 F 统计量和临界值 $F_\alpha(k-k_r, n-k-1)$ 判断是接受还是拒绝原假设。

2. 回归方程显著性检验

对于多元线性计量经济模型

$$Y = \beta_0 + \beta_1 X_1 + \beta_2 X_2 + \cdots + \beta_k X_k + \mu$$

若模型总体的线性关系不成立，意味着模型中解释变量的系数都显著为0。为此，提出检验问题的原假设及备择假设为

$$H_0: \beta_1 = \beta_2 = \cdots = \beta_k = 0;$$
$$H_1: \text{至少有一个 } \beta_j \neq 0 \quad (j = 1, 2, \cdots, k)$$

根据原假设，相当于施加 k 个约束条件，即 $\beta_1 = \beta_2 = \cdots = \beta_k = 0$，则受约束模型可表示为

$$Y = \beta_0 + \mu$$

根据该受约束模型可以得到 $ESS_r = 0$，$k_r = 0$，则

$$RSS_r - RSS = TSS - ESS_r - RSS = TSS - RSS = ESS$$

那么据式(2-21)有

$$F = \frac{ESS/k}{RSS/(n-k-1)} \sim F(k, n-k-1) \tag{2-22}$$

因此，根据样本观测值及回归值计算统计量 F，给定显著性水平 α，查 F 分布表，得到临界值 $F_\alpha(k, n-k-1)$。若

$$F > F_\alpha(k, n-k-1)$$

则拒绝原假设 H_0，判断回归方程总体的线性关系在 $1-\alpha$ 水平下显著成立；否则，认为回归方程总体的线性关系不显著。

另外，从式(2-19)和式(2-22)可以看出，F 统计量与可决系数 R^2 都是通过

TSS、ESS 和 RSS 三个统计量计算出来的，因此 F 统计量和可决系数 R^2 的关系为

$$F=\frac{R^2(n-k-1)}{(1-R^2)k}$$

依据 F 分布的临界值可以看出，只要具有满足参数估计要求的样本容量，以及拟合优度达到一定的值，F 统计量往往较大，也就是说回归方程线性关系是显著的这一指标容易满足。

如例 2-1 回归模型中统计量 $F=435.88$，取显著性水平 $\alpha=0.05$，查 F 分布表得临界值 $F_{0.05}(4,16)=3.01$。由于

$$F=435.88>F_{0.05}(4,16)=3.01$$

因此，在 95%的置信水平下可以认为回归方程总体的线性关系是显著的。

三、解释变量的显著性检验

对于单方程多元线性计量经济模型，回归方程总体的线性关系的显著性并不意味着每个解释变量对于被解释变量的影响都是显著的。同时，我们总是希望从模型中剔除那些可有可无的解释变量，重新建立更为简洁的模型。因此，应进一步对每个解释变量相对于被解释变量的影响是否显著进行检验，以确定该解释变量是否重要、是否应保留在模型之中。

1. 检验的原理

如果某个解释变量对被解释变量的影响可以忽略不计，可以认为在模型中该解释变量的系数取值为零。因此，检验解释变量是否显著，等价于检验结构参数 $\beta_j=0$ 的假设。为此，对于多元线性计量经济模型

$$Y=\beta_0+\beta_1X_1+\beta_2X_2+\cdots+\beta_kX_k+\mu$$

原假设和备择假设分别为

$$H_0:\beta_j=0$$
$$H_1:\beta_j\neq0\quad(j=0,1,2,\cdots,k)$$

如果原假设成立，解释变量 X_j 无论如何取值都不会对被解释变量产生影响，因而解释变量 X_j 对于被解释变量的影响是不显著的。为了给出原假设的统计量，可从结构参数估计量的分布来考虑。在经典假设下，由于随机误差项 μ 服从正态分布，被解释变量 Y 也服从正态分布，结构参数 $\hat{\boldsymbol{B}}$ 是 Y 的线性函数，因此，$\hat{\boldsymbol{B}}$ 也服从正态分布。

根据无偏性的特点及结构参数 $\hat{\boldsymbol{B}}$ 的协方差矩阵，有

$$E(\hat{\boldsymbol{B}})=\boldsymbol{B}$$
$$\mathrm{Cov}(\hat{\boldsymbol{B}})=\sigma_\mu^2(\boldsymbol{X}'\boldsymbol{X})^{-1}$$

以 C_{jj} 代表 $(\boldsymbol{X'X})^{-1}$ 主对角线元素，则有

$$E(\hat{\beta}_j)=\beta_j$$

$$\mathrm{Var}(\hat{\beta}_j)=\sigma_\mu^2 C_{jj} \quad (j=0,1,2,\cdots,k)$$

所以

$$\hat{\beta}_j \sim N(\beta_j, \sigma_\mu^2 C_{jj})$$

则

$$\frac{\hat{\beta}_j-\beta_j}{\sqrt{\sigma_\mu^2 C_{jj}}} \sim N(0,1)$$

另外，由残差平方和的特性和数理统计学知识可知

$$\frac{\boldsymbol{e'e}}{\sigma_\mu^2} \sim \chi^2(n-k-1)$$

因此，构造统计量

$$t_j=\frac{\dfrac{\hat{\beta}_j-\beta_j}{\sqrt{\sigma_\mu^2 C_{jj}}}}{\sqrt{\dfrac{\boldsymbol{e'e}}{\sigma_\mu^2}\Big/(n-k-1)}}=\frac{\hat{\beta}_j-\beta_j}{\sqrt{\dfrac{\boldsymbol{e'e}}{n-k-1}C_{jj}}}=\frac{\hat{\beta}_j-\beta_j}{\sqrt{\hat{\sigma}_\mu^2 C_{jj}}} \sim t(n-k-1) \tag{2-23}$$

根据原假设 $H_0:\beta_j=0$，有

$$t_j=\frac{\hat{\beta}_j}{\sqrt{\hat{\sigma}_\mu^2 C_{jj}}}=\frac{\hat{\beta}_j}{S(\hat{\beta}_j)} \tag{2-24}$$

式中，$S(\hat{\beta}_j)$ 为 $\hat{\beta}_j$ 的标准差。因此，给定显著性水平 α，查自由度为 $n-k-1$ 的 t 分布表，得临界值 $t_{\alpha/2}(n-k-1)$。若统计量 t_j 的绝对值大于临界值，即

$$|t_j|>t_{\alpha/2}(n-k-1)$$

则拒绝原假设，认为该参数等于零的假设不成立，也就是该参数所对应的解释变量对被解释变量有显著的影响；否则，该解释变量对于被解释变量影响不显著。

2. 检验与模型的优化调整

需要进一步注意的是，根据解释变量的显著性检验，如果存在不显著的解释变量，并不一定是该解释变量对被解释变量的影响不显著，而可能是模型的设定、模型中解释变量的多重共线性等问题所引起的，可以考虑采取调整模型的形式或解释变量样本、增加样本容量等方式加以解决。

必须剔除不显著的解释变量时，如果有几个解释变量都不显著，一般应先剔除其中经济意义不合理或者显著性最差的解释变量，也就是说一次只能剔除一

个不显著的解释变量，然后重新建立模型、估计参数，再对新模型进行检验。新模型若仍有不显著的解释变量，继续剔除某解释变量或者对模型中所剔除的解释变量顺序进行调整，直到模型中解释变量都显著为止，并且参数经济意义合理、拟合优度较高。

此外，在解释变量的显著性检验中，对于各个解释变量，有的以很高的显著性水平通过检验，有的则在较低的显著性水平通过检验，特别是对于一些显著性水平稍低的解释变量，应如何对待这些解释变量呢？关键在于考察模型所表示的经济关系是否合理、模型实际应用时是否能够很好地解释客观经济现象，也就是说解释变量的显著性可以放宽一些。

检验解释变量是否显著，等价于检验某结构参数等于零的假设是否成立，那么该检验也适用于检验模型常数项是否显著为零，即通过解释变量的显著性检验可以确定模型中是否需要保留常数项。关于常数项的取舍，对于一元线性模型可以理解为没有常数项意味着回归方程强制性通过原点。因此，在常数项显著为零的情况下，剔除常数项后模型拟合优度变化不大、参数经济意义合理，所以也可以考虑不保留常数项。

继续分析例 2-1 所示模型，其回归方程及有关统计量如下

$$\widehat{AS}=-488\ 755.5+0.062GDP+6.618EP-2.21PI+18.79P$$
$$(-5.364)\quad(0.504)\quad(4.978)\quad(-0.784)\quad(3.091)$$
$$\bar{R}^2=0.989$$

回归方程下括号中数字是对应各参数的 t 统计量(括号中数字若是各参数估计值所对应的标准差，一般应注明)。若给定显著性水平 $\alpha=0.05$，查 t 分布表得临界值 $t_{0.025}(16)=2.120$。可以看出，国内生产总值、城镇居民人均可支配收入是不显著的，城镇居民人均可支配收入的 t 统计量也小于临界值，再者城镇居民人均可支配收入和住宅销售价格参数的经济意义不合理，因此，应该对模型进行调整和优化。

对于该模型，暂时不考虑模型形式的调整，也不增加样本容量，因此，调整和优化应该首先考虑剔除经济意义不合理的解释变量及显著性水平很低的解释变量，最终使回归模型有较满意的结果。经过逐步调整和优化，参数估计结果如图 2-3 所示。

住宅销售回归模型为

$$\widehat{AS}=-542\ 580+0.111GDP+7.62EP$$
$$(-5.427)\quad(10.06)\quad(5.52)$$
$$\bar{R}^2=0.983$$

Equation: UNTITLED Workfile: 表2-1::Untitled\

View | Proc | Object | Print | Name | Freeze | Estimate | Forecast | Stats | Resids

Dependent Variable: AS
Method: Least Squares
Date: 02/21/20 Time: 14:42
Sample: 1998 2018
Included observations: 21

Variable	Coefficient	Std. Error	t-Statistic	Prob.
C	-542580.0	99974.45	-5.427187	0.0000
GDP	0.111012	0.011033	10.06177	0.0000
EP	7.618915	1.380060	5.520714	0.0000

R-squared	0.984822	Mean dependent var	72390.49
Adjusted R-squared	0.983136	S.D. dependent var	45543.36
S.E. of regression	5914.386	Akaike info criterion	20.33973
Sum squared resid	6.30E+08	Schwarz criterion	20.48894
Log likelihood	-210.5671	Hannan-Quinn criter.	20.37211
F-statistic	583.9673	Durbin-Watson stat	1.033591
Prob(F-statistic)	0.000000		

图 2-3 住宅销售模型调整和优化后参数估计结果

根据 t 分布表临界值 $t_{0.025}(18)=2.101$，国内生产总值与就业人口两个解释变量都是显著的，拟合优度较高。模型中参数经济意义表明：当其他因素不变时，国内生产总值每增加 100 亿元，住宅销售面积平均增加 11.1 万 m^2；就业人口每增加 1 万人，住宅销售面积平均增加 7.62 万 m^2。可见，参数的经济意义应该说是合理的。从现实客观经济环境的实证分析来看，国内生产总值的增加，是经济持续稳定发展的重要指标，也必然带来城镇居民人均可支配收入的增加，乐观的收入预期促进住宅销售量的增加；就业人口的增加主要反映的是新增的就业人口，显然住宅是其基本生活的保障，新增就业人口将直接影响住宅销售量，不过参数估计值 7.62 偏小的原因可能在于新增的就业人口中存在一些有住宅的。该回归模型仅仅是基于表 2-1 所提供的经济变量样本数据的分析，只描述了国内生产总值及就业人口对住宅销售面积的影响，现实经济环境中可能还存在着其他一些很重要的影响因素，也就是说模型仍有待于进一步完善。

四、统计检验的进一步讨论

1. 相关统计量之间的关系

本教材中只对多元线性模型进行讨论。而对于一元线性计量经济模型，由于模型只有一个解释变量，这一重要特征意味着回归方程的拟合优度是唯一的，解释变量和被解释变量之间的相关性意味着只有唯一的解释变量系数检验问题，不存在多个解释变量系数的联合检验。因此，其相关统计量之间的关系表现在两个方面：一是从统计学角度看解释变量与被解释变量的相关关系 r 和反映回归方程拟合优度的可决系数 R 之间的关系为 $R^2=(r)^2$；二是 F 统计量和唯一的解释变量所对应的 t 统计量是完全一致的，其关系为 $F=t^2$。当然，对于多元线性计量经济模型是不存在上述关系的。

2. 关于伴随概率

方程的显著性检验、解释变量的显著性检验是在给定的显著性水平下做出判断的，显著性水平不同，检验所得出的结论也可能不同，甚至会得出相反的结论。在原假设既定、统计量已确定的情况下，显著性检验与显著性水平息息相关。

在假设检验中，经常会选择相当小的显著性水平和犯第Ⅰ类错误的概率（错误地拒绝原假设）。伴随概率就是衡量犯第Ⅰ类错误的概率，习惯上被称为 P 值。P 值越大，错误的可能性越大；P 值越小，拒绝原假设的错误性越小，也即拒绝原假设的正确性越大。

P 值多小为好呢？在显著性水平为 α 的前提下，若 $P<\alpha$，则拒绝原假设。如果 $\alpha=0.05$，意味着有 95％的把握拒绝原假设是正确的。因此，可根据某统计量的伴随概率（P 值）和所选定的显著性水平，直接判断在某显著性水平上是否拒绝原假设。

特别要强调的是，没有绝对的显著性水平，也就没有绝对的拒绝还是接受原假设的标准。如果某参数 t 统计量的伴随概率 $P=0.055\,4$，若选定 $\alpha=0.05$，不能拒绝原假设，只能说明没有 95％的把握拒绝原假设，但仍有 94％的把握拒绝原假设。因此，在检验时不需要事先设定显著性水平，只需要根据 P 值的大小判断是拒绝原假设还是接受原假设。另外，伴随概率（P 值）在众多的统计软件及假设检验中得到了普遍应用，解释变量的显著性检验、回归方程的显著性检验、异方差和序列相关检验、时间序列的平稳性检验、协整检验等假设检验都可以通过伴随概率（P 值）进行判断。

3. AIC 和 SIC 信息准则

对于多元线性计量经济模型，为了比较所含解释变量个数不同情况下的拟合优度，常用的标准有赤池信息准则（Akaike Information Criterion，AIC）和施瓦茨信息准则（Schwarz Information Criterion，SIC），其统计量分别为：

$$AIC=\ln\frac{\sum e_t^2}{n}+\frac{2(k+1)}{n}$$

$$SIC=\ln\frac{\sum e_t^2}{n}+\frac{k}{n}\ln n$$

这两个准则均要求当增加解释变量能够减少 AIC 和 SIC 值时，才能在原模型中增加该解释变量。显然，与调整的可决系数相似，如果增加的解释变量没有解释能力，则对残差平方和的减少帮助不大，反而增加了待估参数个数，这可能

导致 AIC 和 SIC 值的增加。

特别是在滞后变量模型中，滞后期数的确定往往采用 AIC 和 SIC，从而得到较合理的滞后期数。

五、参数估计值的置信区间

采用普通最小二乘法得到的参数估计值是均值，意味着存在波动范围，波动范围的大小反映了参数估计值的稳定性。根据无偏性的要求，$E(\hat{\beta}_j)=\beta_j$，而实际上 $\hat{\beta}_j$ 与 β_j 的接近程度如何呢？换句话说，β_j 的有效区间有多大呢？这就需要根据给定的置信水平，确定参数估计值的置信区间。

根据 t 分布及其有关概率知识可知，t 值在 $(-\infty,+\infty)$ 区间的概率为 1，即

$$P\{-\infty<t<+\infty\}=1$$

在置信水平为 α 的情况下，由于 t 分布是对称分布，则

$$P\{-t_{\alpha/2}<t<t_{\alpha/2}\}=1-\alpha$$

根据式(2-23)有

$$P\{-t_{\alpha/2}<\frac{\hat{\beta}_j-\beta_j}{S(\hat{\beta}_j)}<t_{\alpha/2}\}=1-\alpha$$

结构参数 β_j 的置信区间为

$$\hat{\beta}_j-t_{\alpha/2}S(\hat{\beta}_j)<\beta_j<\hat{\beta}_j+t_{\alpha/2}S(\hat{\beta}_j) \tag{2-25}$$

如例 2-1 回归模型中参数的置信区间如图 2-4 所示。

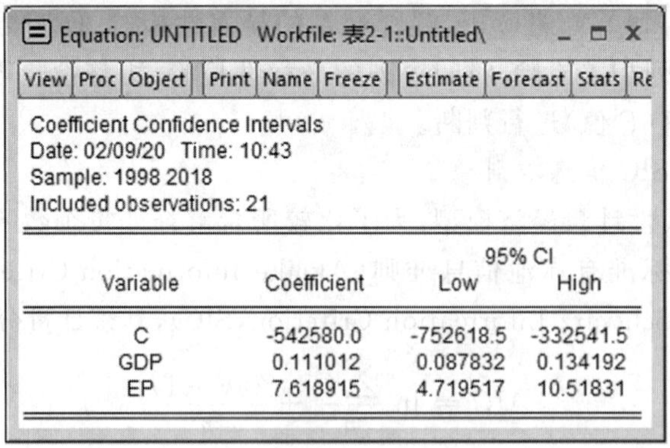
Equation: UNTITLED Workfile: 表2-1::Untitled\

View | Proc | Object | Print | Name | Freeze | Estimate | Forecast | Stats | Re

Coefficient Confidence Intervals
Date: 02/09/20 Time: 10:43
Sample: 1998 2018
Included observations: 21

Variable	Coefficient	95% CI Low	95% CI High
C	-542580.0	-752618.5	-332541.5
GDP	0.111012	0.087832	0.134192
EP	7.618915	4.719517	10.51831

图 2-4 参数估计值置信区间

在实际经济问题的分析中，如何判断参数估计值的稳定性呢？在一定的置信水平下，置信区间越小越好。一般认为，不应以参数估计值波动的绝对区间大小作为判断标准，而应通过相对误差来判断。

第五节 单方程计量经济模型预测

单方程计量经济模型预测是计量经济学发展的基础，尽管预测会受到是否具有平稳的经济环境等许多外在因素的影响，但它在计量经济学发展中的作用仍然是十分明显的。所谓预测，是指由已知的或者预先测定的解释变量的某个期望水平，通过模型推测被解释变量在预测期的估计值。预测可以是对被解释变量未来时期的动态预测，也可以是对被解释变量在不同空间状况的预测。如果所估计的回归模型通过了各项检验，并且结构参数也吻合其经济意义，那么可以利用回归模型进行经济预测，以分析某经济行为的变化趋势。

采用单方程计量经济模型进行经济预测是最简单、最常用的预测形式。预测的基本方法是将解释变量的预期值 X_f 代入回归模型，对被解释变量的预测期或样本以外的数值 $\hat{Y}_f$ 作出定量估计。预测必须考虑两个方面的问题：一是预测是在一定前提条件下进行的条件预测。这就需要首先对模型在预测期的适应性作出判断，要在经济理论分析和研究的基础上，判定所研究的经济总体的经济结构在样本期和预测期并无明显变化，这反映了经济环境是否稳定的问题。二是预测值本身是一个随机变量，因而讨论预测的稳定性是非常重要的，也就是说要确定预测值的波动范围。

一、点预测

点预测是直接依据回归模型进行计算得到被解释变量预测值，也就是把解释变量预测期的期望值直接代入回归模型，计算被解释变量预测值。对于例 2-1 得到的回归模型

$$\hat{AS}=-542\ 580+0.111GDP+7.62EP$$

根据国家统计局统计公报，初步核算 2019 年国内生产总值 GDP 为 990 865 亿元、就业人口 EP 为 77 471 万人，那么 2019 年住宅销售面积预测值为 157 735 万 m^2。由此，可将该预测值和实际住宅销售面积进行比较分析。

通过回归模型计算得到的是被解释变量的点预测值，它有两种不同的理解：一是总体真值 Y_f 的预测值；二是总体均值 $E(Y_f|X_f)$ 的预测值。因此，将分别讨论总体真值 Y_f 的预测区间和总体均值 $E(Y_f|X_f)$ 的预测区间。

二、总体真值的预测区间

总体真值的预测区间就是根据点预测值 $\hat{Y}_f$ 的结果，在一定置信水平下，讨论

总体真值 Y_f 与点预测值 $\hat{Y}_f$ 的预测误差，从而确定其置信区间。将预测误差记为

$$e_f = Y_f - \hat{Y}_f$$

因为，Y_f 和 $\hat{Y}_f$ 服从正态分布，e_f 也服从正态分布，可以证明

$$e_f \sim N\{0, \sigma_\mu^2[1 + X_f(X'X)^{-1}X'_f]\}$$

构造统计量 t，且 t 服从自由度为 $n-k-1$ 的 t 分布，即

$$t = \frac{Y_f - \hat{Y}_f}{\hat{\sigma}_\mu \sqrt{1 + X_f(X'X)^{-1}X'_f}} \sim t(n-k-1)$$

在置信水平为 α 的情况下，$-t_{\alpha/2} < t < t_{\alpha/2}$ 的概率为 $1-\alpha$，即

$$P\{-t_{\alpha/2} < \frac{Y_f - \hat{Y}_f}{\hat{\sigma}_\mu \sqrt{1 + X_f(X'X)^{-1}X'_f}} < t_{\alpha/2}\} = 1 - \alpha$$

则在置信水平为 α 的情况下，Y_f 置信区间为

$$\hat{Y}_f - t_{\alpha/2}\hat{\sigma}_\mu \sqrt{1 + X_f(X'X)^{-1}X'_f} < Y_f < \hat{Y}_f + t_{\alpha/2}\hat{\sigma}_\mu \sqrt{1 + X_f(X'X)^{-1}X'_f} \tag{2-26}$$

三、总体均值的预测区间

总体均值的预测区间就是根据点预测值 $\hat{Y}_f$ 的结果，在一定置信水平下，讨论 Y_f 条件期望 $E(Y_f | X_f)$ 的置信区间。首先讨论 $\hat{Y}_f$ 的分布状况。

$$E(\hat{Y}_f) = E(X_f\hat{B}) = X_f E(\hat{B}) = X_f B = E(Y_f | X_f)$$

可以证明

$$\mathrm{Var}(\hat{Y}_f) = \sigma_\mu^2 X_f(X'X)^{-1}X'_f$$

则

$$\hat{Y}_f \sim N[E(Y_f | X_f), \sigma_\mu^2 X_f(X'X)^{-1}X'_f]$$

构造统计量 t，且 t 服从自由度为 $n-k-1$ 的 t 分布，即

$$t = \frac{\hat{Y}_f - E(Y_f | X_f)}{\hat{\sigma}_\mu \sqrt{X_f(X'X)^{-1}X'_f}} \sim t(n-k-1)$$

在置信水平为 α 的情况下，$-t_{\alpha/2} < t < t_{\alpha/2}$ 的概率为 $1-\alpha$，即

$$P\{-t_{\alpha/2} < \frac{\hat{Y}_f - E(Y_f | X_f)}{\hat{\sigma}_\mu \sqrt{X_f(X'X)^{-1}X'_f}} < t_{\alpha/2}\} = 1 - \alpha$$

则在置信水平为 α 的情况下，$E(Y_f | X_f)$ 置信区间为

$$\hat{Y}_f - t_{\alpha/2}\hat{\sigma}_\mu \sqrt{X_f(X'X)^{-1}X'_f} < E(Y_f | X_f) < \hat{Y}_f + t_{\alpha/2}\hat{\sigma}_\mu \sqrt{X_f(X'X)^{-1}X'_f} \tag{2-27}$$

第六节　EViews软件的基本功能

借助EViews软件对计量经济模型进行分析与处理，是理论与实际分析相结合的重要教学环节，通过熟悉EViews软件的功能和使用方法，结合具体的案例对计量经济模型进行处理分析。

本教材各章节绝大部分的实验环节以如下案例为主线，各实验环节又具有相对的独立性。

【例2-2】 我国经济体制改革以来，经济持续稳定发展，居民收入大幅度增长，消费水平也有了显著的提高，从而又促进了经济增长，形成了良性的发展态势。为此，选取1990—2012年全国城镇居民家庭人均消费(CT)与人均收入(YT)统计数据，构建消费函数模型，分析人均可支配收入对人均消费性支出的影响程度。样本数据如表2-2所列。

表2-2　1990—2012年全国城镇居民家庭人均消费性支出与可支配收入统计数据

单位：元

年份	消费性支出	可支配收入	年份	消费性支出	可支配收入
1990	1 278.89	1 510.2	2002	6 029.88	7 652.4
1991	1 453.81	1 700.6	2003	6 510.94	8 405.5
1992	1 671.73	2 026.6	2004	7 182.10	9 334.8
1993	2 110.81	2 577.4	2005	7 942.88	10 382.3
1994	2 851.34	3 496.2	2006	8 696.55	11 619.7
1995	3 537.57	4 283.0	2007	9 997.47	13 602.5
1996	3 919.47	4 838.9	2008	11 242.85	15 549.4
1997	4 185.64	5 160.3	2009	12 264.55	16 900.5
1998	4 331.61	5 425.1	2010	13 471.45	18 779.1
1999	4 615.91	5 854.0	2011	15 160.89	21 426.9
2000	4 998.00	6 255.7	2012	16 674.32	24 126.7
2001	5 309.01	6 824.0			

一、工作文件的建立与保存

1. 创建工作文件

启动EViews软件，主窗口如图2-5所示，主窗口中有主菜单和命令框(白色区域)。

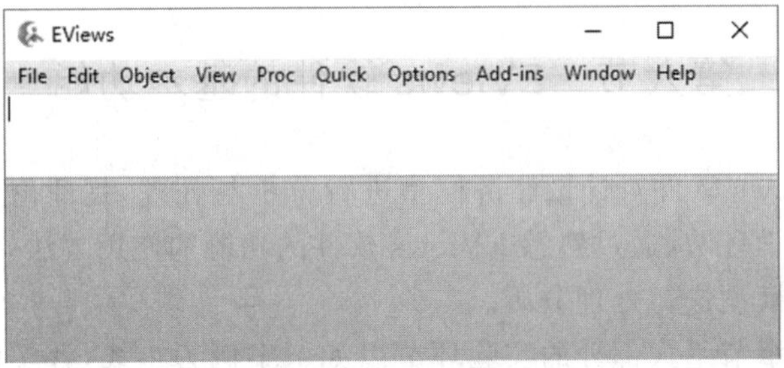

图 2-5　EViews 软件主窗口

在主菜单上依次单击“File→New→Workfile”，出现工作文件(Workfile)设置对话框，如图 2-6 所示，可对数据类型、数据区间及工作文件名称进行设置。

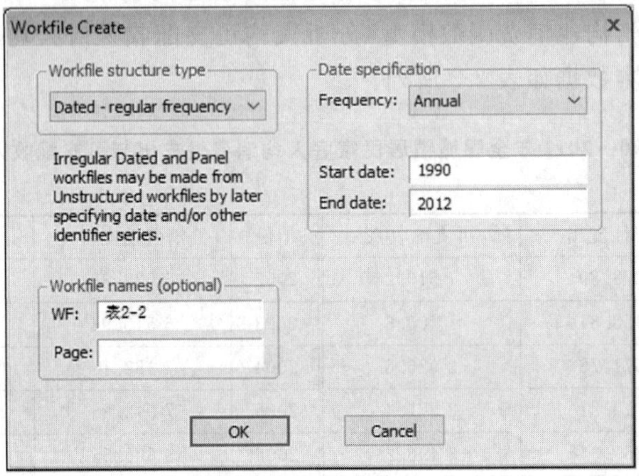

图 2-6　工作文件设置对话框

数据类型包括非时间序列数据(截面数据)、时间序列数据及面板数据三种类型。

数据区间用于设置样本数据的个数或者区间范围。对于截面数据，输入数据的个数；对于时间序列数据，需要根据时间序列数据的类型进行定义，常用的时间序列数据类型有年度数据、季度数据、月份数据，特别是季度数据和月份数据区间的输入，如开始日期“2010/01”、结束日期“2018/04”；面板数据的设置方法在相应的章节介绍。

设置完成将显示工作文件(Workfile)窗口，如图 2-7 所示。在工作文件窗口中将显示系数(c)和残差(resid)。在 EViews 软件处理模型过程中，不能关闭工作文件窗口，工作文件是计量经济模型数据的总体框架。

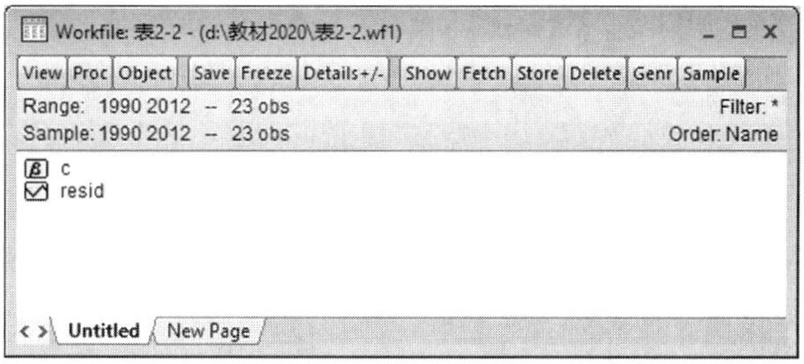

图 2-7　工作文件窗口

2. 建立变量组

在工作文件的框架下，建立变量组就是定义所有变量的名称，可采用三种途径。

(1) 在 EViews 主窗口的命令框中直接输入 DATA 命令，如“DATA CT YT”(命令及各变量名之间用空格分隔)，如图 2-8 所示。执行 DATA 命令后，在工作文件(Workfile)窗口中将显示出所定义的各个变量，如图 2-9 所示；并出现已定义变量的样本数据编辑窗口，如图 2-10 所示。

图 2-8　建立变量组

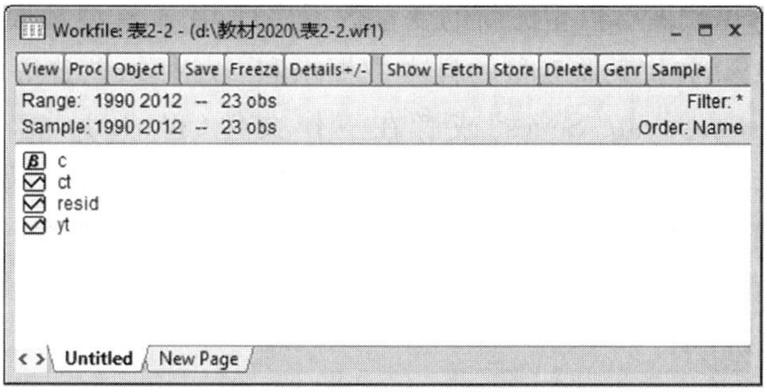

图 2-9　工作文件窗口

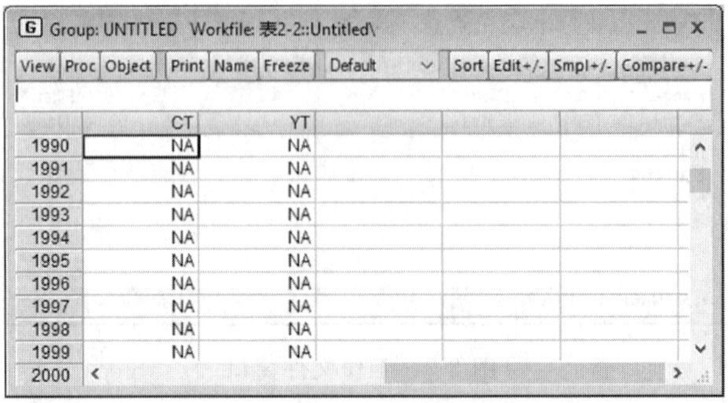

图 2-10 样本数据编辑窗口

(2) 在主菜单上依次单击"Quick→Empty Group",在数据编辑窗口中单击菜单中"Edit+/-",并按上行键↑,这样可依次输入各变量名;

(3) 在主菜单上依次单击"Objects→New Objects",在对话框中选择"Group"并定义文件名,在数据编辑窗口中先按上行键↑,这样可依次输入变量名。

3. 输入样本数据

在图 2-10 所示的样本数据编辑窗口中,在"NA"的位置可输入各变量的样本数据(某些情况下单击菜单中"Edit+/-"后可输入数据),输入样本数据后及时保存。样本数据也可以从有关 Office 软件的各类表格中进行数据的复制。

经济变量的样本数据往往包含一定的小数位,当然也有一些样本数据是整数型的,如自然数序列、年份序列、虚拟变量数据。在 EViews 软件中设定小数位的方法:在工作文件(Workfile)窗口中双击某变量名称,打开变量序列的数据窗口,在该数据窗口中单击菜单项"Properties",出现数据格式设置对话框,下拉及选择固定的小数位(Fixed decimal),并设定对应的小数位数。如图 2-11 所示。

4. 生成新的变量数据序列

通过 EViews 软件可以生成新的变量数据序列,用于模型参数估计、检验以及应用分析的需要。如将某些变量的样本数据求和、取对数、差分等,在主菜单上依次单击"Quick→Generate Series"或者在工作文件(Workfile)窗口中依次单击"Object→Generate Series",在弹出窗口中输入数据运算的方程式,如图 2-12 所示。

另外,在使用 EViews 软件分析经济问题过程中,应该熟悉一些模型处理分析中常用的函数。以变量 YT 等数据为例,常用的有:

对数:LOG(YT)

滞后一期及滞后两期:YT(-1);YT(-2)

差分:D(YT)

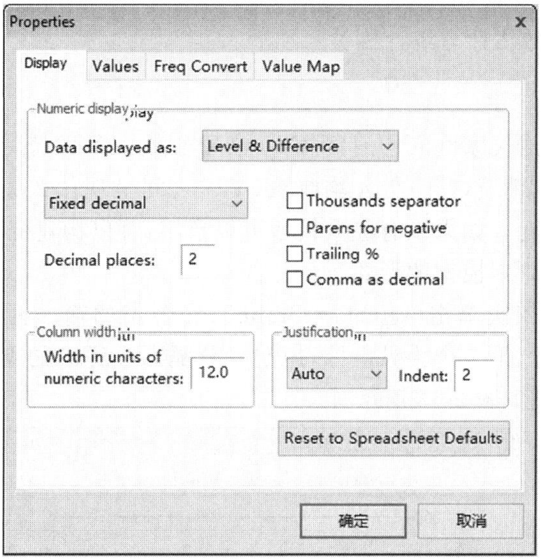

图 2-11　数据格式设置

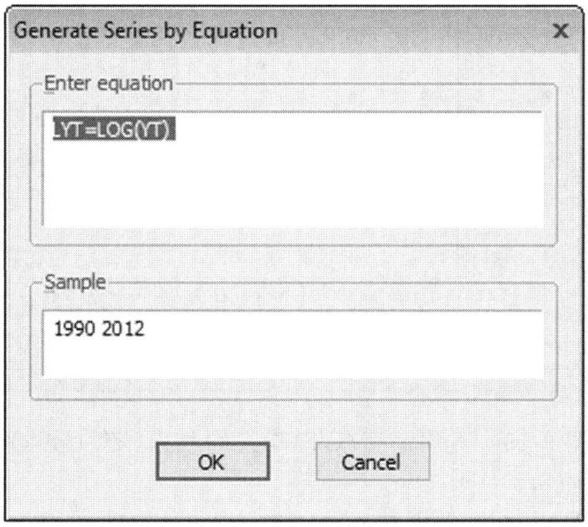

图 2-12　生成新数据序列

平方：YT^2

绝对值：ABS(RESID)

时间趋势：@TREND(1989)

5. 工作文件的保存

保存工作文件后，在需要时用 EViews 软件可打开该工作文件。

二、模型参数估计与统计检验

1. 确定模型形式

以全国城镇居民家庭人均消费(CT)与人均收入(YT)统计数据构建消费函数模型,那么人均消费(CT)与人均收入(YT)之间呈现什么关系呢?这就是模型形式的确定问题。如果没有经典模型可以借鉴,可以构建变量之间的散点图,通过散点图直观判断模型的形式。

在主菜单上依次单击"Quick→Graph",在弹出的输入框中输入变量列表(第一个为横坐标,第二个为纵坐标,用空格分隔),在弹出的类型对话框中选择"Scatter",散点图如图 2-13 所示。

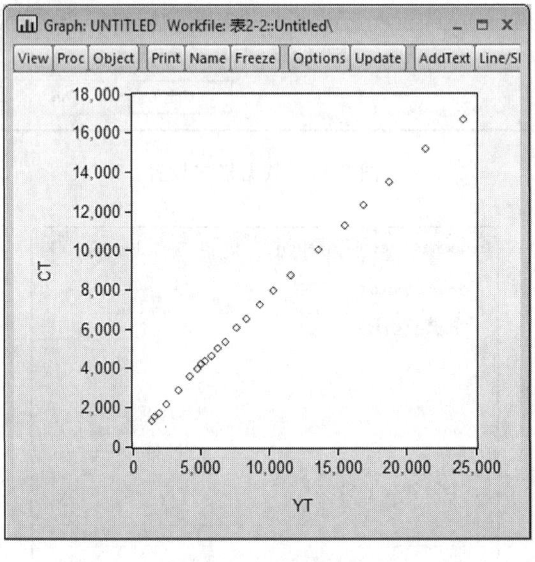

图 2-13 人均消费(CT)与人均收入(YT)散点图

从散点图可以看出,全国城镇居民家庭人均消费(CT)与人均收入(YT)之间的线性关系非常明显,因此,该消费函数模型可以考虑采用线性模型的形式。

消费问题的计量经济模型为

$$C_t = \beta_0 + \beta_1 Y_t + \mu_t$$

模型中,C_t 为人均消费性支出;Y_t 为人均可支配收入。

2. 模型参数估计

在主菜单上依次单击"Quick→Estimate Equation",弹出模型参数估计设定对话框,在"Specification"选项卡中输入模型中被解释变量、常数项、解释变量序列,并选择估计方法及确定样本范围。参数估计设定如图 2-14 所示。

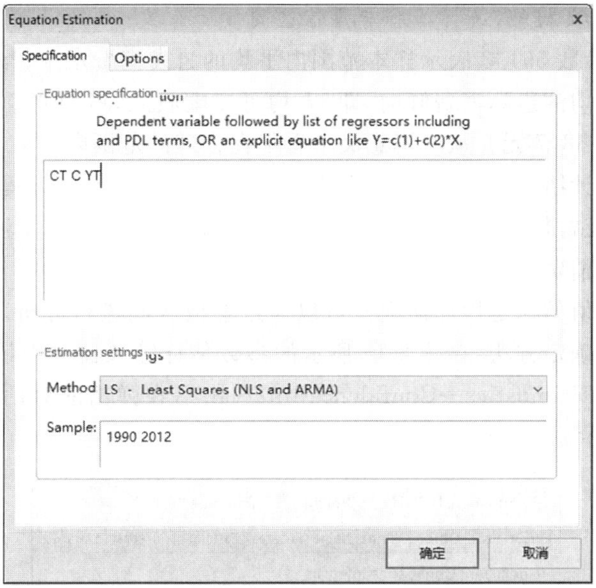

图 2-14　模型参数估计设定对话框

参数估计结果如图 2-15 所示，则消费函数的回归模型为

$$\hat{C}_t = 551.3 + 0.687Y_t$$
$$(7.808)\quad(107.6)$$
$$\bar{R}^2 = 0.998$$

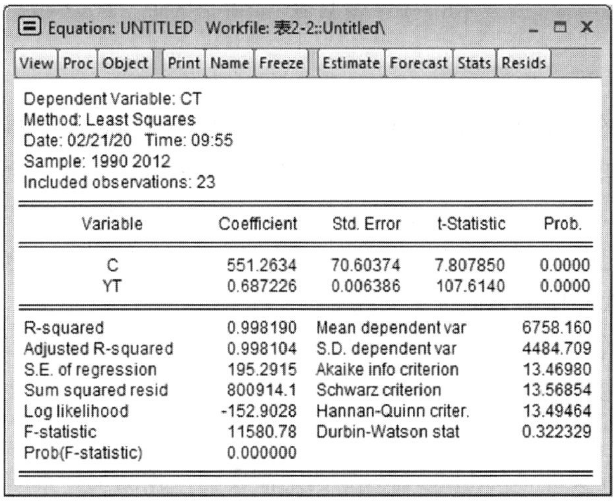

Dependent Variable: CT
Method: Least Squares
Date: 02/21/20 Time: 09:55
Sample: 1990 2012
Included observations: 23

Variable	Coefficient	Std. Error	t-Statistic	Prob.
C	551.2634	70.60374	7.807850	0.0000
YT	0.687226	0.006386	107.6140	0.0000

R-squared	0.998190	Mean dependent var	6758.160
Adjusted R-squared	0.998104	S.D. dependent var	4484.709
S.E. of regression	195.2915	Akaike info criterion	13.46980
Sum squared resid	800914.1	Schwarz criterion	13.56854
Log likelihood	-152.9028	Hannan-Quinn criter.	13.49464
F-statistic	11580.78	Durbin-Watson stat	0.322329
Prob(F-statistic)	0.000000		

图 2-15　模型参数估计结果

3. 经济意义检验、统计检验与置信区间

模型中，参数 551.3 表示样本范围内平均的自发消费水平；参数 0.687 表示样本范围内平均的边际消费倾向，即：人均可支配收入每增加 100 元，人均消费性支出将增加 68.7 元。从经济意义上看都在合理的范围内。

从参数估计结果可以看出，拟合优度为 0.998，说明回归方程的拟合程度很高；解释变量及常数项所对应的伴随概率（$P=0.000\ 0$）都很小，说明人均可支配收入对于人均消费性支出的影响是显著的。

参数估计值的稳定性如何呢？可以通过置信区间进行分析。EViews 软件中置信区间的确定方法：在图 2-15 所示的参数估计结果窗口中依次单击“View →Coefficient Diagnostics→Confidence Intervals”，在弹出的对话框中设定置信水平（0.95 表示 $\alpha=0.05$），置信区间如图 2-16 所示。

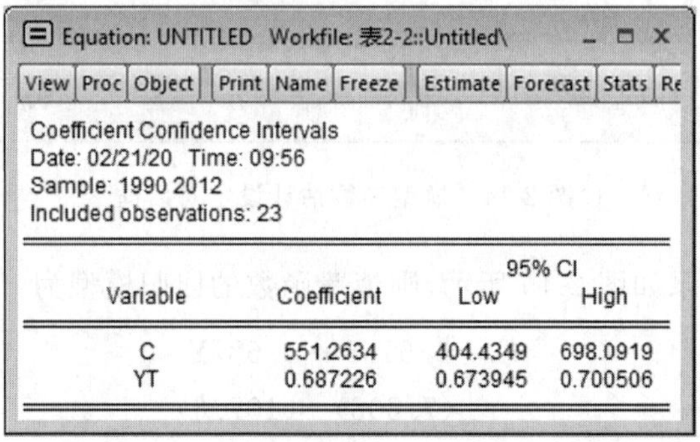

Coefficient Confidence Intervals
Date: 02/21/20 Time: 09:56
Sample: 1990 2012
Included observations: 23

Variable	Coefficient	95% CI Low	95% CI High
C	551.2634	404.4349	698.0919
YT	0.687226	0.673945	0.700506

图 2-16 参数估计值置信区间

4. 模型预测

预测就是在回归模型的基础上，根据解释变量的预期水平推测被解释变量的预期值。简单地说，就是将解释变量的预期水平代入回归模型，计算出被解释变量的预期值。利用 EViews 软件进行预测，既能得到样本范围内被解释变量的估计值，也能得到样本范围以外被解释变量预测期的估计值（预测值）。

EViews 软件模型预测处理过程如下：

(1) 在工作文件（Workfile）窗口（见图 2-7）中双击“Range”，弹出调整样本数据的区间范围对话框，如将结束日期（End date）由原来的 2012 年调整为 2013 年，意味着预测期为 2013 年，如图 2-17 所示。

(2) 在工作文件（Workfile）窗口中选定需要输入预测期样本的解释变量名称，打开样本数据编辑窗口，输入解释变量预测期的预期水平。根据《中国统计年鉴》数据，2013 年城镇居民人均可支配收入（YT）为 26 467 元，如图 2-18 所示。

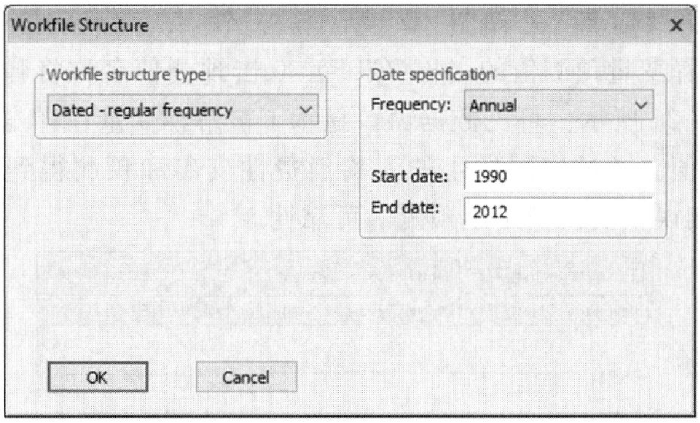

图 2-17　样本区间范围调整

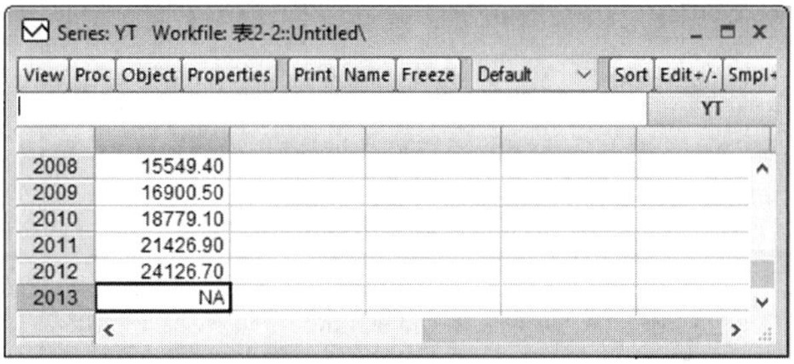

图 2-18　解释变量预期水平输入

(3) 在参数估计结果窗口(见图 2-15)中,单击“Forecast”,弹出对话框如图 2-19 所示,输入被解释变量预测值(估计值)的名称。

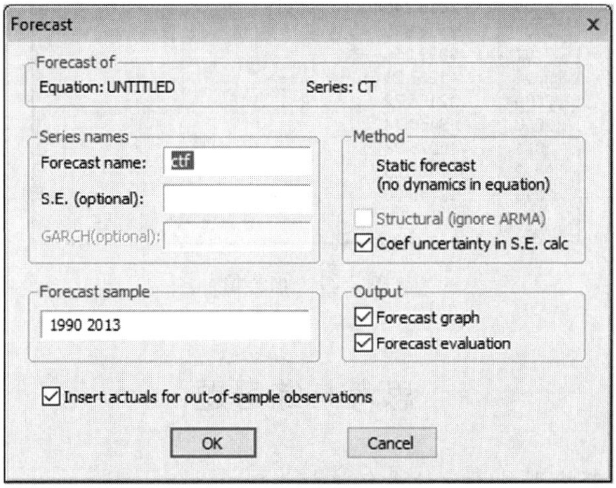

图 2-19　被解释变量预测值名称设置

(4) 预测值及标准误差如图 2-20 所示。另外,在工作文件(Workfile)窗口中新增了被解释变量预测值的名称(CTF),双击预测值名称将弹出预测值的数据窗口,如图 2-21 所示。可见数据窗口显示了被解释变量在样本期的估计值及预测期的预测值。通过实际发生的人均消费性支出和预测得到的数据进行比较,可分析预测误差及模型用于预测的可靠性。

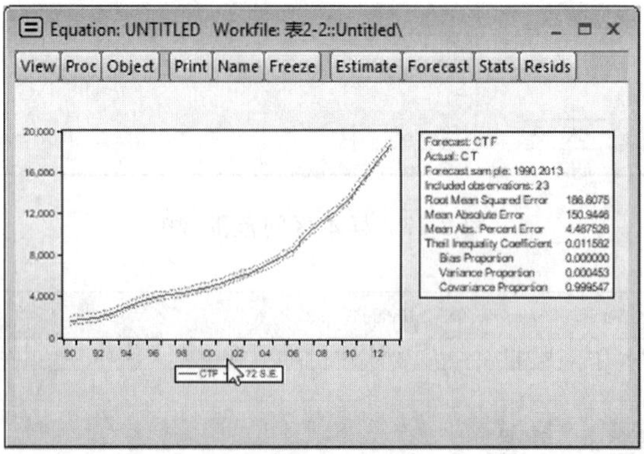

图 2-20 预测值及标准误差图

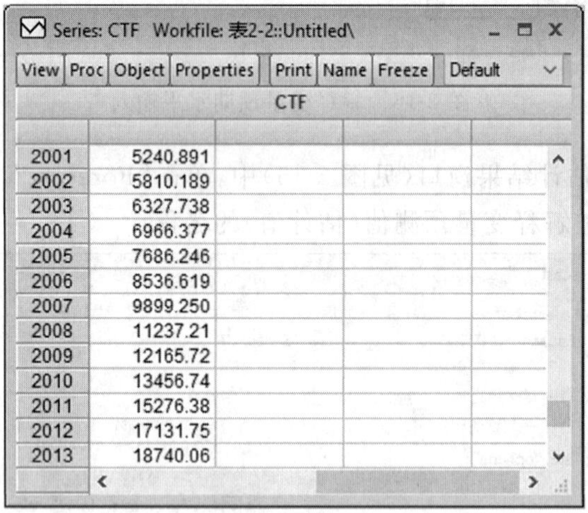

Series: CTF Workfile: 表2-2::Untitled\

	CTF
2001	5240.891
2002	5810.189
2003	6327.738
2004	6966.377
2005	7686.246
2006	8536.619
2007	9899.250
2008	11237.21
2009	12165.72
2010	13456.74
2011	15276.38
2012	17131.75
2013	18740.06

图 2-21 预测值

思考与练习题

1. 如何判断模型是否为计量经济模型?
2. 如何理解计量经济模型中包含的随机误差项?

3. 单方程多元线性计量经济模型的基本假设有哪些?

4. 什么是最小二乘原理? 在计量经济模型中如何理解随机误差项与残差?

5. 什么是正规方程组? 怎样用矩阵形式表示正规方程组?

6. 如何体现参数估计式的通用性?

7. 参数估计值的优劣判别标准是什么?

8. 简述拟合优度检验、方程的显著性检验及变量的显著性检验的意义及原理。

9. 如果改变经济变量的单位或者某一经济变量同时增减相同的数,是否影响参数估计的结果,如何影响?

10. 什么是置信区间? 参数估计值的置信区间受哪些因素影响?

11. 财政收入是地方政府城市建设与发展的基础,从经济发展的环境上看,选择地区生产总值、第三产业所占比重等作为影响财政收入的因素,采用表 2-3 所列的 2009 年全国各省(自治区、直辖市)有关统计资料,根据计量经济学方法研究问题的步骤,分析地区生产总值、第三产业所占比重对财政收入的影响。

表 2-3　2009 年各省(自治区、直辖市)财政收入等统计数据

省(自治区、直辖市)	财政收入/亿元	地区生产总值/亿元	第三产业占比/%	省(自治区、直辖市)	财政收入/亿元	地区生产总值/亿元	第三产业占比/%
北京	2 026.81	12 153.03	75.5	湖北	814.87	12 961.10	39.6
天津	821.99	7 521.85	45.3	湖南	847.62	13 059.69	41.4
河北	1 067.12	17 235.48	35.2	广东	3 649.81	39 482.56	45.7
山西	805.83	7 358.31	39.2	广西	620.99	7 759.16	37.6
内蒙古	850.86	9 740.25	38.0	海南	178.24	1 654.21	45.3
辽宁	1 591.22	15 212.49	38.7	重庆	655.17	6 530.01	37.9
吉林	487.09	7 278.75	37.9	四川	1 174.59	14 151.28	36.7
黑龙江	641.66	8 587.00	39.3	贵州	416.48	3 912.68	48.2
上海	2 540.30	15 046.45	59.4	云南	698.25	6 169.75	40.8
江苏	3 228.78	34 457.30	39.6	西藏	30.09	441.36	54.6
浙江	2 142.51	22 990.35	43.1	陕西	735.27	8 169.80	38.5
安徽	863.92	10 062.82	36.4	甘肃	286.59	3 387.56	40.2
福建	932.43	12 236.53	41.3	青海	87.74	1 081.27	36.9
江西	581.30	7 655.18	34.4	宁夏	111.58	1 353.31	41.7
山东	2 198.63	33 896.65	34.7	新疆	388.78	4 277.05	37.1
河南	1 126.06	19 480.46	29.3				

12. 税收收入是国家建设和发展的命脉，建立以税收收入为研究对象的计量经济模型，选择第一产业增加值、第二产业增加值、第三产业增加值为影响因素，样本数据如表 2-4 所列。根据计量经济学方法研究问题的步骤，分析第一、第二、第三产业增加值对税收收入的影响程度。

表 2-4　税收收入及第一、第二、第三产业增加值统计数据　　单位：亿元

年份	税收收入	第一产业增加值	第二产业增加值	第三产业增加值
1985	2 040.79	2 541.7	3 886.4	2 670.8
1986	2 090.73	2 764.1	4 515.1	3 097.0
1987	2 140.36	3 204.5	5 273.8	3 696.3
1988	2 390.47	3 831.2	6 607.2	4 742.0
1989	2 727.40	4 228.2	7 300.7	5 650.8
1990	2 821.86	5 017.2	7 744.1	6 111.6
1991	2 990.17	5 288.8	9 129.6	7 587.2
1992	3 296.91	5 800.3	11 725.0	9 669.2
1993	4 255.30	6 887.6	16 472.7	12 313.0
1994	5 126.88	9 471.8	22 452.5	16 713.1
1995	6 038.04	12 020.5	28 676.7	20 642.7
1996	6 909.82	13 878.3	33 827.3	24 108.0
1997	8 234.04	14 265.2	37 545.0	27 904.8
1998	9 262.80	14 618.7	39 017.5	31 559.3
1999	10 682.58	14 549.0	41 079.9	34 935.5
2000	12 581.51	14 717.4	45 663.7	39 899.1
2001	15 301.38	15 502.5	49 659.4	45 701.2
2002	17 636.45	16 190.2	54 104.1	51 423.1
2003	20 017.31	16 970.2	62 695.8	57 756.0
2004	24 165.68	20 904.3	74 285.0	66 650.9
2005	28 778.54	21 806.7	88 082.2	77 430.0
2006	34 804.35	23 317.0	104 359.2	91 762.2
2007	45 621.97	27 674.1	126 630.5	115 787.7
2008	54 223.79	32 464.1	149 952.9	136 827.5
2009	59 521.59	33 583.8	160 168.8	154 765.1
2010	73 210.79	38 430.8	191 626.5	182 061.9

表 2-4(续)

年份	税收收入	第一产业增加值	第二产业增加值	第三产业增加值
2011	89 738.39	44 781.5	227 035.1	216 123.6
2012	100 614.28	49 084.6	244 639.1	244 856.2
2013	110 530.70	53 028.1	261 951.6	277 983.5
2014	119 175.31	55 626.3	277 282.8	310 654.0
2015	124 922.20	57 774.6	281 338.9	349 744.7
2016	130 360.73	60 139.2	295 427.8	390 828.1
2017	144 369.87	62 099.5	331 580.5	438 355.9
2018	156 402.86	64 745.2	364 835.2	489 700.8

13. 经济持续稳定发展必将惠及民生，提高收入水平及消费水平。采用表 2-5 所列数据，根据计量经济学方法研究问题的步骤，分析国内生产总值对城镇就业人员工资总额的影响。

表 2-5 我国城镇就业人员工资总额与国内生产总值统计数据 单位：亿元

年份	工资总额	国内生产总值	年份	工资总额	国内生产总值
1995	8 055.8	61 339.9	2007	29 471.5	270 092.3
1996	9 249.4	71 813.6	2008	35 289.5	319 244.6
1997	9 602.4	79 715.0	2009	40 288.2	348 517.7
1998	9 540.2	85 195.5	2010	47 269.9	412 119.3
1999	10 155.9	90 564.4	2011	59 954.7	487 940.2
2000	10 954.7	100 280.1	2012	70 914.2	538 580.0
2001	12 205.4	110 863.1	2013	93 064.3	592 963.2
2002	13 638.1	121 717.4	2014	102 817.2	643 563.1
2003	15 329.6	137 422.0	2015	112 007.8	688 858.2
2004	17 615.0	161 840.2	2016	120 074.8	746 395.1
2005	20 627.1	187 318.9	2017	129 889.1	832 035.9
2006	24 262.3	219 438.5	2018	141 480.0	919 281.1

第三章 违背假设问题的计量经济模型

对于单方程多元线性计量经济模型，我们采用普通最小二乘法得到模型中结构参数的最佳线性无偏估计量，并进行了统计检验等方面的讨论，但这一切都是以模型满足基本假设为前提的。有些假设条件在客观经济环境中是容易达到的，如随机误差项在各个不同样本点的数学期望为零，一般认为期望为零这一假设是可以满足的，因为就所有取值的总体来说，除非有系统误差，随机误差总会有来自正反两个方面的干扰，因而其代数和为零；另外，随机误差项服从正态分布，很多随机现象都可以用正态分布来描述其变化特征。但有些假设条件往往是很难保证的，这些假设条件包括：

(1) 随机误差项在各个不同样本点具有相同的方差，即

$$\mathrm{Var}(\mu_i)=\sigma_\mu^2 \quad (i=1,2,\cdots,n)$$

(2) 随机误差项在各个不同样本点之间是相互独立的，不存在序列相关，即

$$\mathrm{Cov}(\mu_i,\mu_j)=0 \quad (i,j=1,2,\cdots,n;i\neq j)$$

(3) 解释变量是确定性变量，不是随机变量，解释变量之间不相关。

(4) 随机误差项与解释变量之间不相关，即

$$\mathrm{Cov}(\mu,X_j)=0 \quad (j=1,2,\cdots,k)$$

在现实经济活动中所遇到的问题往往要复杂得多，能完全满足这些基本假设的情况极少。只要上述假设中的某一个方面不成立，应用普通最小二乘法估计模型参数就不能得到无偏的、有效的参数估计量，就需要采用新的方法估计模型。本章将对这个问题进行必要的探讨，着重说明违背基本假设问题的经济背景、如何检验违背假设问题的存在、如何采取措施消除违背假设给参数估计所带来的影响或者说如何对违背假设的模型进行参数估计。

第一节 异 方 差

异方差是指随机误差项在不同的样本点方差不同。若计量经济模型存在异方差，就违背了随机误差项在各个不同样本点具有相同的方差的假设条件。异方差可表示为

$$\mathrm{Var}(\mu_i)\neq\mathrm{Var}(\mu_j) \quad (i,j=1,2,\cdots,n;i\neq j)$$

一、异方差的特征及其影响

若计量经济模型的随机误差项存在异方差现象，模型是否仍然可以用普通最小二乘法进行参数估计呢？或者说直接采用普通最小二乘法进行参数估计会产生什么样的影响呢？

1. 异方差的特征

对于多元线性计量经济模型

$$\boldsymbol{Y}=\boldsymbol{XB}+\boldsymbol{U}$$

如果在不同的样本点 i，随机误差项的方差不同，也就是存在异方差现象，不妨记

$$\mathrm{Var}(\mu_i)=\sigma_i^2 \quad (i=1,2,\cdots,n) \tag{3-1}$$

随机误差项若仍然满足不存在序列相关等其他假设条件，其协方差矩阵可表示为

$$\mathrm{Cov}(\boldsymbol{U})=E(\boldsymbol{UU}')=\begin{pmatrix}\sigma_1^2 & 0 & \cdots & 0\\ 0 & \sigma_2^2 & \cdots & 0\\ \vdots & \vdots & & \vdots\\ 0 & 0 & \cdots & \sigma_n^2\end{pmatrix}=\sigma^2\boldsymbol{W} \tag{3-2}$$

那么，在存在异方差的情形下，若采用普通最小二乘法估计结构参数，则参数估计值的期望和参数估计值的协方差矩阵分别为

$$\begin{aligned}E(\hat{\boldsymbol{B}})&=E[(\boldsymbol{X}'\boldsymbol{X})^{-1}\boldsymbol{X}'\boldsymbol{Y}]=E[(\boldsymbol{X}'\boldsymbol{X})^{-1}\boldsymbol{X}'(\boldsymbol{XB}+\boldsymbol{U})]\\&=E[\boldsymbol{B}+(\boldsymbol{X}'\boldsymbol{X})^{-1}\boldsymbol{X}'\boldsymbol{U}]=\boldsymbol{B}\end{aligned}$$

$$\begin{aligned}\mathrm{Cov}(\hat{\boldsymbol{B}})&=E\left\{[\hat{\boldsymbol{B}}-E(\hat{\boldsymbol{B}})][\hat{\boldsymbol{B}}-\boldsymbol{E}(\hat{\boldsymbol{B}})]'\right\}=E[(\hat{\boldsymbol{B}}-\boldsymbol{B})(\hat{\boldsymbol{B}}-\boldsymbol{B})']\\&=E\left\{[(\boldsymbol{X}'\boldsymbol{X})^{-1}\boldsymbol{X}'(\boldsymbol{XB}+\boldsymbol{U})-\boldsymbol{B}][(\boldsymbol{X}'\boldsymbol{X})^{-1}\boldsymbol{X}'(\boldsymbol{XB}+\boldsymbol{U})-\boldsymbol{B}]'\right\}\\&=E[(\boldsymbol{X}'\boldsymbol{X})^{-1}\boldsymbol{X}'\boldsymbol{UU}'\boldsymbol{X}(\boldsymbol{X}'\boldsymbol{X})^{-1}]=(\boldsymbol{X}'\boldsymbol{X})^{-1}\boldsymbol{X}'\boldsymbol{E}(\boldsymbol{UU}')\boldsymbol{X}(\boldsymbol{X}'\boldsymbol{X})^{-1}\\&=(\boldsymbol{X}'\boldsymbol{X})^{-1}\boldsymbol{X}'\sigma^2\boldsymbol{WX}(\boldsymbol{X}'\boldsymbol{X})^{-1}=\sigma^2(\boldsymbol{X}'\boldsymbol{X})^{-1}\boldsymbol{X}'\boldsymbol{WX}(\boldsymbol{X}'\boldsymbol{X})^{-1}\end{aligned}$$

2. 存在异方差现象对参数估计的影响

若存在异方差，普通最小二乘估计法给随机误差项方差大的观测值以较大的权重，而给随机误差项方差小的观测值以较小的权重，这是因为方差大的随机误差项的残差平方和一般比方差小的随机误差项的残差平方和大很多，只要方差大的那部分数据能得到很好的拟合，就能达到残差平方和最小的目的。由于这个隐含的权重，普通最小二乘法参数估计值虽然是无偏的，但不再是有效的，也就是说，参数估计值的方差不再具有最小方差性，普通最小二乘法参数估计值不再是最佳估计值。

异方差现象的影响还表现在变量显著性检验的失效及参数估计值的置信区

间偏误方面。在构造 t 统计量及设定参数估计值置信区间中，都用了同方差的假设条件，而在这一条件不再满足的情况下，基于这些条件的统计值的假设检验和参数估计值的置信区间将会发生偏误。

二、产生异方差现象的原因分析

构建计量经济模型及选取样本数据估计模型参数时，随机误差项具有同方差的假设很难满足。因为随机误差项本身也包含一些忽略的影响因素对被解释变量的影响；再就是模型所反映的客观经济行为本身也会导致随机误差的不稳定。因此，很多模型都存在异方差现象。下面分类举例说明产生异方差现象的原因。

1. 影响因素的忽略

所谓影响因素的忽略，是指一些对于所研究的问题影响程度不大或者研究者没有认识到存在显著影响的那些因素被忽略了。这类因素都归入随机误差项之中，产生了异方差的现象。

例如，以某一时间截面上不同区域的数据为样本，研究经济增长问题，其主要的影响因素应该包括资金投入、人才投入等方面，而地理条件、政策因素等归入了随机误差项。显然，对于不同地区，地理条件体现了区位优势，如改革开放初期的沿海城市就具有区位优势，会吸引更多的优质资金项目和优秀人才，必然导致经济的快速增长；政策因素反映了国家或地方政策的制定和运行机制，相同的投入、不同的政策必然产生经济增长的差异。很显然，地理条件、政策因素尽管没有作为影响因素体现在模型中，但它们的确对于经济增长产生了影响。再进一步分析可知，地理条件、政策因素往往是随着投入要素（资金、人才）影响经济增长的，也就是说忽略的影响因素是随着模型中解释变量的变化而对被解释变量产生不同的影响。

2. 经济行为的不同

所谓经济行为的不同，主要指在不同的时间段、不同的区域、不同的群体，其行为方式存在较大的区别，而导致异方差的存在。

例如，用截面数据研究不同收入群体的储蓄问题，储蓄行为对于高收入和低收入家庭的差异是明显的。高收入家庭由于收入较高，基本消费支出之外剩余较多，在消费方式的选择上有更大的余地，因而储蓄的波动性较大；而低收入家庭除了必要的生活支出之外剩余较少，储蓄是为了一定的目的，储蓄较有规律和稳定性。显然，高、低收入家庭由于收入的差异、储蓄行为的差异带来储蓄波动的差异，导致异方差。这种异方差现象是由解释变量直接引起的，具体来说方差随着解释变量（收入）的增加而增大，这种异方差往往表现为递增型特征。

3. 分组数据的差异

分组数据指用组内平均数作为样本数据，组中数目的差异反映了代表性的不同，导致异方差现象。

例如，以绝对收入假设为理论基础，用分组数据研究居民消费函数模型。在一般情况下，居民收入服从正态分布，所以处于每个收入组中的居民人数是不等的，处于中等收入组中的人数最多，处于两端收入组中的人数最少。人数多的组平均数的误差小，人数少的组平均数的误差大，所以样本观测值的观测误差随着解释变量观测值的不同而不同。如果样本观测值的观测误差构成随机误差项的主要部分，那么对于不同的样本点，随机误差项的方差不同，出现了异方差现象。

不论是影响因素的忽略、经济行为的不同还是分组数据的差异，随机误差项的方差往往会随着某解释变量的变化而呈规律性变化，在许多计量经济模型的研究中遇到的异方差现象都属于这类问题。但也存在另外一些异方差现象，表现在随机误差项的方差与解释变量之间无规律可循，即随机误差项的方差并不随某解释变量的变化而呈规律性变化，而可能与外部环境、模型设定或者样本观测技术等有关。

经验告诉我们，对于采用截面数据作为样本的计量经济模型，往往存在异方差现象；对于采用时间序列数据作为样本的计量经济模型，由于经济发展的趋势性，也可能产生递增型的异方差。

三、异方差检验

异方差就是随机误差项围绕其均值的分散程度不同，也可以认为是被解释变量的观测值围绕其回归线的分散程度不同，而分散程度往往表现为随着解释变量的变化而变化。这为检验异方差现象的存在提供了基本的原理，即随机误差项方差的估计值是否随解释变量观测值的变化而变化，如图 3-1 所示。

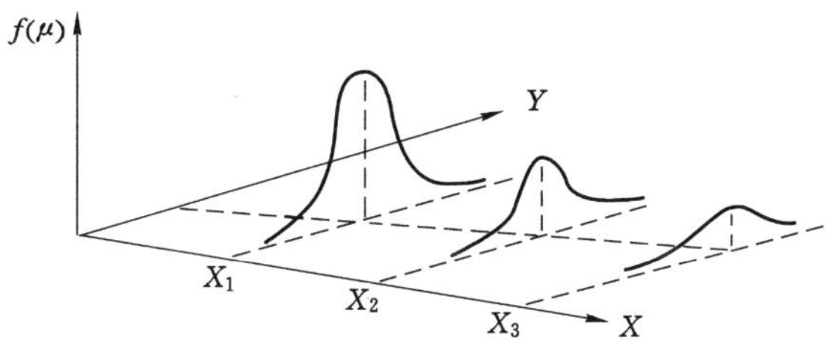

图 3-1　被解释变量观测值的分散程度随解释变量的变化图

由于异方差现象导致普通最小二乘估计值不具有最佳无偏估计值的特性，

直接影响了计量经济模型应用于经济问题的分析，经济学家们在经过大量研究的基础上，提出了许多针对不同类型的方法检验异方差是否存在。

首先要考虑的问题在于用什么来表示随机误差项的方差。一般来说，回归模型的残差在一定程度上反映了随机误差项的某些分布特征，在统计分析上也习惯有“残差表示标准差；残差的平方表示方差”，于是

$$\mathrm{Var}(\mu_i)=E(\mu_i^2)\approx e_i^2$$

异方差的检验方法主要有：图示法、怀特（White）检验、戈德菲尔德-匡特（Goldfeld-Quandt）检验、戈里瑟（Glejser）检验等。异方差检验还有其他一些方法，但大多数都是分析随机误差项的方差与解释变量之间的相关性，以判断随机误差项的方差是否随解释变量的变化而变化。因此，对于一些具体问题可用两种以上的方法相互印证将更为可靠地确定原模型是否存在异方差。

【例 3-1】 能耗问题是关系到环境、气候、人类生存的大问题，是经济发展过程中十分令人关注的指标。节能减排是我国经济发展过程中一项十分重要的任务，绝不能以牺牲环境为代价发展经济。为此，选取表 3-1 所列统计数据，研究我国国内生产总值对能源消费总量的影响，据此结果可将我国能耗指标与国际能耗指标和经济发展趋势进行对比分析。

表 3-1 1991—2018 年我国能源消费总量与国内生产总值统计数据

年份	能源消费总量/万吨标准煤	国内生产总值/亿元	年份	能源消费总量/万吨标准煤	国内生产总值/亿元
1991	103 783	22 005.6	2005	261 369	187 318.9
1992	109 170	27 194.5	2006	286 467	219 438.5
1993	115 993	35 673.2	2007	311 442	270 092.3
1994	122 737	48 637.5	2008	320 611	319 244.6
1995	131 176	61 339.9	2009	336 126	348 517.7
1996	135 192	71 813.6	2010	360 648	412 119.3
1997	135 909	79 715.0	2011	387 043	487 940.2
1998	136 184	85 195.5	2012	402 138	538 580.0
1999	140 569	90 564.4	2013	416 913	592 963.2
2000	146 964	100 280.1	2014	425 806	643 563.1
2001	155 547	110 863.1	2015	429 905	688 858.2
2002	169 577	121 717.4	2016	435 819	746 395.1
2003	197 083	137 422.0	2017	448 529	832 035.9
2004	230 281	161 840.2	2018	464 000	919 281.1

若能源消费问题的计量经济模型为

$$\ln EC_t = \beta_0 + \beta_1 \ln GDP_t + \mu_t$$

模型中，EC 为能源消费总量；GDP 为国内生产总值。

借助 EViews 软件，采用普通最小二乘法，其参数估计结果如图 3-2 所示。从参数估计结果可以看出，回归模型拟合优度较高、解释变量显著，参数 0.473 表明 GDP 每增加 1%，能源消耗将增加 0.473%，经济意义也是合理的。该估计结果能否用于分析呢，是否存在某些方面的偏误呢？下面借助本例介绍异方差检验的各种方法。

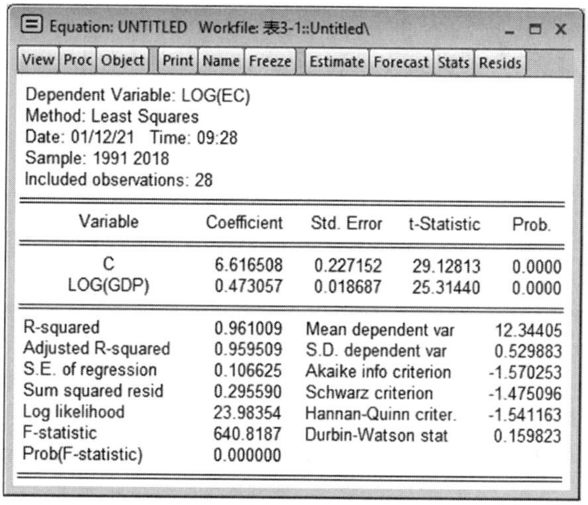
Equation: UNTITLED Workfile: 表3-1::Untitled\

View | Proc | Object | Print | Name | Freeze | Estimate | Forecast | Stats | Resids

Dependent Variable: LOG(EC)
Method: Least Squares
Date: 01/12/21 Time: 09:28
Sample: 1991 2018
Included observations: 28

Variable	Coefficient	Std. Error	t-Statistic	Prob.
C	6.616508	0.227152	29.12813	0.0000
LOG(GDP)	0.473057	0.018687	25.31440	0.0000

R-squared	0.961009	Mean dependent var	12.34405
Adjusted R-squared	0.959509	S.D. dependent var	0.529883
S.E. of regression	0.106625	Akaike info criterion	-1.570253
Sum squared resid	0.295590	Schwarz criterion	-1.475096
Log likelihood	23.98354	Hannan-Quinn criter.	-1.541163
F-statistic	640.8187	Durbin-Watson stat	0.159823
Prob(F-statistic)	0.000000		

图 3-2　参数估计结果

1. 图示法

图示法尽管能够直观地判断，但缺少判断依据或指标。既然回归模型的残差能够反映随机误差项的某些分布特征，那么图示法就是对残差图进行观察，分析异方差现象。具体步骤为：

（1）首先对计量经济模型进行参数估计，确定残差 e_i；

（2）构造 e_i 或 e_i^2 与解释变量的残差图；

（3）根据残差图的变化趋势进行判断，若呈现出某种规律，认为异方差存在；若是无规律的随机分布，则认为异方差不存在。

对于时间序列样本数据，也可构造 e_t 或 e_t^2 与时间 t 的残差图，根据是否存在某种规律，判断是否存在异方差现象。

根据图 3-2 所示参数估计结果，利用 EViews 软件构造残差（RESID）的平方与解释变量[LOG(GDP)]之间的散点图，即残差分析图，如图 3-3 所示。从图中可以看出，残差的平方随着解释变量的增大而存在减小的趋势，因此可以据图判断随机误差项存在异方差。

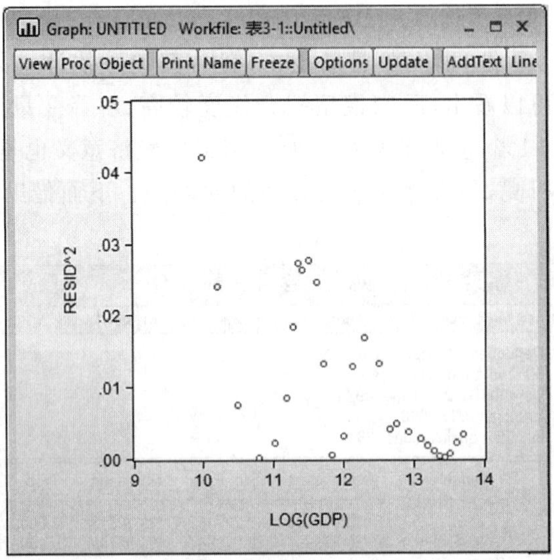

图 3-3 残差分析图

2. 怀特(White)检验

怀特检验是对异方差更一般的检验方法，其基本思想是：如果存在异方差，其方差 σ_i^2 与解释变量存在某种相关关系，分析方差 σ_i^2 是否与解释变量的某些形式相关以判断异方差现象的存在。但是 σ_i^2 一般是未知的，可对原模型进行参数估计，用残差平方 e_i^2 作为 σ_i^2 的估计值构造辅助模型，利用辅助模型相应的统计量判断原模型是否存在异方差现象。

怀特检验的步骤为：

(1) 不失一般性，假设原模型为

$$Y=\beta_0+\beta_1 X+\beta_2 K+\mu$$

应用普通最小二乘法估计原模型，得到 $e_i^2(i=1, 2, \cdots, n)$；

(2) 构造辅助模型，模型中被解释变量为 e_i^2，解释变量为原模型解释变量、原模型解释变量的平方、原模型解释变量之间两两交叉乘积，则其辅助模型为

$$e_i^2=\alpha_0+\alpha_1 X_i+\alpha_2 K_i+\alpha_3 X_i^2+\alpha_4 K_i^2+\alpha_5 X_i K_i+\upsilon_i \tag{3-3}$$

(3) 估计辅助模型，确定统计量 nR^2（样本容量与辅助回归模型可决系数的乘积）；

(4) 提出假设

$$H_0: \alpha_1 = \alpha_2 = \cdots = \alpha_5 = 0;$$

$$H_1: \text{至少有一个 } \alpha_j \neq 0 \quad (j=1,2,\cdots,5)$$

可以证明

$$nR^2 \sim \chi^2(g),\ g = \frac{(k+1)(k+2)}{2} - 1 \tag{3-4}$$

式中,g 为自由度,k 为原模型解释变量个数;

(5) 判别:给定显著性水平,查临界值表,若 $nR^2 > \chi^2_\alpha(g)$,则拒绝原假设 H_0,接受 H_1,表明辅助模型中参数至少有一个不显著为零,残差的平方会随着解释变量的某种形式的变化而变化,即原模型随机误差项存在异方差。

根据图 3-2 所示参数估计结果,选择异方差的怀特"White"检验,异方差检验结果如图 3-4 所示。

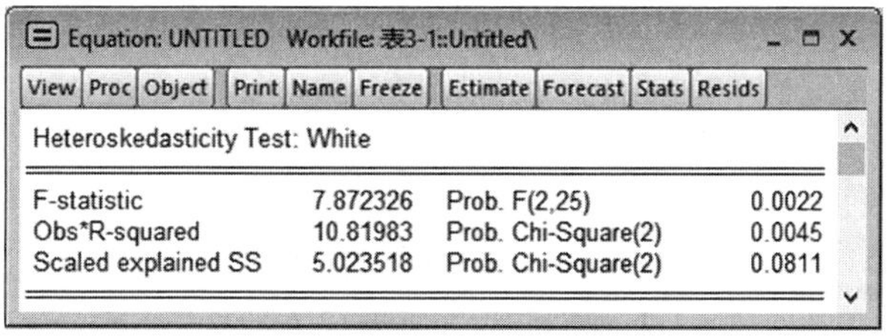

图 3-4 异方差的怀特检验

根据检验结果可以看出,"Obs *R-squared"的值为 nR^2 统计量,查分布表得 $\chi^2_{0.05}(2)=5.991$,由于

$$nR^2 = 10.820 > \chi^2_{0.05}(2) = 5.991$$

因此,认为在 95%的置信水平下原模型随机误差项存在异方差。在图 3-4 所示检验结果中,根据 nR^2 统计量的伴随概率 $P=0.004\,5$,即伴随概率很小也可直接判定拒绝原假设,原模型随机误差项存在异方差。

采用怀特检验需要注意:若原模型解释变量过多,辅助模型中解释变量的个数呈几何级数增长。由于样本可能存在不足的现象,这给辅助模型的估计带来了困难,在 EViews 软件怀特检验的设定中,复选框表示是否采用只保留原模型解释变量平方项的辅助模型。总体来说,怀特检验要么适合于样本容量较大的模型,要么适合于原模型解释变量个数不多的情况。

3. 戈德菲尔德-匡特(Goldfeld-Quandt)检验

这种方法是由戈德菲尔德(S. M. Goldfeld)和匡特(R. E. Quandt)于 1965 年提出的,常用于检验递增型(递减型)异方差,适合于样本容量较大的模型。它是以 F 分布为原理,将样本数据分为两段,不妨称为低位段及高位段,分别用两段数据对模型进行参数估计,得到低位段的随机误差项方差估计值和高位段的随机误差项方差估计值。如果两段方差差异不大，则不能拒绝同方差的假设；但如果两段方差差别很大，就存在异方差现象。

戈德菲尔德-匡特检验的步骤为：

(1) 将样本数据按某个解释变量的升序排列；

(2) 将样本数据分成两段，即低位段和高位段，其样本容量分别为 n_1 和 n_2，在分段时可适当删除中间的部分样本，使低位段和高位段的差异更加明显；

(3) 对两个样本容量为 n_1 和 n_2 的子样本，分别用普通最小二乘法估计原模型，得到残差平方和分别为 RSS_1 和 RSS_2，则其随机误差项方差的估计值分别为

$$\hat{\sigma}_1^2=\frac{RSS_1}{n_1-k-1}\text{ ，}\hat{\sigma}_2^2=\frac{RSS_2}{n_2-k-1}$$

(4) 构造 F 统计量(高位段与低位段方差之比)

$$F=\frac{\hat{\sigma}_2^2}{\hat{\sigma}_1^2}=\frac{RSS_2/(n_2-k-1)}{RSS_1/(n_1-k-1)}\sim F(n_2-k-1,n_1-k-1) \tag{3-5}$$

(5) 提出假设

H_0:随机误差项为同方差；

H_1:随机误差项为异方差

(6) 判别：给定显著性水平 α，查 F 分布表，得到临界值 $F_\alpha(n_2-k-1,n_1-k-1)$，若

$$F>F_\alpha(n_2-k-1,n_1-k-1)$$

则拒绝同方差的假设，认为在 $1-\alpha$ 水平下存在异方差；否则不存在异方差。

仍根据例 3-1，国内生产总值(GDP)对数序列为升序排列，删除中间 4 个样本，分别以 1991—2002 年和 2007—2018 年两段样本进行参数估计，得

$$\hat{\sigma}_1^2=\frac{0.003\,2}{12-1-1}\text{，}\hat{\sigma}_2^2=\frac{0.012\,6}{12-1-1}$$

由于

$$F=\frac{\hat{\sigma}_2^2}{\hat{\sigma}_1^2}=3.94>F_{0.05}(10,10)=2.97$$

因此，认为在 95%的置信水平下原模型存在异方差。

采用戈德菲尔德-匡特检验，值得注意的问题有：一是当只有一个解释变量或者随机误差项的方差已知与某一个解释变量有关时，可以依据这个解释变量的升序排列，而当有多个解释变量，或者随机误差项的方差与多个解释变量有关时，如何进行升序排列的问题；二是戈德菲尔德-匡特检验适合于较大样本，很显然如果样本容量较小，分别用两段样本进行参数估计其结果是难以认可的；三是为了提高检验的功效，戈德菲尔德和匡特曾建议，对排序的样本可以删除中间的

部分数据，但删除的个数约为样本容量的 1/4；四是戈德菲尔德-匡特检验对异方差图形是对称形式的情况不太有效。

4. 戈里瑟(Glejser)检验

戈里瑟检验是戈里瑟(H. Glejser)1969 年提出的一种检验异方差的方法，其基本思路是用残差 e 的绝对值对每个解释变量建立各种形式的辅助模型，通过辅助模型的拟合优度及解释变量的显著性来判断随机误差项的方差是否会随着解释变量的变化而变化，从而判断是否存在异方差。

戈里瑟检验的辅助模型为

$$|e| = \alpha_0 + \alpha_1 f(X_j) + \upsilon \quad (j = 1, 2, \cdots, k) \tag{3-6}$$

辅助模型中，残差 $|e|$ 与某个解释变量 X_j 的真实形式并不确定，即 $f(X_j)$ 的形式是未知的，所以需要利用每个解释变量的不同幂次或者其他形式进行试验。辅助模型的常用形式如下：

$$|e| = \alpha_0 + \alpha_1 X_j + \upsilon$$

$$|e| = \alpha_0 + \alpha_1 \sqrt{X_j} + \upsilon$$

$$|e| = \alpha_0 + \alpha_1 \frac{1}{X_j} + \upsilon$$

$$|e| = \alpha_0 + \alpha_1 X_j^2 + \upsilon$$

$$|e| = \alpha_0 + \alpha_1 \ln X_j + \upsilon$$

……

选择出最佳的拟合结果，如果辅助模型拟合优度较大且 α_1 显著不等于 0，那么就认为该解释变量对于残差是有显著影响的，可以判断存在异方差现象。在实际问题讨论中，往往辅助模型的拟合优度都不高，因此只能选择较高拟合优度的辅助模型，并根据辅助模型参数 t 统计量及所对应的 P 值判断，如果拒绝原假设，参数显著不等于零，则原模型存在异方差；也可以根据 nR^2 统计量及所对应的 P 值判断。

根据图 3-2 所示参数估计结果，选择异方差的戈里瑟检验，并在输入框中输入解释变量的某种形式。本例中戈里瑟检验所设定解释变量的形式为 $\sqrt{GDP}$，辅助模型的估计结果如图 3-5 所示。由图可以看出，其拟合优度不高，但 $\sqrt{GDP}$ 所对应 t 统计量的伴随概率 $P=0.000\,8$，nR^2 统计量及所对应的伴随概率 $P=0.001\,6$，即伴随概率很小，能够判定原模型随机误差项存在异方差。

戈里瑟检验的缺点在于检验模型的不确定性，可能要经过若干次的辅助回归才能得到合适的结论（即使这样，其拟合优度可能并不令人满意）；戈里瑟检验的优点在于不仅检验了异方差现象是否存在，而且也给出了随机误差项的方差

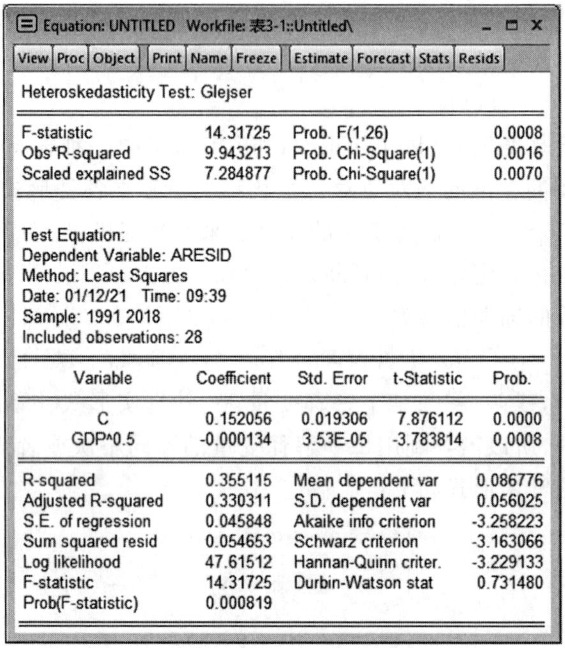

Equation: UNTITLED Workfile: 表3-1::Untitled\

View | Proc | Object | Print | Name | Freeze | Estimate | Forecast | Stats | Resids

Heteroskedasticity Test: Glejser

F-statistic	14.31725	Prob. F(1,26)	0.0008
Obs*R-squared	9.943213	Prob. Chi-Square(1)	0.0016
Scaled explained SS	7.284877	Prob. Chi-Square(1)	0.0070

Test Equation:
Dependent Variable: ARESID
Method: Least Squares
Date: 01/12/21 Time: 09:39
Sample: 1991 2018
Included observations: 28

Variable	Coefficient	Std. Error	t-Statistic	Prob.
C	0.152056	0.019306	7.876112	0.0000
GDP^0.5	-0.000134	3.53E-05	-3.783814	0.0008

R-squared	0.355115	Mean dependent var	0.086776
Adjusted R-squared	0.330311	S.D. dependent var	0.056025
S.E. of regression	0.045848	Akaike info criterion	-3.258223
Sum squared resid	0.054653	Schwarz criterion	-3.163066
Log likelihood	47.61512	Hannan-Quinn criter.	-3.229133
F-statistic	14.31725	Durbin-Watson stat	0.731480
Prob(F-statistic)	0.000819		

图 3-5 异方差戈里瑟检验的辅助模型估计结果

与某解释变量相关关系的具体表现形式，这对存在异方差模型的修正是有益的。另外，若认为随机误差项的方差与多个解释变量有关，可以构造多个解释变量的戈里瑟检验辅助模型。

四、存在异方差模型的参数估计方法

计量经济模型中的异方差现象是经常存在的，异方差的存在并不破坏普通最小二乘法估计量的无偏性，但估计量不再是有效的。因此，若通过检验发现模型的确存在异方差现象，则需采用新的方法估计模型，从而消除或者减弱异方差对模型参数估计的影响。

1. 模型转换

如果可以确定随机误差项的方差和某解释变量的某种形式相关，将模型进行适当转换，转换后的模型就可能消除或减弱异方差现象。对于某二元线性计量经济模型

$$Y_i = \beta_0 + \beta_1 X_{1i} + \beta_2 X_{2i} + \mu_i \quad (i = 1,2,\cdots,n) \tag{3-7}$$

如果通过检验发现该随机误差项的方差随某解释变量的变化而变化，假设方差表示为

$$\mathrm{Var}(\mu_i)=E(\mu_i^2)=f(X_{1i})\sigma^2 \quad (i=1,2,\cdots,n)$$

即随机误差项的方差与解释变量 X_1 之间存在相关性，那么可以将模型变换为

$$\frac{Y_i}{\sqrt{f(X_{1i})}}=\beta_0\frac{1}{\sqrt{f(X_{1i})}}+\beta_1\frac{X_{1i}}{\sqrt{f(X_{1i})}}+\beta_2\frac{X_{2i}}{\sqrt{f(X_{1i})}}+\frac{\mu_i}{\sqrt{f(X_{1i})}} \quad (3\text{-}8)$$

记 $Y_i^*=\frac{Y_i}{\sqrt{f(X_{1i})}}$，$X_{0i}^*=\frac{1}{\sqrt{f(X_{1i})}}$，$X_{1i}^*=\frac{X_{1i}}{\sqrt{f(X_{1i})}}$，$X_{2i}^*=\frac{X_{2i}}{\sqrt{f(X_{1i})}}$，$\upsilon_i=\frac{\mu_i}{\sqrt{f(X_{1i})}}$，则转换后的模型为

$$Y_i^*=\beta_0X_{0i}^*+\beta_1X_{1i}^*+\beta_2X_{2i}^*+\upsilon_i \quad (i=1,2,\cdots,n) \quad (3\text{-}9)$$

转换后的模型(3-9)的随机误差项的方差为

$$\mathrm{Var}(\upsilon_i)=\mathrm{Var}\left[\frac{\mu_i}{\sqrt{f(X_{1i})}}\right]=E\left[\frac{\mu_i}{\sqrt{f(X_{1i})}}\right]^2=\frac{1}{f(X_{1i})}E(\mu_i)^2=\sigma^2$$

$$(i=1,2,\cdots,n)$$

即随机误差项具有同方差，于是可用普通最小二乘法估计转换后模型的参数，也就得到了原模型的参数。

如例 3-1，对于能源消费问题的计量经济模型

$$\ln EC_t=\beta_0+\beta_1\ln GDP_t+\mu_t$$

假设 $\mathrm{Var}(\mu_i)=GDP_t^4\sigma^2$，则模型转换为

$$\ln EC_t/GDP_t^2=\beta_0/GDP_t^2+\beta_1\ln GDP_t/GDP_t^2+\mu_t/GDP_t^2$$

经过变量替换，模型可表示为

$$LEG_t=\beta_0G_t+\beta_1LGG_t+\upsilon_t$$

参数估计结果如图 3-6 所示，该估计结果仍需进一步检验是否存在异方差。

2. 加权最小二乘法(WLS)

以残差平方和最小为核心的普通最小二乘原理，指同方差下将各个样本点提供的残差数据一视同仁是符合情理的，也就是各个样本点的残差数据的重要程度是一致的，都赋予相同的权数 1。当存在异方差时，方差越大，其样本偏离均值程度越大，观测值对于回归模型的重要性减弱；方差越小，其样本偏离均值程度越小，观测值对于回归模型的重要性增强，偏离小的所提供的信息贡献则应予以重视。因此，采用权数对残差提供的信息的重要程度作校正，以提高估计精度，这就是加权最小二乘法的思路。

一般情况下，对于多元线性计量经济模型

$$\boldsymbol{Y}=\boldsymbol{XB}+\boldsymbol{U} \quad (3\text{-}10)$$

若存在异方差，则

$$E(\boldsymbol{U})=0$$

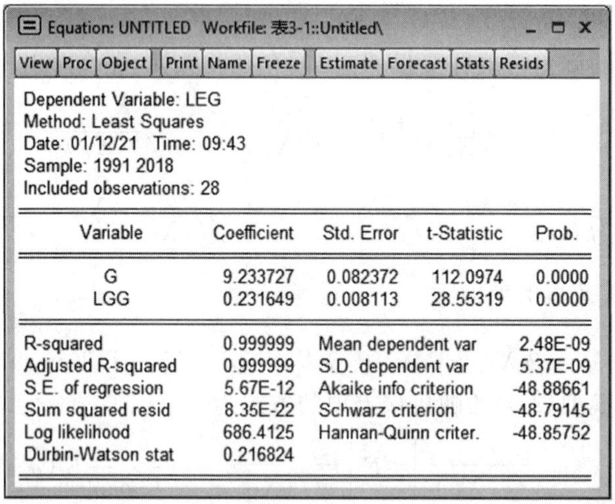

Equation: UNTITLED Workfile: 表3-1::Untitled\

View | Proc | Object | Print | Name | Freeze | Estimate | Forecast | Stats | Resids

Dependent Variable: LEG
Method: Least Squares
Date: 01/12/21 Time: 09:43
Sample: 1991 2018
Included observations: 28

Variable	Coefficient	Std. Error	t-Statistic	Prob.
G	9.233727	0.082372	112.0974	0.0000
LGG	0.231649	0.008113	28.55319	0.0000

R-squared	0.999999	Mean dependent var	2.48E-09
Adjusted R-squared	0.999999	S.D. dependent var	5.37E-09
S.E. of regression	5.67E-12	Akaike info criterion	-48.88661
Sum squared resid	8.35E-22	Schwarz criterion	-48.79145
Log likelihood	686.4125	Hannan-Quinn criter.	-48.85752
Durbin-Watson stat	0.216824		

图 3-6 经模型转换的参数估计结果

$$\mathrm{Cov}(\boldsymbol{U})=E(\boldsymbol{UU}')=\sigma^2\boldsymbol{W}$$

$$\boldsymbol{W}=\begin{pmatrix} w_1 & & & \\ & w_2 & & \\ & & \ddots & \\ & & & w_n \end{pmatrix}$$

且 $w_i(i=1,2,\cdots,n)$不全相等。

令 $\boldsymbol{W}=\boldsymbol{DD}'$，用 $\boldsymbol{D}^{-1}$左乘模型(3-10)两边，得到一个新的模型

$$\boldsymbol{D}^{-1}\boldsymbol{Y}=\boldsymbol{D}^{-1}\boldsymbol{XB}+\boldsymbol{D}^{-1}\boldsymbol{U} \tag{3-11}$$

记 $\boldsymbol{Y}^*=\boldsymbol{D}^{-1}\boldsymbol{Y},\boldsymbol{X}^*=\boldsymbol{D}^{-1}\boldsymbol{X},\boldsymbol{V}=\boldsymbol{D}^{-1}\boldsymbol{U}$，则

$$\boldsymbol{Y}^*=\boldsymbol{X}^*\boldsymbol{B}+\boldsymbol{V} \tag{3-12}$$

可以证明模型(3-12)具有同方差，因为 $E(\boldsymbol{V})=E(\boldsymbol{D}^{-1}\boldsymbol{U})=0$，则

$$\begin{aligned}\mathrm{Cov}(\boldsymbol{V})&=E(\boldsymbol{VV}')=E[(\boldsymbol{D}^{-1}\boldsymbol{U})(\boldsymbol{D}^{-1}\boldsymbol{U})']\\&=E(\boldsymbol{D}^{-1}\boldsymbol{UU}'\boldsymbol{D}^{-1\prime})=\boldsymbol{D}^{-1}E(\boldsymbol{UU}')\boldsymbol{D}^{-1\prime}\\&=\boldsymbol{D}^{-1}\sigma^2\boldsymbol{WD}^{-1\prime}=\boldsymbol{D}^{-1}\sigma^2\boldsymbol{DD}'\boldsymbol{D}^{-1\prime}=\sigma^2\boldsymbol{I}\end{aligned}$$

于是，可以用普通最小二乘法估计新模型(3-12)，其参数估计式为

$$\begin{aligned}\hat{\boldsymbol{B}}&=(\boldsymbol{X}^{*\prime}\boldsymbol{X}^*)^{-1}\boldsymbol{X}^{*\prime}\boldsymbol{Y}^*\\&=(\boldsymbol{X}'\boldsymbol{D}^{-1\prime}\boldsymbol{D}^{-1}\boldsymbol{X})^{-1}\boldsymbol{X}'\boldsymbol{D}^{-1\prime}\boldsymbol{D}^{-1}\boldsymbol{Y}\\&=(\boldsymbol{X}'\boldsymbol{W}^{-1}\boldsymbol{X})^{-1}\boldsymbol{X}'\boldsymbol{W}^{-1}\boldsymbol{Y}\end{aligned}$$

即

$$\hat{\boldsymbol{B}}=(\boldsymbol{X}'\boldsymbol{W}^{-1}\boldsymbol{X})^{-1}\boldsymbol{X}'\boldsymbol{W}^{-1}\boldsymbol{Y} \tag{3-13}$$

这就是原模型(3-10)的加权最小二乘法参数估计式。

现在的问题在于如何得到权矩阵 $\boldsymbol{W}$ 呢？对原模型(3-10)首先采用普通最小二乘法进行参数估计，可以用残差 e_i^2 作为随机误差项方差的近似估计值，则权矩阵 $\boldsymbol{W}$ 的估计值为

$$\hat{\boldsymbol{W}} \approx \begin{pmatrix} e_1^2 & & & \\ & e_2^2 & & \\ & & \ddots & \\ & & & e_n^2 \end{pmatrix} \tag{3-14}$$

3. 转换模型和加权最小二乘法原理的一致性

如果考虑权矩阵 $\boldsymbol{W}$ 取值，按照式(3-14)及 $\boldsymbol{W}=\boldsymbol{DD}'$ 可得

$$\boldsymbol{D}=\begin{pmatrix} |e_1| & & & \\ & |e_2| & & \\ & & \ddots & \\ & & & |e_n| \end{pmatrix}, \quad \boldsymbol{D}^{-1}=\begin{pmatrix} \frac{1}{|e_1|} & & & \\ & \frac{1}{|e_2|} & & \\ & & \ddots & \\ & & & \frac{1}{|e_n|} \end{pmatrix}$$

将 $\boldsymbol{D}^{-1}$ 代入模型(3-11)得

$$\boldsymbol{D}^{-1}\boldsymbol{Y}=\boldsymbol{D}^{-1}\boldsymbol{XB}+\boldsymbol{D}^{-1}\boldsymbol{U}$$

就等价于在模型(3-8)中，用 $|e_i|$ 代替了 $\sqrt{f(X_{1i})}$，即

$$\frac{Y_i}{|e_i|}=\beta_0\frac{1}{|e_i|}+\beta_1\frac{X_{1i}}{|e_i|}+\beta_2\frac{X_{2i}}{|e_i|}+\frac{\mu_i}{|e_i|} \quad (i=1,2,\cdots,n)$$

因此，转换模型也是一种加权法，只是权重选择不一样，这个结论为 EViews 软件中设定权重消除异方差提供了思路。

4. EViews 软件中权重设定

如例 3-1，若能源消费问题的计量经济模型为

$$\ln EC_t=\beta_0+\beta_1\ln GDP_t+\mu_t$$

在不考虑是否违背假设的情况下，模型参数估计结果如图 3-2 所示，经各种检验发现原模型存在异方差。如何消除异方差呢？EViews 软件中就是通过设定权重消除异方差的，问题在于如何设定权重呢？

(1) 以解释变量的某种形式作为权重

根据异方差形成的原理，即异方差可能是由于方差随着解释变量的变化而变化，可以考虑权重为解释变量的某种形式，如解释变量为“LOG(GDP)”，可以分别用 $1/GDP$、$1/GDP^2$、$1/\sqrt{GDP}$、$1/\mathrm{LOG}(GDP)$ 等作为权重逐个模拟，直至

消除异方差。

根据原模型普通最小二乘法的参数估计结果(见图 3-2),经过检验发现存在异方差。若选择权重为 $1/GDP^2$,设定权重后参数估计结果如图 3-7 所示,结果表明参数经济意义合理、解释变量显著、拟合优度高。但问题的核心是通过设定权重 $1/GDP^2$ 是否消除了异方差。

Equation: UNTITLED Workfile: 表3-1::Untitled\

View | Proc | Object | Print | Name | Freeze | Estimate | Forecast | Stats | Resids

Dependent Variable: LOG(EC)
Method: Least Squares
Date: 01/12/21 Time: 09:45
Sample: 1991 2018
Included observations: 28
Weighting series: 1/GDP^2
Weight type: Inverse standard deviation (EViews default scaling)

Variable	Coefficient	Std. Error	t-Statistic	Prob.
C	9.233727	0.082372	112.0974	0.0000
LOG(GDP)	0.231649	0.008113	28.55319	0.0000

Weighted Statistics

R-squared	0.969095	Mean dependent var	11.67442
Adjusted R-squared	0.967906	S.D. dependent var	25.27473
S.E. of regression	0.026669	Akaike info criterion	-4.341882
Sum squared resid	0.018492	Schwarz criterion	-4.246724
Log likelihood	62.78635	Hannan-Quinn criter.	-4.312791
F-statistic	815.2844	Durbin-Watson stat	0.216824
Prob(F-statistic)	0.000000	Weighted mean dep.	11.58493

图 3-7 设定权重的参数估计结果

对图 3-7 所示估计结果再进行异方差怀特检验,如图 3-8 所示。由于 nR^2 统计量的伴随概率 $P=0.709\,4$,可以认为已不存在异方差。

Equation: UNTITLED Workfile: 表3-1::Untitled\

View | Proc | Object | Print | Name | Freeze | Estimate | Forecast | Stats | Resids

Heteroskedasticity Test: White

F-statistic	0.415782	Prob. F(3,24)	0.7432
Obs*R-squared	1.383341	Prob. Chi-Square(3)	0.7094
Scaled explained SS	1.452005	Prob. Chi-Square(3)	0.6934

图 3-8 异方差的怀特检验

(2) 以残差的某种形式作为权重

在原模型普通最小二乘法参数估计的基础上(见图 3-2),通过残差生成新的变量序列,即 $ET=\mathrm{ABS}(RESID)$。以残差绝对值的某些形式作为权重,如 $1/ET^2$、$1/\sqrt{ET}$ 等逐个模拟,直至消除异方差。

由图 3-7 和图 3-8 可知，权重设定为 $1/GDP^2$，随机误差项不存在异方差。因此，能源消费问题的回归方程为

$$\ln \hat{EC}_t = 9.234 + 0.232 \ln GDP_t$$
$$(112.10)\ (28.55)$$
$$\bar{R}^2 = 0.968$$

可见，回归方程拟合优度高、参数经济意义合理、解释变量显著，参数 0.232 表明 GDP 每增加 1%，能源消耗将增加 0.232%，这是样本范围内平均的能源消耗弹性系数。

5. 需要注意的几个问题

一是指数模型相对于线性模型而言，异方差现象有所减弱；二是截面数据相对于时间序列数据更容易产生异方差；三是在权重设定上，多元模型可以优先考虑用残差绝对值的某种形式作为权重，其残差本身也反映了解释变量的线性组合；四是不同的权重都有可能消除异方差，那么最终采用哪个结果用于经济分析呢？这就需要根据客观经济问题进行讨论。

第二节　序列相关

序列相关是指随机误差项在前后期（不同样本点）之间存在相关关系。

由随机误差项的假设条件可知

$$\mathrm{Cov}(\mu_i, \mu_j) = 0 \quad (i, j = 1, 2, \cdots, n; i \neq j)$$

即随机误差项在不同样本点之间不存在相关性，是相互独立的。但在一些实际问题研究时，会出现

$$\mathrm{Cov}(\mu_i, \mu_j) \neq 0 \quad (i, j = 1, 2, \cdots, n; i \neq j)$$

则随机误差项存在自相关，自相关又称为序列相关。

一、序列相关的特征及其影响

1. 序列相关的类型

序列相关可分为多种类型，按相关变化规律可分为正相关与负相关，分别表示其变化规律是否一致；按线性特征可分为线性序列相关与非线性序列相关，这里主要讨论线性序列相关问题；按相关的滞后期数可分为一阶自回归形式与高阶自回归形式。

对于一阶自回归形式，模型可表示为

$$\mu_t = \rho_1 \mu_{t-1} + \upsilon_t$$

对于高阶自回归形式，模型可表示为

$$\mu_t=\rho_1\mu_{t-1}+\rho_2\mu_{t-2}+\cdots+\rho_s\mu_{t-s}+\upsilon_t$$

式中，ρ_j 为各阶自相关系数；υ_t 为满足假设条件的随机误差项。

由于经济变量的惯性作用会随着时间的延长而逐渐减弱，自相关系数 $\rho_1,\rho_2,\cdots,\rho_s$ 的绝对值也会逐渐减小，因此，一般以一阶自回归形式作为研究的重点。

2. 一阶自回归形式的特征

假设随机误差项表现为一阶自回归形式，即

$$\mu_t=\rho\mu_{t-1}+\upsilon_t \tag{3-15}$$

那么在大样本情况下，一阶自相关系数 ρ 的估计值为

$$\hat{\rho}=\frac{\sum_{t=2}^{n}\mu_t\mu_{t-1}}{\sum_{t=2}^{n}\mu_{t-1}^2} \tag{3-16}$$

如果将随机误差项 μ_t 的各期滞后值分别代入式(3-15)，可得

$$\mu_t=\upsilon_t+\rho\upsilon_{t-1}+\rho^2\upsilon_{t-2}+\cdots=\sum_{s=0}^{\infty}\rho^s\upsilon_{t-s} \tag{3-17}$$

式(3-17)表明随机误差项 μ_t 可表示为独立同分布的随机误差序列 $\upsilon_t,\upsilon_{t-1},\upsilon_{t-2}$……的加权和，那么随机误差项 μ_t 的分布特征可表示为

$$E(\mu_t)=\sum_{s=0}^{\infty}\rho^sE(\upsilon_{t-s})=0$$

$$\mathrm{Var}(\mu_t)=\sum_{s=0}^{\infty}\rho^{2s}\mathrm{Var}(\upsilon_{t-s})=\frac{\sigma_\upsilon^2}{1-\rho^2}$$

$$\mathrm{Cov}(\mu_t,\mu_{t-s})=\rho^s\frac{\sigma_\upsilon^2}{1-\rho^2}$$

则随机误差项 $\boldsymbol{U}$ 的协方差矩阵为

$$\mathrm{Cov}(\boldsymbol{U})=E(\boldsymbol{UU}')=\frac{\sigma_\upsilon^2}{1-\rho^2}\begin{pmatrix}1&\rho&\cdots&\rho^{n-1}\\\rho&1&\cdots&\rho^{n-2}\\\vdots&\vdots&&\vdots\\\rho^{n-1}&\rho^{n-2}&\cdots&1\end{pmatrix}=\sigma_\upsilon^2\boldsymbol{\Omega} \tag{3-18}$$

3. 序列相关情况下参数估计值的特征

对于多元线性计量经济模型

$$\boldsymbol{Y}=\boldsymbol{XB}+\boldsymbol{U}$$

如果存在序列相关，根据式(3-18)，随机误差项 $\boldsymbol{U}$ 的协方差矩阵可记为

$$\mathrm{Cov}(\boldsymbol{U})=E(\boldsymbol{UU}')=\sigma_\upsilon^2\boldsymbol{\Omega}$$

若采用普通最小二乘法估计结构参数，则参数估计值的期望和协方差矩阵分别为

$$E(\hat{\boldsymbol{B}})=E[(\boldsymbol{X}'\boldsymbol{X})^{-1}\boldsymbol{X}'\boldsymbol{Y}]=E[(\boldsymbol{X}'\boldsymbol{X})^{-1}\boldsymbol{X}'(\boldsymbol{XB}+\boldsymbol{U})]$$
$$=E[\boldsymbol{B}+(\boldsymbol{X}'\boldsymbol{X})^{-1}\boldsymbol{X}'\boldsymbol{U}]=\boldsymbol{B}$$

$$\mathrm{Cov}(\hat{\boldsymbol{B}})=E\{[\hat{\boldsymbol{B}}-E(\hat{\boldsymbol{B}})][\hat{\boldsymbol{B}}-E(\hat{\boldsymbol{B}})]'\}=E[(\hat{\boldsymbol{B}}-\boldsymbol{B})(\hat{\boldsymbol{B}}-\boldsymbol{B})']$$
$$=E\{[(\boldsymbol{X}'\boldsymbol{X})^{-1}\boldsymbol{X}'(\boldsymbol{XB}+\boldsymbol{U})-\boldsymbol{B}][(\boldsymbol{X}'\boldsymbol{X})^{-1}\boldsymbol{X}'(\boldsymbol{XB}+\boldsymbol{U})-\boldsymbol{B}]'\}$$
$$=E[(\boldsymbol{X}'\boldsymbol{X})^{-1}\boldsymbol{X}'\boldsymbol{U}\boldsymbol{U}'\boldsymbol{X}(\boldsymbol{X}'\boldsymbol{X})^{-1}]=(\boldsymbol{X}'\boldsymbol{X})^{-1}\boldsymbol{X}'E(\boldsymbol{U}\boldsymbol{U}')\boldsymbol{X}(\boldsymbol{X}'\boldsymbol{X})^{-1}$$
$$=(\boldsymbol{X}'\boldsymbol{X})^{-1}\boldsymbol{X}'\sigma_v^2\boldsymbol{\Omega}\boldsymbol{X}(\boldsymbol{X}'\boldsymbol{X})^{-1}$$
$$=\sigma_v^2(\boldsymbol{X}'\boldsymbol{X})^{-1}\boldsymbol{X}'\boldsymbol{\Omega}\boldsymbol{X}(\boldsymbol{X}'\boldsymbol{X})^{-1}$$

4. 序列相关的影响

计量经济模型一旦出现序列相关，如果仍采用普通最小二乘法估计模型参数，会产生如下影响：

(1) 参数估计量非有效。从序列相关情况下参数估计值的特征可以看出，当计量经济模型出现序列相关时，其普通最小二乘法参数估计值仍然具有无偏性，但不具有最小方差性。

(2) 变量的显著性检验失去意义。序列相关情况下采用普通最小二乘法估计参数会低估随机误差项的方差，更会低估参数估计值的方差，从而过高估计了 t 统计量，夸大了解释变量的显著性，将本来不重要的解释变量可能误认为重要而保留。因此，如果出现了序列相关，t 检验就失去了意义。

(3) 模型的预测失效。由于参数估计值不具有最小方差性等方面的特征，使得模型不具有良好的统计性质，必然会影响模型的预测功能；此外，当模型出现序列相关，采用模型预测时，序列相关所形成的趋势性作用可能大于因果关系的作用，也影响到模型的预测功能。

二、产生序列相关的原因分析

1. 经济系统的惯性作用

大多数经济系统的时间序列有一个显著特征就是惯性，或者说是延迟性。众所周知，时间序列如国内生产总值、可支配收入、消费总支出、价格指数等，都会随着经济系统周期而波动。不论在经济高涨时期还是在经济衰退时期，某些经济指标都会有一段持续期，使这些经济指标的经济数据表现为自相关。又如从经济萧条开始逐步恢复时，经济系统中大多数经济变量的时间序列向上移动，序列某一时点的值会大于其前期值。这里有一种“动力”存在，使经济指标仍会继续向上移动，直到某些事件发生(例如税收的增加或者利率的提高或者两者同

时增加)，才使序列移动减慢下来。因此，在涉及时间序列数据的计量经济模型中，连续的观察值之间很可能是相关的。

2. 农产品市场的“蛛网”现象

许多农产品的供给呈现出所谓的“蛛网”现象，即供给对价格的反应滞后了一个时期，因为供给决策的实现需要一定时间(有孕育期)，也就是供给的调整需要经过一定的时间才能实现。因此，农产品生产的本年度计划是受上一年度价格影响的，其供给函数为

$$S_t=\beta_0+\beta_1 P_{t-1}+\mu_t$$

如果农民在第 $t-1$ 年生产多了，根据供求法则，价格必然会下降，则他们很可能会在第 t 年少生产一些，这样下去就会形成“蛛网”模式。

3. 经济活动的滞后效应

滞后效应是指某一经济变量对另一经济变量的影响不仅限于当期，而是延续若干期，由此带来变量的自相关。例如居民现期可支配收入的增加，不会使居民的消费水平在现期就达到应有水平，而是要经过若干期才能达到，这表现为人的消费观念的改变存在一定的适应期。

4. 模型的设定误差

模型的设定误差包括错误地设定模型形式、不合理地添加解释变量以及忽略一些重要解释变量，存在这样一些模型的设定误差，随机误差项往往呈现自相关。计量经济模型在建模时必然考虑主要的影响因素，忽略了一些次要的影响因素，如果模型中忽略的影响因素存在自相关，并且不能与其余因素相互抵消，其作用必然伴随着随机误差项反映出来，形成自相关；再就是经济问题研究的复杂性、对经济问题认识的局限性，可能导致模型形式确定的失准，模型形式的错误必将难以反映经济变量之间数量依存关系，也会在自相关方面体现出来；另外，样本数据的修正、补充和调整，这样的数据序列可能产生自相关，从而带来随机误差项的自相关问题。

通过大量经济问题分析可知，采用时间序列数据作为样本的计量经济模型，序列相关问题往往是客观存在的，应特别予以重视。

三、序列相关检验

【例 3-2】 投资、消费、净出口是经济增长的“三驾马车”，特别是我国改革开放政策实施以来，外资引进及进出口对我国经济增长起到了重要的促进作用。如果以国内生产总值(GDP)为经济增长的主要指标，那么国内生产总值(GDP)受到进出口总额(IE)的影响有多大呢？这反映了我国经济增长对国际市场的依赖性，有关数据如表 3-2 所列。

表 3-2 国内生产总值与进出口总额 单位:亿元

年份	国内生产总值	进出口总额	年份	国内生产总值	进出口总额
1990	18 872.9	5 560.1	2005	187 318.9	116 921.8
1991	22 005.6	7 225.8	2006	219 438.5	140 971.4
1992	27 194.5	9 119.6	2007	270 092.3	166 740.2
1993	35 673.2	11 271.0	2008	319 244.6	179 921.5
1994	48 637.5	20 381.9	2009	348 517.7	150 648.1
1995	61 339.9	23 499.9	2010	412 119.3	201 722.3
1996	71 813.6	24 133.8	2011	487 940.2	236 402.0
1997	79 715.0	26 967.2	2012	538 580.0	244 160.2
1998	85 195.5	26 849.7	2013	592 963.2	258 168.9
1999	90 564.4	29 896.2	2014	643 563.1	264 241.8
2000	100 280.1	39 273.2	2015	688 858.2	245 502.9
2001	110 863.1	42 183.6	2016	746 395.1	243 386.5
2002	121 717.4	51 378.2	2017	832 035.9	278 099.2
2003	137 422.0	70 483.5	2018	919 281.1	305 008.1
2004	161 840.2	95 539.1			

若计量经济模型为

$$\ln GDP_t = \beta_0 + \beta_1 \ln IE_t + \mu_t$$

模型中,GDP 为国内生产总值;IE 为进出口总额。

采用普通最小二乘法进行参数估计,结果如图 3-9 所示,可以看出参数的经济意义合理、解释变量显著、拟合优度高。那么该模型随机误差项是否存在序列相关问题呢?结合本例介绍序列相关检验的主要方法。

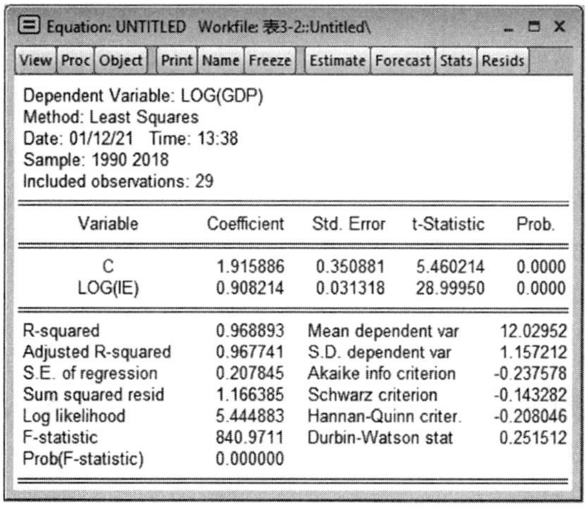

Equation: UNTITLED Workfile: 表3-2::Untitled\
View Proc Object Print Name Freeze Estimate Forecast Stats Resids

Dependent Variable: LOG(GDP)
Method: Least Squares
Date: 01/12/21 Time: 13:38
Sample: 1990 2018
Included observations: 29

Variable	Coefficient	Std. Error	t-Statistic	Prob.
C	1.915886	0.350881	5.460214	0.0000
LOG(IE)	0.908214	0.031318	28.99950	0.0000

R-squared	0.968893	Mean dependent var	12.02952
Adjusted R-squared	0.967741	S.D. dependent var	1.157212
S.E. of regression	0.207845	Akaike info criterion	-0.237578
Sum squared resid	1.166385	Schwarz criterion	-0.143282
Log likelihood	5.444883	Hannan-Quinn criter.	-0.208046
F-statistic	840.9711	Durbin-Watson stat	0.251512
Prob(F-statistic)	0.000000		

图 3-9 参数估计结果

1. 图示法

图示法是一种直观的检验随机误差项是否存在序列相关的方法，尽管随机误差项无法观测，但可以用残差 e_t 作为随机误差项 μ_t 的估计值，通过残差 e_t 与 e_{t-1} 的残差散点图来判断随机误差项 μ_t 是否存在序列相关。具体步骤为：

(1) 首先对计量经济模型进行参数估计，确定残差 e_t；

(2) 构造 e_t 与 e_{t-1} 之间的残差散点图；

(3) 根据残差散点图的变化趋势进行判断，若呈现出线性关系，认为自相关存在；若是无规律的随机分布，则认为不存在自相关。

有时也可以作残差 e_t 对时间 t 的残差序列图，如果残差 $e_t(t=1,2,\cdots,n)$ 随着时间 t 的变化呈现规律性，则可判断存在序列相关。

根据图 3-9 所示参数估计结果，利用 EViews 软件构造残差 e_t 与其滞后期之间的散点图。在 EViews 软件的工作文件窗口中，RESID 表示残差序列 e_t，构造残差与其滞后期散点图，如图 3-10 所示。显然，由残差散点图可以看出，随着 e_{t-1} 的增加，e_t 也存在增大的趋势，因而呈现出正相关的状态。

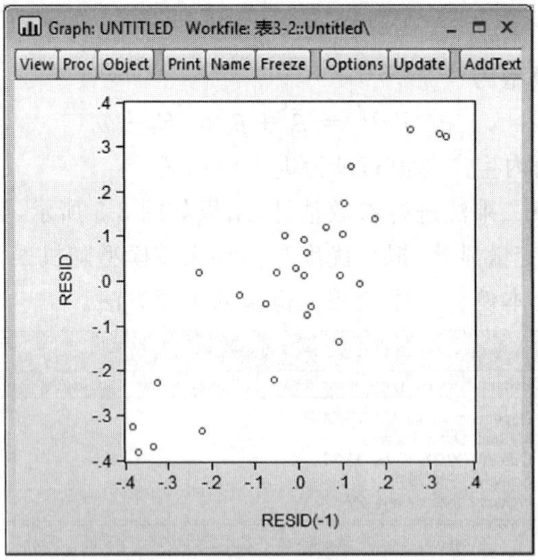

图 3-10 序列相关检验的残差图

2. 德宾-沃森检验(Durbin-Watson 检验，简称 DW 检验)

DW 检验是最直接、最普遍的检验方法，但仅适用于一阶自相关的检验。它通过残差 e_t 构造的统计量推断随机误差项是否存在自相关。

DW 检验的统计量为

$$DW = \sum_{t=2}^{n} (e_t - e_{t-1})^2 \Big/ \sum_{t=1}^{n} e_t^2 \tag{3-19}$$

根据式(3-16)，并用 e_t 作为随机误差项 μ_t 的估计值，则一阶自相关系数 $\hat{\rho}$ 可表示为

$$\hat{\rho} = \sum_{t=2}^{n} e_t e_{t-1} \Big/ \sum_{t=2}^{n} e_{t-1}^2$$

则

$$DW = \frac{\sum_{t=2}^{n} (e_t - e_{t-1})^2}{\sum_{t=1}^{n} e_t^2} = \frac{\sum_{t=2}^{n} e_t^2 + \sum_{t=2}^{n} e_{t-1}^2 - 2\sum_{t=2}^{n} e_t e_{t-1}}{\sum_{t=1}^{n} e_t^2} \approx 2\left(1 - \frac{\sum_{t=2}^{n} e_t e_{t-1}}{\sum_{t=2}^{n} e_{t-1}^2}\right)$$

即

$$DW \approx 2(1 - \hat{\rho}) \tag{3-20}$$

式(3-20)表示了一阶自相关系数 $\hat{\rho}$ 与 DW 统计量之间的关系。根据一阶自相关系数的特征，有

(1) 若存在完全一阶正相关，则 $\hat{\rho}=1$，$DW\approx0$；

(2) 若存在完全一阶负相关，则 $\hat{\rho}=-1$，$DW\approx4$；

(3) 若完全不相关，则 $\hat{\rho}=0$，$DW\approx2$。

因此，DW 统计量的取值范围是 0～4。若 DW 接近于 2 表明不存在一阶序列相关；若 DW 接近于 0，表明存在一阶正相关；若 DW 接近于 4，表明存在一阶负相关。

根据模型中解释变量个数和样本容量，查 DW 检验分布表，得临界值 d_l、d_u，按如下判别准则确定模型的自相关状态。判别准则为(见图 3-11)：

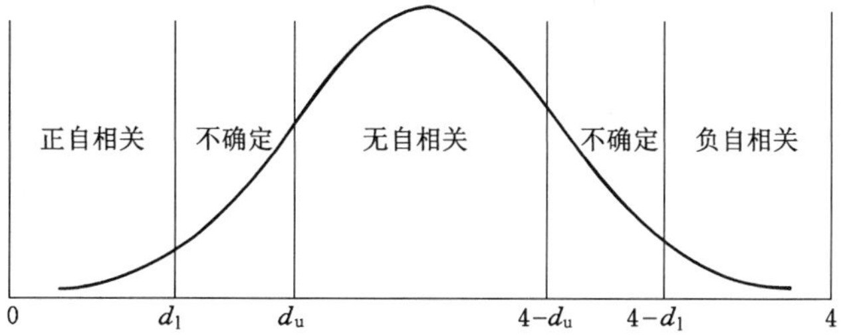

图 3-11 DW 检验判别准则

$4-d_l<DW<4$， 存在负自相关；

$4-d_u<DW<4-d_l$， 无法确定；

$d_u<DW<4-d_u$， 不存在自相关；

$d_1 < DW < d_u$，　　　　无法确定；

$0 < DW < d_1$，　　　　存在正自相关。

仍根据例 3-2，根据图 3-9 所示参数估计结果，回归模型为

$$\ln \widehat{GDP}_t = 1.916 + 0.908 \ln IE_t$$
$$(5.46) \quad (29.0)$$
$$\bar{R}^2 = 0.968, \quad DW = 0.252$$

选定显著性水平 $\alpha=0.05$，查临界值表得：$d_1=1.34$，$d_u=1.48$。

$$DW = 0.252 < d_1 = 1.34$$

因此，模型随机误差项存在一阶正自相关。

DW 检验尽管应用广泛，但在如下几个方面值得注意：一是存在不能判定的区域，若 DW 统计量落在不能判定的区域时，可加大样本容量或者重新选取样本进行检验；二是只能检验一阶自相关问题，对于高阶序列相关不适用，当然一阶自相关问题的讨论也是最为普遍的现象；三是对于自回归模型失效，关于对自回归模型的检验将在后面的章节中进行讨论；四是要有足够的样本容量。

3. 布罗斯-戈弗雷检验（Breusch-Godfrey 检验，简称 LM 检验）

LM 检验是一个适用性更强的自相关检验方法，既可检验一阶自相关，也可检验高阶序列相关。它是通过辅助模型的 LM 检验的统计量和临界值来判断是否存在自相关问题。

对于多元计量经济模型

$$Y_t = \beta_0 + \beta_1 X_{1t} + \beta_2 X_{2t} + \cdots + \beta_k X_{kt} + \mu_t$$

随机误差项 s 阶的自回归形式为

$$\mu_t = \rho_1 \mu_{t-1} + \rho_2 \mu_{t-2} + \cdots + \rho_s \mu_{t-s} + \upsilon_t$$

LM 检验高阶序列相关的步骤如下：

(1) 采用普通最小二乘法估计原模型，得到残差 e_t；

(2) 用残差 e_t 作为随机误差项 μ_t 的估计值，构造 LM 检验的辅助模型为

$$e_t = \rho_1 e_{t-1} + \rho_2 e_{t-2} + \cdots + \rho_s e_{t-s} + \beta_0 + \beta_1 X_{1t} + \beta_2 X_{2t} + \cdots + \beta_k X_{kt} + \upsilon_t \tag{3-21}$$

(3) 估计辅助模型，确定统计量 $LM=nR^2$，在大样本情况下，可以证明

$$LM = nR^2 \sim \chi^2(s)$$

(4) 提出假设

$$H_0: \rho_1 = \rho_2 = \cdots = \rho_s = 0;$$
$$H_1: \text{至少有一个 } \rho_j \neq 0 \quad (j=1,2,\cdots,s)$$

(5) 判别：给定显著性水平，查临界值表，若 $nR^2 > \chi^2_\alpha(s)$ 或 nR^2 统计量所对

应的 P 值较小，拒绝原假设，至少有一个 ρ_j 显著不为零，即随机误差项可能存在 $1-s$ 阶的序列相关。

采用 EViews 软件中 LM 检验时，设定滞后期数，习惯上采用从低阶逐次向高阶的检验方式，由于一阶自相关可根据 DW 统计量判断，因此一般从滞后 2 期即 $s=2$ 开始；若设定的滞后期数所对应的 ρ_s 显著不为零，增加滞后期数重新检验，直到不显著为止。

仍根据例 3-2，根据图 3-9 所示参数估计结果，DW 检验已经判断存在一阶自相关，LM 检验从 $s=2$ 开始，检验结果如图 3-12 所示。图中 RESID(−2) 表示 e_{t-2}，其对应的伴随概率 $P=0.560\ 1$，可以确认二阶不显著，不存在二阶序列相关。一般情况下，不存在二阶序列相关也可推定不存在二阶以上序列相关。

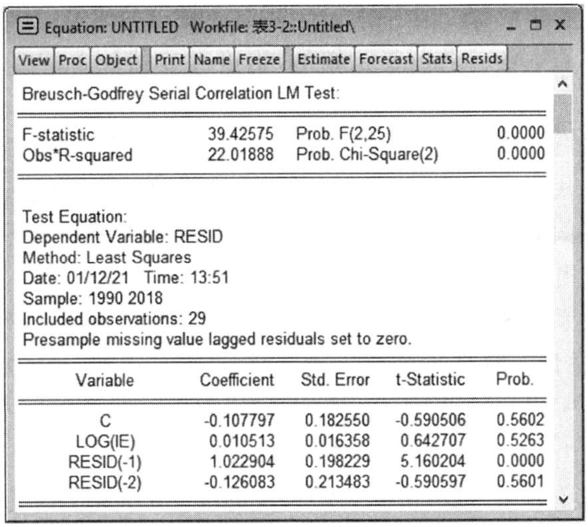
Equation: UNTITLED   Workfile: 表3-2::Untitled\

View | Proc | Object | Print | Name | Freeze | Estimate | Forecast | Stats | Resids

Breusch-Godfrey Serial Correlation LM Test:

F-statistic	39.42575	Prob. F(2,25)	0.0000
Obs*R-squared	22.01888	Prob. Chi-Square(2)	0.0000

Test Equation:
Dependent Variable: RESID
Method: Least Squares
Date: 01/12/21   Time: 13:51
Sample: 1990 2018
Included observations: 29
Presample missing value lagged residuals set to zero.

Variable	Coefficient	Std. Error	t-Statistic	Prob.
C	-0.107797	0.182550	-0.590506	0.5602
LOG(IE)	0.010513	0.016358	0.642707	0.5263
RESID(-1)	1.022904	0.198229	5.160204	0.0000
RESID(-2)	-0.126083	0.213483	-0.590597	0.5601

图 3-12　序列相关问题的 LM 检验

特别要注意，采用 LM 检验很容易存在一个误区：当 nR^2 统计量所对应的 P 值较小时，就判定存在 s 阶的序列相关。如本例 $s=2$ 时，$nR^2=22.019$，其对应的 $P=0.000\ 0$ 很小，这只能说明模型随机误差项存在一至二阶的序列相关，但由于二阶不显著，因此，模型随机误差项可以认为只存在一阶序列相关。

四、存在序列相关模型的参数估计方法

通过检验发现模型若存在序列相关，则需要采用新的方法估计模型，最常用的是广义差分法和广义最小二乘法。

1. 广义差分法

差分法是将原模型变换为差分模型，用增量数据作为样本进行参数估计的

方法。由于一元线性计量经济模型和多元线性计量经济模型在广义差分法的原理上一致，下面以一元线性模型为例讨论。对于计量经济模型

$$Y_t = \beta_0 + \beta_1 X_t + \mu_t \tag{3-22}$$

假设存在一阶自相关：$\mu_t = \rho\mu_{t-1} + \upsilon_t$，构造模型(3-22)的滞后一期模型，即

$$Y_{t-1} = \beta_0 + \beta_1 X_{t-1} + \mu_{t-1} \tag{3-23}$$

按模型(3-22)$-\rho\times$模型(3-23)构造，得

$$Y_t - \rho Y_{t-1} = (\beta_0 - \rho\beta_0) + \beta_1(X_t - \rho X_{t-1}) + (\mu_t - \rho\mu_{t-1})$$

记 $\upsilon_t = \mu_t - \rho\mu_{t-1}$，有

$$Y_t - \rho Y_{t-1} = (\beta_0 - \rho\beta_0) + \beta_1(X_t - \rho X_{t-1}) + \upsilon_t \tag{3-24}$$

模型(3-24)为一阶自相关情况下的广义差分模型。如何估计广义差分模型中的参数呢？在被解释变量和解释变量有足够样本的情况下，关键在于一阶自相关系数 ρ 值的确定。若 ρ 是已知的，则可直接估计上述模型；若 ρ 是未知的，则需要得到 ρ 的估计值。

2. 广义差分法的进一步讨论

在广义差分法中，一个很重要的问题就是一阶自相关系数 ρ 如何确定。经济学家提出了不同的思路，有一些是结合广义差分模型进行参数估计而提出的。

(1) 一阶自相关系数 ρ

一阶自相关系数 ρ 可以在原模型参数估计的基础上，利用残差作为随机误差项的估计值，估计一阶自回归模型 $\hat{\mu}_t = \rho\hat{\mu}_{t-1} + \upsilon_t$，得到 ρ 的估计值为

$$\hat{\rho} = \sum_{t=2}^{n} e_t e_{t-1} \Big/ \sum_{t=2}^{n} e_{t-1}^2$$

有时为了简单起见，也可根据 DW 检验的统计量计算，即 $\hat{\rho} \approx 1 - DW/2$。

(2) 一阶差分法

一阶差分法就是当模型存在较高程度的一阶自相关时，可以认为 $\rho = 1$，则广义差分模型(3-24)转变为

$$Y_t - Y_{t-1} = \beta_1(X_t - X_{t-1}) + \upsilon_t$$

即

$$\Delta Y_t = \beta_1 \Delta X_t + \upsilon_t$$

一阶差分模型是以增量 ΔY_t、ΔX_t 为样本，但估计该模型参数仅能得到 β_1 的估计值，β_0 无法确定。

(3) 德宾两步法

德宾两步法首先估计下面的辅助模型，该模型是广义差分模型(3-24)的变形。由模型

$$Y_t = \beta_0 - \rho\beta_0 + \rho Y_{t-1} + \beta_1 X_t - \beta_1 \rho X_{t-1} + \upsilon_t$$

可得 ρ 的估计值 $\hat{\rho}$(Y_{t-1}的系数),将 $\hat{\rho}$ 代入广义差分模型(3-24),可估计出原模型中的参数。

(4) 科克伦-奥克特迭代法

科克伦-奥克特迭代法的基本思想是通过逐次迭代去寻求更为满意的 ρ 估计值,ρ 值一旦确定,参数估计值也就确定。具体步骤为:

第一步,在原模型估计基础上,利用残差作为随机误差项的估计值,估计一阶自回归模型 $\hat{\mu}_t=\rho\hat{\mu}_{t-1}+\upsilon_t$,得到 ρ 的估计值 $\hat{\rho}$;

第二步,估计如下广义差分模型

$$Y_t-\hat{\rho}Y_{t-1}=(\beta_0-\hat{\rho}\beta_0)+\beta_1(X_t-\hat{\rho}X_{t-1})+\upsilon_t$$

得到参数估计值,计算原模型残差;

第三步,再估计一阶自回归模型,又得到新的 ρ 估计值,前后两次 ρ 的估计值若满足精度要求,ρ 值就得到了确认,同时也得到了原模型的参数估计值;若不满足,则返回第二步。

3. 广义最小二乘法

一般地,对于多元线性计量经济模型

$$\boldsymbol{Y}=\boldsymbol{XB}+\boldsymbol{U}$$

若 $E(\boldsymbol{U})=0$, $\mathrm{Cov}(\boldsymbol{U})=E(\boldsymbol{UU}')=\sigma_\upsilon^2\boldsymbol{\Omega}$,令 $\boldsymbol{\Omega}=\boldsymbol{DD}'$,并用 $\boldsymbol{D}^{-1}$ 左乘模型两边,得到一新模型,即

$$\boldsymbol{D}^{-1}\boldsymbol{Y}=\boldsymbol{D}^{-1}\boldsymbol{XB}+\boldsymbol{D}^{-1}\boldsymbol{U}$$

广义最小二乘法参数估计式为(推演过程和加权最小二乘法一致)

$$\hat{\boldsymbol{B}}=(\boldsymbol{X}'\boldsymbol{\Omega}^{-1}\boldsymbol{X})^{-1}\boldsymbol{X}'\boldsymbol{\Omega}^{-1}\boldsymbol{Y} \tag{3-25}$$

式中 $\boldsymbol{\Omega}$ 如何取值呢?由式(3-18)可知

$$\boldsymbol{\Omega}=\frac{1}{1-\rho^2}\begin{pmatrix}1 & \rho & \cdots & \rho^{n-1}\\ \rho & 1 & \cdots & \rho^{n-2}\\ \vdots & \vdots & & \vdots\\ \rho^{n-1} & \rho^{n-2} & \cdots & 1\end{pmatrix}$$

$\boldsymbol{\Omega}$ 的逆矩阵 $\boldsymbol{\Omega}^{-1}$ 为

$$\boldsymbol{\Omega}^{-1}=\begin{bmatrix}1 & 0 & 0 & \cdots & 0 & 0\\ -\rho & 1+\rho^2 & -\rho & \cdots & 0 & 0\\ 0 & -\rho & 1+\rho^2 & \cdots & 0 & 0\\ \vdots & \vdots & \vdots & & \vdots & \vdots\\ 0 & 0 & 0 & \cdots & 1+\rho^2 & -\rho\\ 0 & 0 & 0 & \cdots & -\rho & 1+\rho^2\end{bmatrix} \tag{3-26}$$

4. 广义差分法的 EViews 软件处理过程

仍以一元模型为例，对于计量经济模型

$$Y_t = \beta_0 + \beta_1 X_t + \mu_t \tag{3-27}$$

假设存在高阶自相关形式：

$$\mu_t = \rho_1 \mu_{t-1} + \rho_2 \mu_{t-2} + \cdots + \rho_s \mu_{t-s} + \upsilon_t$$

代入模型(3-27)，得

$$Y_t = \beta_0 + \beta_1 X_t + \rho_1 \mu_{t-1} + \rho_2 \mu_{t-2} + \cdots + \rho_s \mu_{t-s} + \upsilon_t$$

根据模型(3-27)可知 $\mu_{t-s} = Y_{t-s} - \beta_0 - \beta_1 X_{t-s}$，则

$$\begin{aligned} Y_t = {} & \beta_0 + \beta_1 X_t + \rho_1 (Y_{t-1} - \beta_0 - \beta_1 X_{t-1}) + \rho_2 (Y_{t-2} - \beta_0 - \beta_1 X_{t-2}) + \\ & \cdots + \rho_s (Y_{t-s} - \beta_0 - \beta_1 X_{t-s}) + \upsilon_t \end{aligned} \tag{3-28}$$

这就是高阶的广义差分模型。为了估计模型(3-28)中参数，EViews 软件用 $AR(s)$表示随机误差项的 s 阶自回归过程。显然模型(3-28)可表示为

$$Y_t = \beta_0 + \beta_1 X_t + \rho_1 AR(1) + \rho_2 AR(2) + \cdots + \rho_s AR(s) + \upsilon_t$$

显然，采用 EViews 软件估计存在序列相关的模型，在参数估计设定时，模型中变量序列的输入应逐步添加 $AR(1)$，$AR(2)$……，即首先添加 $AR(1)$作为解释变量，若仍然存在序列相关，再添加 $AR(2)$……，直到消除序列相关为止。由于该估计方法是通过不断迭代完成的，必要时还需要对迭代控制进行设定。

继续根据例 3-2，通过检验发现模型随机误差项存在一阶序列相关，为此，在模型设定对话框中首先添加 $AR(1)$作为解释变量，参数估计结果如图 3-13 所示。可以看出，尽管拟合优度较高、解释变量显著、参数的经济意义合理，但

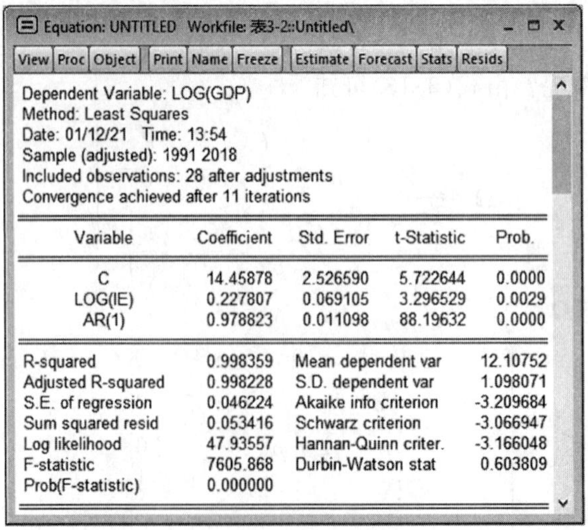

图 3-13 $AR(1)$过程参数估计结果

DW 检验的统计量 $DW=0.604$，也就意味着经过一阶自回归过程并没有消除序列相关；继续添加 $AR(2)$，直到添加 $AR(3)$，参数估计结果如图 3-14 所示。此时 DW 检验的统计量 $DW=2.144$，查临界值表或根据经验判断已经不存在序列相关。

Equation: UNTITLED Workfile: 表3-2::Untitled\

View | Proc | Object | Print | Name | Freeze | Estimate | Forecast | Stats | Resids

Dependent Variable: LOG(GDP)
Method: Least Squares
Date: 01/12/21 Time: 13:55
Sample (adjusted): 1993 2018
Included observations: 26 after adjustments
Convergence achieved after 19 iterations

Variable	Coefficient	Std. Error	t-Statistic	Prob.
C	15.75319	4.508623	3.494014	0.0022
LOG(IE)	0.133413	0.029060	4.590996	0.0002
AR(1)	2.097659	0.181417	11.56264	0.0000
AR(2)	-1.557633	0.329686	-4.724596	0.0001
AR(3)	0.452391	0.172767	2.618506	0.0161

R-squared	0.999302	Mean dependent var	12.26156
Adjusted R-squared	0.999170	S.D. dependent var	0.977655
S.E. of regression	0.028174	Akaike info criterion	-4.129778
Sum squared resid	0.016670	Schwarz criterion	-3.887837
Log likelihood	58.68712	Hannan-Quinn criter.	-4.060108
F-statistic	7520.471	Durbin-Watson stat	2.143577
Prob(F-statistic)	0.000000		

图 3-14 $AR(3)$过程参数估计结果

因此，进出口拉动经济增长模型的回归方程为

$$\ln \widehat{GDP}_t = 15.75 + 0.133\ln IE_t$$

$$(3.494) \quad (4.59)$$

$$\bar{R}^2 = 0.999, \quad DW = 2.144$$

从该估计结果可以看出，解释变量显著、拟合优度高，模型的经济意义表明，进出口总额每增长 1%，国内生产总值将增长 0.133%，说明进出口对经济增长具有一定的拉动作用。

第三节 多重共线性

在基本假设中，解释变量之间不相关。由于经济变量之间往往由于多方面的原因而存在一定程度的相关性，即相互依存性，因而实际经济问题难以满足基本假设；或者尽管经济变量之间相关程度较小，但有可能通过样本数据表现出一定的相关性。多重共线性问题就是讨论解释变量之间的线性相关问题。

一、多重共线性的特征及其影响

1. 多重共线性的特征

对于多元线性计量经济模型

$$Y=\beta_0+\beta_1X_1+\beta_2X_2+\cdots+\beta_kX_k+\mu$$

其基本假设之一是解释变量 $X_1,X_2,\cdots,X_k$ 是互相独立的。如果解释变量之间存在

$$c_1X_1+c_2X_2+\cdots+c_kX_k=0$$

其中 $c_j(j=1,2,\cdots,k)$不全为 0,即某一个解释变量可以用其他解释变量的精确线性组合来表示,这种情况称为完全多重共线性。

完全多重共线性的情况并不多见,一般出现的是一定程度上的相关性。如果解释变量之间存在

$$c_1X_1+c_2X_2+\cdots+c_kX_k+\varepsilon=0$$

其中 $c_j(j=1,2,\cdots,k)$不全为 0,即两个或多个解释变量之间存在相关关系。但各自又都受到一些随机因素的影响,从而使解释变量 $X_1,X_2,\cdots,X_k$ 之间表现为高度相关而不是完全相关,即近似的线性关系,这种情况称为近似多重共线性。

需要说明的是,解释变量之间不存在高度的线性关系,并不是说一定不存在非线性关系。当解释变量存在非线性关系时,并不违反解释变量之间不相关的假设,因为多重共线性讨论的是解释变量之间的线性相关问题。

2. 多重共线性的影响

计量经济模型一旦出现多重共线性,如果仍采用普通最小二乘法估计模型中结构参数,会产生如下影响。

(1) 完全多重共线性下参数估计值不存在。对于多元线性模型

$$\boldsymbol{Y}=\boldsymbol{XB}+\boldsymbol{U}$$

采用普通最小二乘法估计模型结构参数,其参数估计式为

$$\hat{\boldsymbol{B}}=(\boldsymbol{X}'\boldsymbol{X})^{-1}\boldsymbol{X}'\boldsymbol{Y}$$

如果存在完全多重共线性,必有

$$|\boldsymbol{X}'\boldsymbol{X}|=0$$

即矩阵 $\boldsymbol{X}'\boldsymbol{X}$ 奇异,逆矩阵不存在,从而无法得到参数的估计值。

(2) 近似多重共线性下参数估计值非有效。在近似多重共线性下,虽然可以得到普通最小二乘法参数估计值,可是由于

$$(\boldsymbol{X}'\boldsymbol{X})^{-1}=\frac{(\boldsymbol{X}'\boldsymbol{X})^*}{|\boldsymbol{X}'\boldsymbol{X}|}$$

尽管$|\boldsymbol{X}'\boldsymbol{X}|\neq 0$,但$|\boldsymbol{X}'\boldsymbol{X}|\approx 0$,引起$(\boldsymbol{X}'\boldsymbol{X})^{-1}$主对角线元素较大。根据参数估计值协方差矩阵$\mathrm{Cov}(\hat{\beta})=\sigma^2(\boldsymbol{X}'\boldsymbol{X})^{-1}$可以看出,结构参数的方差较大,普通最小二乘法参数估计量非有效。

(3) 参数估计值经济含义不合理。如果计量经济模型中两个解释变量具有完全多重共线性,假设为X_1和X_2,那么它们中的一个变量可以由另一个变量表示,这时X_1和X_2的结构参数并不反映各自与被解释变量之间的经济关系,有可能是两个参数的代数和反映某解释变量对被解释变量的影响,所以这些参数估计值已经失去了应有的经济含义,经常表现出反常的现象,如参数的正负号、参数估计值大小的偏离程度等。

(4) 变量的显著性检验失去意义及模型的预测功能失效。一方面,参数估计值的标准差较大,使参数显著性检验的t统计量增加了接受零假设的可能性,有可能舍去对被解释变量有显著影响的解释变量。另一方面,参数估计值的不稳定,必然使样本观测值稍有变动、增加或减少解释变量等,这些都会使参数估计值发生较大变化,从而不能正确反映解释变量对被解释变量的影响,也会影响到模型的预测功能。

二、产生多重共线性的原因分析

1. 经济系统内经济变量之间的相关性

多重共线性是由经济变量的内在性质决定的,是经济关系中的固有现象。经济发展的趋势因素是使经济变量的时间序列数据产生多重共线性的最主要原因。在现实经济问题中,各种经济变量都会受到决定性的趋势因素的影响,使得它们在一定时间范围内表现方式相同、变化增量相似。例如,在经济繁荣稳定发展时期,主要的经济指标如收入、消费、投资、价格、就业等都趋向增长;而在经济发展放缓时期,这些指标又一致地放慢增长速度。对于截面数据,如在研究企业生产函数时,作为投入要素的是资金和劳动力,可以看到大企业的规模比较大,而小企业的规模相对比较小,这两个解释变量之间存在着某种程度的多重共线性。从这个意义上说,多重共线性是一个程度高低的问题而不是存在与否的问题。

2. 滞后变量的应用

在计量经济模型中,经常采用解释变量或被解释变量的滞后变量来描述实际经济关系,很多理论假设也验证了这一结果是合理的,因而得到广泛应用。若解释变量的滞后期也作为解释变量出现,滞后变量与原变量之间线性相关关系往往客观存在。例如,建立居民消费函数

$$C_t=\beta_0+\beta_1 Y_t+\beta_2 Y_{t-1}+\mu_t$$

很显然,现期收入Y_t与前期收入Y_{t-1}之间往往具有高度的线性相关关系。

3. 样本原因

计量经济模型进行参数估计，从统计学角度看，是用从总体中随机抽取的个体样本数据估计总体的参数，这就要求样本与总体必须是一致的，但是实际上很难做到。由于缺乏足够的样本信息，即使这些变量在总体上并不线性相关，建立模型时所采用的特定样本往往存在某种程度的多重共线性。

三、多重共线性检验

采用计量经济模型分析客观经济问题，在参数估计及模型应用之前，必须解决这样一个问题，即解释变量之间是否存在多重共线性。由于多重共线性表现为解释变量之间显著的线性相关关系，所以用于多重共线性的检验方法主要是统计方法，如辅助回归判定系数检验法、逐步回归检验法等。

1. 直观判断法

解释变量之间若高度相关，估计结果经常会出现如下几个方面的症状：一是回归模型的拟合优度较高，但应该对被解释变量有显著影响的解释变量不显著；二是各结构参数的估计值偏离较大或存在正负符号错误的现象；三是样本数据的很小变化或者删除一个不显著的解释变量都会导致模型参数估计值的很大变化。这些现象往往是模型存在多重共线性的主要特征。

2. 判定系数法

对于多元线性计量经济模型

$$Y=\beta_0+\beta_1 X_1+\beta_2 X_2+\cdots+\beta_k X_k+\mu$$

判定系数法的基本原理是：以模型中某一个解释变量为被解释变量，以其余解释变量的全部或部分为解释变量，构造辅助模型，确定拟合优度指标 R^2。如果 R^2 较高，则说明解释变量之间存在多重共线性。辅助模型可表示为

$$X_j=\beta_0+\beta_1 X_1+\cdots+\beta_{j-1} X_{j-1}+\beta_{j+1} X_{j+1}+\cdots+\beta_k X_k+\upsilon \tag{3-29}$$

辅助模型的 R^2 越大，表明解释变量之间的多重共线性程度越严重。因此，存在一个衡量的标准问题，多大的 R^2 才认为解释变量之间存在多重共线性呢？实际上没有人给出一个明确的答案，解释变量之间的相关性是客观存在的，总体不相关还可能出现样本的相关问题，关键是解释变量之间若相关是否对模型的参数估计及其经济分析产生了错误的影响。

当然，若模型中有多个解释变量，也可以通过讨论两两解释变量之间的相关系数确定这两个变量之间是否存在多重共线性。

3. 逐步回归法

逐步回归检验法的基本思路：逐个引入解释变量，构造回归模型并估计模型参数，根据拟合优度 R^2 的变化决定新引入的变量是否与之前的变量存在多重

共线性。如果拟合优度变化显著，则说明新引入的变量对被解释变量有显著的解释能力，应该作为解释变量引入模型；否则，不作为解释变量出现在模型中。

我们也可以考虑与逐步回归法的相反思维方式，就是删除计量经济模型中某一个不显著的解释变量或者经济意义不合理的解释变量，重新估计模型，根据模型的相关统计检验指标判断所删除的解释变量是否合理。

四、存在多重共线性模型的参数估计方法

如果检验发现模型存在多重共线性，则需要对模型进行调整或采用新的方法估计模型中的参数。

1. 剔除引起多重共线性的变量

找出引起多重共线性的解释变量，将它从模型中剔除，是最为有效的克服多重共线性问题的方法。由于判定系数法能够确定哪个解释变量与其他解释变量高度相关，因此它同时也明确了应该剔除哪个变量。剔除了引起多重共线性的变量后，模型结构参数估计值往往有显著的变化，当然也应继续对模型进行检验，以确定剔除相关变量后是否满足假设条件。

2. 增大样本容量

如果多重共线性是由样本引起的，当解释变量的总体不存在多重共线性时，则可以通过增加时间序列数据的长度或者将时间序列数据与截面数据合并成面板数据来增加样本容量，往往能有效地避免或减弱多重共线性。当解释变量的总体存在多重共线性时，增加样本容量往往不能有效克服解释变量之间的相关关系。另外，多重共线性的主要影响之一是参数估计量具有较大的方差，增加样本容量能够减小参数估计量的方差，虽然不一定能消除模型中的多重共线性，但对于多重共线性造成的影响会有所减弱。

3. 使用非样本先验信息

非样本先验信息主要来自于经济理论的认识和分析，如果经济理论能够给出模型的变量之间或者参数之间具有某种关系，则可以作为约束条件，采用有约束最小二乘法估计模型参数；也可以利用变量之间或者参数之间所具有的某种关系调整模型。例如，经典 C-D 生产函数模型中，资本投入和劳动力投入作为产出的解释变量，其模型为

$$Y=AK^{\alpha}L^{\beta}$$

如果采用截面数据为样本，规模大的企业，资本投入和劳动力投入都相对较大；规模小的企业，资本投入和劳动力投入都相对较小。显然，投入要素之间具有很高的相关性，因而往往存在多重共线性。如果通过经验分析可知该经济系统存在规模效益不变的特征，即 $\alpha+\beta=1$，则模型可转变为

$$\frac{Y}{K}=A\left(\frac{L}{K}\right)^{\beta}$$

转变后的模型，以单位资金的产出为被解释变量，以单位资金的劳动力投入为解释变量，一个解释变量的模型是不存在多重共线性的。另外，通过模型的变换，假若模型仍然存在多个解释变量的，新模型解释变量之间的线性关系发生变化了，有可能减弱多重共线性。

4. 差分法

对于以时间序列数据为样本的线性计量经济模型，将原模型变换为差分模型，得到

$$\Delta Y=\beta_1\Delta X_1+\beta_2\Delta X_2+\cdots+\beta_k\Delta X_k+\upsilon$$

由于经济时间序列数据的内在特性，一般地，增量数据之间的线性关系远比水平(原始)数据之间的线性关系弱得多。因此，通过差分后，多重共线性程度会显著地降低。另外，差分数据作为样本还有很强的理论基础，这在协整理论中将做进一步说明。

5. 岭回归法

20 世纪 70 年代发展起来的岭回归法(ridge regression)是一种改进的最小二乘估计法，以引入偏误为代价减小参数估计值的方差，受到人们的重视。具体方法是引入偏倚参数 λ，使参数估计值为

$$\hat{\boldsymbol{B}}(\lambda)=(\boldsymbol{X}'\boldsymbol{X}+\lambda\hat{\boldsymbol{I}})^{-1}\boldsymbol{X}'\boldsymbol{Y}$$

引入偏倚参数 λ 后，将有效地克服 $\boldsymbol{X}'\boldsymbol{X}$ 接近于奇异的现象。显然，若 $\lambda=0$，岭回归法退回到普通最小二乘法。可以看出岭回归估计值 $\hat{\boldsymbol{B}}(\lambda)$是有偏的，但其估计值的方差却小于普通最小二乘法估计值的方差。岭回归估计值 $\hat{\boldsymbol{B}}(\lambda)$的偏差和方差的大小都取决于 λ 的取值，λ 越大，偏差越大，而方差越小。因此，偏倚参数 λ 的选择，是对 $\hat{\boldsymbol{B}}(\lambda)$的偏差和方差二者所进行的权衡。作为一个准则，偏倚参数 λ 应使 $\hat{\boldsymbol{B}}(\lambda)$的均方误差即偏差平方与方差之和最小。

如何选择偏倚参数 λ 是一个复杂的问题，目前还没有形成公认的选择偏倚参数 λ 的最优方法，在实际应用中，可考虑使用逐步搜索的方法，即开始给定较小的 λ 值，然后逐渐增加 λ 的取值，直至估计量 $\hat{\boldsymbol{B}}(\lambda)$趋于稳定。

【例 3-3】 消费是拉动经济增长的“三驾马车”之一，特别是世界范围内出现经济危机时，出口往往受到很大的制约，更需要通过消费来拉动经济增长；反过来，哪些因素对消费产生显著的影响呢？本例选择国民总收入(GNI)、国内生产总值(GDP)、储蓄余额(S)、居民消费价格指数(CPI)等影响因素，讨论对居民消费支出(C)的影响，有关统计数据如表 3-3 所列。

表 3-3 居民消费支出及其影响因素

年份	居民消费支出/亿元	国民总收入/亿元	国内生产总值/亿元	储蓄余额/亿元	居民消费价格指数/%
1985	4 627.4	9 040.7	9 098.9	1 622.6	109.3
1986	5 293.5	10 274.4	10 376.2	2 237.8	106.5
1987	6 047.6	12 050.6	12 174.6	3 083.4	107.3
1988	7 532.1	15 036.8	15 180.4	3 919.1	118.8
1989	8 778.0	17 000.9	17 179.7	5 184.5	118.0
1990	9 435.0	18 718.3	18 872.9	7 119.6	103.1
1991	10 544.5	21 826.2	22 005.6	9 244.9	103.4
1992	12 312.2	26 937.3	27 194.5	11 757.3	106.4
1993	15 694.9	35 260.0	35 673.2	15 203.5	114.7
1994	21 443.2	48 108.5	48 637.5	21 518.8	124.1
1995	28 065.6	59 810.5	61 339.9	29 662.3	117.1
1996	33 644.1	70 142.5	71 813.6	38 520.8	108.3
1997	36 585.8	78 060.8	79 715.0	46 279.8	102.8
1998	38 768.5	83 024.3	85 195.5	53 407.5	99.2
1999	41 845.8	88 479.2	90 564.4	59 621.8	98.6
2000	46 863.3	98 000.5	100 280.1	64 332.4	100.4
2001	50 464.7	108 068.2	110 863.1	73 762.4	100.7
2002	54 667.0	119 095.7	121 717.4	86 910.7	99.2
2003	58 689.9	135 174.0	137 422.0	103 617.7	101.2
2004	65 724.8	159 586.7	161 840.2	119 555.4	103.9
2005	74 153.7	185 808.6	187 318.9	141 051.0	101.8
2006	82 842.4	217 522.7	219 438.5	161 587.3	101.5
2007	98 231.3	267 763.7	270 092.3	172 534.2	104.8
2008	112 654.7	316 228.8	319 244.6	217 885.4	105.9
2009	123 121.9	343 464.7	348 517.7	260 771.7	99.3

若计量经济模型为

$$C_t = \beta_0 + \beta_1 GNI_t + \beta_2 GDP_t + \beta_3 S_t + \beta_4 CPI_t + \mu_t$$

参数估计结果如图 3-15 所示。可以看出,回归方程拟合优度很高,但国民总收入的参数经济意义不合理,同时也存在解释变量不显著情况,应该存在多重共线性。

Equation: UNTITLED Workfile: 表3-3::Untitled\

View | Proc | Object | Print | Name | Freeze | Estimate | Forecast | Stats | Resids

Dependent Variable: CT
Method: Least Squares
Date: 02/21/20 Time: 14:21
Sample: 1985 2009
Included observations: 25

Variable	Coefficient	Std. Error	t-Statistic	Prob.
C	21404.62	12257.28	1.746278	0.0961
GDP	3.582013	0.998483	3.587454	0.0018
GNI	-3.252870	1.005104	-3.236352	0.0041
ST	-0.022565	0.095658	-0.235895	0.8159
CPI	-157.9254	112.6264	-1.402206	0.1762

R-squared	0.993880	Mean dependent var	41921.28
Adjusted R-squared	0.992656	S.D. dependent var	34887.79
S.E. of regression	2989.797	Akaike info criterion	19.02066
Sum squared resid	1.79E+08	Schwarz criterion	19.26443
Log likelihood	-232.7582	Hannan-Quinn criter.	19.08827
F-statistic	811.9859	Durbin-Watson stat	0.533266
Prob(F-statistic)	0.000000		

图 3-15 消费问题参数估计结果

采用判定系数法检验是否存在多重共线性，结果如图 3-16 所示。可以看出，回归方程拟合优度几乎接近 1，很显然解释变量之间存在严重的多重共线性；另外，国内生产总值对国民总收入的影响非常显著，储蓄余额对国民总收入的影响并不显著，因此，可以判断国内生产总值与国民总收入之间相关程度极高。根据对经济指标的认识，国内生产总值与国民总收入是国家经济总量的不同表示方法，因此，可以考虑剔除国民总收入这一解释变量。

Equation: UNTITLED Workfile: 表3-3::Untitled\

View | Proc | Object | Print | Name | Freeze | Estimate | Forecast | Stats | Resids

Dependent Variable: GNI
Method: Least Squares
Date: 02/21/20 Time: 14:22
Sample: 1985 2009
Included observations: 25

Variable	Coefficient	Std. Error	t-Statistic	Prob.
C	-5060.637	2421.226	-2.090114	0.0490
GDP	0.990975	0.015178	65.28886	0.0000
ST	-0.000686	0.020768	-0.033023	0.9740
CPI	42.81039	22.59739	1.894484	0.0720

R-squared	0.999961	Mean dependent var	101779.4
Adjusted R-squared	0.999955	S.D. dependent var	97255.58
S.E. of regression	649.1143	Akaike info criterion	15.93474
Sum squared resid	8848337.	Schwarz criterion	16.12976
Log likelihood	-195.1843	Hannan-Quinn criter.	15.98883
F-statistic	179580.8	Durbin-Watson stat	0.641196
Prob(F-statistic)	0.000000		

图 3-16 判定系数法检验结果

剔除国民总收入后，由于存在参数经济意义不合理及解释变量不显著的情况，回归模型调整为指数模型后参数估计结果如图 3-17 所示。回归模型为

$$\ln \hat{C}_t = 1.15 + 0.626\ln GDP_t + 0.21\ln S_t$$
$$(3.904)\ (7.647)\qquad\qquad (3.498)$$
$$\bar{R}^2 = 0.998,\quad DW = 0.455$$

Equation: UNTITLED Workfile: 表3-3::Untitled\

View | Proc | Object | Print | Name | Freeze | Estimate | Forecast | Stats | Resids

Dependent Variable: LOG(CT)
Method: Least Squares
Date: 02/21/20 Time: 14:23
Sample: 1985 2009
Included observations: 25

Variable	Coefficient	Std. Error	t-Statistic	Prob.
C	1.150100	0.294601	3.903926	0.0008
LOG(GDP)	0.626168	0.081889	7.646505	0.0000
LOG(ST)	0.209656	0.059928	3.498443	0.0020

R-squared	0.998249	Mean dependent var	10.22119
Adjusted R-squared	0.998090	S.D. dependent var	1.024353
S.E. of regression	0.044764	Akaike info criterion	-3.262648
Sum squared resid	0.044084	Schwarz criterion	-3.116383
Log likelihood	43.78310	Hannan-Quinn criter.	-3.222081
F-statistic	6272.749	Durbin-Watson stat	0.454567
Prob(F-statistic)	0.000000		

图 3-17 参数估计结果

显然，模型拟合优度很高、解释变量都显著，参数的经济意义表明：国内生产总值每增长 1%，居民消费支出将增长 0.626%；储蓄余额每增长 1%，居民消费支出将增长 0.21%。从多重共线性的角度看，模型已经有了一个较好的结果，但模型随机误差项明显存在序列相关，因此，仍需对违背假设的其他方面进行讨论，以便于确定居民消费问题的最终模型。

第四节 随机解释变量

对于多元线性计量经济模型

$$Y = \beta_0 + \beta_1 X_1 + \beta_2 X_2 + \cdots + \beta_k X_k + \mu$$

其基本假设之一是解释变量 $X_1, X_2, \cdots, X_k$ 是确定性变量，不是随机变量，其取值都是事先确定的，并且不与模型的随机误差项相关。显然，这种假设只能在实验室中存在，在现实的经济环境中难以满足。一般来说，经济变量的取值不仅难以人为控制，而且其观测值也难以精确给定。特别是许多经济变量的统计数据只是理论上的估计值，如国家或地区的生产总值、居民消费总额等。因此，计量

经济模型特别是一些特殊类型模型中的解释变量往往具有随机性，如果存在随机变量作为解释变量，该模型就称为具有随机解释变量问题的模型。对随机解释变量的讨论，核心问题是随机解释变量与随机误差项是否相关的问题。

一、随机解释变量问题的类型及后果

对于多元线性计量经济模型

$$\boldsymbol{Y}=\boldsymbol{XB}+\boldsymbol{U}$$

采用普通最小二乘法估计模型结构参数，其参数估计值为 $\hat{\boldsymbol{B}}=(\boldsymbol{X}'\boldsymbol{X})^{-1}\boldsymbol{X}'\boldsymbol{Y}$，其参数估计值的期望为

$$\begin{aligned}E(\hat{\boldsymbol{B}})&=E[(\boldsymbol{X}'\boldsymbol{X})^{-1}\boldsymbol{X}'\boldsymbol{Y}]=E[(\boldsymbol{X}'\boldsymbol{X})^{-1}\boldsymbol{X}'(\boldsymbol{XB}+\boldsymbol{U})]\\&=E[\boldsymbol{B}+(\boldsymbol{X}'\boldsymbol{X})^{-1}\boldsymbol{X}'\boldsymbol{U}]=\boldsymbol{B}+E[(\boldsymbol{X}'\boldsymbol{X})^{-1}\boldsymbol{X}'\boldsymbol{U}]\end{aligned}$$

可见，随机解释变量带来什么后果，估计值的特性如何，取决于解释变量与随机误差项是否相关。对于具有随机解释变量问题的模型，按照与随机误差项之间的关系可分为三种不同的类型，下面针对这些类型分别讨论其产生的后果。

1. 随机解释变量与随机误差项不相关

如果随机解释变量与随机误差项不相关，则

$$E(\hat{\boldsymbol{B}})=\boldsymbol{B}+E[(\boldsymbol{X}'\boldsymbol{X})^{-1}\boldsymbol{X}'\boldsymbol{U}]=\boldsymbol{B}$$

那么，采用普通最小二乘法估计模型参数，得到的参数估计值仍然是无偏估计值。

2. 随机解释变量与随机误差项在小样本下相关，在大样本下渐近无关

采用普通最小二乘法估计模型参数，所得到的参数估计值在小样本下是有偏的，在大样本下具有渐近无偏性。

3. 随机解释变量与随机误差项高度相关

采用普通最小二乘法估计模型参数，所得到的参数估计值在小样本下是有偏的，在大样本下不具有渐近无偏性。实际存在的随机解释变量问题往往是这种情况，这时采用普通最小二乘法得到的参数估计值不可靠，需要用新的估计方法估计模型参数。

当模型中有滞后被解释变量作为解释变量，且与随机误差项相关时，除了普通最小二乘法参数估计值有偏之外，还会出现两个方面的问题：一是模型必然存在随机误差项的自相关性，因为该滞后被解释变量与滞后随机误差项相关，又与当期随机误差项相关；二是 DW 检验失效，需要采用其他方法进行序列相关检验，有关这方面的问题将在后面的章节中进行详细的讨论。

二、工具变量法

如果模型中出现随机解释变量并且与随机误差项相关，就不能用普通最小二乘法估计模型中的参数，最常用的估计方法是工具变量法。

1. 工具变量

工具变量在模型参数估计过程中被作为工具使用，以“替代”模型中与随机误差项相关的随机解释变量。那么，哪些变量能够作为随机解释变量的工具变量呢？工具变量必须满足以下条件：

(1) 工具变量是确定性变量，并与随机误差项不相关；

(2) 工具变量与所替代的随机解释变量高度相关；

(3) 工具变量与模型中其他解释变量不相关或者相关性较小，以避免出现多重共线性。

确定了工具变量必须满足的条件后，还应该确定需要多少个工具变量。当然有多少个随机解释变量就需要多少个工具变量，也就是说一个工具变量“替代”一个随机解释变量。为了描述和理解的方便，也可以认为模型中那些确定性解释变量用其自身作为工具变量。因此，可以认为工具变量的个数与模型中解释变量的个数相等。

假设原模型中的解释变量为 $X_1, X_2, \cdots, X_k$，不失一般性，假设 X_1, X_2 为随机解释变量，选 Z_1, Z_2 为 X_1, X_2 的工具变量；为了描述方便，不妨记 $Z_3, \cdots, Z_k$ 为确定性变量 $X_3, \cdots, X_k$ 的工具变量，实际上 $Z_3 = X_3, \cdots, Z_k = X_k$，那么所有的工具变量可记为

$$Z = (Z_1, Z_2, Z_3, \cdots, Z_k) \text{ 或者 } Z = (Z_1, Z_2, X_3, \cdots, X_k)$$

工具变量选择以后，还必须考虑工具变量与随机解释变量之间的替代关系（谁作为谁的工具变量）是否会对参数估计结果产生影响？很显然，Z_1替代 X_1、Z_2替代 X_2是一种情况；Z_1替代 X_2、Z_2替代 X_1又是另一种情况，但参数估计的结果是一致的。替代关系不影响参数估计结果，这一结论可以从正规方程组的先后顺序去理解。

2. 工具变量法

采用工具变量法经常让人产生一种误解，以为工具变量法是将原模型中的随机解释变量换成工具变量，即改变原来的模型。实际上，工具变量法并没有改变原模型，只是在原模型的参数估计过程中用工具变量“替代”随机解释变量。下面以二元线性计量经济模型为例，用第二章中介绍的正规方程组来说明工具变量法。

假设二元线性计量经济模型为

$$y_i = \beta_0 + \beta_1 x_{1i} + \beta_2 x_{2i} + \mu_i \quad (i = 1, 2, \cdots, n) \tag{3-30}$$

用普通最小二乘法进行参数估计，最后归结为求解如下正规方程组，即

$$\begin{cases}\sum y_i = \sum(\hat{\beta}_0 + \hat{\beta}_1 x_{1i} + \hat{\beta}_2 x_{2i}) \\ \sum y_i x_{1i} = \sum(\hat{\beta}_0 + \hat{\beta}_1 x_{1i} + \hat{\beta}_2 x_{2i}) x_{1i} \\ \sum y_i x_{2i} = \sum(\hat{\beta}_0 + \hat{\beta}_1 x_{1i} + \hat{\beta}_2 x_{2i}) x_{2i}\end{cases} \tag{3-31}$$

该正规方程组可以认为通过下列过程得到。首先用每个解释变量（包括常数项）分别乘以模型(3-30)的两边，并对所有样本点求和，得到

$$\begin{cases}\sum y_i = \sum(\beta_0 + \beta_1 x_{1i} + \beta_2 x_{2i} + \mu_i) \\ \sum y_i x_{1i} = \sum(\beta_0 + \beta_1 x_{1i} + \beta_2 x_{2i} + \mu_i) x_{1i} \\ \sum y_i x_{2i} = \sum(\beta_0 + \beta_1 x_{1i} + \beta_2 x_{2i} + \mu_i) x_{2i}\end{cases}$$

然后再对上述方程组的两边取期望，得到方程组(3-32)，由于解释变量是确定性变量且与随机误差项不相关，可见方程组(3-32)继续推演的结果与正规方程组(3-31)是等价的。

$$\begin{cases}E(\sum y_i) = E\left[\sum(\beta_0 + \beta_1 x_{1i} + \beta_2 x_{2i} + \mu_i)\right] \\ E(\sum y_i x_{1i}) = E\left[\sum(\beta_0 + \beta_1 x_{1i} + \beta_2 x_{2i} + \mu_i) x_{1i}\right] \\ E(\sum y_i x_{2i}) = E\left[\sum(\beta_0 + \beta_1 x_{1i} + \beta_2 x_{2i} + \mu_i) x_{2i}\right]\end{cases} \tag{3-32}$$

不妨假设原模型中X_2是随机解释变量，并且与随机误差项相关，有$E(X_2\mu)\neq 0$，方程组(3-32)将不能继续推演得到正规方程组(3-31)。为此，若找到一个变量Z_2可以作为X_2的工具变量，那么用每个解释变量（包括常数项）分别乘以模型(3-30)的两边时，不用X_2而改用Z_2乘以模型的两边，求和得到

$$\begin{cases}E(\sum y_i) = E\left[\sum(\beta_0 + \beta_1 x_{1i} + \beta_2 x_{2i} + \mu_i)\right] \\ E(\sum y_i x_{1i}) = E\left[\sum(\beta_0 + \beta_1 x_{1i} + \beta_2 x_{2i} + \mu_i) x_{1i}\right] \\ E(\sum y_i z_{2i}) = E\left[\sum(\beta_0 + \beta_1 x_{1i} + \beta_2 x_{2i} + \mu_i) z_{2i}\right]\end{cases} \tag{3-33}$$

那么利用工具变量与随机误差项不相关的性质，即$E(Z_2\mu)=0$，得到如下方程组

$$\begin{cases}\sum y_i = \sum(\hat{\beta}_0 + \hat{\beta}_1 x_{1i} + \hat{\beta}_2 x_{2i}) \\ \sum y_i x_{1i} = \sum(\hat{\beta}_0 + \hat{\beta}_1 x_{1i} + \hat{\beta}_2 x_{2i}) x_{1i} \\ \sum y_i z_{2i} = \sum(\hat{\beta}_0 + \hat{\beta}_1 x_{1i} + \hat{\beta}_2 x_{2i}) z_{2i}\end{cases} \tag{3-34}$$

方程组(3-34)也可认为是特定模型工具变量法的正规方程组，求解该方程

组即可得到关于原模型(3-30)的工具变量法参数估计值 $\hat{\beta}_0$、$\hat{\beta}_1$ 和 $\hat{\beta}_2$。

对于用矩阵形式表示的多元线性计量经济模型

$$\boldsymbol{Y}=\boldsymbol{XB}+\boldsymbol{U}$$

如果解释变量中存在随机解释变量，选择工具变量 $\boldsymbol{Z}=(Z_1,Z_2,\cdots,Z_k)$，该工具变量向量中并不一定全部是工具变量，也可能存在确定性变量本身作为自身的工具变量。采用工具变量法得到

$$\boldsymbol{Z'Y}=\boldsymbol{Z'X\hat{B}}$$

则参数估计式为

$$\boldsymbol{\hat{B}}=(\boldsymbol{Z'X})^{-1}\boldsymbol{Z'Y} \tag{3-35}$$

工具变量法是解决随机解释变量与随机误差项相关时的一种比较简便的方法，但在实际运用中工具变量的选择会存在一定的困难，特别是在对单方程计量经济模型的研究中，怎样选择工具变量，或者说有若干个变量可以作为某个随机解释变量的工具变量，这必然存在不一致的问题了。对于单方程计量经济模型和联立方程计量经济模型，在工具变量的选择上存在着一定的差异，本书后续内容将在具体问题中加以讨论分析。

第五节 违背假设问题的 EViews 软件处理

多重共线性所表现的特征是参数经济意义不合理、拟合优度高但解释变量不显著，这两个方面往往在模型的优化调整过程中已经解决，本节分别讨论异方差和序列相关问题。对于既存在异方差又存在序列相关的实际问题，计量经济学在发展过程中已经形成了异方差-自相关一致的协方差矩阵估计、GMM 广义矩法等参数估计方法，对此高级计量经济学有详细的介绍。

仍选取表 2-2 所列 1990—2012 年全国城镇居民家庭人均消费性支出与人均可支配收入统计数据，构建消费函数模型为

$$C_t=\beta_0+\beta_1 Y_t+\mu_t$$

模型中，C_t 为人均消费性支出；Y_t 为人均可支配收入。

参数估计结果如图 3-18 所示。

一、异方差

1. 异方差检验

异方差检验是在模型参数估计基础上进行的，EViews 软件中异方差检验方法为：在参数估计结果窗口（见图 3-18）中依次单击“View → Residual

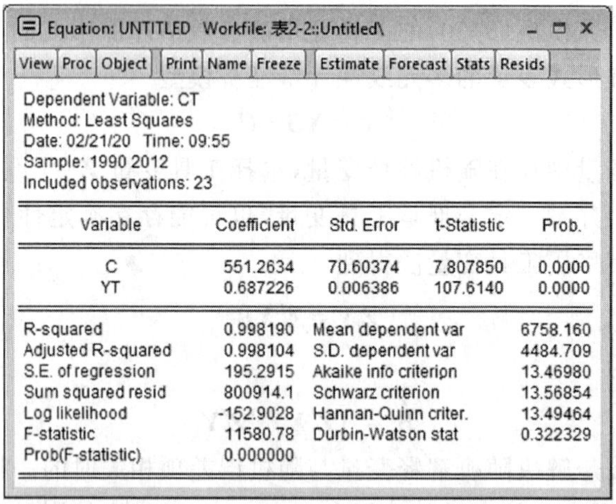

Dependent Variable: CT
Method: Least Squares
Date: 02/21/20 Time: 09:55
Sample: 1990 2012
Included observations: 23

Variable	Coefficient	Std. Error	t-Statistic	Prob.
C	551.2634	70.60374	7.807850	0.0000
YT	0.687226	0.006386	107.6140	0.0000

R-squared	0.998190	Mean dependent var	6758.160
Adjusted R-squared	0.998104	S.D. dependent var	4484.709
S.E. of regression	195.2915	Akaike info criterion	13.46980
Sum squared resid	800914.1	Schwarz criterion	13.56854
Log likelihood	-152.9028	Hannan-Quinn criter.	13.49464
F-statistic	11580.78	Durbin-Watson stat	0.322329
Prob(F-statistic)	0.000000		

图 3-18　消费函数模型参数估计结果

Diagnostics→Heteroskedasticity Tests”，弹出异方差检验方法设定对话框(Heteroskedasticity Tests)，选择相应的检验方法，如图 3-19 所示。

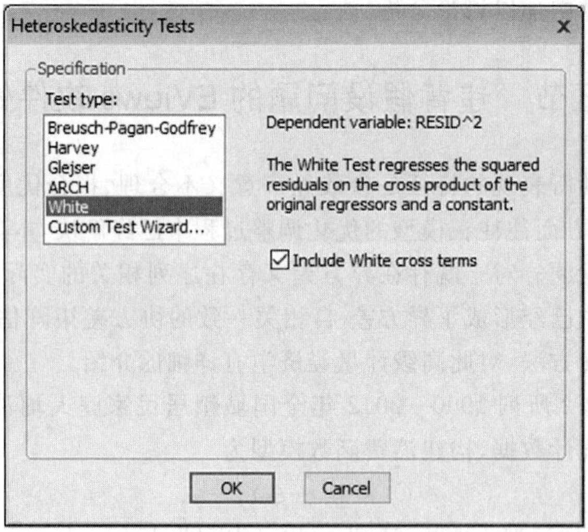

图 3-19　异方差检验方法设定

在异方差检验方法设定(Heteroskedasticity Tests)对话框中，选择“White”，即怀特检验，其检验结果如图 3-20 所示。根据 nR^2 统计量的伴随概率 $P=0.0067$，伴随概率很小，可以认为拒绝原假设，原模型随机误差项存在异方差。

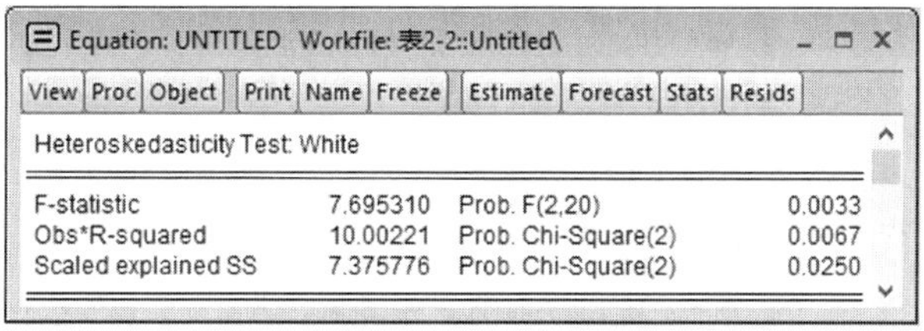

图 3-20　异方差的怀特检验

2. 权重的设定与参数估计

对于存在异方差的模型通过设定权重进行参数估计，在 EViews 软件的主菜单依次单击“Quick→Estimate Equation”，弹出对话框，在“Specification”选项卡中输入模型中被解释变量、常数项、解释变量序列，以及选择估计方法和样本范围；在“Options”选项卡中设定权重。

权重类型有 5 个选项：None、Inverse std. dev.、Inverse variance、Std deviation、Variance，分别表示没有权重、标准差倒数、方差倒数、标准差、方差。实际上，除“None”选项外，对于其他 4 个选项，只要设定的权重与选项相对应，其结果是一致的。

由于本例的模型中解释变量只有 YT，权重类型习惯性选择标准差倒数(Inverse std. dev)，以 $1/YT$ 作为权重，权重设定如图 3-21 所示；参数估计结果如图 3-22 所示。

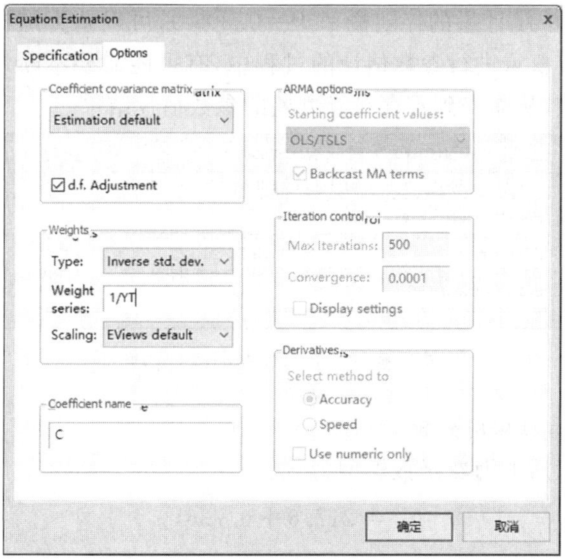

图 3-21　权重设定

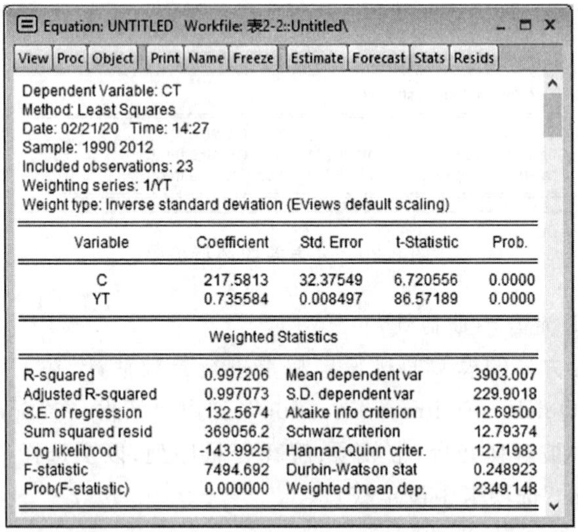
Equation: UNTITLED Workfile: 表2-2::Untitled\
View Proc Object Print Name Freeze Estimate Forecast Stats Resids

Dependent Variable: CT
Method: Least Squares
Date: 02/21/20 Time: 14:27
Sample: 1990 2012
Included observations: 23
Weighting series: 1/YT
Weight type: Inverse standard deviation (EViews default scaling)

Variable	Coefficient	Std. Error	t-Statistic	Prob.
C	217.5813	32.37549	6.720556	0.0000
YT	0.735584	0.008497	86.57189	0.0000

Weighted Statistics

R-squared	0.997206	Mean dependent var	3903.007
Adjusted R-squared	0.997073	S.D. dependent var	229.9018
S.E. of regression	132.5674	Akaike info criterion	12.69500
Sum squared resid	369056.2	Schwarz criterion	12.79374
Log likelihood	-143.9925	Hannan-Quinn criter.	12.71983
F-statistic	7494.692	Durbin-Watson stat	0.248923
Prob(F-statistic)	0.000000	Weighted mean dep.	2349.148

图 3-22 设定权重的参数估计结果

3. 异方差再检验

对于图 3-22 所示设定权重的参数估计结果，由于设定了权重，参数估计值以及检验所需的统计量都发生了改变，因此，仍然需要进行经济意义检验、统计检验，并再次检验是否存在异方差。

对设定权重的参数估计结果再次检验是否存在异方差，怀特检验结果如图 3-23 所示，其 nR^2 统计量的伴随概率 $P=0.3059$，可以认为随机误差项不存在异方差。在设定权重进行参数估计的过程中，有可能需要不断地调整权重或者调整模型的形式，从而得到不存在异方差的参数估计结果。

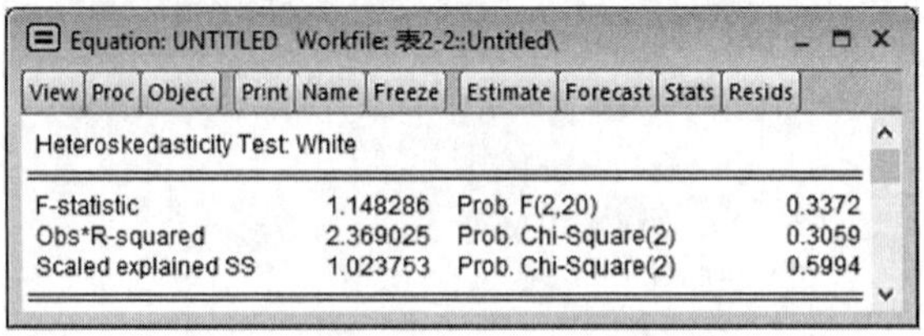
Equation: UNTITLED Workfile: 表2-2::Untitled\
View Proc Object Print Name Freeze Estimate Forecast Stats Resids

Heteroskedasticity Test: White

F-statistic	1.148286	Prob. F(2,20)	0.3372
Obs*R-squared	2.369025	Prob. Chi-Square(2)	0.3059
Scaled explained SS	1.023753	Prob. Chi-Square(2)	0.5994

图 3-23 异方差问题的怀特检验

4. 回归模型与应用分析

异方差修正后的消费函数模型为

$$\hat{C}_t = 217.6 + 0.736Y_t$$
$$(6.721) \quad (86.572)$$
$$\bar{R}^2 = 0.997$$

从该结果可以看出，拟合优度为 0.997，说明回归方程的拟合程度很高；解释变量所对应的伴随概率（P 值）很小，说明人均可支配收入对于人均消费性支出的影响是显著的。

模型中，参数 217.6 表示样本范围内平均的自发消费水平；参数 0.736 表示样本范围内平均的边际消费倾向，即人均可支配收入每增加 100 元，人均消费性支出将增加 73.6 元。因此，可以认为该估计结果优于不设权重的参数估计结果。因为在经济不十分发达、收入水平不高的前提下，自发消费水平应该较低、边际消费倾向应该偏大，所以该模型的经济意义在合理的范围内。

二、序列相关

1. 序列相关检验

(1) DW 检验

讨论是否存在序列相关问题，首先对模型进行参数估计。根据图 3-18 所示的参数估计结果，$DW=0.322$，选定 $\alpha=0.05$，查临界值表得到临界值 $d_l=1.26$，$d_u=1.44$。

$$DW = 0.322 < d_l = 1.26$$

所以，随机误差项存在一阶正自相关，但不能确认是否存在高阶自相关。

(2) LM 检验

EViews 软件中 LM 检验方法为：在图 3-18 所示的参数估计结果窗口中依次单击“View→Residual Diagnostics→Serial Correlation LM Tests”，在弹出的对话框中输入滞后期数（s），如果滞后期数是显著的，增加滞后期数重新检验，直到不显著为止。

当阶数 $s=2$ 时，检验结果如图 3-24 所示。其中 RESID(−2)是 e_{t-2}，其对应的

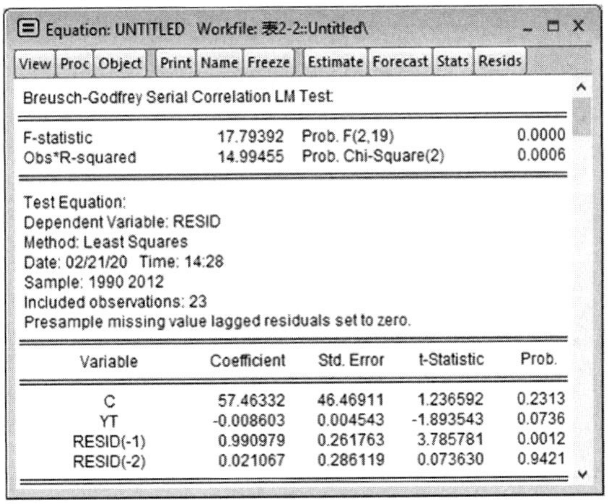
Equation: UNTITLED Workfile: 表2-2::Untitled\

View | Proc | Object | Print | Name | Freeze | Estimate | Forecast | Stats | Resids

Breusch-Godfrey Serial Correlation LM Test:

F-statistic	17.79392	Prob. F(2,19)	0.0000
Obs*R-squared	14.99455	Prob. Chi-Square(2)	0.0006

Test Equation:
Dependent Variable: RESID
Method: Least Squares
Date: 02/21/20 Time: 14:28
Sample: 1990 2012
Included observations: 23
Presample missing value lagged residuals set to zero.

Variable	Coefficient	Std. Error	t-Statistic	Prob.
C	57.46332	46.46911	1.236592	0.2313
YT	-0.008603	0.004543	-1.893543	0.0736
RESID(-1)	0.990979	0.261763	3.785781	0.0012
RESID(-2)	0.021067	0.286119	0.073630	0.9421

图 3-24　序列相关问题的 LM 检验

伴随概率 $P=0.9421$，可以确认二阶不显著，一般情况下可以直接推定不存在二阶以上的高阶序列相关。因此，可以认为随机误差项只存在一阶正自相关。

2. 序列相关的修正

由于模型存在序列相关，可以用广义差分法进行参数估计。EViews 软件的处理过程为：在主菜单依次单击"Quick→Estimate Equation"，弹出对话框，在"Specification"选项卡中输入模型中变量序列，并在变量序列后逐步添加 $AR(1)$，$AR(2)$……，如图 3-25 所示；在"Options"选项卡中迭代控制(Iteration control)框中设定最大迭代次数(Max Iterations)或者收敛精度(Convergence)，如图 3-26 所示。

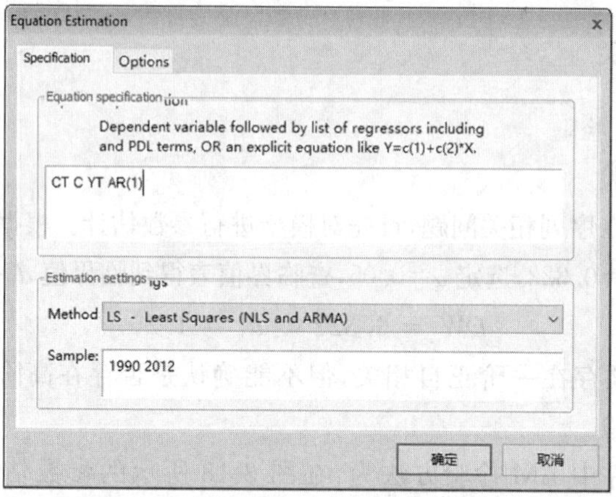

图 3-25　参数估计的变量序列设定

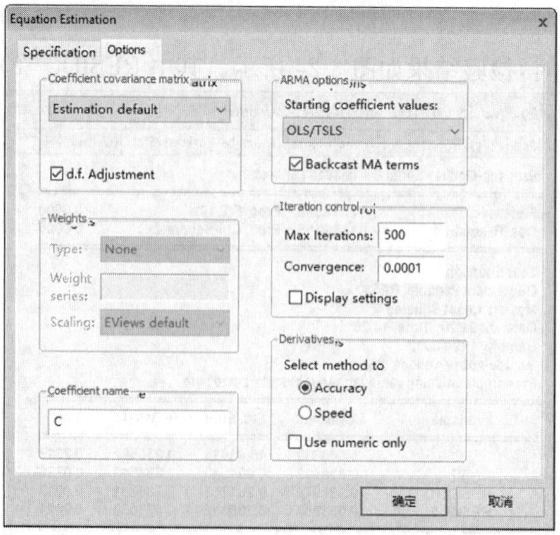

图 3-26　参数估计的迭代控制设定

参数估计结果如图 3-27 所示，只添加 $AR(1)$（一阶自回归过程）后，统计量 $DW=2.074$，可以直接判定已经不存在序列相关。

Equation: UNTITLED Workfile: 表11-1::Untitled\

View | Proc | Object | Print | Name | Freeze | Estimate | Forecast | Stats | Resids

Dependent Variable: CT
Method: Least Squares
Date: 12/27/19 Time: 20:32
Sample (adjusted): 1991 2012
Included observations: 22 after adjustments
Convergence achieved after 13 iterations

Variable	Coefficient	Std. Error	t-Statistic	Prob.
C	2472.297	3073.290	0.804447	0.4311
YT	0.616710	0.037678	16.36791	0.0000
AR(1)	0.949838	0.078641	12.07818	0.0000

R-squared	0.999655	Mean dependent var	7007.217
Adjusted R-squared	0.999618	S.D. dependent var	4424.448
S.E. of regression	86.42854	Akaike info criterion	11.88264
Sum squared resid	141928.0	Schwarz criterion	12.03142
Log likelihood	-127.7090	Hannan-Quinn criter.	11.91768
F-statistic	27507.00	Durbin-Watson stat	2.073576
Prob(F-statistic)	0.000000		

图 3-27　序列相关修正后参数估计结果

由估计结果可以看出，尽管不存在序列相关以及有很高的拟合优度，但自发消费水平为 2 472.3 元，应该偏大；而边际消费倾向为 0.617，有些偏小；并且常数项的显著性存在问题。因此，根据该回归模型分析消费问题还存在一些不足，可以考虑对模型进行调整。

3. 模型调整

若用指数模型描述消费函数，取对数线性化后的消费函数模型为：

$$\ln C_t = \beta_0 + \beta_1 \ln Y_t + \mu_t$$

4. 参数估计与序列相关检验

消费函数模型参数估计结果如图 3-28 所示，统计量 $DW=0.739$，根据经验判断至少存在一阶自相关；再进行 LM 检验，检验结果如图 3-29 所示，可以认为不存在二阶自相关，则模型随机误差项只存在一阶自相关。另外，可以通过检验发现该模型不存在异方差（该检验过程参见异方差问题）。

5. 序列相关的修正与回归模型

同理，逐步添加 $AR(1)$，$AR(2)$……，并设置迭代控制，最终得到估计结果，如图 3-30 所示。可以看出，只添加 $AR(1)$（一阶自回归过程）后，统计量 $DW=2.206$，可以直接判定已经不存在序列相关。因此，序列相关修正后的消费函数回归模型为

Equation: UNTITLED Workfile: 表11-1::Untitled\

View | Proc | Object | Print | Name | Freeze | Estimate | Forecast | Stats | Resids

Dependent Variable: LOG(CT)
Method: Least Squares
Date: 12/27/19 Time: 21:14
Sample: 1990 2012
Included observations: 23

Variable	Coefficient	Std. Error	t-Statistic	Prob.
C	0.380861	0.039267	9.699283	0.0000
LOG(YT)	0.928421	0.004428	209.6693	0.0000

R-squared	0.999523	Mean dependent var	8.581790
Adjusted R-squared	0.999500	S.D. dependent var	0.743189
S.E. of regression	0.016622	Akaike info criterion	-5.273289
Sum squared resid	0.005802	Schwarz criterion	-5.174550
Log likelihood	62.64282	Hannan-Quinn criter.	-5.248456
F-statistic	43961.21	Durbin-Watson stat	0.738791
Prob(F-statistic)	0.000000		

图 3-28 指数模型的参数估计结果

Equation: UNTITLED Workfile: 表11-1::Untitled\

View | Proc | Object | Print | Name | Freeze | Estimate | Forecast | Stats | Resids

Breusch-Godfrey Serial Correlation LM Test:

F-statistic	5.209051	Prob. F(2,19)	0.0157
Obs*R-squared	8.145200	Prob. Chi-Square(2)	0.0170

Test Equation:
Dependent Variable: RESID
Method: Least Squares
Date: 12/27/19 Time: 21:16
Sample: 1990 2012
Included observations: 23
Presample missing value lagged residuals set to zero.

Variable	Coefficient	Std. Error	t-Statistic	Prob.
C	0.012979	0.033468	0.387788	0.7025
LOG(YT)	-0.001587	0.003780	-0.419918	0.6793
RESID(-1)	0.475173	0.234718	2.024440	0.0572
RESID(-2)	0.260633	0.240812	1.082310	0.2927

图 3-29 指数模型的序列相关 LM 检验

$$\ln \hat{C}_t = 0.488 + 0.917 \ln Y_t$$

$$(4.63) \qquad (79.76)$$

$$\bar{R}^2 = 0.9996, \quad DW = 2.206$$

从该结果可以看出，拟合优度为 0.999 6，说明回归方程的拟合程度非常高；解释变量所对应的伴随概率（P 值）都很小，说明人均可支配收入对于人均消费性支出的影响是显著的。

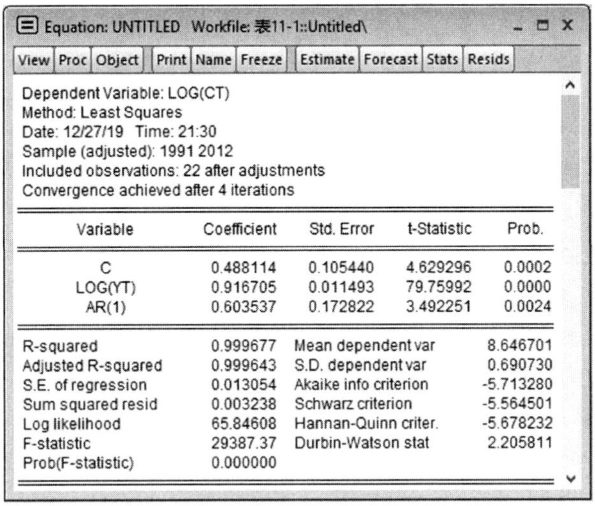

Dependent Variable: LOG(CT)
Method: Least Squares
Date: 12/27/19 Time: 21:30
Sample (adjusted): 1991 2012
Included observations: 22 after adjustments
Convergence achieved after 4 iterations

Variable	Coefficient	Std. Error	t-Statistic	Prob.
C	0.488114	0.105440	4.629296	0.0002
LOG(YT)	0.916705	0.011493	79.75992	0.0000
AR(1)	0.603537	0.172822	3.492251	0.0024

R-squared	0.999677	Mean dependent var	8.646701
Adjusted R-squared	0.999643	S.D. dependent var	0.690730
S.E. of regression	0.013054	Akaike info criterion	-5.713280
Sum squared resid	0.003238	Schwarz criterion	-5.564501
Log likelihood	65.84608	Hannan-Quinn criter.	-5.678232
F-statistic	29387.37	Durbin-Watson stat	2.205811
Prob(F-statistic)	0.000000		

图 3-30 序列相关修正后参数估计结果

模型中，参数 0.917 表示消费的收入弹性，即人均可支配收入每增加 1%，人均消费性支出将增加 0.917%，常规的消费性支出的增长幅度小于可支配收入的增长幅度，经济意义是合理的。

思考与练习题

1. 什么是异方差，产生异方差现象的原因有哪些？

2. 检验异方差的基本原理是什么，检验的方法主要有哪些，各有什么特点？

3. 存在异方差的模型，应选择什么估计方法？如何设定权重？

4. 对于异方差模型的处理，有哪些经验做法？

5. 对于消费函数模型

$$C_t=\alpha_0+\alpha_1 Y_t+\alpha_2 A_t+\mu_t$$

随机误差项的均值、方差分别为 $E(\mu_t)=0$，$\mathrm{Var}(\mu_t)=\sigma_\mu^2 Y_t^{\ 2}$，将上述模型变换为同方差模型并加以证明。

6. 假设计量经济模型为

$$Y_t=\alpha+\beta X_t+\mu_t$$

模型中，$E(\mu_t)=0$，$\mathrm{Var}(\mu_t)=\sigma_\mu^2 X_t$，不存在序列相关，$X_t$ 是确定性变量，写出随机误差项的协方差矩阵，给出结构参数的估计式。

7. 什么是序列相关，产生序列相关的原因是什么？

8. 检验序列相关的方法有哪些，各有什么特点？

9. 如何理解广义差分法的基本原理？

10. DW 检验的局限性表现在哪些方面？

11. 什么是多重共线性，产生多重共线性的主要原因有哪些？

12. 多重共线性的主要特征是什么？

13. 简述判断系数法检验多重共线性的原理。

14. 什么是工具变量法，选择工具变量有哪些要求？

15. 农业的发展是经济发展的重要组成部分，是直接关系到国计民生的大问题，所以各国都非常重视耕种面积的稳定，以保持充裕的粮食供应。农业生产受到很多自然条件的影响，同时也受到经济发展的冲击，各地区经济发展的不平衡性所带来的影响是客观存在的。以我国2009年各省(自治区、直辖市)样本数据构建农业生产函数模型，分析农业生产过程中存在的问题，有关数据如表3-6所列。

(1) 构建农业生产函数模型，讨论模型中参数的经济意义；

(2) 根据估计结果，进行统计检验，并根据统计检验结论进行相关分析；

(3) 检验模型是否存在异方差、序列相关问题；

(4) 确定最终模型，并分析农业总产值受到这些因素的影响程度。

表3-4 2009年我国各省(自治区、直辖市)有关农业生产数据

地区	农业总产值/亿元	耕地面积/$\times 10^3$ hm^2	化肥使用量/万 t	农机总动力/万 kW	受灾面积/$\times 10^3$ hm^2
北京	140.4	231.7	13.8	271.5	15
天津	139.7	441.1	26.0	595.0	59
河北	1 927.8	6 317.3	316.2	9 861.1	2 628
山西	556.3	4 055.8	104.3	2 655.0	1 787
内蒙古	731.9	7 147.2	171.4	2 891.6	4 770
辽宁	913.5	4 085.3	133.6	2 142.9	2 172
吉林	777.5	5 534.6	174.2	2 001.1	2 671
黑龙江	1 206.8	11 830.1	198.9	3 401.3	7 394
上海	147.5	244.0	12.6	99.2	16
江苏	1 948.2	4 763.8	344.0	3 810.6	1 203
浙江	879.0	1 920.9	93.6	2 384.0	463
安徽	1 289.8	5 730.2	312.8	5 108.9	2 101

表 3-4(续)

地区	农业总产值/亿元	耕地面积/$\times 10^3$ hm^2	化肥使用量/万 t	农机总动力/万 kW	受灾面积/$\times 10^3$ hm^2
福建	826.2	1 330.1	120.7	1 175.0	266
江西	729.7	2 827.1	135.8	3 358.9	1 352
山东	3 224.0	7 515.3	472.9	11 080.7	2 342
河南	2 833.3	7 926.4	628.7	9 817.8	2 987
湖北	1 511.5	4 664.1	340.3	3 057.2	1 827
湖南	1 596.6	3 789.4	231.6	4 352.4	1 825
广东	1 551.0	2 830.7	233.2	2 190.2	643
广西	1 135.0	4 217.5	229.3	2 550.9	1 110
海南	307.6	727.5	46.3	396.1	120
重庆	522.8	2 235.9	91.2	967.4	495
四川	1 806.1	5 947.4	248.0	2 952.7	1 599
贵州	501.5	4 485.3	86.5	1 606.4	780
云南	850.7	6 072.1	171.4	2 159.4	1 668
西藏	39.1	361.6	4.7	358.4	53
陕西	823.6	4 050.3	181.3	1 833.0	1 221
甘肃	587.3	4 658.8	82.9	1 822.7	1 881
青海	61.3	542.7	8.0	388.7	160
宁夏	146.8	1 107.1	35.5	702.6	366
新疆	898.6	4 124.6	155.0	1 503.3	1 244

16. 税收是国家调控宏观经济的重要杠杆，利用税收政策，调节产业结构、产品结构，鼓励或限制某些产业或产品的生产和发展；税收也是各级政府财政收入最主要的来源，财政收入在加快城乡建设和发展上至关重要；税收也可以通过政策的调整和征管力度的加大，从而起到有效调节收入分配的作用。为此，税收是一项非常重要的经济发展指标，选定进出口总额、工业、建筑业、交通运输业、金融业等影响因素，有关数据如表 3-5 所列。

(1) 构建税收模型，讨论模型中参数的经济意义；

(2) 根据估计结果，进行统计检验，并根据统计检验结论进行相关分析；

(3) 检验模型是否存在异方差、序列相关问题；

(4) 确定最终模型，并分析税收受到这些因素的影响程度。

表 3-5 税收及其影响因素 单位:亿元

年份	税收	进出口总额	工业	建筑业	交通运输业	金融业
1985	2 040.79	2 066.7	3 478.3	419.3	421.8	293.8
1986	2 090.73	2 580.4	4 000.8	527.3	499.0	401.0
1987	2 140.36	3 084.2	4 621.3	667.5	568.5	506.0
1988	2 390.47	3 821.8	5 814.1	811.8	685.9	658.6
1989	2 727.40	4 155.9	6 525.7	796.1	812.9	1 079.6
1990	2 821.86	5 560.1	6 904.7	861.7	1 167.2	1 143.7
1991	2 990.17	7 225.8	8 138.2	1 017.9	1 420.5	1 194.7
1992	3 296.91	9 119.6	10 340.5	1 417.9	1 689.2	1 481.5
1993	4 255.30	11 271.0	14 248.8	2 269.9	2 174.3	1 902.6
1994	5 126.88	20 381.9	19 546.9	2 968.8	2 788.2	2 556.5
1995	6 038.04	23 499.9	25 023.9	3 733.7	3 244.7	3 209.7
1996	6 909.82	24 133.8	29 529.8	4 393.0	3 782.6	3 698.3
1997	8 234.04	26 967.2	33 023.5	4 628.3	4 149.1	4 676.1
1998	9 262.80	26 849.7	34 134.9	4 993.0	4 661.5	4 314.3
1999	10 682.58	29 896.2	36 015.4	5 180.9	5 175.9	4 484.9
2000	12 581.51	39 273.2	40 259.7	5 534.0	6 161.9	4 836.2
2001	15 301.38	42 183.6	43 855.6	5 945.5	6 871.3	5 195.3
2002	17 636.45	51 378.2	47 776.3	6 482.1	7 494.3	5 546.6
2003	20 017.31	70 483.5	55 363.8	7 510.8	7 914.8	6 034.7
2004	24 165.68	95 539.1	65 776.8	8 720.5	9 306.5	6 586.8
2005	28 778.54	116 921.8	77 960.5	10 400.5	10 668.8	7 469.5
2006	34 804.35	14 0971.4	92 238.4	12 450.1	12 186.3	9 951.7
2007	45 621.97	166 740.2	111 693.9	15 348.0	14 605.1	15 173.7
2008	54 223.79	179 921.5	131 727.6	18 807.6	16 367.6	18 313.4
2009	59 521.59	150 648.1	138 095.5	22 681.5	16 522.4	21 798.1
2010	73 210.79	201 722.3	165 126.4	27 259.3	18 783.6	25 680.4
2011	89 738.39	236 402.0	195 142.8	32 926.5	21 842.0	30 678.9
2012	100 614.28	244 160.2	208 905.6	36 896.1	23 763.2	35 188.4
2013	110 530.70	258 168.9	222 337.6	40 896.8	26 042.7	41 191.0
2014	119 175.31	264 241.8	233 856.4	44 880.5	28 500.9	46 665.2
2015	124 922.20	245 502.9	236 506.3	46 626.7	30 487.8	57 872.6
2016	130 360.73	243 386.5	247 877.7	49 702.9	33 058.8	61 121.7
2017	144 369.87	278 099.2	278 328.2	55 313.8	37 172.6	65 395.0
2018	156 402.86	305 008.1	305 160.2	61 808.0	40 550.2	69 099.9

17. 经济的持续、稳定发展使我国农村家庭人均纯收入明显增长，尽管受到预期收入和预期消费不确定性的影响，但消费支出也呈现出良好的增长态势。而在我国不同的区域，经济发展的不平衡性是客观存在的，若以我国各省（自治区、直辖市）截面数据构建消费函数模型，分析农村家庭消费问题，有关样本数据如表 3-6 所列。

表 3-6　农村家庭人均消费支出与人均纯收入数据　　单位：亿元

地区	人均消费支出	人均纯收入	地区	人均消费支出	人均纯收入
北　京	5 724.50	8 275.47	湖　北	2 732.46	3 419.35
天　津	3 341.06	6 227.94	湖　南	3 013.32	3 389.62
河　北	2 495.33	3 801.82	广　东	3 885.97	5 079.78
山　西	2 253.25	3 180.92	广　西	2 413.93	2 770.48
内蒙古	2 771.97	3 341.88	海　南	2 232.19	3 255.53
辽　宁	3 066.87	4 090.40	重　庆	2 205.21	2 873.83
吉　林	2 700.66	3 641.13	四　川	2 395.04	3 002.38
黑龙江	2 618.19	3 552.43	贵　州	1 627.07	1 984.62
上　海	8 006.00	9 138.65	云　南	2 195.64	2 250.46
江　苏	4 135.21	5 813.23	西　藏	2 002.24	2 434.96
浙　江	6 057.16	7 334.81	陕　西	2 181.00	2 260.19
安　徽	2 420.94	2 969.08	甘　肃	1 855.49	2 134.05
福　建	3 591.40	4 834.75	青　海	2 178.95	2 358.37
江　西	2 676.60	3 459.53	宁　夏	2 246.97	2 760.14
山　东	3 143.80	4 368.33	新　疆	2 032.36	2 737.28
河　南	2 229.28	3 261.03			

第四章 虚拟变量模型

第一节 虚拟变量概述

一、什么是虚拟变量

用计量经济学方法研究客观经济问题，所讨论的经济因素往往是可以直接度量的数值型问题，如收入、价格、产量、需求量等；但为了能更为有效地分析经济现象，也必须对一些无法直接度量的因素进行讨论，如区域特征、季节性因素、文化程度、民族、心理因素及国家政策等，习惯上将这些因素称为定性因素。虚拟变量是为了描述定性因素而形成的一种特殊的变量类型，根据这类定性因素在计量经济模型中的特征，虚拟变量包括虚拟解释变量和虚拟被解释变量。在实际问题研究中，如消费者的心理状态对消费水平的影响，应用某虚拟变量表示消费者的心理状态，这显然是虚拟解释变量；又如在选举问题中，根据一定的条件，两个候选人中一人当选，也需要用虚拟变量表示当选者的特征。这就是虚拟被解释变量。本章只讨论虚拟解释变量问题，因此，简称为虚拟变量。

什么是虚拟变量呢？虚拟变量是为了描述对所研究的问题有显著影响而又难以定量分析的定性因素的变量。计量经济模型通过引入虚拟变量，使定性的因素能够“数量化”表示，从而使计量经济模型在实际应用中能够反映定性因素不同特征或某种非稳定的经济环境。如果忽略了这些定性因素，模型中参数的估计结果就不能吻合客观的经济环境，就不能正确描述经济变量之间的关系。虚拟变量既然反映了某种特征，其数据就是具有一定特点的，一般来说，虚拟变量用 0 或 1 表示其某种特征，如基础类型、肯定类型取值为 1，比较类型、否定类型取值为 0。例如，研究我国的消费问题，由于在改革开放前后，我国商品的丰富程度、居民的收入状况、消费者的消费心理状态都存在着明显的差异，那么就可以将某种政策实施或变化作为一个定性因素引入模型，用虚拟变量来反映。在许多实际的经济问题分析中，可量化的因素也可以通过虚拟变量加以“等级化”，也就是将某些数量的范围归为一类，如在消费问题的研究中，年龄可划分为幼儿、少年、青年、中年、老年等等级，分析其对消费行为的影响。

二、虚拟变量的作用

计量经济模型中引入虚拟变量的作用主要表现在如下几个方面：

(1) 分离异常因素的影响。异常因素往往不是经常发生的，只是在某个时期内或某个空间范围内出现，如自然灾害、金融危机等因素在特定的时间、空间对我国经济持续稳定的增长都有比较明显的影响，应该引入虚拟变量来讨论这些异常因素。

(2) 检验不同的属性特征对所研究问题的影响。例如在储蓄模型中，储蓄的多少会受到收入水平高低的影响，可以将收入水平划分为高收入阶层、中等偏上收入阶层、中等收入阶层、中等偏下收入阶层、低收入阶层等收入阶层，很显然不同的收入阶层其收入的边际储蓄倾向也是不同的。

(3) 提高模型的精度。模型的精度是指模型能够客观地反映实际的程度，引入虚拟变量使模型能够更好地吻合某种经济环境的变异性，提高模型拟合优度的同时，也必然使得解释变量的解释能力有所增强，从而使模型更适应于经济预测、结构分析及政策评价等功能。

三、虚拟变量的引入方法

模型中怎样引入虚拟变量来讨论某个特定的问题呢？许多经济现象表明，由于一些异常因素的影响及定性因素的某种特征，计量经济模型所描述的解释变量与被解释变量之间的数量依存关系在某一时期、某一段时间内或某一个空间范围内不在某种变化趋势上，偏离了正常的规律，产生了一些差异。这些差异反映到计量经济模型中，就表现为如下的特征：截距（常数项）的变化、斜率（解释变量系数）的变化、截距和斜率都发生变化。对应这三种特征，计量经济模型中引入虚拟变量有三种方式：独立方式、乘积方式和综合方式。

(1) 独立方式：将虚拟变量单独作为解释变量，能够反映模型常数项（截距）的变化，使回归方程发生平移；

(2) 乘积方式：将虚拟变量与某个解释变量的乘积作为解释变量，从而反映模型中该解释变量系数的变化，使回归方程的斜率发生变化；

(3) 综合方式：就是综合独立方式和乘积方式，即既调整常数项的变化又调整解释变量系数的变化。

例如，用虚拟变量反映农业受灾情况的农业生产模型为

$$Y_t = \alpha_0 + \alpha_1 D_t + \alpha_2 S_t + \alpha_3 K_t + \alpha_4 L_t + \mu_t$$

模型中，Y_t 为农业总产值；D_t 为农业受灾情况（受灾为 1，无灾害为 0）；S_t 为农产品播种面积；K_t 为农业机械化投入；L_t 为农业劳动力投入。

从模型可以看出，农业受灾的情况反映了常数项的变化，其常数项可表示为

$$\alpha = \begin{cases} \alpha_0 + \alpha_1 & \text{受灾年份} \\ \alpha_0 & \text{无灾害年份} \end{cases}$$

可见,受灾年份和无灾害年份的常数项有差异。这个模型仅仅给出了常数项(截距)的变化,即独立方式引入的虚拟变量,其他各种类型的模型将在下面的内容中加以讨论。

第二节 虚拟变量的基本模型

计量经济模型中虚拟变量的形式是多种多样的,根据模型中虚拟变量的引入方式,虚拟变量的基本模型最主要有三种形式:常数项变化模型、解释变量系数变化模型、常数项和解释变量系数共同变化模型。为此,通过以下案例逐步分析虚拟变量模型的各种形式。

【例 4-1】 分析山东省城镇居民家庭收入与消费状况,在改革开放之前和初期,城镇居民家庭收入一直在低水平上徘徊,收入仅能够维持基本生活的需要;随着改革开放的深入,城镇居民家庭收入水平大幅度提高,基础消费水平及边际消费倾向必将发生显著的变化。选取 1980—2012 年山东省城镇居民家庭人均可支配收入与人均消费性支出样本数据,如表 4-1 所列,分析模型中结构参数的变化。

表 4-1 1980—2012 年山东省城镇居民家庭收入与消费数据 单位:元

年份	人均消费性支出	人均可支配收入	年份	人均消费性支出	人均可支配收入
1980	396.0	448.2	1997	4 040.6	5 190.8
1981	450.4	495.5	1998	4 144.0	5 380.1
1982	455.3	524.9	1999	4 515.1	5 809.0
1983	472.9	537.0	2000	5 022.0	6 490.0
1984	520.9	638.6	2001	5 252.4	7 101.1
1985	667.1	747.6	2002	5 596.4	7 614.5
1986	751.3	853.5	2003	6 069.4	8 399.9
1987	812.5	987.1	2004	6 673.8	9 437.8
1988	1 025.8	1 163.5	2005	7 457.3	10 744.8
1989	1 160.5	1 349.2	2006	8 468.4	12 192.2
1990	1 229.3	1 466.2	2007	9 666.6	14 264.7
1991	1 407.1	1 687.6	2008	11 006.6	16 305.4
1992	1 598.9	1 974.5	2009	12 012.7	17 811.0
1993	1 946.9	2 515.1	2010	13 118.2	19 945.8
1994	2 635.2	3 444.4	2011	14 560.7	22 791.8
1995	3 285.5	4 264.1	2012	15 778.2	25 755.2
1996	3 771.0	4 890.2			

一、常数项变化模型

常数项变化模型是引入虚拟变量的计量经济模型的一种最基本形式。由于受到某定性因素的影响，计量经济模型的常数项（截距）在研究期内不再是固定的常数，从而使回归方程发生平移。在某些实际问题的分析中，常数项的变化也可以认为是基础水平的变化，对于消费问题就是自发消费的变化。

若只讨论自发消费的变化，也就是常数项的变化，则消费函数模型为

$$C_t = \beta_0 + \beta_1 D_t + \beta_2 Y_t + \mu_t \tag{4-1}$$

模型中，C_t 为城镇居民家庭人均消费性支出；D_t 为时间因素（1996 年前为 0，1997 年后为 1）；Y_t 为城镇居民家庭人均可支配收入。

显然，模型(4-1)是常数项变化模型，其估计结果如图 4-1 所示，则消费函数的回归模型为

$$\hat{C}_t = 345.14 + 701.85D_t + 0.597Y_t$$
$$(6.353) \quad (6.06) \qquad (71.8)$$
$$\bar{R}^2 = 0.998, \quad DW = 0.672$$

因此，城镇居民家庭不同时期的消费函数可表示为

1996 年前城镇居民家庭消费函数：$\hat{C}_t = 345.14 + 0.597Y_t$

1997 年后城镇居民家庭消费函数：$\hat{C}_t = 1\,046.99 + 0.597Y_t$

Equation: UNTITLED Workfile: 表4-1::Untitled\

View | Proc | Object | Print | Name | Freeze | Estimate | Forecast | Stats | Resids

Dependent Variable: CT
Method: Least Squares
Date: 02/01/20 Time: 16:56
Sample: 1980 2012
Included observations: 33

Variable	Coefficient	Std. Error	t-Statistic	Prob.
C	345.1402	54.32588	6.353145	0.0000
DT	701.8535	115.8125	6.060259	0.0000
YT	0.597388	0.008320	71.80494	0.0000

R-squared	0.997826	Mean dependent var	4726.333
Adjusted R-squared	0.997681	S.D. dependent var	4501.486
S.E. of regression	216.7556	Akaike info criterion	13.68193
Sum squared resid	1409489.	Schwarz criterion	13.81797
Log likelihood	-222.7518	Hannan-Quinn criter.	13.72770
F-statistic	6885.669	Durbin-Watson stat	0.671900
Prob(F-statistic)	0.000000		

图 4-1 常数项变化模型参数估计结果

模型中参数的经济意义表明，在 1996 年前城镇居民家庭人均自发消费为 345.14 元；1997 年后城镇居民家庭人均自发消费增加了 701.85 元，也就是达到了 1 046.99 元，说明随着收入的增长，自发消费水平也在增加，表明消费水平在不断地提高；城镇居民家庭平均边际消费倾向为 0.597，也就是收入每增长 100 元，消费将增长 59.7 元，从经济理论角度和对现实经济问题的分析看，边际消费倾向偏低，经济意义的合理性值得考虑。

由模型参数估计结果可以看出，拟合程度很高、解释变量显著，特别是模型中虚拟变量显著及虚拟变量参数经济意义合理，反映了对于该消费问题的研究，引入虚拟变量调整自发消费的变化是合理的，但由于边际消费倾向的合理性问题，模型可能仍需进行调整。

二、解释变量系数变化模型

在现实经济问题中，定性因素往往更多地影响解释变量对被解释变量的影响程度，这体现在模型中解释变量系数的变化上，如随着收入从较低水平向较高水平的变化，边际消费倾向会呈现下降的趋势，因为在收入水平较低时，收入仅仅能够维持基本的生活需要，边际消费倾向接近于 1；当收入水平提高到一定程度以后，边际消费倾向会在 0.65～0.7 的范围内趋于稳定。

若只讨论边际消费倾向的变化，也就是解释变量系数的变化，则消费函数模型为

$$C_t = \beta_0 + \beta_1 Y_t + \beta_2 D_t Y_t + \mu_t \tag{4-2}$$

模型中，C_t 为城镇居民家庭人均消费性支出；D_t 为时间因素（1996 年前为 0，1997 年后为 1）；Y_t 为城镇居民家庭人均可支配收入。

为了对模型(4-2)进行参数估计，可将 D_tY_t 的乘积作为解释变量，估计结果如图 4-2 所示，则消费函数的回归模型为

$$\hat{C}_t = 444.52 + 0.621Y_t + 0.013D_tY_t$$
$$(4.381)\quad(11.814)\quad(0.275)$$
$$\bar{R}^2 = 0.995,\quad DW = 0.246$$

由模型参数估计结果可以看出，拟合程度仍然很高，解释变量 Y_t 显著且参数经济意义合理；模型中虚拟变量与解释变量 Y_t 的乘积作为解释变量并不显著，其参数的经济意义不合理，经济意义表示在 1995 年后边际消费倾向不减反升，从 1996 年前的 0.621 上升为 1997 年后的 0.634，这应该说与经济理论及客观经济现象都不一致。所以，尽管模型拟合程度较高，但模型在实证分析上存在困难，这可能是仅仅讨论解释变量系数变化所造成的。

Equation: UNTITLED　Workfile: 表4-1::Untitled\

View | Proc | Object | Print | Name | Freeze | Estimate | Forecast | Stats | Resids

Dependent Variable: CT
Method: Least Squares
Date: 02/01/20　Time: 17:22
Sample: 1980 2012
Included observations: 33

Variable	Coefficient	Std. Error	t-Statistic	Prob.
C	444.5239	101.4724	4.380735	0.0001
YT	0.621340	0.052592	11.81441	0.0000
DT*YT	0.013335	0.048526	0.274796	0.7854

R-squared	0.995177	Mean dependent var	4726.333
Adjusted R-squared	0.994856	S.D. dependent var	4501.486
S.E. of regression	322.8596	Akaike info criterion	14.47882
Sum squared resid	3127150.	Schwarz criterion	14.61487
Log likelihood	-235.9005	Hannan-Quinn criter.	14.52460
F-statistic	3095.315	Durbin-Watson stat	0.246449
Prob(F-statistic)	0.000000		

图 4-2　解释变量系数变化模型参数估计结果

三、常数项和解释变量系数综合变化模型

在很多情况下，定性因素不仅对模型的常数项产生影响，同时还会影响模型中解释变量的系数。如城镇居民家庭消费问题的研究中，在不同的时期由于受到经济持续发展、收入水平稳定提高等因素的影响，不仅基础消费水平存在差异，而且边际消费倾向也会随着时间的推移而发生变化。

若讨论自发消费水平和边际消费倾向都发生变化，也就是常数项和解释变量系数综合变化，则消费函数模型为

$$C_t = \beta_0 + \beta_1 D_t + \beta_2 Y_t + \beta_3 D_t Y_t + \mu_t \tag{4-3}$$

模型中，C_t 为城镇居民家庭人均消费性支出；D_t 为时间因素（1996 年前为 0，1997 年后为 1）；Y_t 为城镇居民家庭人均可支配收入。

模型估计结果如图 4-3 所示，则消费函数的回归模型为

$$\hat{C}_t = 92.23 + 1\,041.32 D_t + 0.751 Y_t - 0.161 D_t Y_t$$

$$(1.571)\quad(10.315)\qquad(27.05)\qquad(-5.659)$$

$$\bar{R}^2 = 0.998\,9,\quad DW = 0.763$$

由模型的估计结果可以看出，拟合程度很高，各解释变量也都是非常显著的，特别是虚拟变量以及虚拟变量与解释变量 Y_t 的乘积都非常显著，其参数的经济意义也合理，说明了城镇居民家庭 1996 年前和 1997 年后在自发消费及边际消费倾向上存在明显的差异，消费结构发生了显著的变化。因此，在不同时间段的消费函数可分别表示为

1996 年前消费函数：$\hat{C}_t = 92.23 + 0.751Y_t$

1997 年后消费函数：$\hat{C}_t = 1\ 133.55 + 0.59Y_t$

消费函数表明自发消费随着收入的增长提高了，1996 年前人均自发消费为 92.23 元，而 1997 年后人均自发消费为 1 133.55 元；边际消费倾向随着收入的增长下降了，1996 年前边际消费倾向为 0.751，而 1997 年后边际消费倾向为 0.59。这个结论既能够很好地验证消费理论，也能够很好地解释客观经济现象。

Equation: UNTITLED Workfile: 表4-1::Untitled\

View | Proc | Object | Print | Name | Freeze | Estimate | Forecast | Stats | Resids

Dependent Variable: CT
Method: Least Squares
Date: 02/01/20 Time: 17:31
Sample: 1980 2012
Included observations: 33

Variable	Coefficient	Std. Error	t-Statistic	Prob.
C	92.22999	58.71763	1.570738	0.1271
DT	1041.324	100.9506	10.31518	0.0000
YT	0.751011	0.027764	27.04982	0.0000
DT*YT	-0.160717	0.028398	-5.659480	0.0000

R-squared	0.998967	Mean dependent var	4726.333
Adjusted R-squared	0.998860	S.D. dependent var	4501.486
S.E. of regression	151.9708	Akaike info criterion	12.99847
Sum squared resid	669758.8	Schwarz criterion	13.17986
Log likelihood	-210.4747	Hannan-Quinn criter.	13.05950
F-statistic	9349.131	Durbin-Watson stat	0.762522
Prob(F-statistic)	0.000000		

图 4-3 常数项和解释变量系数共同变化模型参数估计结果

四、指数型虚拟变量模型

模型(4-1)、模型(4-2)、模型(4-3)是基于线性模型而构建的虚拟变量模型，若某经济问题的研究更适合用指数模型的形式，如何构建虚拟变量模型呢？考虑指数模型中常数项和解释变量系数共同变化的情况，根据指数模型的对数形式(经过线性化处理)，则消费函数模型为

$$\ln C_t = \beta_0 + \beta_1 D_t + \beta_2 \ln Y_t + \beta_3 D_t \ln Y_t + \mu_t \tag{4-4}$$

模型中，C_t 为城镇居民家庭人均消费性支出；D_t 为时间因素(1996 年前为 0，1997 年后为 1)；Y_t 为城镇居民家庭人均可支配收入。

模型估计结果如图 4-4 所示，则消费函数的回归模型为

$$\ln \hat{C}_t = 0.282 + 0.625D_t + 0.935\ln Y_t - 0.071D_t \ln Y_t$$

$$(5.035) \quad (5.118) \quad (119.72) \quad (-5.03)$$

$$\bar{R}^2 = 0.999\ 6, \quad DW = 1.96$$

Equation: UNTITLED　Workfile: 表4-1::Untitled\

View | Proc | Object | Print | Name | Freeze | Estimate | Forecast | Stats | Resids

Dependent Variable: LOG(CT)
Method: Least Squares
Date: 02/01/20　Time: 17:34
Sample: 1980 2012
Included observations: 33

Variable	Coefficient	Std. Error	t-Statistic	Prob.
C	0.281522	0.055917	5.034664	0.0000
DT	0.625367	0.122183	5.118299	0.0000
LOG(YT)	0.935492	0.007814	119.7184	0.0000
DT*LOG(YT)	-0.070744	0.014064	-5.030145	0.0000

R-squared	0.999619	Mean dependent var	7.903653
Adjusted R-squared	0.999579	S.D. dependent var	1.174327
S.E. of regression	0.024093	Akaike info criterion	-4.500593
Sum squared resid	0.016833	Schwarz criterion	-4.319198
Log likelihood	78.25978	Hannan-Quinn criter.	-4.439559
F-statistic	25331.77	Durbin-Watson stat	1.959618
Prob(F-statistic)	0.000000		

图 4-4　引入虚拟变量的指数模型参数估计结果

由模型的估计结果可以看出，拟合程度很高，各解释变量也都是非常显著的，特别是虚拟变量以及虚拟变量与解释变量 Y_t 的乘积项都非常显著，其参数的经济意义也合理，说明了城镇居民家庭 1996 年前和 1997 年后在消费结构上存在明显的差异。因此，在不同时间段的消费函数可分别表示为

1996 年前消费函数：$\ln \hat{C}_t = 0.282 + 0.935\ln Y_t$

1997 年后消费函数：$\ln \hat{C}_t = 0.907 + 0.864\ln Y_t$

利用指数模型可以分析消费的收入弹性变化情况，消费函数表明了随着收入增加，消费的收入弹性下降了，1996 年前为 0.935，表明收入每增加 1%，消费将增加 0.935%；而 1997 年后为 0.864，表明收入每增加 1%，消费将增加 0.864%。这个结论也说明了随着收入水平的提高生活水平向好的标志。

从指数模型中各种统计量来看，拟合优度、解释变量的显著性都略优于模型(4-3)的估计结果；而在参数的经济意义上，线性模型和指数模型不具有可比性，关键看能否更好地分析消费问题；再从序列相关和异方差方面看，指数模型都不存在(异方差读者可自行检验)，因此，本例中指数型虚拟变量模型具有相对较好的估计结果。

五、虚拟变量模型应注意的问题

1. 如何设定虚拟变量

在虚拟变量基本模型的讨论中，都有一个基本的设定：1996 年前及 1997 年

后的时间分段。为什么这样分段？应根据什么进行分段？特别是对于时间分段问题，在经济发展过程中都会存在一些时间或事件的拐点，如1992年邓小平视察南方谈话、1997年东南亚金融危机、2008年美国次贷危机等，可以用这些事件的拐点作为分段的依据；另外，在收入和消费问题的研究中，也可以用收入或消费增量较大的时间点作为临界值来进行分段。

2. 虚拟变量的显著性问题

计量经济模型中虚拟变量作为解释变量应该要保证是显著的，即对被解释变量的影响是显著的，也就是其差异性是存在的；从另一个角度看，模型的选择问题也涉及虚拟变量的显著性，即根据虚拟变量是否显著确定所采用的模型是否合理。当然，选择什么模型还需要根据客观实际情况和要求。

模型中所设定的虚拟变量若不显著，其原因可能包括：一是所设定的拐点不合理或者说特征点划分不合理；二是选定的模型不合理，如图4-2所示的模型中虚拟变量与解释变量 Y_t 的乘积作为解释变量不显著，也就意味着不应仅仅讨论解释变量系数的变化，不应该选择解释变量系数变化模型；三是拐点的前后或者不同的特征差异不明显或者就根本不存在差异。

第三节 包含多个虚拟变量的模型

计量经济模型中应引入多少个虚拟变量呢？若某定性因素有两种以上的特征，如季节有4个特征，年龄也可以分成若干阶段等，按照虚拟变量取值方法及引入虚拟变量的规则，模型中就应引入多个虚拟变量，一个虚拟变量只反映定性因素的某个属性特征；若所研究的问题受到多个定性因素的影响，如某种商品的需求可能会受到心理因素、政策因素等影响，只用一个虚拟变量肯定不能全面地反映多个定性因素所描述的客观经济现象，必须使用多个虚拟变量。

一、一个定性因素有多个属性特征的虚拟变量模型

在计量经济模型中，一个定性因素往往包含多个属性特征，如季节、受教育程度、收入等级、年龄差异等都具有多个属性特征。因此，在模型中一个定性因素也必须引入多个虚拟变量来描述其属性特征对所研究问题的影响。

一般地，某定性因素有 m 个互相排斥的属性特征，则在模型中应引入 $m-1$ 个虚拟变量。

既然一个虚拟变量只反映定性因素的某个属性特征，$m-1$ 个虚拟变量只能表示 $m-1$ 个属性特征，那么剩下的那个特征如何反映呢？显然，对于讨论常数项变化问题，常数项本身就表示了某个属性特征；对于无常数项的模型必须引

入 m 个虚拟变量，反映该定性因素 m 个互相排斥的属性特征。如果在有常数项的模型中，某定性因素有 m 个互相排斥的属性特征，若引入 m 个虚拟变量，那么必然导致解释变量完全多重共线性，这就是所谓的虚拟变量陷阱问题。同理，讨论解释变量系数的变化，其虚拟变量引入的规则也是如此。

对于具有多个属性特征的定性因素用虚拟变量表示后，各虚拟变量的定义及取值为

$$D_i = \begin{cases} 1 & \text{具有第 } i \text{ 种属性特征} \\ 0 & \text{不具有第 } i \text{ 种属性特征} \end{cases}$$

【例 4-2】 随着我国经济的持续、快速发展，各行各业都获得了显著发展。以季度数据为例分析建筑业总产值对建筑业利润的影响程度，特别是分析各个季节利润的差异，样本数据如表 4-2 所列。

表 4-2　2006—2015 年我国建筑业利润与总产值数据　　单位:亿元

年份/季度	利润	总产值	年份/季度	利润	总产值
2006/1	64.25	5 520.79	2011/1	413.22	16 096.38
2006/2	169.52	9 410.32	2011/2	742.18	27 014.51
2006/3	221.73	9 983.44	2011/3	795.65	29 354.78
2006/4	737.57	16 060.91	2011/4	2217.28	45 268.49
2007/1	102.60	6 708.80	2012/1	505.92	18 830.64
2007/2	241.94	11 504.05	2012/2	891.25	31 629.05
2007/3	313.79	12 369.39	2012/3	991.61	34 783.55
2007/4	902.79	19 436.38	2012/4	2 387.36	50 060.10
2008/1	163.45	8 347.03	2013/1	628.05	22 633.85
2008/2	326.49	14 317.50	2013/2	1 034.97	37 543.26
2008/3	344.65	14 887.84	2013/3	1 215.03	41 321.10
2008/4	1 367.25	23 591.89	2013/4	2 696.95	57 814.74
2009/1	223.93	10 116.62	2014/1	737.07	26 238.12
2009/2	462.27	17 385.58	2014/2	1 233.59	43 161.58
2009/3	520.20	19 016.07	2014/3	1 329.91	45 847.82
2009/4	1 512.36	29 345.51	2014/4	3 106.56	61 465.88
2010/1	308.10	12 706.90	2015/1	826.74	28 895.36
2010/2	608.10	21 486.50	2015/2	1 267.14	43 479.07
2010/3	669.10	23 433.14	2015/3	1 272.43	45 572.87
2010/4	1 823.77	37 579.28	2015/4	3 084.92	62 810.17

引入虚拟变量表示季节因素，建筑业利润模型为

$$\ln PF = \alpha_1 + \alpha_2 D_2 + \alpha_3 D_3 + \alpha_4 D_4 + \beta_1 \ln PV + \beta_2 D_2 \ln PV + \beta_3 D_3 \ln PV + \beta_4 D_4 \ln PV + \mu$$

模型中,PF 为建筑业某季度利润;PV 为建筑业某季度总产值;D_2 为季节因素(第二季度取 1,其他季度取 0);D_3 为季节因素(第三季度取 1,其他季度取 0);D_4 为季节因素(第四季度取 1,其他季度取 0)。

参数估计结果如图 4-5 所示,则回归模型为

$$\ln \hat{P}F = -8.35 + 2.06D_2 + 3.21D_3 + 5.39D_4 + 1.477\ln PV - 0.216D_2\ln PV - 0.327D_3\ln PV - 0.482D_4\ln PV$$

模型拟合程度高,解释变量及各季度因素都是显著的,说明各季度总产值对利润水平的影响存在明显的差异,分季度回归模型可表示为

第一季度: $\ln \hat{P}F = -8.35 + 1.477\ln PV$

第二季度: $\ln \hat{P}F = -6.29 + 1.261\ln PV$

第三季度: $\ln \hat{P}F = -5.14 + 1.150\ln PV$

第四季度: $\ln \hat{P}F = -2.96 + 0.995\ln PV$

可以看出,各季度总产值每增长 1%,利润将分别增长 1.477%、1.261%、1.150%和 0.995%,四个季度的利润弹性呈现递减的趋势,从而保证每年前期总产值的稳定和增加,对于建筑业利润指标的完成具有重要的作用。

Equation: UNTITLED Workfile: 表4-2::Untitled\

View | Proc | Object | Print | Name | Freeze | Estimate | Forecast | Stats | Resids

Dependent Variable: LOG(PF)
Method: Least Squares
Date: 02/02/20 Time: 10:52
Sample: 2006Q1 2015Q4
Included observations: 40

Variable	Coefficient	Std. Error	t-Statistic	Prob.
C	-8.345387	0.462233	-18.05451	0.0000
D2	2.064093	0.689383	2.994117	0.0053
D3	3.212419	0.689330	4.660204	0.0001
D4	5.387549	0.753081	7.154014	0.0000
LOG(PV)	1.476882	0.048507	30.44664	0.0000
D2*LOG(PV)	-0.216396	0.070343	-3.076274	0.0043
D3*LOG(PV)	-0.327193	0.070073	-4.669336	0.0001
D4*LOG(PV)	-0.481966	0.074504	-6.469031	0.0000

R-squared	0.993176	Mean dependent var	6.507511
Adjusted R-squared	0.991684	S.D. dependent var	0.926796
S.E. of regression	0.084519	Akaike info criterion	-1.926835
Sum squared resid	0.228588	Schwarz criterion	-1.589059
Log likelihood	46.53670	Hannan-Quinn criter.	-1.804706
F-statistic	665.3601	Durbin-Watson stat	0.891308
Prob(F-statistic)	0.000000		

图 4-5 受季节影响的模型参数估计结果

二、包含多个定性因素的虚拟变量模型

在实际经济问题中，对所研究的问题有较大影响而又难以定量化的因素有很多，也就是说在一个计量经济模型中可能会出现多个定性因素，这就必须引入多个虚拟变量反映对所研究问题的影响程度。

【例 4-3】 为了研究城乡家庭消费问题，选取 2018 年全国各省(自治区、直辖市)城乡居民人均收支情况统计数据，如表 4-3 所列。如何考虑城镇居民家庭和农村居民家庭在消费水平上存在的差异？如何分析经济发达地区和经济欠发达地区在消费水平上存在的差异？构造消费函数模型讨论这两个问题并给出最终模型。

表 4-3 2018 年全国各省(自治区、直辖市)居民人均收支情况 单位:元

	城镇		农村	
	消费性支出	可支配收入	消费性支出	可支配收入
北京	42 925.65	67 989.89	20 195.32	26 490.29
天津	32 655.11	42 976.25	16 863.33	23 065.23
河北	22 127.42	32 977.18	11 382.80	14 030.89
山西	19 789.84	31 034.80	9 172.22	11 750.01
内蒙古	24 437.06	38 304.68	12 661.48	13 802.56
辽宁	26 447.87	37 341.93	11 455.04	14 656.33
吉林	22 393.71	30 171.94	10 826.24	13 748.17
黑龙	21 035.46	29 191.33	11 416.78	13 803.65
上海	46 015.21	68 033.62	19 964.73	30 374.73
江苏	29 461.95	47 199.97	16 566.97	20 845.07
浙江	34 597.92	55 574.31	19 706.83	27 302.37
安徽	21 522.72	34 393.08	12 748.08	13 996.02
福建	28 145.13	42 121.31	14 942.80	17 821.19
江西	20 760.02	33 819.40	10 885.20	14 459.89
山东	24 798.38	39 549.43	11 270.12	16 297.00
河南	20 989.15	31 874.19	10 392.01	13 830.74
湖北	23 995.91	34 454.63	13 946.26	14 977.82
湖南	25 064.21	36 698.25	12 720.54	14 092.51
广东	30 924.31	44 340.97	15 411.31	17 167.74
广西	20 159.39	32 436.07	10 616.96	12 434.77
海南	22 971.21	33 348.65	10 955.77	13 988.88
重庆	24 154.15	34 889.30	11 976.81	13 781.22

表 4-3(续)

	城镇		农村	
	消费性支出	可支配收入	消费性支出	可支配收入
四川	23 483.94	33 215.91	12 723.19	13 331.38
贵州	20 787.93	31 591.93	9 170.24	9 716.10
云南	21 626.42	33 487.94	9 122.90	10 767.91
西藏	23 029.44	33 797.38	7 452.07	11 449.82
陕西	21 966.43	33 319.25	10 070.76	11 212.84
甘肃	22 605.97	29 957.00	9 064.55	8 804.13
青海	22 997.53	31 514.53	10 352.35	10 393.34
宁夏	21 976.69	31 895.22	10 789.62	11 707.64
新疆	24 191.39	32 763.55	9 421.29	11 974.50

考虑到城镇居民家庭和农村居民家庭在消费上存在的差异,引入“城乡”这个定性因素;而全国经济发展水平也是不平衡的,又可将“经济发展程度”这个定性因素引入模型,从而通过两个定性因素分析消费结构的差异。多个定性因素的消费函数模型为

$$\ln CP = \alpha_0 + \alpha_1 D_1 + \alpha_2 D_2 + \alpha_3 \ln DI + \alpha_4 D_1 \ln DI + \alpha_5 D_2 \ln DI + \mu$$

模型中,CP 为城乡居民人均消费性支出;DI 为城乡居民人均可支配收入;D_1 为城乡因素(城镇为 1,农村为 0);D_2 为经济发展程度(较发达为 1,欠发达为 0)。

在参数估计时,删除特别不显著的影响因素,经过优化调整后模型最终估计结果如图 4-6 所示,回归模型为

$$\ln \hat{CP} = 2.63 - 1.02D_1 + 0.703\ln DI + 0.104D_1 \ln DI + 0.006D_2 \ln DI$$

$$(4.62)\quad(-1.18)\quad(11.69)\qquad(1.24)\qquad(2.03)$$

$\bar{R}^2 = 0.966$, $DW = 1.53$

根据回归模型,可分别讨论如下四种情况:

经济欠发达地区的农村:$\ln \hat{CP} = 2.63 + 0.703\ln DI$

经济欠发达地区的城镇:$\ln \hat{CP} = 1.61 + 0.807\ln DI$

经济较发达地区的农村:$\ln \hat{CP} = 2.63 + 0.709\ln DI$

经济较发达地区的城镇:$\ln \hat{CP} = 1.61 + 0.813\ln DI$

模型的拟合程度高,各参数的经济意义比较合理,但反映城乡差别的虚拟变量不够显著,说明城镇和农村对居民消费的影响差别不大。从消费的收入弹性看,城镇高于农村,经济较发达地区高于经济欠发达地区,结论也能较好地解释客观经济现象。

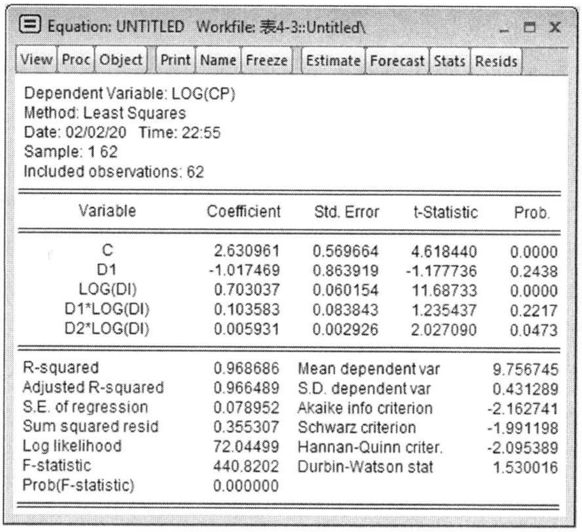

Equation: UNTITLED　Workfile: 表4-3::Untitled\

View | Proc | Object | Print | Name | Freeze | Estimate | Forecast | Stats | Resids

Dependent Variable: LOG(CP)
Method: Least Squares
Date: 02/02/20　Time: 22:55
Sample: 1 62
Included observations: 62

Variable	Coefficient	Std. Error	t-Statistic	Prob.
C	2.630961	0.569664	4.618440	0.0000
D1	-1.017469	0.863919	-1.177736	0.2438
LOG(DI)	0.703037	0.060154	11.68733	0.0000
D1*LOG(DI)	0.103583	0.083843	1.235437	0.2217
D2*LOG(DI)	0.005931	0.002926	2.027090	0.0473

R-squared	0.968686	Mean dependent var	9.756745
Adjusted R-squared	0.966489	S.D. dependent var	0.431289
S.E. of regression	0.078952	Akaike info criterion	-2.162741
Sum squared resid	0.355307	Schwarz criterion	-1.991198
Log likelihood	72.04499	Hannan-Quinn criter.	-2.095389
F-statistic	440.8202	Durbin-Watson stat	1.530016
Prob(F-statistic)	0.000000		

图 4-6　多个定性因素虚拟变量模型参数估计结果

第四节　连续型分段模型

虚拟变量的基本模型是分段模型，其特征在于不连续性，如例 4-1 所讨论的 1996 年前和 1997 年后城镇居民家庭收入与消费没有连成一条折线。连续型分段模型是指当某解释变量达到某一个(多个)临界值时，模型的斜率就会发生变化，解释变量与被解释变量的经济关系发生改变，但在临界值点是连续的，从而使计量经济模型呈现出连续型分段的特征。

一、一个临界值的连续型分段模型

仍根据表 4-1 所列样本数据，当以居民人均可支配收入 5 000 元为临界值时，其分段模型为

$$C_t = \beta_0 + \beta_1 Y_t + \beta_2 (Y_t - 5\,000) D_t + \mu_t$$

模型中，C_t 为消费性支出；Y_t 为可支配收入；D_t 为临界因素($Y_t < 5\,000$ 为 0，$Y_t \geqslant 5\,000$ 为 1)。

经过优化处理，模型估计结果如图 4-7 所示，连续型分段模型为

$$\hat{C}_t = 0.807 Y_t - 0.213 (Y_t - 5\,000) D_t$$

$$(80.66) \qquad (-14.7)$$

$$\bar{R}^2 = 0.999, \quad DW = 0.654$$

则两段模型分别为：

人均可支配收入小于 5 000 元的模型：$\hat{C}_t = 0.807Y_t$

人均可支配收入大于等于 5 000 元的模型：$\hat{C}_t = 1\ 065 + 0.594Y_t$

由估计结果可以看出，拟合优度高、解释变量显著，特别是反映分段特征的临界因素虚拟变量显著。另外，参数的经济意义应该在合理的范围内，人均可支配收入在 5 000 元以内时，边际消费倾向为 0.807，表示收入每增加 100 元，消费将增加 80.7 元；人均可支配收入在 5 000 元及以上时，边际消费倾向为 0.594，表示收入每增加 100 元，消费将增加 59.4 元，总体看边际消费倾向有点偏小。特别是读者可以验证在可支配收入为 5 000 元时，两段模型是否重合。

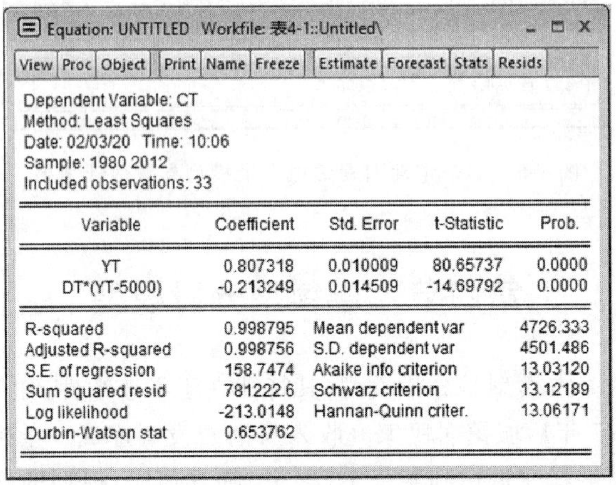
Equation: UNTITLED Workfile: 表4-1::Untitled\

View | Proc | Object | Print | Name | Freeze | Estimate | Forecast | Stats | Resids

Dependent Variable: CT
Method: Least Squares
Date: 02/03/20 Time: 10:06
Sample: 1980 2012
Included observations: 33

Variable	Coefficient	Std. Error	t-Statistic	Prob.
YT	0.807318	0.010009	80.65737	0.0000
DT*(YT-5000)	-0.213249	0.014509	-14.69792	0.0000

R-squared	0.998795	Mean dependent var	4726.333
Adjusted R-squared	0.998756	S.D. dependent var	4501.486
S.E. of regression	158.7474	Akaike info criterion	13.03120
Sum squared resid	781222.6	Schwarz criterion	13.12189
Log likelihood	-213.0148	Hannan-Quinn criter.	13.06171
Durbin-Watson stat	0.653762		

图 4-7 连续型分段模型参数估计结果

二、多个临界值的连续型分段模型

多个临界值的连续型分段模型特别要注意临界因素虚拟变量的设定。仍根据表 4-1 所列样本数据，以居民人均可支配收入 1 600 元和 6 000 元为临界值，其分段模型为

$$C_t = \beta_0 + \beta_1 Y_t + \beta_2 (Y_t - 1\ 600) D_1 + \beta_3 (Y_t - 6\ 000) D_2 + \mu_t$$

模型中，C_t 为消费性支出；Y_t 为可支配收入；D_1 为临界因素（$1\ 600 \leqslant Y_t < 6\ 000$ 为 1，其他为 0）；D_2 为临界因素（$Y_t \geqslant 6\ 000$ 为 1，其他为 0）。

模型估计结果如图 4-8 所示，连续型分段模型为

$$\hat{C}_t = 51.1 + 0.801Y_t - 0.069(Y_t - 1\ 600)D_1 - 0.224(Y_t - 6\ 000)D_2$$

(1.054)　(41.55)　(−2.96)　　　　(−8.61)

$\bar{R}^2 = 0.999$，　$DW = 0.765$

则三段模型分别为：

人均可支配收入小于 1 600 元的模型：$\hat{C}_t = 51.1 + 0.801Y_t$

人均可支配收入在 1 600～6 000 元之间的模型：$\hat{C}_t = 161.5 + 0.732Y_t$

人均可支配收入大于等于 6 000 元的模型：$\hat{C}_t = 1\,395.1 + 0.577Y_t$

由估计结果可以看出，拟合优度高、解释变量显著，特别是反映分段特征的临界因素虚拟变量显著。另外，参数的经济意义应该在合理的范围内，人均可支配收入在 1 600 元以内时，边际消费倾向为 0.801，表示收入每增加 100 元，消费将增加 80.1 元；人均可支配收入在 1 600～6 000 元之间时，边际消费倾向为 0.732，表示收入每增加 100 元，消费将增加 73.2 元；人均可支配收入在 6 000 元及以上时，边际消费倾向为 0.577，表示收入每增加 100 元，消费将增加 57.7 元。各段边际消费倾向都有点偏小，这是统计数据拟合的结果；但随着收入的增加，边际消费倾向是下降的，这与经济理论及客观现实相吻合。

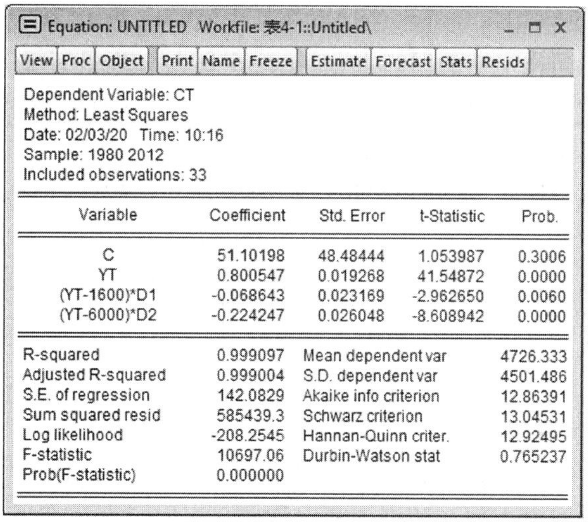
Equation: UNTITLED　Workfile: 表4-1::Untitled\

View | Proc | Object | Print | Name | Freeze | Estimate | Forecast | Stats | Resids

Dependent Variable: CT
Method: Least Squares
Date: 02/03/20　Time: 10:16
Sample: 1980 2012
Included observations: 33

Variable	Coefficient	Std. Error	t-Statistic	Prob.
C	51.10198	48.48444	1.053987	0.3006
YT	0.800547	0.019268	41.54872	0.0000
(YT-1600)*D1	-0.068643	0.023169	-2.962650	0.0060
(YT-6000)*D2	-0.224247	0.026048	-8.608942	0.0000

R-squared	0.999097	Mean dependent var	4726.333
Adjusted R-squared	0.999004	S.D. dependent var	4501.486
S.E. of regression	142.0829	Akaike info criterion	12.86391
Sum squared resid	585439.3	Schwarz criterion	13.04531
Log likelihood	-208.2545	Hannan-Quinn criter.	12.92495
F-statistic	10697.06	Durbin-Watson stat	0.765237
Prob(F-statistic)	0.000000		

图 4-8　连续型分段模型参数估计结果

第五节　经济关系变化检验

计量经济模型的参数估计与应用分析，往往是在稳定的经济环境前提下进行的。但在实际的经济发展环境中，金融危机、战争及自然灾害等问题的出现，必将影响经济的稳定发展。另外，经济的持续增长，经济规模的增大，也可能使某些经济关系发生了显著的变化。例如，边际消费倾向反映了收入对于消费的影响,由于经济的发展,收入从较低的水平增长为较高的水平,在收入水平较低时边际消费倾向较大接近于1;随着收入水平的逐步提高,边际消费倾向会逐步下降,一般来说会稳定在0.65～0.7左右。显然,反映经济变量之间结构关系的参数发生了显著的变化,这一变化体现到模型中,就是在样本区间内参数估计值是否是稳定的。

在虚拟变量模型的讨论过程中,虚拟变量本身也是反映参数的变化问题,的确可以通过虚拟变量模型来讨论参数所反映的经济关系变化,并且通过虚拟变量模型能够得到参数变化的具体数值,不过检验更加简便。另外,通过检验也能佐证虚拟变量设定的合理性。

一般地,计量经济模型为

$$Y_t = \beta_0 + \beta_1 X_{1t} + \beta_2 X_{2t} + \cdots + \beta_k X_{kt} + \mu_t$$

在选取了 n 个样本观测值后,为了分析在样本区间内参数估计值是否是稳定的,将 n 个样本分解成前后连续的两组,每组分别有 n_1, n_2 个样本观测值,显然 $n=n_1+n_2$。分别用每组样本估计原模型中结构参数,得到两组参数估计值,即得到了两个不同样本期的回归方程,这两个回归方程是否显著不同呢？如果显著不同,则说明模型所反映的经济结构发生了变化;如果差别不显著,说明模型所反映的经济结构在时间序列上是稳定的。

经济学家邹至庄于1960年提出了经济关系变化检验,即Chow检验(邹氏检验),其步骤为:

(1) 估计模型。分别用 n_1, n_2, n 个样本估计原模型,得到其残差平方和分别记为 RSS_1, RSS_2, RSS。

(2) 构造 F 统计量。

$$F = \frac{[RSS - (RSS_1 + RSS_2)]/(k+1)}{(RSS_1 + RSS_2)/(n-2k-2)} \sim F(k+1, n-2k-2) \quad (4\text{-}5)$$

(3) 检验。给定显著性水平 α,查 F 分布表得到临界值为 $F_\alpha(k+1, n-2k-2)$。经济结构是否发生变化的判别准则是:

① 若 $F > F_\alpha(k+1, n-2k-2)$,差异显著,即经济关系发生了变化;

② 若 $F \leqslant F_\alpha(k+1, n-2k-2)$,差异不显著,即经济关系是稳定的。

经济关系变化检验的具体过程参见第六节。

第六节　虚拟变量模型的EViews软件处理

一、虚拟变量的设定

对于时间序列样本数据的模型,可以用某一个时间点为临界值,分析前后的差异性；也可以用解释变量或被解释变量某数据为临界值，分析高于以及低于临界值的差异性。临界值设定得是否合理，将直接影响模型能否用于经济分析，因此，可设定不同的临界值进行比较。

【例 4-4】 影响经济增长的“三驾马车”指投资、消费和净出口。本例选取1981—2018 年有关统计数据(如表 4-4 所列)，分析固定资产投资对国内生产总值的影响程度，特别通过虚拟变量模型分析不同时期影响的差异性。

若选取 1997 年为临界值，仍以线性模型来讨论，虚拟变量模型为

$$GDP_t = \beta_0 + \beta_1 D_t + \beta_2 FA_t + \beta_1 D_t FA_t + \mu_t$$

模型中，GDP_t 为国内生产总值；D_t 为虚拟变量(1997 年前为 0，1998 年后为 1)；FA_t 为全社会固定资产投资。

表 4-4 1981—2018 年 我国国内生产总值与固定资产投资统计数据

单位：亿元

年度	国内生产总值	固定资产投资	年度	国内生产总值	固定资产投资
1981	4 935.8	961.0	2000	100 280.1	32 917.7
1982	5 373.4	1 230.4	2001	110 863.1	37 213.5
1983	6 020.9	1 430.1	2002	121 717.4	43 499.9
1984	7 278.5	1 832.9	2003	137 422.0	55 566.6
1985	9 098.9	2 543.2	2004	161 840.2	70 477.4
1986	10 376.2	3 120.6	2005	187 318.9	88 773.6
1987	12 174.6	3 791.7	2006	219 438.5	109 998.2
1988	15 180.4	4 753.8	2007	270 092.3	137 323.9
1989	17 179.7	4 410.4	2008	319 244.6	172 828.4
1990	18 872.9	4 517.0	2009	348 517.7	224 598.8
1991	22 005.6	5 594.5	2010	412 119.3	251 683.8
1992	27 194.5	8 080.1	2011	487 940.2	311 485.1
1993	35 673.2	13 072.3	2012	538 580.0	374 694.7
1994	48 637.5	17 042.1	2013	592 963.2	446 294.1
1995	61 339.9	20 019.3	2014	643 563.1	512 020.7
1996	71 813.6	22 913.5	2015	688 858.2	561 999.8
1997	79 715.0	24 941.1	2016	746 395.1	606 465.7
1998	85 195.5	28 406.2	2017	832 035.9	641 238.4
1999	90 564.4	29 854.7	2018	919 281.1	645 675.0

二、虚拟变量的数据输入

EViews 软件的处理过程是:在主菜单的命令框中执行 DATA 命令,如"DATA DT",在工作文件(Workfile)窗口中将显示出虚拟变量名 DT,并出现虚拟变量 DT 的样本数据编辑窗口,如图 4-9 所示。

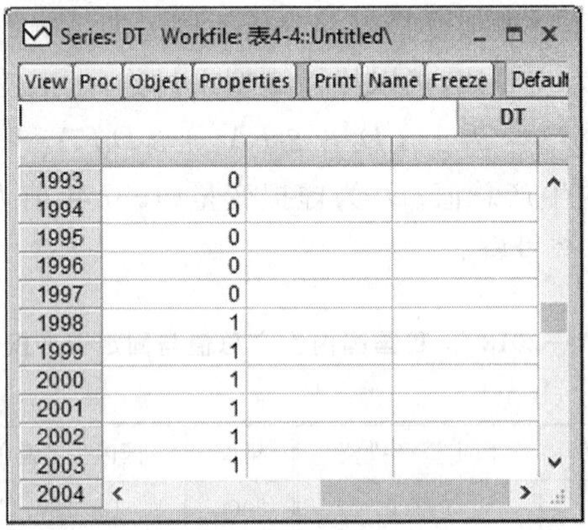

图 4-9 虚拟变量数据输入

三、虚拟变量模型参数估计

EViews 软件参数估计过程中变量序列设定如图 4-10 所示,参数估计结果如图 4-11 所示。

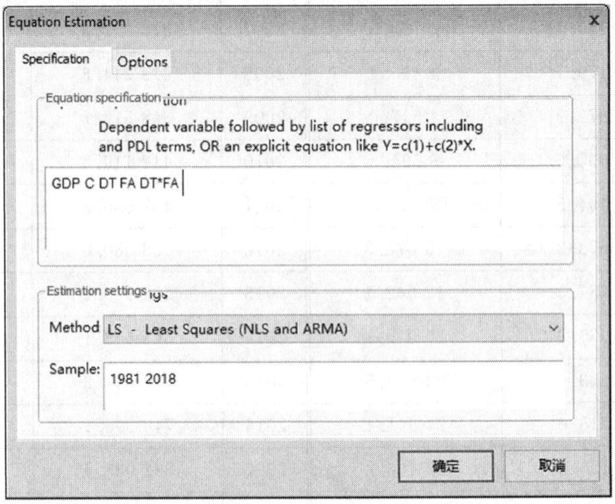

图 4-10 变量序列设定

Equation: UNTITLED　Workfile: 表4-4::Untitled\

View | Proc | Object | Print | Name | Freeze | Estimate | Forecast | Stats | Resids

Dependent Variable: GDP
Method: Least Squares
Date: 02/03/20　Time: 16:39
Sample: 1981 2018
Included observations: 38

Variable	Coefficient	Std. Error	t-Statistic	Prob.
C	2021.881	8669.418	0.233220	0.8170
DT	77064.68	11956.89	6.445209	0.0000
FA	2.983871	0.760938	3.921304	0.0004
DT*FA	-1.803601	0.761327	-2.369022	0.0237

R-squared	0.992188	Mean dependent var	222818.5
Adjusted R-squared	0.991499	S.D. dependent var	267365.2
S.E. of regression	24651.46	Akaike info criterion	23.16236
Sum squared resid	2.07E+10	Schwarz criterion	23.33474
Log likelihood	-436.0849	Hannan-Quinn criter.	23.22369
F-statistic	1439.457	Durbin-Watson stat	0.716216
Prob(F-statistic)	0.000000		

图 4-11　虚拟变量模型参数估计结果

从估计结果可以看出，拟合优度为 0.992，拟合程度非常高；解释变量所对应的伴随概率（P 值）都很小，说明固定资产投资对于国内生产总值的影响是显著的；虚拟变量所对应的伴随概率（P 值）都很小，说明 1997 年前和 1998 年后固定资产投资的边际效应是存在差异的。但是，参数经济意义的合理性需要考虑，边际效应前后的差异过于偏大，而且，常数项特别不显著也会对模型估计结果产生偏差。

四、模型调整与参数估计

若采用指数模型的形式，则虚拟变量模型为

$$\ln GDP_t = \beta_0 + \beta_1 D_t + \beta_2 \ln FA_t + \beta_1 D_t \ln FA_t + \mu_t$$

模型中，GDP_t 为国内生产总值；D_t 为虚拟变量（1997 年前为 0，1998 年后为 1）；FA_t 为全社会固定资产投资。

参数估计结果如图 4-12 所示，因此引入虚拟变量的回归模型为

$$\ln \widehat{GDP}_t = 2.385 + 1.717 D_t + 0.869 \ln FA_t - 0.16 D_t \ln FA_t$$
$$(14.9)\quad (7.03)\qquad (46.74)\qquad\quad (-6.63)$$

$$\bar{R}^2 = 0.997\,7,\quad DW = 0.843$$

由模型调整后参数估计结果可以看出，拟合优度很高，常数项、解释变量、虚拟变量所对应的伴随概率 $P=0.000\,0$，P 值很小，解释变量及虚拟变量都是显著的，也就是说固定资产投资对于国内生产总值的影响在 1997 年前和 1998 年后发生了显著的变化。因此，在不同时间段回归模型可分别表示为

Equation: UNTITLED Workfile: 表4-4::Untitled\

View | Proc | Object | Print | Name | Freeze | Estimate | Forecast | Stats | Resids

Dependent Variable: LOG(GDP)
Method: Least Squares
Date: 02/03/20 Time: 16:44
Sample: 1981 2018
Included observations: 38

Variable	Coefficient	Std. Error	t-Statistic	Prob.
C	2.385409	0.159820	14.92562	0.0000
DT	1.716779	0.244379	7.025081	0.0000
LOG(FA)	0.869233	0.018596	46.74325	0.0000
DT*LOG(FA)	-0.160078	0.024152	-6.627914	0.0000

R-squared	0.997904	Mean dependent var	11.33407
Adjusted R-squared	0.997719	S.D. dependent var	1.630377
S.E. of regression	0.077868	Akaike info criterion	-2.168314
Sum squared resid	0.206154	Schwarz criterion	-1.995936
Log likelihood	45.19796	Hannan-Quinn criter.	-2.106983
F-statistic	5395.506	Durbin-Watson stat	0.842900
Prob(F-statistic)	0.000000		

图 4-12 虚拟变量模型参数估计结果

1997 年前：$\ln \widehat{GDP}_t = 2.385 + 0.869 \ln FA_t$

1998 年后：$\ln \widehat{GDP}_t = 4.102 + 0.709 \ln FA_t$

模型表明随着经济持续、稳定增长，投资的产出弹性由 1997 年前的 0.869 下降到 1998 年后的 0.709，说明经济的增长对于投资拉动的依赖减弱了，这个结论和客观经济现象应该是吻合的。

五、经济关系变化检验(Chow 检验)

1. 构造模型及参数估计

图 4-12 所示是指数模型线性化后的虚拟变量模型参数估计结果，解释变量的系数反映的是弹性。估计结果表明 1997 年前与 1998 年后投资的产出弹性发生了显著的变化。判断弹性的变化是否存在，也可以采用 Chow 检验判断。为此，构建模型为

$$\ln GDP_t = \beta_0 + \beta_1 \ln FA_t + \mu_t$$

模型中，GDP_t 为国内生产总值；FA_t 为全社会固定资产投资。

参数估计结果如图 4-13 所示。

2. 设定临界日期(临界点)

在参数估计结果窗口中依次单击“View→Stability Diagnostics→Chow Breakpoint Tests”，在弹出的对话框中输入一个或者多个临界日期，如图 4-14 所示。

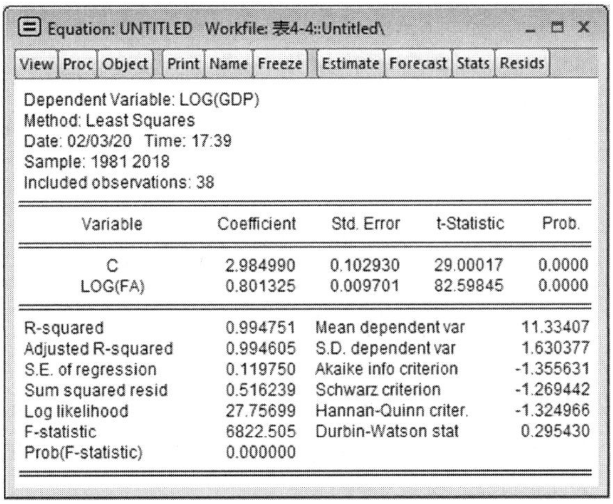
Equation: UNTITLED Workfile: 表4-4::Untitled\

View | Proc | Object | Print | Name | Freeze | Estimate | Forecast | Stats | Resids

Dependent Variable: LOG(GDP)
Method: Least Squares
Date: 02/03/20 Time: 17:39
Sample: 1981 2018
Included observations: 38

Variable	Coefficient	Std. Error	t-Statistic	Prob.
C	2.984990	0.102930	29.00017	0.0000
LOG(FA)	0.801325	0.009701	82.59845	0.0000

R-squared	0.994751	Mean dependent var	11.33407
Adjusted R-squared	0.994605	S.D. dependent var	1.630377
S.E. of regression	0.119750	Akaike info criterion	-1.355631
Sum squared resid	0.516239	Schwarz criterion	-1.269442
Log likelihood	27.75699	Hannan-Quinn criter.	-1.324966
F-statistic	6822.505	Durbin-Watson stat	0.295430
Prob(F-statistic)	0.000000		

图 4-13　消费函数模型参数估计结果

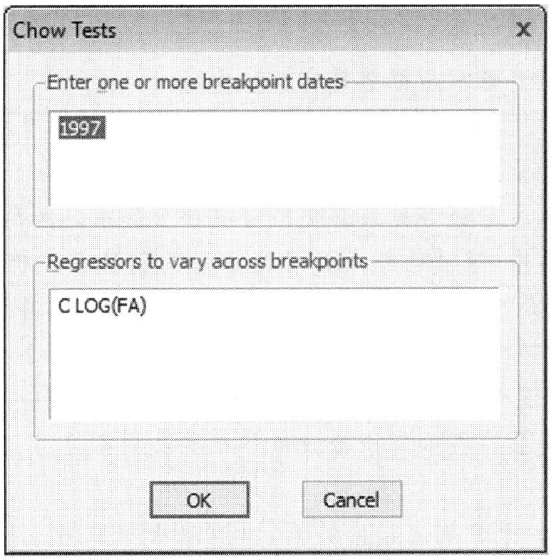

图 4-14　Chow 检验临界日期设定

3. 检验结果判断

由图 4-15 所示的 Chow 检验结果可知，原假设是 1997 年不是突变点，而 F 统计量的伴随概率 $P=0.000\ 0$，拒绝原假设，表明在 1997 年前后我国国内生产总值和全社会固定资产投资之间的经济关系发生了显著的变化，也就是说投资的产出弹性是变化的。

Chow 检验也进一步验证了用虚拟变量模型讨论 1997 年前和 1998 年后的

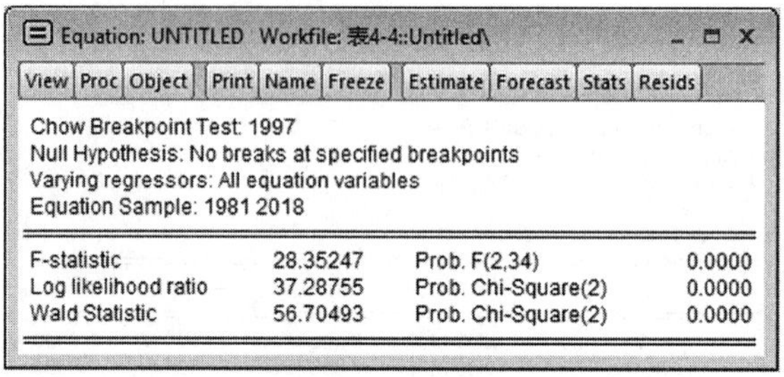

图 4-15 Chow 检验结果

差异，设定虚拟变量能够分析某时间点前后经济关系的差异，利用 EViews 软件的 Chow 检验也可以直接判断前后差异的显著性，两种不同的方法有相同的目的。

思考与练习题

1. 什么是虚拟变量？虚拟变量有哪些作用？

2. 模型中，若虚拟变量显著说明什么？虚拟变量不显著有哪些原因？

3. 引入虚拟变量模型其参数的经济意义如何分析？

4. 虚拟变量模型与经济关系变化检验有什么联系与区别？

5. 在日常生活中，啤酒已经成为居民喜爱的消费品。但是在一年中，不同季节啤酒的消费量是有差异的，冬季消费少、春秋季消费居中、夏季消费量最大。问应采用什么样的样本数据及如何构造模型能够反映季节的影响？请读者根据自己选定的消费环境构造模型并说明选择解释变量的原因。

6. 通过虚拟变量模型如何检验城市与农村以及各阶层、各年龄段等方面经济行为的差异性？

7. 投资与收入、利率有直接的关系，当利率大于 0.05 时，投资受到收入及利率的影响；当利率小于 0.05 时，投资仅受到收入的影响。构造计量经济模型反映这一经济现象。

8. 我国经济持续、稳定发展，财政税收大幅度增长，使我国基础设施建设迈上了一个新的台阶，从而又促进了经济的增长，形成了良性的发展态势。为了研究税收(T)发展状况，选择国内生产总值(GDP)、财政支出(PFE)为影响因素，样本数据如表 4-5 所列。构建计量经济模型讨论各因素之间的经济关系，特别需要考虑国内生产总值及财政支出对税收收入的影响是否发生变化，并用虚拟变量模型进行分析。

表 4-5 税收收入等有关统计数据 单位:亿元

年份	税收收入	国内生产总值	财政支出	年份	税收收入	国内生产总值	财政支出
1978	519.28	3 678.7	1 122.09	1999	10 682.58	90 564.4	13 187.67
1979	537.82	4 100.5	1 281.79	2000	12 581.51	100 280.1	15 886.50
1980	571.70	4 587.6	1 228.83	2001	15 301.38	110 863.1	18 902.58
1981	629.89	4 935.8	1 138.41	2002	17 636.45	121 717.4	22 053.15
1982	700.02	5 373.4	1 229.98	2003	20 017.31	137 422.0	24 649.95
1983	775.59	6 020.9	1 409.52	2004	24 165.68	161 840.2	28 486.89
1984	947.35	7 278.5	1 701.02	2005	28 778.54	187 318.9	33 930.28
1985	2 040.79	9 098.9	2 004.25	2006	34 804.35	219 438.5	40 422.73
1986	2 090.73	10 376.2	2 204.91	2007	45 621.97	270 092.3	49 781.35
1987	2 140.36	12 174.6	2 262.18	2008	54 223.79	319 244.6	62 592.66
1988	2 390.47	15 180.4	2 491.21	2009	59 521.59	348 517.7	76 299.93
1989	2 727.40	17 179.7	2 823.78	2010	73 210.79	412 119.3	89 874.16
1990	2 821.86	18 872.9	3 083.59	2011	89 738.39	487 940.2	109 247.79
1991	2 990.17	22 005.6	3 386.62	2012	100 614.28	538 580.0	125 952.97
1992	3 296.91	27 194.5	3 742.20	2013	110 530.70	592 963.2	140 212.10
1993	4 255.30	35 673.2	4 642.30	2014	119 175.31	643 563.1	151 785.56
1994	5 126.88	48 637.5	5 792.62	2015	124 922.20	688 858.2	175 877.77
1995	6 038.04	61 339.9	6 823.72	2016	130 360.73	746 395.1	187 755.21
1996	6 909.82	71 813.6	7 937.55	2017	144 369.87	832 035.9	203 085.49
1997	8 234.04	79 715.0	9 233.56	2018	156 402.86	919 281.1	220 904.13
1998	9 262.80	85 195.5	10 798.18				

9. 为了研究城乡家庭消费问题,选取2008年山东省17市城乡家庭人均收支情况统计数据(如表4-6所列),是否需要考虑城镇居民家庭和农村居民家庭在消费水平上所存在的差异?是否需要考虑经济较发达地区和经济欠发达地区在消费水平上所存在的差异?构造消费函数模型讨论这两个问题并给出最终模型。

表 4-6 2008 年山东省 17 市城乡家庭人均收支情况 单位:元

地区	城镇		农村	
	支出	收入	支出	收入
济南	20 802.17	22 327.17	6 654.19	9 219.02
青岛	20 464.41	22 080.13	9 143.55	12 381.26
淄博	17 629.23	18 355.19	6 706.12	9 011.05
枣庄	14 319.83	15 943.02	5 363.01	7 431.45
东营	19 487.42	21 747.19	7 812.42	10 194.18
烟台	19 349.68	20 602.65	6 276.39	9 540.57
潍坊	15 691.37	16 628.49	7 863.60	10 040.53
济宁	16 245.66	17 316.00	5 893.19	7 971.93

表 4-6(续)

地区	城镇		农村	
	支出	收入	支出	收入
泰安	16 094.86	17 227.58	4 888.34	7 268.79
威海	18 536.80	19 866.31	7 827.83	11 383.82
日照	14 408.53	15 549.47	6 327.13	8 916.93
莱芜	17 223.51	19 591.46	5 733.82	8 338.57
临沂	17 135.87	18 237.93	5 722.05	7 691.02
德州	14 545.16	15 989.59	4 273.64	7 265.33
聊城	14 558.99	15 007.10	4 641.61	6 848.43
滨州	15 960.13	17 583.18	5 921.05	7 703.16
菏泽	11 580.64	12 949.13	4 393.36	5 905.89

10. 我国幅员辽阔，存在着区域发展不平衡状况，改革开放前沿省份、经济中心城市、沿海城市发展相应较快，为此，选取 2017 年各省(自治区、直辖市)国内生产总值、全社会固定资产投资、城镇就业人员工资总额统计数据(如表 4-7 所列)，分析固定资产投资、工资总额对于国内生产总值增长的影响，并讨论各省(自治区、直辖市)之间是否存在差异性。

表 4-7　2017 年各省(自治区、直辖市)国内生产总值与固定资产投资统计数据

单位:亿元

地区	国内生产总值	固定资产投资	工资总额	地区	国内生产总值	固定资产投资	工资总额
北京	28 014.94	8 370.44	10 675.97	湖北	35 478.09	32 282.36	4 505.90
天津	18 549.19	11 288.92	2 556.73	湖南	33 902.96	31 959.23	3 541.59
河北	34 016.32	33 406.80	3 356.25	广东	89 705.23	37 761.75	15 511.55
山西	15 528.42	6 040.54	2 558.31	广西	18 523.26	20 499.11	2 487.45
内蒙古	16 096.21	14 013.16	1 890.10	海南	4 462.54	4 244.40	674.40
辽宁	23 409.24	6 676.74	3 200.05	重庆	19 424.73	17 537.05	2 834.06
吉林	14 944.53	13 283.89	1 898.97	四川	36 980.22	31 902.09	5 387.26
黑龙	15 902.68	11 291.98	2 368.57	贵州	13 540.83	15 503.86	2 235.53
上海	30 632.99	7 246.60	8 258.86	云南	16 376.34	18 935.99	2 869.29
江苏	85 869.76	53 277.03	11 433.41	西藏	1 310.92	1 975.60	356.85
浙江	51 768.26	31 696.03	8 319.08	陕西	21 898.81	23 819.38	3 310.49
安徽	27 018.00	29 275.06	3 323.71	甘肃	7 459.90	5 827.75	1 623.94
福建	32 182.09	26 416.28	4 424.96	青海	2 624.83	3 883.55	478.19
江西	20 006.31	22 085.34	2 799.48	宁夏	3 443.56	3 728.38	508.16
山东	72 634.15	55 202.72	8 059.32	新疆	10 881.96	12 089.12	2 345.87
河南	44 552.83	44 496.93	6 094.75				

第五章　滞后变量模型

第一节　滞后变量模型概述

一、什么是滞后变量模型

在许多经济现象中，所研究的问题不仅受到解释变量现期水平的影响，而且也可能受到解释变量滞后期及被解释变量滞后期的影响，解释变量中存在滞后变量的模型称为滞后变量模型。例如研究某种商品的需求问题，可以建立如下模型

$$Q_t = \alpha_0 + \alpha_1 Q_{t-1} + \alpha_2 Y_t + \alpha_3 Y_{t-1} + \alpha_4 P_t + \mu_t$$

模型中，Q_t 为某种商品的需求量；Q_{t-1} 为某种商品前期的需求量；Y_t 为现期收入；Y_{t-1} 为前期收入；P_t 为商品价格。

根据商品的需求法则，在其他条件不变的情况下，商品价格的上升必然引起商品需求量的下降，商品价格的下降往往也能引起商品需求量的上升，也就是说商品的需求量受到价格的影响，价格作为重要的影响因素是显而易见的。另外，商品的需求量不仅受到现期收入及前期收入的影响，而且还受到该种商品前期需求量的影响。前期收入及现期收入决定了商品购买者的支付能力；而商品前期需求量有可能决定了该种商品的储备程度或耐用品的使用程度，必然影响商品的需求量。

计量经济模型出现滞后变量是常见的现象，在投资问题中，往往要通过多年的投资累积才能在若干年后产生效益，这些都表现了滞后变量的影响；在消费问题的研究中，现期收入、前期收入对消费都会产生影响。

二、滞后现象产生的原因

滞后现象是社会经济发展过程中的一种普遍现象，产生滞后现象的原因是多方面的，包括心理因素、技术因素和制度因素等。

心理因素是运动、变化着的心理过程，影响着人们的观念和习惯。许多行为方式是逐步形成和发展起来的，不可能突然改变某种行为方式，消费理论中相对收入假设能够很好地说明这一问题。

技术因素是指经济行为是在某种特定环境中形成的，它必然要经过一定的时间间隔才能产生作用，如一项政策的出台、一种新产品的出现，都有可能要经过一段时间后才能获得社会及公众的认可。

制度因素是指经济行为会受到许多政策、制度、体制的制约和影响，管理效率低下、管理层次过多必将形成滞后效应。

三、滞后变量模型的类型

按照滞后变量的性质讨论，滞后变量模型划分为外生滞后模型和内生滞后模型。如果是解释变量或外生变量的滞后变量，则该模型称为外生滞后模型，也称为分布滞后模型；如果是被解释变量或内生变量的滞后变量，则该模型称为内生滞后模型，也称为自回归模型。

按照滞后变量的滞后期数讨论，滞后变量模型划分为有限滞后模型和无限滞后模型。如果模型中包含有限期的滞后变量，也就是滞后期数是有限的，则该模型称为有限滞后模型；如果滞后期数趋向于很大，则称为无限滞后模型。

对于下列模型

$$Q_t = \beta_0 + \beta_1 P_t + \alpha_0 Y_t + \alpha_1 Y_{t-1} + \cdots + \alpha_k Y_{t-k} + \mu_t \tag{5-1}$$

$$Q_t = \beta_0 + \beta_1 P_t + \alpha_0 Y_t + \alpha_1 Y_{t-1} + \alpha_2 Y_{t-2} + \cdots + \mu_t \tag{5-2}$$

显然，模型(5-1)为有限分布滞后模型，模型(5-2)为无限分布滞后模型。

第二节 典型的滞后变量模型

一、有限分布滞后模型

一般地，有限分布滞后模型可表示为

$$Y_t = \alpha + \beta_0 X_t + \beta_1 X_{t-1} + \cdots + \beta_k X_{t-k} + \mu_t \tag{5-3}$$

模型(5-3)如何进行参数估计呢？这必须考虑两个问题：一是模型是否会存在严重的多重共线性；二是如何确定模型中滞后期数 k。

1965 年，阿尔蒙(Almon)提出用有限多项式法对滞后变量模型进行处理。阿尔蒙有限多项式法的基本思路是：将有限分布滞后模型中的参数 β_j 用一个关于 j 的 r 阶多项式表示，构造解释变量 X 的线性组合，从而用工具变量法估计模型中的参数。通过构造解释变量 X 的线性组合，新模型的工具变量之间的多重共线性明显减弱。

对于有限分布滞后模型(5-3)，将模型中的参数 β_j 表示成多项式为

$$\beta_j = \alpha_0 + \alpha_1 j + \alpha_2 j^2 + \cdots + \alpha_r j^r \tag{5-4}$$

则模型中参数可表示为

$$\begin{cases}\beta_0 = \alpha_0 \\ \beta_1 = \alpha_0 + \alpha_1 \times 1 + \alpha_2 \times 1^2 + \cdots + \alpha_r \times 1^r \\ \cdots\cdots \\ \beta_k = \alpha_0 + \alpha_1 k + \alpha_2 k^2 + \cdots + \alpha_r k^r\end{cases} \tag{5-5}$$

方程组(5-5)表示有限分布滞后模型的参数 β_j 与多项式参数 α 之间的关系。显然，若估计出多项式参数 α，则很容易求出有限分布滞后模型的参数 β_j。

对于有限分布滞后模型

$$Y_t = \alpha + \beta_0 X_t + \beta_1 X_{t-1} + \cdots + \beta_k X_{t-k} + \mu_t$$

也可表示为

$$Y_t = \alpha + \sum_{j=0}^{k} \beta_j X_{t-j} + \mu_t \tag{5-6}$$

将式(5-4)代入式(5-6)得

$$\begin{aligned} Y_t &= \alpha + \sum_{j=0}^{k} (\alpha_0 + \alpha_1 j + \alpha_2 j^2 + \cdots + \alpha_r j^r) X_{t-j} + \mu_t \\ &= \alpha + \sum_{j=0}^{k} (\alpha_0 X_{t-j} + \alpha_1 j X_{t-j} + \alpha_2 j^2 X_{t-j} + \cdots + \alpha_r j^r X_{t-j}) + \mu_t \end{aligned}$$

即

$$Y_t = \alpha + \alpha_0 \sum_{j=0}^{k} X_{t-j} + \alpha_1 \sum_{j=0}^{k} j X_{t-j} + \alpha_2 \sum_{j=0}^{k} j^2 X_{t-j} + \cdots + \alpha_r \sum_{j=0}^{k} j^r X_{t-j} + \mu_t \tag{5-7}$$

设工具变量(实际上是变量替换)

$$Z_{rt} = \sum_{j=0}^{k} j^r X_{t-j} \tag{5-8}$$

则工具变量可具体表示为

$$\begin{cases} Z_{0t} = X_t + X_{t-1} + \cdots + X_{t-k} \\ Z_{1t} = X_{t-1} + 2X_{t-2} + \cdots + kX_{t-k} \\ Z_{2t} = 1^2 X_{t-1} + 2^2 X_{t-2} + \cdots + k^2 X_{t-k} \\ \cdots\cdots \\ Z_{rt} = 1^r X_{t-1} + 2^r X_{t-2} + \cdots + k^r X_{t-k} \end{cases}$$

将工具变量代入式(5-7)，经阿尔蒙有限多项式法变换后的辅助模型为

$$Y_t = \alpha + \alpha_0 Z_{0t} + \alpha_1 Z_{1t} + \alpha_2 Z_{2t} + \cdots + \alpha_r Z_{rt} + \mu_t \tag{5-9}$$

模型(5-9)是有限分布滞后模型经过变换后的辅助模型，辅助模型中解释变量之间的多重共线性较原模型中解释变量之间的多重共线性相对减弱了。显

然，估计有限分布滞后模型就转变成估计辅助模型(5-9)，并依据方程组(5-5)，即有限分布滞后模型的参数 β_j 与多项式参数 α 之间的关系，求出有限分布滞后模型参数，从模型(5-3)和模型(5-9)的对比来看，辅助模型和原模型的常数项不变。

辅助模型的参数估计也应首先确定多项式阶数 r。多项式阶数 r 应小于等于滞后期数 k，一般情况下取 $r\leqslant 4$，根据阶数所对应参数的显著性确定多项式阶数 r。在 EViews 软件中，有限分布滞后模型的参数估计采用 PDL()函数处理。

【例 5-1】 研究地区生产总值与进出口贸易之间的关系，进出口贸易中不仅仅有最终消费产品，还包括设备、技术、服务等方面。因此，地区生产总值不仅仅受到进出口现期的影响，还会受到前若干期的影响。选取 1993—2018 年山东省地区生产总值与进出口总额统计数据，如表 5-1 所列，讨论有限分布滞后模型。

表 5-1 1993—2018 年山东省地区生产总值与进出口总额数据

年份	地区生产总值/亿元	进出口总额/千美元	年份	地区生产总值/亿元	进出口总额/千美元
1993	2 770.37	7 279 360	2006	21 900.19	95 213 815
1994	3 844.50	9 619 500	2007	25 776.91	122 474 443
1995	4 953.35	13 943 520	2008	30 933.28	158 407 511
1996	5 883.80	16 164 050	2009	33 896.65	139 053 369
1997	6 537.07	17 643 990	2010	39 169.92	189 156 292
1998	7 021.35	16 713 890	2011	45 361.85	235 886 076
1999	7 493.84	18 266 980	2012	50 013.24	245 544 320
2000	8 337.47	24 989 760	2013	55 230.32	266 531 533
2001	9 195.04	28 953 710	2014	59 426.59	276 929 398
2002	10 275.50	33 934 480	2015	63 002.33	240 607 798
2003	12 078.15	44 636 820	2016	68 024.49	234 355 852
2004	15 021.84	60 658 222	2017	72 634.15	264 550 956
2005	18 366.87	76 735 872	2018	76 469.67	292 397 074

本例的线性模型存在着经济意义不合理、解释变量显著性等方面的问题，因此，构建指数型滞后变量模型并线性化处理，则受进出口影响的经济增长模型为

$$\ln SDGDP_t=\alpha+\beta_0\ln SDIE_t+\beta_1\ln SDIE_{t-1}+\cdots+\beta_k\ln SDIE_{t-k}+\mu_t$$

模型中，$SDGDP$ 为山东省地区生产总值；$SDIE$ 为山东省进出口总额。

考虑到进出口对于经济增长拉动的滞后期较长，不妨假设滞后期数 $k=7$、多项式阶数 $r=4$，简称为 7 期 4 阶，参数估计结果如图 5-1 所示。

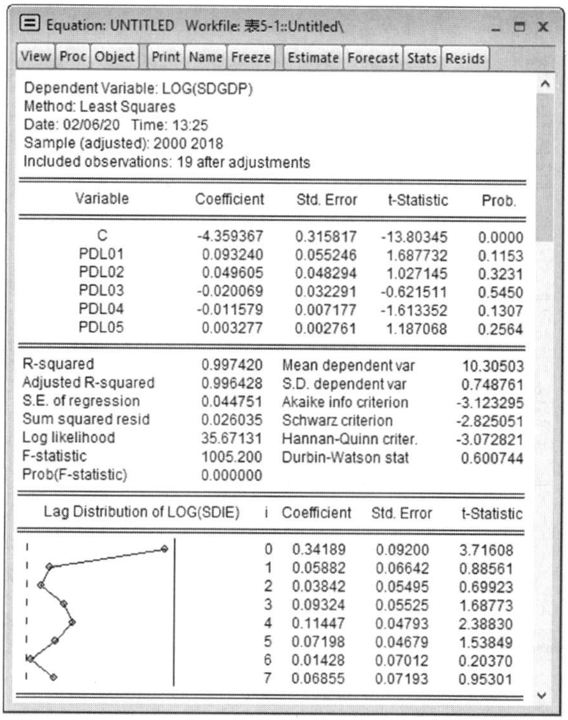
Equation: UNTITLED Workfile: 表5-1::Untitled\

View | Proc | Object | Print | Name | Freeze | Estimate | Forecast | Stats | Resids

Dependent Variable: LOG(SDGDP)
Method: Least Squares
Date: 02/06/20 Time: 13:25
Sample (adjusted): 2000 2018
Included observations: 19 after adjustments

Variable	Coefficient	Std. Error	t-Statistic	Prob.
C	-4.359367	0.315817	-13.80345	0.0000
PDL01	0.093240	0.055246	1.687732	0.1153
PDL02	0.049605	0.048294	1.027145	0.3231
PDL03	-0.020069	0.032291	-0.621511	0.5450
PDL04	-0.011579	0.007177	-1.613352	0.1307
PDL05	0.003277	0.002761	1.187068	0.2564

R-squared	0.997420	Mean dependent var	10.30503
Adjusted R-squared	0.996428	S.D. dependent var	0.748761
S.E. of regression	0.044751	Akaike info criterion	-3.123295
Sum squared resid	0.026035	Schwarz criterion	-2.825051
Log likelihood	35.67131	Hannan-Quinn criter.	-3.072821
F-statistic	1005.200	Durbin-Watson stat	0.600744
Prob(F-statistic)	0.000000		

Lag Distribution of LOG(SDIE)	i	Coefficient	Std. Error	t-Statistic
	0	0.34189	0.09200	3.71608
	1	0.05882	0.06642	0.88561
	2	0.03842	0.05495	0.69923
	3	0.09324	0.05525	1.68773
	4	0.11447	0.04793	2.38830
	5	0.07198	0.04679	1.53849
	6	0.01428	0.07012	0.20370
	7	0.06855	0.07193	0.95301

图 5-1 PDL(ln *SDIE*,7,4)估计结果

图 5-1 中,上半部分是辅助模型参数估计结果;最下部分是原模型参数估计结果。从辅助模型估计结果可知,PDL05 表示 Z_{4t},其对应的伴随概率 $P=0.256\ 4$ 是 $r=4$ 时参数显著性的判断标准,显然 4 阶不显著,这就需要对所设定的 7 期 4 阶中的阶数和期数进行调整。一般地,先逐步减小多项式阶数,再逐步减小滞后期数,最终得到多项式阶数显著、滞后期数显著、参数经济意义合理的估计结果。

不断调整 PDL()函数中阶数和期数的设定,得到了较好的估计结果,如图 5-2 所示。

根据图 5-2,PDL(ln *SDIE*,6,1)情况下辅助模型的估计结果为

$$\ln SD\hat{G}DP_t = -4.05 + 0.112Z_{0t} - 0.02Z_{1t}$$

原模型的估计结果为

$$\begin{aligned}\ln SD\hat{G}DP_t = & -4.05 + 0.172\ln SDIE_t + 0.152\ln SDIE_{t-1} + \\ & 0.132\ln SDIE_{t-2} + 0.112\ln SDIE_{t-3} + \\ & 0.092\ln SDIE_{t-4} + 0.072\ln SDIE_{t-5} + 0.52\ln SDIE_{t-6}\end{aligned}$$

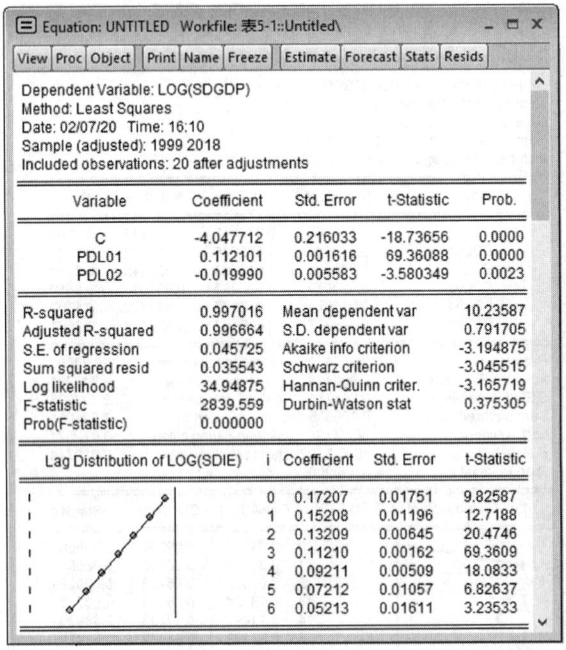

Equation: UNTITLED Workfile: 表5-1::Untitled\

View | Proc | Object | Print | Name | Freeze | Estimate | Forecast | Stats | Resids

Dependent Variable: LOG(SDGDP)
Method: Least Squares
Date: 02/07/20 Time: 16:10
Sample (adjusted): 1999 2018
Included observations: 20 after adjustments

Variable	Coefficient	Std. Error	t-Statistic	Prob.
C	-4.047712	0.216033	-18.73656	0.0000
PDL01	0.112101	0.001616	69.36088	0.0000
PDL02	-0.019990	0.005583	-3.580349	0.0023

R-squared	0.997016	Mean dependent var	10.23587
Adjusted R-squared	0.996664	S.D. dependent var	0.791705
S.E. of regression	0.045725	Akaike info criterion	-3.194875
Sum squared resid	0.035543	Schwarz criterion	-3.045515
Log likelihood	34.94875	Hannan-Quinn criter.	-3.165719
F-statistic	2839.559	Durbin-Watson stat	0.375305
Prob(F-statistic)	0.000000		

Lag Distribution of LOG(SDIE)	i	Coefficient	Std. Error	t-Statistic
	0	0.17207	0.01751	9.82587
	1	0.15208	0.01196	12.7188
	2	0.13209	0.00645	20.4746
	3	0.11210	0.00162	69.3609
	4	0.09211	0.00509	18.0833
	5	0.07212	0.01057	6.82637
	6	0.05213	0.01611	3.23533

图 5-2 PDL(ln *SDIE*,6,1)估计结果

可以看出,当滞后期数为 6 时,得到一个较好的回归模型,原模型解释变量都是非常显著的,参数的经济意义合理,特别随着滞后期数越来越大,进出口对地区生产总值影响的弹性具有递减的趋势,也即影响程度越来越小。

二、无限分布滞后模型

无限分布滞后模型所讨论的滞后问题在现实生活中也是经常出现的,如历年的收入形成储蓄后对现期的消费支出会产生影响,经济的增长不可能仅仅是当年的投入所带来的,特别是像基本建设投入所形成的公路、铁路等,可能会对经济产生若干年的拉动。无限分布滞后模型就是指滞后期数不是有限期,而是趋向于长远的状态。无限分布滞后模型可表示为

$$Y_t = \alpha + \beta_0 X_t + \beta_1 X_{t-1} + \beta_2 X_{t-2} + \cdots + \mu_t \tag{5-10}$$

但从现实的经济行为考虑,无限分布滞后模型中滞后解释变量对于被解释变量的影响程度随着滞后期数的增加,往往会逐步减弱,也就是滞后期数越大的滞后变量对被解释变量的影响程度会越小,这一假设在很多情形下都是合理的。如随着时间的推移,过去的收入对现期消费的影响会逐渐减弱,预期收入的形成更多地取决于近期的收入状况等。既然影响程度随着滞后期数的增加而逐步减

弱，柯依克(Koyck)提出了几何级数法，也就是假设参数按照几何级数递减的规律，即滞后解释变量的系数 β_j 可表示为

$$\beta_j = \beta\gamma^j \quad (0 < \gamma < 1; j = 0,1,2,\cdots) \tag{5-11}$$

则无限分布滞后模型可表示为

$$Y_t = \alpha + \beta X_t + \beta\gamma X_{t-1} + \beta\gamma^2 X_{t-2} + \cdots + \mu_t$$

即

$$Y_t = \alpha + \beta(X_t + \gamma X_{t-1} + \gamma^2 X_{t-2} + \cdots) + \mu_t \tag{5-12}$$

这就是著名的柯依克滞后模型。再对模型(5-12)滞后一期，可得

$$Y_{t-1} = \alpha + \beta(X_{t-1} + \gamma X_{t-2} + \gamma^2 X_{t-3} + \cdots) + \mu_{t-1} \tag{5-13}$$

用模型(5-12)$-\gamma\times$模型(5-13)，可得

$$Y_t - \gamma Y_{t-1} = \alpha(1-\gamma) + \beta X_t + \mu_t - \gamma\mu_{t-1}$$

记 $\upsilon_t = \mu_t - \gamma\mu_{t-1}$，则

$$Y_t = \alpha(1-\gamma) + \gamma Y_{t-1} + \beta X_t + \upsilon_t \tag{5-14}$$

经过柯依克变换得到的模型(5-14)形成了自回归模型。从该模型可以看出，滞后被解释变量 Y_{t-1} 与解释变量 X_t 的线性相关程度将小于 X_t 的各期滞后变量之间的线性相关程度，因而减弱了多重共线性。但是，新模型必须注意出现的新问题：一是新模型随机误差项是否存在自相关问题；二是是否存在随机解释变量问题。另外，在研究客观经济问题时，若考虑用无限分布滞后模型讨论经济变量之间的关系，必须注意一个前提条件，即随着滞后期数的增加，解释变量对被解释变量的影响程度会逐步减弱。若不满足这个前提条件，就不能采用柯依克变换，无法转变成自回归模型讨论无限分布滞后问题。

三、适应性预期模型

在经济活动中，某些经济变量未来的预期状况对于经济决策会产生非常重要的作用。例如，当通货膨胀严重时，商品需求量往往取决于对未来价格水平的预期，而不是目前的实际价格水平；企业的生产计划取决于对未来销售状况的预期；居民的消费取决于对未来收入的预期等。这些方面都反映了影响某一经济行为的因素不是目前所发生的，而是未来的一个预期状态，因而可构建适应性预期模型，即

$$Y_t = \beta_0 + \beta_1 X_{t+1}^* + \mu_t \tag{5-15}$$

模型(5-15)中，X_{t+1}^* 是某经济变量的预期值，显然，它的值是无法观测的。如何获取某经济变量预期值呢？在实际应用中，需要进一步提出预期形成的假设

$$X_{t+1}^* - X_t^* = \gamma(X_t - X_t^*) \tag{5-16}$$

式中，γ 为预期系数，一般地 $0<\gamma<1$；$X_t - X_t^*$ 是预期误差。可以看出，预期的

形成是在当前预期的基础上进行调整，调整量的大小根据预期误差和预期系数的乘积。当 $\gamma=1$ 时，下期的预期值就等于本期的实际值；当 $\gamma=0$ 时，下期的预期值就等于本期的预期值，意味着预期值确定后不再改变。

将式(5-16)代入模型(5-15)，经整理后得到

$$Y_t = \beta_0 + \beta_1 \gamma X_t + \beta_1(1-\gamma)X_t^* + \mu_t \tag{5-17}$$

再将模型(5-15)滞后一期并乘以$(1-\gamma)$，得到

$$(1-\gamma)Y_{t-1} = \beta_0(1-\gamma) + \beta_1(1-\gamma)X_t^* + \mu_{t-1}(1-\gamma) \tag{5-18}$$

模型(5-17)－模型(5-18)，整理后可得

$$Y_t = \beta_0\gamma + \beta_1\gamma X_t + (1-\gamma)Y_{t-1} + \upsilon_t \tag{5-19}$$

式中，$\upsilon_t = \mu_t - (1-\gamma)\mu_{t-1}$。

适应性预期模型以解释变量的预期值理论为基础，尽管它不同于无限分布滞后模型的理论基础，但是适应性预期模型经过预期形成的假设调整后，与无限分布滞后模型经过柯依克变换具有相似的结果，即转化为自回归模型。

四、部分调整模型

适应性预期模型中重要的理论假设是所研究的经济问题受到某经济因素预期值的影响，而现实中的许多问题又表现为另一特征，即研究预期水平的问题。例如，商品的最佳库存量取决于现期的实际销售量，最佳的消费水平取决于现期的收入水平等，这就是部分调整模型的理论基础。由于部分调整模型是研究被解释变量预期(最优)值的问题，因而模型可表示为

$$Y_t^* = \beta_0 + \beta_1 X_t + \mu_t \tag{5-20}$$

模型(5-20)中，Y_t^* 是 Y_t 的预期值或最优值。在实际经济现象中，要使 Y_t 达到最优状态，一期的调整是难以实现的，往往要通过若干期的调整，如一个家庭的收入有大幅度提高以后，不会立即更换完好的耐用消费品。那么，调整方程可描述为

$$Y_t - Y_{t-1} = \delta(Y_t^* - Y_{t-1}) \tag{5-21}$$

式中，δ 为调整速度，一般地 $0<\delta<1$。该调整方程表示实际调整是预期调整的一部分，调整的幅度取决于 δ 值的大小。如果 $\delta=1$，调整完成，实际值就是预期值；如果 $\delta=0$，没有调整，现期和前期完全相同。

将模型(5-20)代入式(5-21)，经整理后得到

$$Y_t = \beta_0\delta + \beta_1\delta X_t + (1-\delta)Y_{t-1} + \delta\mu_t \tag{5-22}$$

部分调整模型以被解释变量的预期值理论为基础，经过预期调整转变成自回归模型。调整后的自回归模型的随机误差项相对简单，比较容易讨论是否存在随机解释变量现象。

第三节　自回归模型

对滞后变量模型的研究,根据经济理论分析及假设条件的提出,除有限分布滞后模型外,无限分布滞后模型、适应性预期模型和部分调整模型都转变成自回归模型。所谓自回归模型,就是指模型的解释变量中存在滞后被解释变量,具有自身回归的特征。为此,不妨将自回归模型描述为如下一般形式

$$Y_t = \beta_0 + \beta_1 X_t + \beta_2 Y_{t-1} + \mu_t \tag{5-23}$$

一、自回归模型参数估计应考虑的问题

自回归模型的参数估计需考虑的问题主要有:一是随机误差项是否存在自相关问题;二是滞后被解释变量的存在是否导致它与随机误差项相关的问题,若相关就出现了随机解释变量。

对于无限分布滞后模型、适应性预期模型和部分调整模型,经过一定假设都可转变成自回归模型。无限分布滞后模型经过柯依克变换后,自回归模型的随机误差项 $\upsilon_t = \mu_t - \gamma\mu_{t-1}$;适应性预期模型经过预期形成假设变换后,自回归模型的随机误差项 $\upsilon_t = \mu_t - (1-\gamma)\mu_{t-1}$。可以证明这两类情况都存在自相关,也使得变换后的自回归模型存在随机解释变量问题。而部分调整模型经过预期调整后,随机误差项为 $\delta\mu_t$,由于 δ 是一个常数,因此 $\delta\mu_t$ 与 μ_t 具有相同的分布特征,若 μ_t 不存在自相关,则 $\delta\mu_t$ 也不存在自相关问题,可以认为也不存在随机解释变量问题。

对于直接建模而来的自回归模型,通过检验确定是否存在自相关问题是非常重要的。如果不存在自相关,普通最小二乘法得到的参数估计将是有效的;如果存在自相关,就会出现滞后被解释变量与随机误差项的相关问题,可以理解为随机解释变量问题,则需要选择工具变量法等方法进行参数估计。

二、自相关检验

1. H 检验

自回归模型的自相关检验是十分重要的,关系到选择合适的参数估计方法。由于自回归模型的解释变量中包含了滞后被解释变量,不能采用 DW 检验,德宾又提出了解决这一问题的 H 检验,其检验的步骤如下:

(1) 用普通最小二乘法估计自回归模型(5-23),得到参数估计值,并确定 DW 统计量。

(2) 构造 H 统计量

$$H = (1 - \frac{1}{2}DW)\sqrt{\frac{n}{1 - n\mathrm{Var}(\hat{\beta}_2)}} \tag{5-24}$$

德宾证明了在不存在一阶自相关的情况下，H 统计量的极限分布为标准正态分布，即 $H \sim N(0,1)$。因此，在大样本情况下，可以用 H 统计量判断随机误差项是否存在一阶自相关。

(3) 给定显著性水平 α，查正态分布表，得到临界值 $H_{\alpha/2}$。若 $|H| > H_{\alpha/2}$，则表明在给定的显著性水平下自回归模型存在自相关；若 $|H| < H_{\alpha/2}$，则认为在给定的显著性水平下自回归模型不存在自相关。

2. LM 检验

LM 检验对于自回归模型仍然是适用的，不仅能检验一阶自相关，还可以检验是否存在高阶自相关。

对于自回归模型

$$Y_t = \beta_0 + \beta_1 X_t + \beta_2 Y_{t-1} + \mu_t$$

其随机误差项 s 阶自回归形式可表示为

$$\mu_t = \rho_1 \mu_{t-1} + \cdots + \rho_s \mu_{t-s} + \upsilon_t$$

LM 检验高阶序列相关的步骤如下：

(1) 采用普通最小二乘法估计自回归模型，得到残差 e_t；

(2) 用残差 e_t 作为随机误差项 μ_t 的估计值，构造 LM 检验的辅助模型为

$$e_t = \rho_1 e_{t-1} + \cdots + \rho_s e_{t-s} + \beta_0 + \beta_1 X_t + \beta_2 Y_{t-1} + \upsilon_t$$

(3) 估计辅助模型，确定 LM 统计量，在大样本情况下，可以证明

$$LM = nR^2 \sim \chi^2(s)$$

(4) 提出假设

$$H_0: \rho_1 = \rho_2 = \cdots = \rho_s = 0;$$

$$H_1: \rho_1, \rho_2, \cdots, \rho_s \text{ 不全为 } 0$$

(5) 判别，给定显著性水平，查临界值表，若 $LM > \chi^2_\alpha(s)$，拒绝原假设，随机误差项存在可能直到 s 阶的序列相关。

三、工具变量法

自回归模型若不存在自相关，可以用普通最小二乘法进行参数估计，问题是自回归模型的自相关状态往往是常态的，自相关还将导致滞后被解释变量与随机误差项的相关问题，对于存在随机解释变量或者滞后被解释变量与随机误差项相关的模型，最有效的参数估计方法是工具变量法。当然，存在自相关的自回归模型也可以考虑采用工具变量法和广义差分法的结合，既解决了随机解释变量问题，又消除了自相关现象。

采用工具变量法，最关键的在于工具变量的选择问题。对于类似于模型(5-23)的自回归模型，用什么变量作为滞后被解释变量 Y_{t-1} 的工具变量呢？

一般地，采用 X_{t-1} 作为 Y_{t-1} 的工具变量。用 X_{t-1} 作为 Y_{t-1} 的工具变量简单易行，但要注意是否导致多重共线性问题。

另外，可以考虑采用 $\hat{Y}_{t-1}$ 作为 Y_{t-1} 的工具变量，这将会减弱滞后被解释变量 Y_{t-1} 与随机误差项的相关，问题又在于如何得到滞后被解释变量 Y_{t-1} 的估计值 $\hat{Y}_{t-1}$。$\hat{Y}_{t-1}$ 可以通过如下两个模型之一进行参数估计并预测得到，这两个模型分别是：

$$Y_t = \beta_0 + \beta_1 X_t + \mu_t \tag{5-25}$$

$$Y_t = \alpha + \beta_0 X_t + \beta_1 X_{t-1} + \beta_2 X_{t-2} + \cdots + \beta_k X_{t-k} + \mu_t \tag{5-26}$$

若用模型(5-25)所得到的估计值 $\hat{Y}_{t-1}$ 作为 Y_{t-1} 的工具变量，与用 X_{t-1} 作为 Y_{t-1} 的工具变量得到的估计结果是一致的；若用模型(5-26)所得到的估计值 $\hat{Y}_{t-1}$ 作为 Y_{t-1} 的工具变量，就相当于估计值 $\hat{Y}_t$ 是 X_t 及其若干滞后期的线性组合，可通过估计有限分布滞后模型得到。

【例 5-2】 继续以表 5-1 的数据为例，研究进出口总额对于地区生产总值的影响，如果考虑到地区生产总值的前期水平对现期也产生影响，构建进出口总额对地区生产总值影响的自回归模型。

仍采用指数模型线性化的形式，自回归模型为

$$\ln SDGDP_t = \beta_0 + \beta_1 \ln SDIE_t + \beta_2 \ln SDGDP_{t-1} + \mu_t$$

模型中，$SDGDP$ 为山东省地区生产总值；$SDIE$ 为山东省进出口总额。

首先，用普通最小二乘法估计参数，模型估计结果如图 5-3 所示。

其次，选择德宾 H 检验自相关。经计算得到 $H=3.93$，给定 $\alpha=0.05$，$H_{\alpha/2}=1.96$。由于 $H=3.93>H_{\alpha/2}=1.96$，因而有 95％的把握认为原模型存在一阶自相关，则不能采用普通最小二乘法所得的参数估计结果分析经济问题。

第三，采用工具变量法进行估计。根据该问题的原模型，可以考虑采用 $\ln SDIE_{t-1}$ 作为 $\ln SDGDP_{t-1}$ 的工具变量，自回归模型的参数估计结果如图 5-4 所示。

第四，模型估计结果及其分析。自回归模型为

$$\ln \widehat{SDGDP}_t = -1.232 + 0.253 \ln SDIE_t + 0.671 \ln SDGDP_{t-1}$$

$$\bar{R}^2 = 0.998\,5, \quad DW = 0.427$$

可以看出，拟合优度很高、解释变量显著，参数 0.253 表明山东省进出口额每增长 1％，山东省地区生产总值将增长 0.253％，体现了进出口对于经济增长

Equation: UNTITLED Workfile: 表5-1::Untitled\

View | Proc | Object | Print | Name | Freeze | Estimate | Forecast | Stats | Resids

Dependent Variable: LOG(SDGDP)
Method: Least Squares
Date: 02/07/20 Time: 20:39
Sample (adjusted): 1994 2018
Included observations: 25 after adjustments

Variable	Coefficient	Std. Error	t-Statistic	Prob.
C	-0.971376	0.261420	-3.715763	0.0012
LOG(SDIE)	0.213129	0.036307	5.870232	0.0000
LOG(SDGDP(-1))	0.718004	0.042279	16.98252	0.0000

R-squared	0.998680	Mean dependent var	9.912063
Adjusted R-squared	0.998560	S.D. dependent var	0.970986
S.E. of regression	0.036851	Akaike info criterion	-3.651712
Sum squared resid	0.029876	Schwarz criterion	-3.505447
Log likelihood	48.64640	Hannan-Quinn criter.	-3.611144
F-statistic	8320.301	Durbin-Watson stat	0.462159
Prob(F-statistic)	0.000000		

图 5-3 自回归模型估计结果

Equation: UNTITLED Workfile: 表5-1::Untitled\

View | Proc | Object | Print | Name | Freeze | Estimate | Forecast | Stats | Resids

Dependent Variable: LOG(SDGDP)
Method: Two-Stage Least Squares
Date: 02/07/20 Time: 21:00
Sample (adjusted): 1994 2018
Included observations: 25 after adjustments
Instrument specification: LOG(SDIE) LOG(SDIE(-1))
Constant added to instrument list

Variable	Coefficient	Std. Error	t-Statistic	Prob.
C	-1.232332	0.358357	-3.438841	0.0023
LOG(SDIE)	0.252970	0.051991	4.865630	0.0001
LOG(SDGDP(-1))	0.670867	0.061014	10.99522	0.0000

R-squared	0.998605	Mean dependent var	9.912063
Adjusted R-squared	0.998478	S.D. dependent var	0.970986
S.E. of regression	0.037878	Sum squared resid	0.031564
F-statistic	7799.301	Durbin-Watson stat	0.426646
Prob(F-statistic)	0.000000	Second-Stage SSR	0.248077
J-statistic	0.000000	Instrument rank	3

图 5-4 自回归模型工具变量法估计结果

的拉动作用;参数 0.671 表明上年地区生产总值每增长 1%,当年地区生产总值将增长 0.671%,说明了经济发展的基础是很重要的,趋势性作用很明显。

第四节 格兰杰因果关系检验

在经济问题的分析中,很多经济变量之间存在着相互影响、相互制约的经济关系,如国内生产总值的增长能够促进消费的增长,而消费的增长反过来又能拉动国内生产总值的增长。那么,当两个变量在时间上具有先导-滞后的影响关系时,这种关系如何具体表述呢?即仅仅是某一个经济变量过去值(滞后值)影响着另一个经济变量的当前值(现期值),还是经济变量双方的过去值相互影响着对方的当前值,格兰杰提出了检验方法,称为格兰杰非因果关系检验,而习惯上称为格兰杰因果关系检验。

一般地,对于两个经济变量 X,Y,格兰杰因果关系检验的辅助模型为

$$Y_t = \alpha_0 + \sum_{j=1}^{k}\alpha_j Y_{t-j} + \sum_{j=1}^{k}\beta_j X_{t-j} + \mu_t \tag{5-27}$$

由于采用时间序列数据,模型中必要时可以增加趋势变量。检验 X 对 Y 不存在格兰杰因果关系的假设是

$$H_0:\beta_1 = \beta_2 = \cdots = \beta_k = 0$$

$$H_1:\beta_1,\beta_2,\cdots,\beta_k \text{ 不全为 } 0$$

当然,也可以检验 Y 对 X 不存在格兰杰因果关系,只需要将模型(5-27)中变量 X,Y 互换,因此检验的结果有三种可能性:一是两个经济变量之间存在单向的格兰杰因果关系(两种情况);二是两个经济变量之间存在双向的格兰杰因果关系;三是两个经济变量之间不存在格兰杰因果关系。

显然,对于模型(5-27),如果接受原假设,表明 X 对 Y 不存在格兰杰因果关系;如果拒绝原假设,也就是关于 X 的滞后变量结构参数估计值存在显著性,表明 X 对 Y 存在格兰杰因果关系。格兰杰因果关系检验所构造 F 统计量及其分布为

$$F = \frac{(RSS_r - RSS_u)/k}{RSS_u/(n-2k-1)} \sim F(k,n-2k-1) \tag{5-28}$$

式中,RSS_r,RSS_u 分别表示施加约束(原假设成立,辅助模型不包含 X 的滞后项)条件和不施加约束条件模型的残差平方和。关于 F 统计量的自由度:分子的自由度是 X 的滞后项个数,即施加约束条件的个数;分母的自由度为样本容量减去无约束模型中待估参数个数,若增加趋势项,自由度再减少一个。

给定显著性水平 α,查 F 分布表得临界值为 $F_\alpha(k,n-2k-1)$。格兰杰因果关系检验的判别准则是:

① 若 $F>F_\alpha(k,n-2k-1)$,拒绝原假设,表明 X 对 Y 存在格兰杰因果关系;

② 若 $F\leqslant F_\alpha(k,n-2k-1)$,接受原假设,表明 X 对 Y 不存在格兰杰因果关系。

格兰杰因果关系检验涉及滞后期长度的问题,不同的滞后期可能会得到完全不同的检验结果,那么滞后期数的长度如何确定呢?一般地,滞后期长度确定的条件为:辅助模型随机误差项不存在一阶序列相关、具有较小的 AIC 值。

格兰杰因果关系检验的具体过程参见第五节。

第五节　滞后变量模型的 EViews 软件处理

滞后变量模型的参数估计问题最终可归结为用 PDL()函数处理有限分布滞后模型和用工具变量法处理自回归模型，当然对于模型的实际处理过程也不仅仅对应这两种方法。选取表 2-2 所列 1990—2012 年全国城镇居民家庭人均消费性支出与人均可支配收入统计数据，构建存在滞后变量的消费函数模型。

一、有限分布滞后模型

考虑到收入的若干滞后期对现期消费会产生影响，因此，构造有限分布滞后模型为

$$C_t = \alpha_0 + \beta_0 Y_t + \beta_1 Y_{t-1} + \beta_2 Y_{t-2} + \cdots + \beta_k Y_{t-k} + \mu_t$$

模型中，C_t 为人均消费性支出；Y_{t-i} 为第 $t-i$ 期的人均可支配收入（$i=0,1,2,\cdots,k$）。

对于有限分布滞后模型的参数估计，阿尔蒙提出了有限多项式法，并通过 EViews 软件的 PDL()函数进行参数估计，处理过程如下。

1. 确定滞后期数

滞后期数应根据所研究的问题进行考虑。如本例收入和消费问题，对于正常的消费，收入的滞后不会太长；再考虑期数一般大于阶数，设定本例滞后期数为 5 期，阶数为 4 阶，即自 5 期 4 阶开始。

2. PDL()函数设定

在主菜单上依次单击“Quick → Estimate Equation”，弹出对话框，在“Specification”选项卡中输入变量序列，滞后变量用 PDL(YT，5，4)函数表示。PDL(YT，k，r)函数中，第一个参数表示有限分布滞后模型中滞后变量名称；第二个参数为模型的滞后期数；第三个参数为阿尔蒙有限多项式阶数。

PDL()函数设定如图 5-5 所示，参数估计结果如图 5-6 所示。

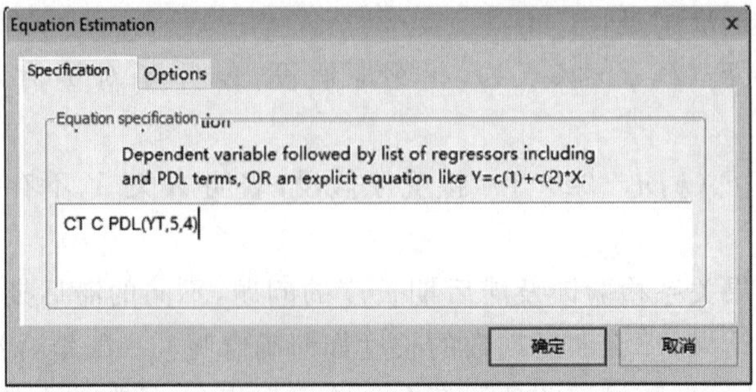

图 5-5　有限分布滞后模型参数估计设定

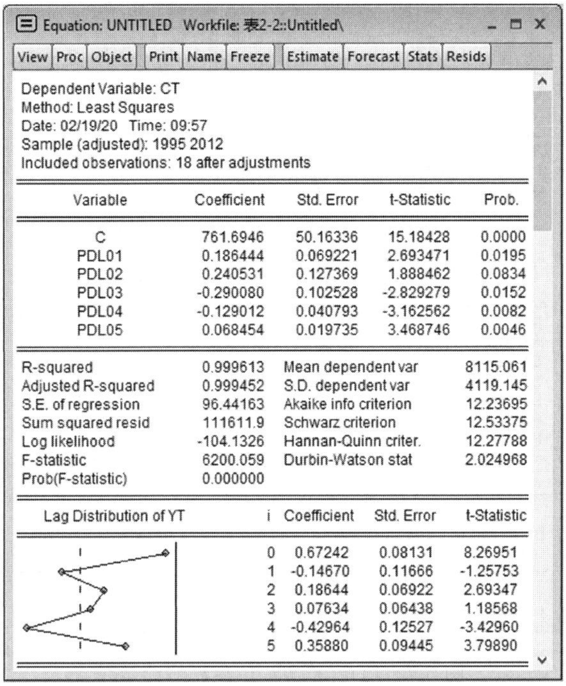

Equation: UNTITLED　Workfile: 表2-2::Untitled\

View | Proc | Object | Print | Name | Freeze | Estimate | Forecast | Stats | Resids

Dependent Variable: CT
Method: Least Squares
Date: 02/19/20　Time: 09:57
Sample (adjusted): 1995 2012
Included observations: 18 after adjustments

Variable	Coefficient	Std. Error	t-Statistic	Prob.
C	761.6946	50.16336	15.18428	0.0000
PDL01	0.186444	0.069221	2.693471	0.0195
PDL02	0.240531	0.127369	1.888462	0.0834
PDL03	-0.290080	0.102528	-2.829279	0.0152
PDL04	-0.129012	0.040793	-3.162562	0.0082
PDL05	0.068454	0.019735	3.468746	0.0046

R-squared	0.999613	Mean dependent var	8115.061
Adjusted R-squared	0.999452	S.D. dependent var	4119.145
S.E. of regression	96.44163	Akaike info criterion	12.23695
Sum squared resid	111611.9	Schwarz criterion	12.53375
Log likelihood	-104.1326	Hannan-Quinn criter.	12.27788
F-statistic	6200.059	Durbin-Watson stat	2.024968
Prob(F-statistic)	0.000000		

Lag Distribution of YT	i	Coefficient	Std. Error	t-Statistic
	0	0.67242	0.08131	8.26951
	1	-0.14670	0.11666	-1.25753
	2	0.18644	0.06922	2.69347
	3	0.07634	0.06438	1.18568
	4	-0.42964	0.12527	-3.42960
	5	0.35880	0.09445	3.79890

图 5-6　PDL(YT,5,4)参数估计结果

3. 检验与 PDL()函数设定调整

检验主要包括辅助模型中阿尔蒙有限多项式阶数的显著性检验、原模型参数经济意义检验、原模型期数所对应的滞后变量显著性检验。图 5-6 所示的参数估计结果中，上半部分对应辅助模型；最下面区域对应原模型。显然 4 阶所对应的 PDL05 是显著的（P 值为 0.004 6），说明 4 阶是合理的，但原模型参数经济意义不合理。

对滞后期数和阶数进行调整，一般先减少阶数再减少期数。经过不断调整，得到了一个较好的参数估计结果，如图 5-7 所示。

在多个条件的检验时，让所有要求都能满足是很困难的，可能需要放宽一些要求，但参数经济意义必须是合理的。

4. 最终回归模型

根据图 5-7 所示参数估计结果，有限分布滞后模型为

$$\hat{C}_t = 637.14 + 0.437Y_t + 0.239Y_{t-1} + 0.04Y_{t-2}$$

这应该说是一个较好的最终模型，尽管存在个别解释变量显著性不高的问题，但参数的经济意义非常合理，随着滞后期数越大，影响程度越小，利用该模型

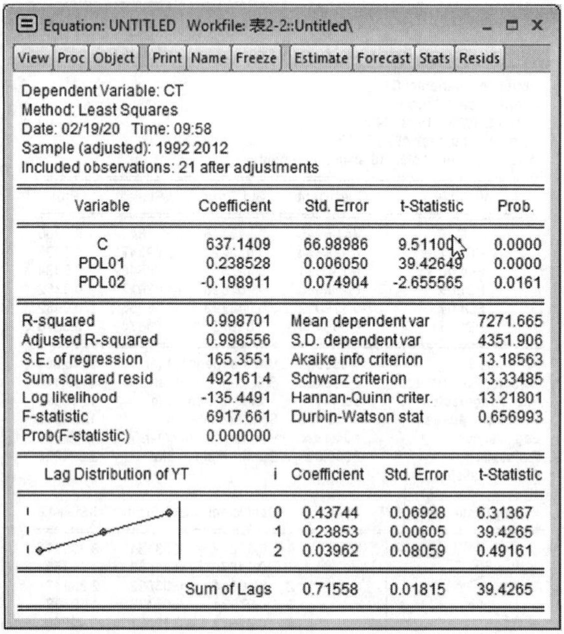

Equation: UNTITLED Workfile: 表2-2::Untitled\

View | Proc | Object | Print | Name | Freeze | Estimate | Forecast | Stats | Resids

Dependent Variable: CT
Method: Least Squares
Date: 02/19/20 Time: 09:58
Sample (adjusted): 1992 2012
Included observations: 21 after adjustments

Variable	Coefficient	Std. Error	t-Statistic	Prob.
C	637.1409	66.98986	9.511100	0.0000
PDL01	0.238528	0.006050	39.42649	0.0000
PDL02	-0.198911	0.074904	-2.655565	0.0161

R-squared	0.998701	Mean dependent var	7271.665
Adjusted R-squared	0.998556	S.D. dependent var	4351.906
S.E. of regression	165.3551	Akaike info criterion	13.18563
Sum squared resid	492161.4	Schwarz criterion	13.33485
Log likelihood	-135.4491	Hannan-Quinn criter.	13.21801
F-statistic	6917.661	Durbin-Watson stat	0.656993
Prob(F-statistic)	0.000000		

Lag Distribution of YT	i	Coefficient	Std. Error	t-Statistic
	0	0.43744	0.06928	6.31367
	1	0.23853	0.00605	39.4265
	2	0.03962	0.08059	0.49161
Sum of Lags		0.71558	0.01815	39.4265

图 5-7 PDL(YT,2,1)参数估计结果

可以讨论全国城镇居民家庭人均可支配收入若干个滞后期对于人均消费性支出的影响关系。

二、自回归模型

根据消费理论中相对收入假说，消费不可逆性表明现期消费不仅仅受到现期收入的影响、还受到前期消费的影响，因此，消费问题的自回归模型可表示为

$$C_t = \beta_0 + \beta_1 Y_t + \beta_2 C_{t-1} + \mu_t$$

模型中，C_t 为现期人均消费性支出；Y_t 为现期人均可支配收入；C_{t-1} 为前期人均消费性支出。

1. 模型参数估计与自相关检验

自回归模型普通最小二乘法参数估计结果如图 5-8 所示，可以看出，模型拟合优度很高、解释变量显著，参数经济意义合理性值得讨论。而对于自回归模型，重点要检验是否存在自相关问题，若存在自相关就不满足无偏估计的要求。

由于自回归模型不能用 DW 检验是否存在自相关，采用德宾 H 检验，经计算得到 $H=2.237$，给定 $\alpha=0.05$，查临界值得 $H_{\alpha/2}=1.96$。由于 $H=2.237>H_{\alpha/2}=1.96$，因而有 95%的把握认为原模型存在一阶自相关。因此，模型不能采用普通最小二乘法进行参数估计。

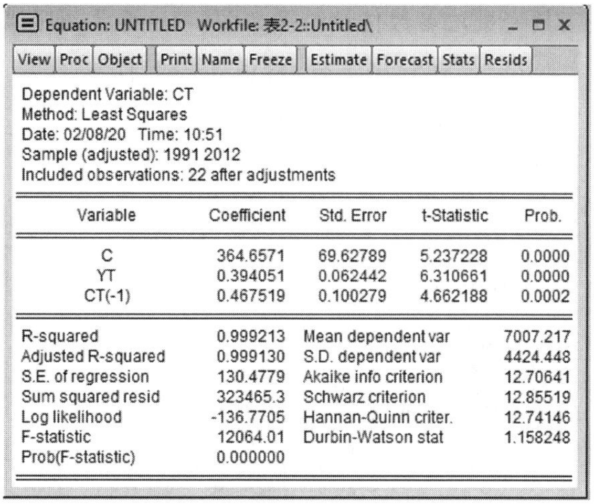

Equation: UNTITLED　Workfile: 表2-2::Untitled\

View | Proc | Object | Print | Name | Freeze | Estimate | Forecast | Stats | Resids

Dependent Variable: CT
Method: Least Squares
Date: 02/08/20　Time: 10:51
Sample (adjusted): 1991 2012
Included observations: 22 after adjustments

Variable	Coefficient	Std. Error	t-Statistic	Prob.
C	364.6571	69.62789	5.237228	0.0000
YT	0.394051	0.062442	6.310661	0.0000
CT(-1)	0.467519	0.100279	4.662188	0.0002

R-squared	0.999213	Mean dependent var	7007.217
Adjusted R-squared	0.999130	S.D. dependent var	4424.448
S.E. of regression	130.4779	Akaike info criterion	12.70641
Sum squared resid	323465.3	Schwarz criterion	12.85519
Log likelihood	-136.7705	Hannan-Quinn criter.	12.74146
F-statistic	12064.01	Durbin-Watson stat	1.158248
Prob(F-statistic)	0.000000		

图 5-8　自回归模型参数估计结果

2. 工具变量法估计自回归模型

根据工具变量法的原理，对于该模型可以考虑采用 Y_{t-1} 或者 $\hat{C}_{t-1}$ 作为 C_{t-1} 的工具变量。

EViews 软件工具变量法的处理过程为：在主菜单上依次单击“Quick→Estimate Equation”，弹出对话框，在“Specification”选项卡中首先选择参数估计方法“TSLS”；在对话框的上部输入框中输入模型中被解释变量、常数项、解释变量序列；在对话框的下部输入框中输入工具变量序列（常数项可以省略，Y_t 作为自身的工具变量）。模型设定对话框如图 5-9 所示。

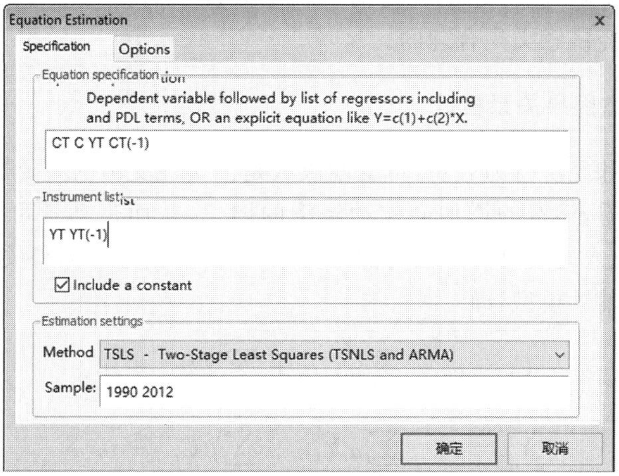

图 5-9　工具变量设定

自回归模型工具变量法参数估计结果如图 5-10 所示，即回归模型为

$$\hat{C}_t = 459.86 + 0.516Y_t + 0.271C_{t-1}$$

$$(5.567) \quad (6.489) \quad (2.123)$$

$$\bar{R}^2 = 0.999$$

Equation: UNTITLED Workfile: 表2-2::Untitled\

View | Proc | Object | Print | Name | Freeze | Estimate | Forecast | Stats | Resids

Dependent Variable: CT
Method: Two-Stage Least Squares
Date: 02/08/20 Time: 10:53
Sample (adjusted): 1991 2012
Included observations: 22 after adjustments
Instrument specification: YT YT(-1)
Constant added to instrument list

Variable	Coefficient	Std. Error	t-Statistic	Prob.
C	459.8604	82.60996	5.566645	0.0000
YT	0.515942	0.079516	6.488529	0.0000
CT(-1)	0.271278	0.127782	2.122974	0.0471

R-squared	0.999055	Mean dependent var	7007.217
Adjusted R-squared	0.998955	S.D. dependent var	4424.448
S.E. of regression	143.0244	Sum squared resid	388663.8
F-statistic	10033.47	Durbin-Watson stat	0.691076
Prob(F-statistic)	0.000000	Second-Stage SSR	601314.0
J-statistic	2.72E-37	Instrument rank	3

图 5-10 工具变量法参数估计结果

可以看出，模型拟合优度很高、解释变量显著，参数 0.516 表明边际消费倾向，即现期收入每增加 100 元，现期消费将增加 51.6 元，尽管有些偏低，但主要是由于模型引入了前期消费对现期消费影响所致；参数 0.271 表示前期消费对于现期消费的影响程度，这也就是消费理论假说中消费的不可逆性或者惯性。总体上看参数经济意义是合理的。

三、格兰杰因果关系检验

经济理论和经济行为表明，可支配收入是消费性支出的主要影响因素，若从宏观经济角度看，消费的增加会拉动经济的增长，从而带动了可支配收入的增长，即消费与收入之间可能是互为因果关系。为此，格兰杰因果关系检验首先应建立如下两个辅助模型，即

$$C_t = \alpha_0 + \sum_{i=1}^{k} \alpha_i C_{t-i} + \sum_{i=1}^{k} \beta_i Y_{t-i} + \mu_t$$

$$Y_t = \alpha_0 + \sum_{i=1}^{k} \alpha_i Y_{t-i} + \sum_{i=1}^{k} \beta_i C_{t-i} + \mu_t$$

EViews 软件中格兰杰因果关系检验的步骤如下。

1. 打开数据组

在工作文件(Workfile)窗口,同时选定消费总支出(CT)和可支配总收入(YT)两个变量名称,打开两个变量的数据组(Group)窗口,如图 5-11 所示。

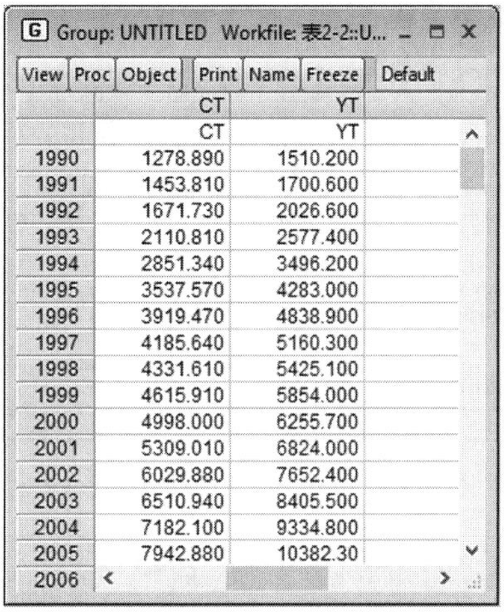

	CT	YT
	CT	YT
1990	1278.890	1510.200
1991	1453.810	1700.600
1992	1671.730	2026.600
1993	2110.810	2577.400
1994	2851.340	3496.200
1995	3537.570	4283.000
1996	3919.470	4838.900
1997	4185.640	5160.300
1998	4331.610	5425.100
1999	4615.910	5854.000
2000	4998.000	6255.700
2001	5309.010	6824.000
2002	6029.880	7652.400
2003	6510.940	8405.500
2004	7182.100	9334.800
2005	7942.880	10382.30
2006		

图 5-11 消费与收入数据组

2. 格兰杰因果关系检验

在数据组(Group)窗口中依次单击“View→Granger Causality”,在弹出的窗口中输入滞后期数。

(1) 设定滞后期数为 1,检验结果如图 5-12 所示。滞后 1 期所对应的两个辅助模型为

$$C_t = \alpha_0 + \alpha_1 C_{t-1} + \beta_1 Y_{t-1} + \mu_t$$

$$Y_t = \alpha_0 + \alpha_1 Y_{t-1} + \beta_1 C_{t-1} + \mu_t$$

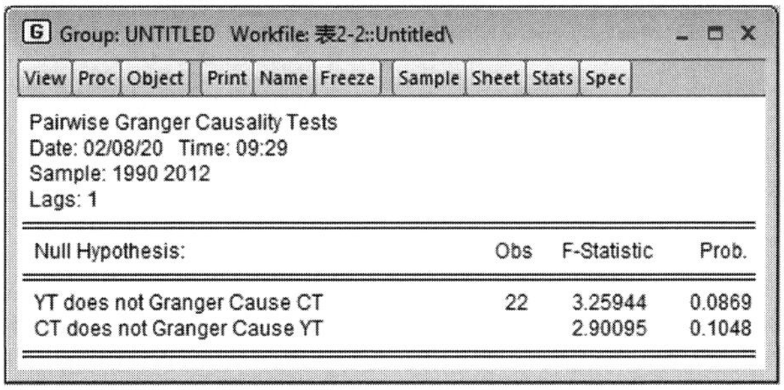

Pairwise Granger Causality Tests
Date: 02/08/20 Time: 09:29
Sample: 1990 2012
Lags: 1

Null Hypothesis:	Obs	F-Statistic	Prob.
YT does not Granger Cause CT	22	3.25944	0.0869
CT does not Granger Cause YT		2.90095	0.1048

图 5-12 滞后长度为 1 的格兰杰因果关系检验结果

分别估计两个辅助模型,如图 5-13、图 5-14 所示,并将辅助模型的有关统计量和检验结果填入表 5-2 中。

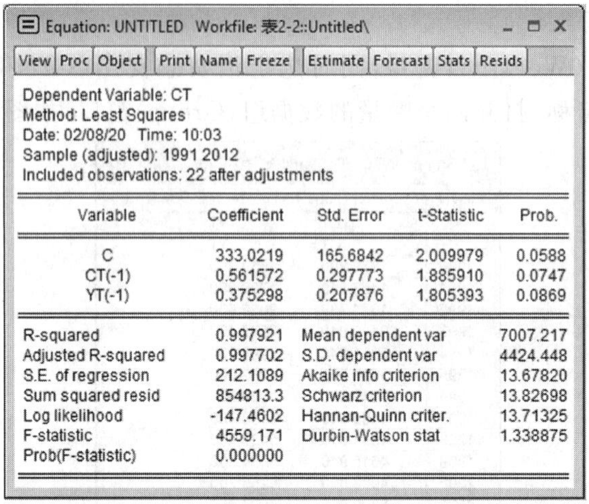

Equation: UNTITLED Workfile: 表2-2::Untitled\

View | Proc | Object | Print | Name | Freeze | Estimate | Forecast | Stats | Resids

Dependent Variable: CT
Method: Least Squares
Date: 02/08/20 Time: 10:03
Sample (adjusted): 1991 2012
Included observations: 22 after adjustments

Variable	Coefficient	Std. Error	t-Statistic	Prob.
C	333.0219	165.6842	2.009979	0.0588
CT(-1)	0.561572	0.297773	1.885910	0.0747
YT(-1)	0.375298	0.207876	1.805393	0.0869

R-squared	0.997921	Mean dependent var	7007.217
Adjusted R-squared	0.997702	S.D. dependent var	4424.448
S.E. of regression	212.1089	Akaike info criterion	13.67820
Sum squared resid	854813.3	Schwarz criterion	13.82698
Log likelihood	-147.4602	Hannan-Quinn criter.	13.71325
F-statistic	4559.171	Durbin-Watson stat	1.338875
Prob(F-statistic)	0.000000		

图 5-13 滞后长度为 1 的辅助模型估计结果

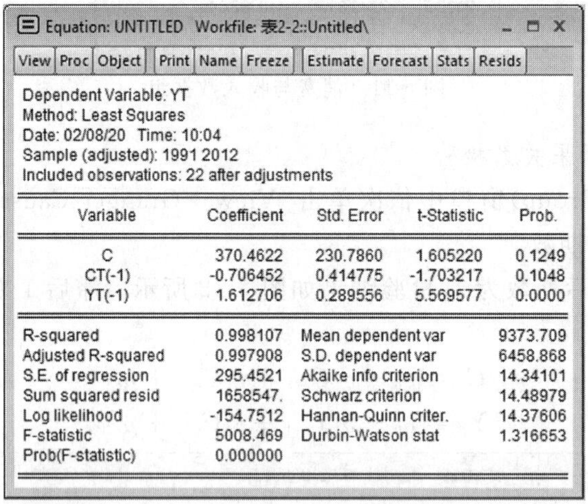

Equation: UNTITLED Workfile: 表2-2::Untitled\

View | Proc | Object | Print | Name | Freeze | Estimate | Forecast | Stats | Resids

Dependent Variable: YT
Method: Least Squares
Date: 02/08/20 Time: 10:04
Sample (adjusted): 1991 2012
Included observations: 22 after adjustments

Variable	Coefficient	Std. Error	t-Statistic	Prob.
C	370.4622	230.7860	1.605220	0.1249
CT(-1)	-0.706452	0.414775	-1.703217	0.1048
YT(-1)	1.612706	0.289556	5.569577	0.0000

R-squared	0.998107	Mean dependent var	9373.709
Adjusted R-squared	0.997908	S.D. dependent var	6458.868
S.E. of regression	295.4521	Akaike info criterion	14.34101
Sum squared resid	1658547.	Schwarz criterion	14.48979
Log likelihood	-154.7512	Hannan-Quinn criter.	14.37606
F-statistic	5008.469	Durbin-Watson stat	1.316653
Prob(F-statistic)	0.000000		

图 5-14 滞后长度为 1 的辅助模型估计结果

(2) 设定滞后期数为 2,检验结果如图 5-15 所示。滞后 2 期所对应的两个辅助模型为

$$C_t = \alpha_0 + \alpha_1 C_{t-1} + \alpha_2 C_{t-2} + \beta_1 Y_{t-1} + \beta_2 Y_{t-2} + \mu_t$$

$$Y_t = \alpha_0 + \alpha_1 Y_{t-1} + \alpha_2 Y_{t-2} + \beta_1 C_{t-1} + \beta_2 C_{t-2} + \mu_t$$

分别估计两个辅助模型(过程省略),将辅助模型的有关统计量和检验结果填入表 5-2 中。

(3) 同理设定滞后期数为 3 及其以上,将相关统计量和检验结果填入表 5-2 中。

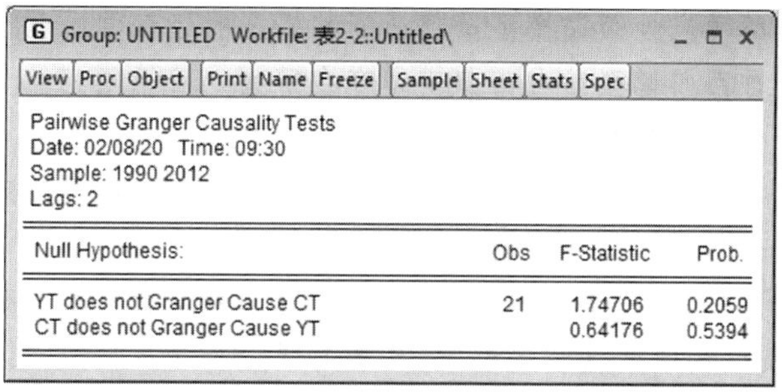

图 5-15　滞后长度为 2 的格兰杰因果关系检验结果

表 5-2　格兰杰因果关系检验相关统计结果

滞后期数	检验的原假设	P 值	AIC 值	序列相关
1	Y_t 不是 C_t 的格兰杰原因	0.086 9	13.678	否
	C_t 不是 Y_t 的格兰杰原因	0.104 8	14.341	否
2	Y_t 不是 C_t 的格兰杰原因	0.205 9	13.731	否
	C_t 不是 Y_t 的格兰杰原因	0.539 4	14.441	否
3	Y_t 不是 C_t 的格兰杰原因	0.154 5	13.788	否
	C_t 不是 Y_t 的格兰杰原因	0.367 2	14.351	否

3. 判断是否存在格兰杰因果关系

根据表 5-2 可知，当滞后长度为 1 时，两个辅助模型随机误差项都不存在一阶序列相关，且具有较小的 AIC 值。因此，选定滞后 1 期，从伴随概率 P 值上看，都稍微偏大，若选取置信水平 $\alpha=0.1$，有 90％的把握认为可支配收入（Y_t）是消费性支出（C_t）的格兰杰原因；而消费性支出（C_t）不是可支配收入（Y_t）的格兰杰原因，只存在单向的因果关系。这一结论正好说明了有限分布滞后模型的估计结果。

思考与练习题

1. 什么是滞后变量？什么是滞后变量模型？

2. 滞后现象产生的原因是什么？

3. 滞后变量模型有哪几种类型？

4. 分布滞后模型参数估计时存在哪些问题？

5. 阿尔蒙有限多项式法及柯依克几何级数法的基本思想是什么？它们如何解决分布滞后模型所存在的问题？

6. 如何理解适应性预期模型及部分调整模型的经济学原理？

7. 什么是自回归模型？自回归模型存在哪些方面问题？

8. 自回归模型序列相关检验有哪些方法？

9. 选取 1985—2012 年全国农村居民人均消费支出和人均纯收入的统计数据(如表 5-3 所列)，分析如下问题：

(1) 不考虑收入对于消费的滞后影响，构建消费函数模型并分析；

(2) 若消费受到收入滞后的影响，构造有限分布滞后模型，用 PDL() 函数进行参数估计；

(3) 能否用自回归模型分析该消费问题并说明经济学原理？构建自回归模型并进行参数估计；

(4) 进行格兰杰因果关系检验。

表 5-3 1985—2012 年全国农村居民人均消费支出与人均纯收入统计数据

单位:元

年份	消费支出	纯收入	年份	消费支出	纯收入
1985	317.4	397.6	1999	1 577.4	2 210.3
1986	357.0	423.8	2000	1 670.1	2 282.1
1987	398.3	462.6	2001	1 741.1	2 406.9
1988	476.7	544.9	2002	1 834.3	2 528.9
1989	535.4	601.5	2003	1 943.3	2 690.3
1990	584.6	686.3	2004	2 184.7	3 026.6
1991	619.8	708.6	2005	2 555.4	3 370.2
1992	659.0	784.0	2006	2 829.0	3 731.0
1993	769.7	921.6	2007	3 223.9	4 327.0
1994	1 016.8	1 221.0	2008	3 660.7	4 998.8
1995	1 310.4	1 577.7	2009	3 993.5	5 435.1
1996	1 572.1	1 926.1	2010	4 381.8	6 272.4
1997	1 617.2	2 090.1	2011	5 221.1	7 393.9
1998	1 590.3	2 162.0	2012	5 908.0	8 389.3

第六章　时间序列分析与协整

样本数据是计量经济模型分析经济问题的基础，而时间序列数据是最常见、最重要的样本数据类型。建立以时间序列数据为基础的模型，描述经济变量之间的因果关系，隐含了一个很重要的假设前提：时间序列数据是平稳的。若时间序列数据是非平稳的，将会产生什么样的结果呢？这只是问题之一。涉及时间序列数据的另一问题是虚假回归或伪回归，即如果有两个非平稳的时间序列数据表现出一致的变化趋势，即使它们之间没有任何依存关系，若进行回归分析也可能表现出较高的拟合优度，这就涉及模型的合理性问题。因此，有必要对所构建的模型做进一步讨论。

对时间序列数据和模型等问题的分析，揭示时间序列自身变化规律而提出了一系列的理论和方法，协整理论是2003年诺贝尔经济学奖获得者格兰杰和恩格尔(Engle)于20世纪80年代末提出的，是通过对误差修正模型的分析，发现在非稳定的单整变量之间存在着一种长期稳定关系，因而将这种关系定义为协整。随着计量经济模型理论和应用的发展，对于以时间序列数据为样本的模型，协整关系的检验是必不可少的。为此，首先需要讨论时间序列数据的有关特性。

第一节　时间序列的基本特征

一、平稳时间序列

设 Y_t 是一个时间序列，如果存在

$$E(Y_t) = \lambda, \quad \mathrm{Var}(Y_t) = \delta_y^2$$

则 Y_t 为一个平稳时间序列。其中 λ, δ_y^2 为常数，不随着时间 t 的变化而变化。

对于平稳时间序列，其均值和方差不随着时间的推移而发生变化，尽管存在着振荡，但振荡是暂时的，必将恢复长期的平均水平。若用时间趋势图来描述，平稳时间序列在趋势图上往往表现出一个围绕其均值不断波动的过程，也可以说一个平稳的时间序列可以看作是一条围绕其均值上下波动的曲线。

比如白噪声序列 Y_t 是一个具有零均值、同方差的序列，即

$$Y_t = \mu_t,\ \mu_t \sim N(0,\sigma^2) \tag{6-1}$$

则白噪声序列就是典型的平稳时间序列。

二、非平稳时间序列

对于非平稳时间序列，其方差与时间 t 有关，时间序列不存在可收敛的平均水平，在时间趋势图上往往表现出在不同的时间段具有不同的均值，一般表现为持续上升或者持续下降，其方差也会随着时间的推移而无限地增大。

比如随机游动序列 Y_t

$$Y_t = Y_{t-1} + \mu_t \tag{6-2}$$

其中 μ_t 是一个白噪声序列。假设初始值 Y_0 为常数，由随机游动序列得到

$$Y_1 = Y_0 + \mu_1$$

$$Y_2 = Y_0 + \mu_1 + \mu_2$$

……

$$Y_t = Y_0 + \mu_1 + \mu_2 + \cdots + \mu_t$$

则

$$\mathrm{Var}(Y_t) = t\sigma^2$$

可见，Y_t 的方差随着时间的推移而无限地扩大，因此随机游动序列是非平稳时间序列。

对于随机游动序列进行一阶差分，即

$$\Delta Y_t = Y_t - Y_{t-1} = \mu_t$$

由于 μ_t 是一个白噪声序列，则一阶差分 ΔY_t 序列是一个白噪声序列，也就是经过差分后是平稳的。因此得到了一个启示或结论：如果某时间序列是非平稳的，它常常可通过差分的方法形成平稳时间序列。

三、时间序列的趋势性特征

在客观实际问题的研究中，很多经济变量的时间序列数据具有时间趋势的特征，如国内生产总值、可支配收入等，也就是说这些经济变量会随着时间的推移存在自发的变化趋势。若对某一时间序列进行分析，若其变化规律性与时间有关，可以认为该时间序列具有趋势性特征，趋势性特征往往表现为线性趋势及二次趋势。

【例 6-1】 财政收入是国家建设和发展的基础，财政收入会受到经济社会环境中工业、农业、建筑业、服务业等很多因素的影响。建立以财政收入为研究对象的计量经济模型，选择国内生产总值为影响因素，样本数据如表 6-1 所列。

表 6-1　财政收入及国内生产总值统计数据　　单位：亿元

年份	财政收入	国内生产总值	年份	财政收入	国内生产总值
1993	4 348.95	35 673.2	2006	38 760.20	219 438.5
1994	5 218.10	48 637.5	2007	51 321.78	270 092.3
1995	6 242.20	61 339.9	2008	61 330.35	319 244.6
1996	7 407.99	71 813.6	2009	68 518.30	348 517.7
1997	8 651.14	79 715.0	2010	83 101.51	412 119.3
1998	9 875.95	85 195.5	2011	103 874.43	487 940.2
1999	11 444.08	90 564.4	2012	117 253.52	538 580.0
2000	13 395.23	100 280.1	2013	129 209.64	592 963.2
2001	16 386.04	110 863.1	2014	140 370.03	643 563.1
2002	18 903.64	121 717.4	2015	152 269.23	688 858.2
2003	21 715.25	137 422.0	2016	159 604.97	746 395.1
2004	26 396.47	161 840.2	2017	172 592.77	832 035.9
2005	31 649.29	187 318.9	2018	183 359.84	919 281.1

1. 时间序列数据的趋势性特征

若分析财政收入的趋势性特征，可引入趋势变量，趋势模型为

$$FR_t = \beta_0 + \beta_1 T + \mu_t$$

模型中，FR 为财政收入；T 为趋势变量（时间变量）。

显然，趋势模型是以时间序列数据为基础的，其对应的参数表示被解释变量随着时间变化的趋势特征。趋势变量如何取值呢？可以取年份序列值，如 T 取值为 1993，1994，1995……；也可以取自然数序列值，如 T 取值为 1，2，3……，在实际分析中将得到一致的结果。本模型中的时间变量采用自然数序列。

参数估计结果为

$$\hat{FR}_t = -37\ 995 + 7\ 495.93T$$
$$(-4.63) \quad (14.12)$$
$$\bar{R}^2 = 0.888$$

尽管拟合优度不太高，但趋势变量是显著的，参数经济意义也是可以理解的，随着时间的推移，财政收入每年平均递增 7 495.93 亿元。综合分析来看，拟合优度较低的原因是样本数据的跨度较大，前期递增较小，后期递增较大，前后期财政收入的递增不平衡。

2. 模型结构的趋势项调整

计量经济模型分析变量之间经济关系时，可能由于趋势性因素的作用使得

经济变量之间关系有偏误。特别是在时间序列问题的分析中,解释变量和被解释变量往往确实表现出共同的变化趋势。为了减弱模型中这种随着时间趋势而具有的共同变化趋势带来的影响,可以考虑在模型中引入趋势项,将这种影响分离出来。

若研究国内生产总值对财政收入的影响,引入趋势项的模型为

$$FR_t = \beta_0 + \beta_1 GDP_t + \beta_2 T + \mu_t$$

模型中,FR 为财政收入;GDP 为国内生产总值;T 为时间变量。

参数估计结果为

$$\hat{FR}_t = -7\ 451 + 0.221GDP_t - 0.94T$$
$$(-3.62) \quad (23.87) \quad (-0.003)$$
$$\bar{R}^2 = 0.995$$

从估计结果看出,该模型趋势特征不显著,具体说是线性趋势特征不显著,因此,模型还可以引入二次趋势(T^2)等其他形式。模型中添加趋势项还可以在序列相关讨论时消除模型中的虚假序列相关,以及用于单位根检验和协整回归。

四、以时间趋势为特征的变参数模型

关于参数的变化问题,在虚拟变量模型中通过引入虚拟变量,解决了常数项或解释变量系数的变化,但是,模型参数的变化是离散型的,也就是说在一定的时序范围内或者在一定的截面特征类同的范围内,其参数估计值认为是稳定的。但在实际的客观经济环境中,结构参数往往不会突然变化,而是逐步地调整才达到某个水平。如边际消费倾向随着收入水平的提高在逐步地下降,最终稳定在合理的范围内,也就是说边际消费倾向随着收入的增加有递减的特征,这一特征反映出结构参数的连续型变化,可用变参数模型加以描述。

变参数模型描述了计量经济模型中结构参数会随着某些经济变量样本观测值的变化而变化。由于很多经济变量都具有时间趋势的特征,而结构参数的变化也往往不依赖于某一个解释变量,因此,一般用时间趋势来描述参数的连续型变化。变参数模型特征描述的辅助方程为

$$\beta_{jt} = \alpha_0 + \alpha_1 T$$

显然,模型中结构参数 β 存在趋势性变化特征,随着时间趋势的推移,结构参数 β 将发生连续型的变化。

【例 6-2】 仍选取表 6-1 所列的财政收入和国内生产总值样本数据,分析国内生产总值对财政收入的影响是否具有趋势性特征。

不考虑参数的变化,其计量经济模型为

$$FR_t = \beta_0 + \beta_1 GDP_t + \mu_t$$

模型中，FR 为财政收入；GDP 为国内生产总值。

若考虑参数连续型变化的变参数模型为

$$FR_t = \beta_{0t} + \beta_{1t}GDP_t + \mu_t$$

则描述结构参数变化特征的辅助方程为

$$\beta_{0t} = \alpha_0 + \alpha_1 T$$
$$\beta_{1t} = \alpha_2 + \alpha_3 T$$

式中，T 为时间趋势变量（样本数据一般采用自然数序列）。将辅助方程代入变参数模型，得

$$FR_t = \alpha_0 + \alpha_1 T + \alpha_2 \times GDP_t + \alpha_3 T \times GDP_t + \mu_t$$

变参数模型估计结果如图 6-1 所示。

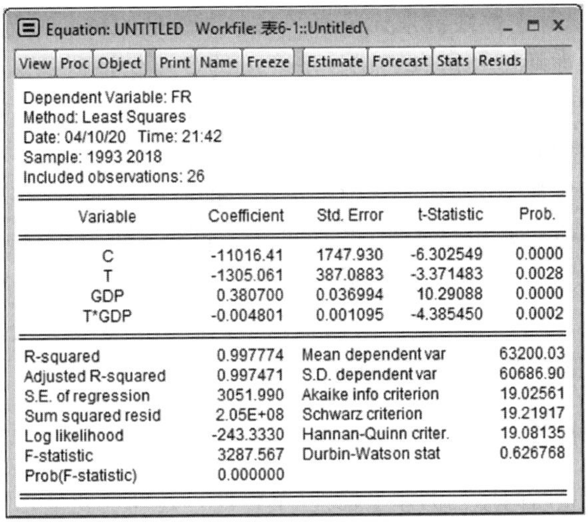

Equation: UNTITLED Workfile: 表6-1::Untitled\

View | Proc | Object | Print | Name | Freeze | Estimate | Forecast | Stats | Resids

Dependent Variable: FR
Method: Least Squares
Date: 04/10/20 Time: 21:42
Sample: 1993 2018
Included observations: 26

Variable	Coefficient	Std. Error	t-Statistic	Prob.
C	-11016.41	1747.930	-6.302549	0.0000
T	-1305.061	387.0883	-3.371483	0.0028
GDP	0.380700	0.036994	10.29088	0.0000
T*GDP	-0.004801	0.001095	-4.385450	0.0002

R-squared	0.997774	Mean dependent var	63200.03
Adjusted R-squared	0.997471	S.D. dependent var	60686.90
S.E. of regression	3051.990	Akaike info criterion	19.02561
Sum squared resid	2.05E+08	Schwarz criterion	19.21917
Log likelihood	-243.3330	Hannan-Quinn criter.	19.08135
F-statistic	3287.567	Durbin-Watson stat	0.626768
Prob(F-statistic)	0.000000		

图 6-1　变参数模型参数估计结果

回归模型为

$$\hat{FR}_t = -11\,016.4 - 1\,305.1T + 0.381GDP_t - 0.004\,8T \times GDP_t$$
$$(-6.302) \quad (-3.371) \quad (10.291\,5) \quad (-4.385\,5)$$
$$\bar{R}^2 = 0.997$$

可以看出，变参数模型拟合优度高、解释变量显著，说明变参数模型是合理。另外，根据估计结果可以得到

$$\hat{\beta}_{1t} = 0.381 - 0.004\,8T$$

这就是边际财政收入的变动曲线，也就是国内生产总值对财政收入影响的边际效应随着时间的推移在逐步递减，每年平均递减 0.004 8。这可进一步说明

随着我国经济总量的逐步递增，在财税政策等方面进行了必要的调整，财政收入占国内生产总值的比重在减少。

第二节　时间序列的单位根检验

一、单整

如果一个非平稳时间序列 Y_t 经过 k 次差分后才成为平稳时间序列，则这个时间序列 Y_t 为 k 阶单整，记为 $Y_t \sim I(k)$。

若某时间序列本身就是平稳时间序列，也可以称为零阶单整。在客观经济环境中，很可能只有少数经济指标具有平稳时间序列的特征，如利率。尽管利率会随着国际经济大环境及国内宏观经济环境的变化做适时的调整，如在美国次贷危机影响下，我国出台了一系列财政政策和货币政策，其中就包括利率的调整过程，初期由低调高，后期由高调低，最终恢复平均水平。

很多经济学家研究表明，大多数经济指标的时间序列都是非平稳的，如一些存量指标常常具有二阶单整属性；以不变价格表示的流量指标，如收入、消费常常表现为一阶单整。一般来看，非平稳的时间序列经过一次或者多次差分往往能成为平稳时间序列，但也有特例，也就是不论经过多少次差分，都不能形成平稳时间序列，这种序列称为非单整的。

二、单位根检验

检验经济变量时间序列的非平稳性（单整性），是确定变量之间是否存在着一种长期稳定关系的重要前提。在时间序列分析中，可用相关图判断时间序列的非平稳性，但严格的统计检验方法为单位根检验，它包括 DF 检验（ADF 检验）。

1. DF 检验

通过经济变量时间序列的自回归模型，检验时间序列的单整性。自回归模型可表示为

$$Y_t = \beta Y_{t-1} + \mu_t \tag{6-3}$$

对自回归模型(6-3)分析，存在如下结论：

(1) 当 $|\beta| < 1$ 时，经济变量时间序列 Y_t 是平稳的；

(2) 当 $|\beta| = 1$ 时，经济变量时间序列 Y_t 是非平稳的；

(3) 当 $|\beta| > 1$ 时，经济变量时间序列 Y_t 表现为发散的过程，形成持续上升或者持续下降状态，也是非平稳的。

模型(6-3)中，当 $\beta = 1$ 时，称随机变量 Y_t 有一个单位根，有一个单位根的时

间序列就是随机游动序列,即时间序列 Y_t 是非平稳的。因此,若检验时间序列是否平稳,就是判断它是否有单位根,这就是时间序列平稳性的单位根检验。那么时间序列 Y_t 平稳性检验的统计量 t(t 统计量的计算方法与变量显著性检验的计算方法相同)服从什么分布呢?该统计量不服从于 t 分布,而是服从 DF 分布。DF 分布是迪基(Dickey)和富勒(Fuller)于 1976 年提出的,用蒙特卡罗(Monte Carlo)模拟方法得到了不同样本容量条件下的 DF 分布百分位数表,因此也习惯称为 DF 检验。检验时间序列平稳性的统计量为

$$t(\hat{\beta}) = \frac{\hat{\beta} - 1}{S(\hat{\beta})} \tag{6-4}$$

DF 检验习惯用模型(6-3)的差分形式,即

$$Y_t - Y_{t-1} = \beta Y_{t-1} - Y_{t-1} + \mu_t$$

$$\Delta Y_t = (\beta - 1)Y_{t-1} + \mu_t$$

$$\Delta Y_t = \rho Y_{t-1} + \mu_t \tag{6-5}$$

显然,自回归模型(6-3)的假设 $\beta=1$ 就等价于辅助模型(6-5)的假设 $\rho=0$。因此,对于辅助模型(6-5),检验时间序列平稳性的假设为

$$H_0:\rho = 0;\ H_1:\rho < 0$$

给定显著性水平 α,查 DF 分布表得到临界值,在备择假设 $H_1:\rho<0$ 情况下检验原假设 $H_0:\rho=0$ 的判别准则为:

(1) 若 DF 统计量≥临界值,接受原假设,时间序列非平稳,则至少存在一阶单整;

(2) 若 DF 统计量<临界值,拒绝原假设,时间序列平稳。

如果经济变量时间序列是非平稳的,至少存在一阶单整,应该继续检验 ΔY_t 的平稳性,以判断是否存在二阶单整。构造以下模型

$$\Delta^2 Y_t = \rho \Delta Y_{t-1} + \mu_t$$

显然,若接受 $\rho=0$ 的假设,则经济变量时间序列至少存在二阶单整;若拒绝 $\rho=0$ 的假设,时间序列存在一阶单整。因此,可通过对经济变量时间序列的继续差分,以判断时间序列是否存在高阶单整的问题。检验高阶单整的模型可表示为

$$\Delta^{k+1} Y_t = \rho \Delta^k Y_{t-1} + \mu_t \tag{6-6}$$

经过 k 次差分后,若拒绝 $\rho=0$ 的假设,则时间序列存在 k 阶单整。

根据对经济现象的分析,一些非平稳的时间序列往往表现出共同的变化趋势,这也是造成伪回归的直接原因。为了避免伪回归现象的产生,通常的做法是在模型中引入时间趋势变量,包含有时间趋势变量的模型能比较有效地消除趋势性的影响。因此,在模型(6-5)中逐步加入漂移项和趋势项,形成了时间序列

单位根检验的辅助模型，即

$$\Delta Y_t = \rho Y_{t-1} + \mu_t$$

$$\Delta Y_t = \pi + \rho Y_{t-1} + \mu_t$$

$$\Delta Y_t = \pi + \alpha t + \rho Y_{t-1} + \mu_t$$

模型中，π 是漂移项，αt 是趋势项。随着模型中增加漂移项和趋势项，DF 分布的临界值也有所不同，但有关时间序列平稳性的检验依赖的是系数 ρ，而与漂移项和趋势项无关。同理，在模型(6-6)中也可以逐步加入漂移项和趋势项进行讨论。

2. ADF 检验

采用 DF 检验时间序列平稳性，是假定时间序列存在一阶自回归过程；若时间序列是高阶自回归过程，则应采用 ADF 检验。ADF 检验也称为增项 DF 检验，由于实际的经济变量时间序列通常不会是一个简单的一阶自回归过程，所以 ADF 检验才是最常用的单位根检验方法。

ADF 检验的辅助模型为

$$\Delta Y_t = \rho Y_{t-1} + \sum_{j=1}^{k} \gamma_i \Delta Y_{t-j} + \mu_t$$

$$\Delta Y_t = \pi + \rho Y_{t-1} + \sum_{j=1}^{k} \gamma_i \Delta Y_{t-j} + \mu_t$$

$$\Delta Y_t = \pi + \alpha t + \rho Y_{t-1} + \sum_{j=1}^{k} \gamma_i \Delta Y_{t-j} + \mu_t$$

因此，对于上述的三个模型，检验时间序列平稳性的假设为

$$H_0: \rho = 0;\ H_1: \rho < 0$$

给定显著性水平 α 得到临界值，在备择假设 $H_1: \rho < 0$ 情况下检验原假设 $H_0: \rho = 0$ 的判别准则为：

(1) 若 ADF 统计量≥临界值，接受原假设，时间序列非平稳；

(2) 若 ADF 统计量<临界值，拒绝原假设，时间序列平稳。

在 ADF 检验之前，不知真实的过程是否含有漂移项和趋势项，因此应逐步判断辅助模型中是否含有漂移项和趋势项。一个简单的办法是三个辅助模型逐个使用，只要有一个辅助模型的检验结果拒绝了原假设，就可以认为时间序列是平稳的，检验结束；当三个辅助模型的检验结果都不能拒绝原假设时，则认为时间序列是非平稳的。

【例 6-3】 仍选取表 6-1 所列财政收入和国内生产总值样本数据，分别检验这两个时间序列的单整属性。

首先，检验财政收入(FR)的单整属性。

财政收入(FR)原始序列单位根检验结果如图 6-2 所示,并且三个辅助模型检验结果显示 t 统计量所对应的 P 值都较大,不拒绝原假设,财政收入(FR)原始序列是非平稳的,财政收入(FR)至少存在一阶单整。

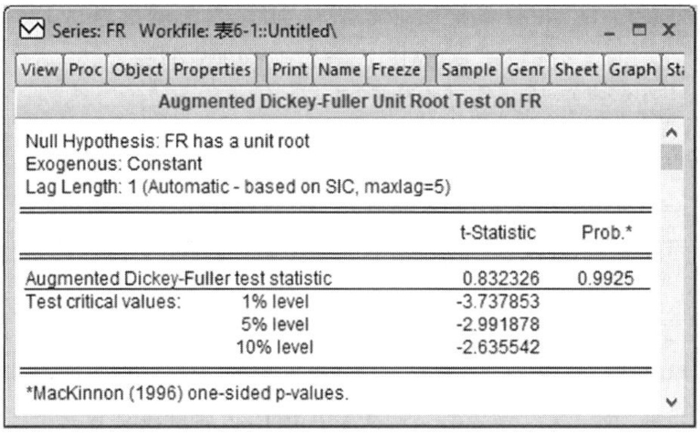

图 6-2　财政收入单位根检验结果

财政收入(FR)做一次差分,检验结果表明经过一次差分后仍然是非平稳的,财政收入(FR)至少存在二阶单整。

财政收入(FR)做二次差分,检验结果如图 6-3 所示。

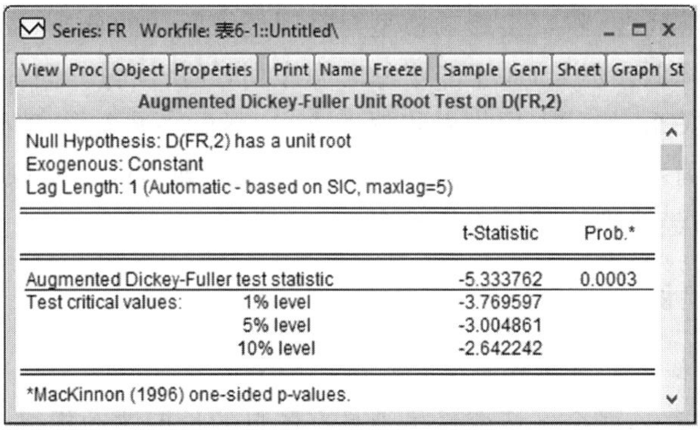

图 6-3　财政收入单位根检验最终结果

可见,t 统计量所对应的伴随概率 $P=0.000\,3$,P 值很小,拒绝原假设,财政收入(FR)经过二次差分才是平稳的。因此,1993—2018 年我国财政收入(FR)为二阶单整。

第二,检验国内生产总值(GDP)的单整属性。

同理,国内生产总值(GDP)经过原始序列、一次差分直到二次差分的检验结果如图 6-4 所示。可见,t 统计量所对应的伴随概率 $P=0.000\,1$,P 值很小,拒绝原假设,国内生产总值(GDP)经过二次差分才是平稳的。因此,1993—2018 年我国国内生产总值(GDP)为二阶单整。

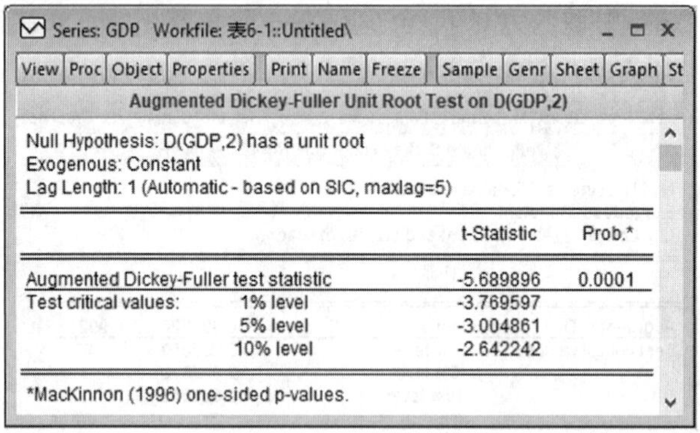
Series: GDP Workfile: 表6-1::Untitled\

View | Proc | Object | Properties | Print | Name | Freeze | Sample | Genr | Sheet | Graph | St

Augmented Dickey-Fuller Unit Root Test on D(GDP,2)

Null Hypothesis: D(GDP,2) has a unit root
Exogenous: Constant
Lag Length: 1 (Automatic - based on SIC, maxlag=5)

		t-Statistic	Prob.*
Augmented Dickey-Fuller test statistic		-5.689896	0.0001
Test critical values:	1% level	-3.769597	
	5% level	-3.004861	
	10% level	-2.642242	

*MacKinnon (1996) one-sided p-values.

图 6-4 国内生产总值单位根检验的最终结果

第三节 协 整

计量经济模型应建立在平稳时间序列数据的基础上,对于非平稳时间序列,若出现伪回归等问题,将直接影响模型对客观经济问题的分析,或者说模型结果的可信度有所降低。但是,对于非平稳时间序列,经济变量之间往往也存在着长期稳定的均衡关系,如可支配收入和消费支出,尽管各自往往都不是平稳的,但可支配收入和消费支出之间的均衡关系是存在的,即边际消费倾向将是趋于稳定的,这与西方经济理论的描述相吻合。

一、什么是协整

1. 长期均衡关系与协整

经济理论指出,两个经济变量尽管具有各自的长期波动规律,但往往存在着一个长期稳定的均衡关系。这种均衡关系是经济系统的一种状态,当一个经济系统在某一均衡状态时,可能受到政策、环境等其他经济外力的作用,会偏离其长期均衡点,而内在的均衡机制也就是经济规律会促使经济系统通过不断调整返回到均衡状态。

一般地,假设经济变量 X,Y 之间长期均衡关系描述为

$$Y_t = \beta_0 + \beta_1 X_t + \mu_t$$

均衡关系意味着给定 X 的一个值,则 Y 具有相应的均衡值。若两个经济变量永远处于均衡状态,则不存在偏差;但经济系统外力始终存在并且会发生作

用，均衡关系被打破，这时就出现了非均衡误差。模型中随机误差项也可被描述为非均衡误差，它是经济变量 X,Y 的线性组合，即

$$\mu_t = Y_t - \beta_0 - \beta_1 X_t \tag{6-7}$$

因此，若模型中经济变量 X、Y 之间长期均衡关系存在，非均衡误差 μ_t 应是一个平稳时间序列，否则，均衡关系被打破后难以回到均衡状态。

对于具有均衡机制的经济系统来说，在不断出现非均衡误差的过程中，均衡机制始终不断调整以维持着系统的均衡状态。如我国宏观经济中消费与国民收入就存在着这种均衡关系，尽管消费与国民收入都有较快增长，各自具有非平稳的特征，但二者却存在着稳定的比例关系，并在一定范围内波动。若比值过大，意味着消费支出过高，基本建设投资规模相对较少，影响再生产规模的进一步扩大，最终影响经济持续稳定发展，这样往往在下一期会减少消费，回落到均衡状态；若比值过小，说明基本建设投资规模超出了国民经济所能承受的限度，将导致物资、劳动力资源的匮乏及交通能力的制约，也必将影响经济发展。

通俗地说，协整意味着经济变量之间存在长期的均衡关系，如果某时期经济变量之间受到干扰后偏离了长期的均衡点，则内在的均衡机制将会在下一期（或若干期）进行调整重新回到均衡状态。

2. 协整的定义

很多经济变量都是非平稳的，也就是说经济变量往往都是具有一阶或者高阶的单整时间序列。从式(6-7)可以看出，对于非平稳时间序列，它们的线性组合也可能成为平稳的。因此，如果两个或两个以上同阶单整的非平稳时间序列的线性组合是平稳时间序列，则这些变量之间具有协整关系。

如果时间序列 $Y_{1t},Y_{2t},\cdots,Y_{kt}$ 都是 d 阶单整的，存在非零向量 $\boldsymbol{\alpha}=(\alpha_1,\alpha_2,\cdots,\alpha_k)$，使得

$$\alpha_1 Y_{1t} + \alpha_2 Y_{2t} + \cdots + \alpha_k Y_{kt} \sim I(d-b) \quad d \geqslant b > 0$$

则称序列 $Y_{1t},Y_{2t},\cdots,Y_{kt}$ 是(d,b)阶协整，记为 $Y_{1t},Y_{2t},\cdots,Y_{kt} \sim (d,b)$，$\boldsymbol{\alpha}$ 称为协整向量。

从协整的定义可以看出，如果两个经济变量都是单整变量，若不具有同阶单整，一定不具有协整关系；只有其单整阶数相同时，才可能具有协整关系。另外，平稳时间序列经济变量的线性组合一定是平稳的，因此也一定具有协整关系。

在协整关系的讨论中，(d,d)阶协整是一类非常重要的协整关系，其经济意义在于：经济变量尽管具有各自的长期波动规律，若是(d,d)阶协整的，则它们之间存在着长期稳定的均衡关系。(d,d)阶协整隐含了一个重要的概念，即经济变量之间若是(d,d)阶协整，则它们之间的线性组合是平稳的。

3. 协整的意义

如果一组非平稳时间序列的经济变量不存在协整关系，则用这组变量构造的回归模型就是伪回归。伪回归模型具有很高的拟合优度及解释变量的显著性，但参数估计值却没有意义。在现实的经济问题研究中，不存在协整关系的经济变量所构造的模型在统计检验时经常表现为显著相关，经济变量之间不存在长期均衡关系往往会给客观经济问题的分析带来错误的导向，因此，协整关系检验是正确建模的关键一步。

在提出协整理论之前，往往用平稳时间序列或将经济变量样本转变成平稳时间序列构造模型。而协整理论表明，单个的经济变量序列可能是非平稳的，如果变量之间存在协整关系，那么其时间序列的线性组合将是平稳的，因而就可以直接建立模型，其参数的最小二乘估计值具有超一致性的特征，即以更快的速度收敛于参数的真实值。

另外，格兰杰和恩格尔发现，如果经济变量是协整的，变量之间存在长期均衡关系，则非均衡误差将显著影响变量之间的短期动态关系。也就是说通过协整理论可以从另一角度去研究经济变量之间所存在的长期均衡关系和短期动态关系。

二、协整检验(EG 检验)

协整检验的常用方法是格兰杰-恩格尔法(EG 检验)。检验协整关系应首先检验经济变量各自的单整，如果都是平稳时间序列，一定具有协整关系；如果不是同阶单整，一定不存在协整关系；如果是同阶单整，需要进一步通过协整检验判断是否存在协整关系。

以两个变量协整检验为例，格兰杰-恩格尔法检验协整关系的原理及其步骤如下。

第一步，协整回归。若协整回归模型为

$$Y_t = \beta_0 + \beta_1 X_t + \mu_t$$

用普通最小二乘法估计该模型，得到参数的估计值及残差 e_t。

协整回归模型和原模型(对研究的问题所构造的模型)可以存在差异，差异表现在：可以用任一变量作为协整回归模型的被解释变量、协整回归模型中还可以添加趋势项。

第二步，检验残差 e_t 的平稳性，确定协整检验的 EG 统计量。如果残差 e_t 为平稳的，随机误差项 μ_t(非均衡误差)则是一个平稳时间序列，认为两变量 X、Y 具有协整关系；否则，就不具有协整关系。

检验残差 e_t 的平稳性，因为残差 e_t 应以 0 为中心波动，协整检验的辅助模

Series: ET　Workfile: 表6-1::Untitled\

View | Proc | Object | Properties | Print | Name | Freeze | Sample | Genr | Sheet | Graph | St

Augmented Dickey-Fuller Unit Root Test on ET

Null Hypothesis: ET has a unit root
Exogenous: None
Lag Length: 4 (Automatic - based on SIC, maxlag=5)

		t-Statistic	Prob.*
Augmented Dickey-Fuller test statistic		-3.641322	0.0009
Test critical values:	1% level	-2.679735	
	5% level	-1.958088	
	10% level	-1.607830	

*MacKinnon (1996) one-sided p-values.

图 6-7　残差序列平稳性检验结果

果如图 6-8 所示。可以看出，EG 检验的原假设是 FR 和 GDP 序列不是协整的，而检验所对应的 t 统计量有两项，即 -3.641 和 -3.603，表示 FR 和 GDP 分别作为被解释变量的协整回归模型所对应的 t 统计量；根据这两个 t 统计量所对应的 P 值中最小的进行判断，即 $P=0.0501$，完全可以认为拒绝原假设，存在协整关系。

Group: UNTITLED　Workfile: 表6-1::Untitled\

View | Proc | Object | Print | Name | Freeze | Sample | Sheet | Stats | Spec

Engle-Granger Cointegration Test

Date: 02/21/20　Time: 14:50
Series: FR GDP
Sample: 1993 2018
Included observations: 26
Null hypothesis: Series are not cointegrated
Cointegrating equation deterministics: C
Automatic lags specification based on Schwarz criterion (maxlag=5)

Dependent	tau-statistic	Prob.*	z-statistic	Prob.*
FR	-3.641322	0.0501	8.853940	1.0000
GDP	-3.602572	0.0538	9.019171	1.0000

*MacKinnon (1996) p-values.

图 6-8　EG 检验结果

三、协整检验应注意的问题

(1) 根据伴随概率 P 值进行判断时，一定不要将置信水平 $\alpha=0.05$ 绝对化，有时适当放宽一点 P 值还是很必要的。如上例中 $P=0.0501$ 时，尽管没有 95%的显著性水平，但仍然有 94%的显著性水平，可以认为 1993—2018 年我国财政收入(FR)和国内生产总值(GDP)之间存在协整关系。

(2) EG 协整检验同样可以讨论两个以上变量之间的协整关系，多个变量序列就有多个 t 统计量与之对应，只有一个 t 统计量所对应的 P 值可以认为拒绝原假设，这些变量之间就存在协整关系。

(3) 协整回归模型是否包含常数项、线性趋势，使 EG 协整检验的 t 统计量及其所对应的 P 值有很大差别。例 6-3 协整回归有常数项和 EViews 软件中设定一致，其分步检验和 EViews 软件打包检验的 t 统计量也一致，检验结论一致。读者可以尝试在协整回归模型中加入线性趋势等，感受分步检验和打包检验，也能更好地理解检验中常数项、趋势项等设定。

(4) 在对现实问题中经济变量之间协整关系讨论时，要注意根据模型的特征，线性模型需要讨论经济变量样本数据的原始序列是否存在协整关系；指数模型需要讨论经济变量样本数据的对数序列是否存在协整关系，只有用存在协整关系的经济变量序列构造模型才是有效的模型，才能分析经济现象之间的经济关系。

(5) 协整检验也可以采用 Johensen 检验，该检验方法主要是针对向量自回归模型(VAR)提出的，有时也称为 JJ 检验。EG 检验是基于协整回归的残差序列进行协整检验；而 Johensen 检验是基于回归系数的协整检验。

(6) 若模型中经济变量序列通过检验发现不存在协整关系，应该对模型进行调整并重新检验。调整的方法主要有改变模型的形式、重新选择影响因素或者调整变量的设定、增加或者减少样本容量。

第四节 误差修正模型

对于非平稳的时间序列，可以通过差分的方法将其变成平稳时间序列，用平稳时间序列样本数据得到的模型具有长期稳定的均衡关系。若通过一阶差分消除共同的变化趋势，形成平稳时间序列，则其差分模型为

$$\Delta Y_t = \alpha_1 \Delta X_t + \upsilon_t \tag{6-8}$$

模型(6-8)的参数估计会存在什么问题呢？只注重了增量数据，而忽视了经济变量的水平数据(原始数据)；只反映了经济变量之间的短期关系，也就是变量在时间序列上的增量对另一变量增量的影响，而没有揭示变量之间的长期均衡关系。可见，简单的差分模型可能满足了时间序列平稳性的要求，但又出现了一些新的问题。根据格兰杰表述定理：如果非平稳经济变量存在协整关系，则它们之间的短期非均衡关系总能有一个误差修正模型表述，即

$$\Delta Y_t = \text{lagged}(\Delta Y, \Delta X) + \lambda ECM_{t-1} + \mu_t \tag{6-9}$$

模型中，ECM_{t-1} 为非均衡误差，或者称为长期均衡的偏离误差；λ 为短期修正系数。

误差修正模型是一种具有特定形式的计量经济模型，最初于1964年由萨甘(Sargan)提出，后由多位经济学家对模型进行了不断改进和完善。一般地，误差修正模型由差分变量、非均衡误差组成。

建立误差修正模型，首先需要对变量之间的协整关系进行分析，即存在长期均衡关系，构建长期关系模型，并确定非均衡误差，将非均衡误差和其他反映短期波动的解释变量一起作为解释变量，构建短期模型，即误差修正模型。假设原模型为

$$Y_t = \beta_0 + \beta_1 X_t + \mu_t$$

经过参数估计，其非均衡误差项为

$$ECM_t = Y_t - (\hat{\beta}_0 + \hat{\beta}_1 X_t)$$

则最基本的误差修正模型可表示为

$$\Delta Y_t = \alpha_0 + \alpha_1 \Delta X_t + \lambda ECM_{t-1} + \mu_t \tag{6-10}$$

在误差修正模型中，既有α_1，λ等短期影响参数，又有β_0，β_1长期参数，既可以分析经济变量之间的长期均衡关系，又可以分析经济变量之间的短期动态关系，特别是非均衡误差所体现的短期动态影响是非常重要的。误差修正是一个负反馈过程，λ应该是负数，若前一期大，现期就会减少；若前一期小，现期就会增加。

误差修正模型(6-10)中还可以添加ΔY，ΔX的若干滞后项，滞后长度需要通过是否存在自相关及是否具有最小的SIC值进行判断。

第五节　协整问题的EViews软件处理

一、模型设定

协整检验是针对模型中变量的时间序列进行的，线性模型应检验原变量序列，指数模型应检验变量的对数序列。因此，判断模型中变量是否存在协整关系，首先应预设模型形式。仍选取表2-2所列1990—2012年全国城镇居民家庭人均消费(CT)与收入(YT)统计数据，若消费函数模型为

$$C_t = \beta_0 + \beta_1 Y_t + \mu_t$$

模型中，C_t为人均消费性支出；Y_t为人均可支配收入。

检验协整关系的常用方法是格兰杰-恩格尔法(EG检验)，应首先检验经济变量各自的单整，如果经济变量具有相同的单整阶数，才能采用EG检验判断是否存在协整关系。

二、单整检验(单位根检验)

单位根检验最常用的方法是ADF检验(DF检验)，下面利用EViews软件

介绍 ADF 检验的过程。

1. 打开某序列

在工作文件(Workfile)窗口双击需检验的某变量(如 CT)时间序列，出现数据窗口(Series)，如图 6-9 所示。

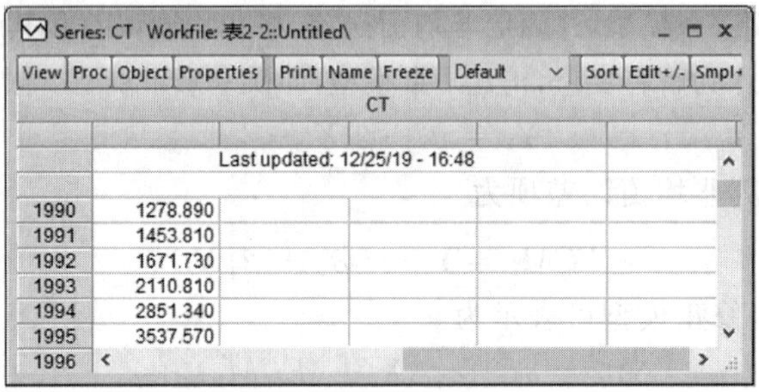

图 6-9 时间序列数据窗口

2. 检验设定

在数据窗口(Series)上依次点击“View→Unit Root Test”，弹出单位根检验(Unit Root Test)设定对话框，如图 6-10 所示。

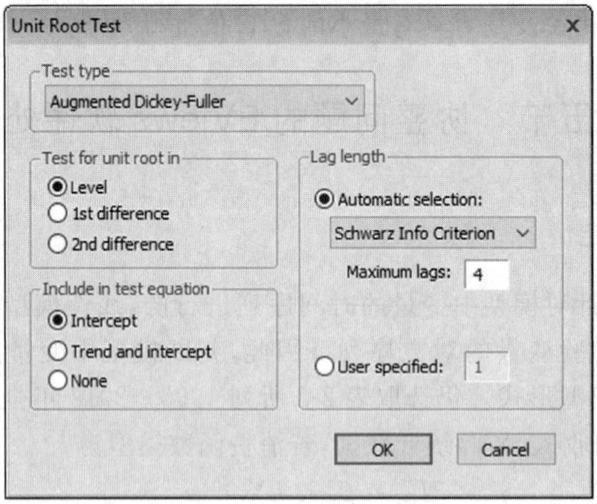

图 6-10 单位根检验设定对话框

设定对话框中有 4 个功能选择区：一是检验方法选择区，可选 ADF 检验、DF 检验等；二是时间序列数据选择区，可选水平序列(原始数据)、一阶差分序列、二阶差分序列；三是检验的辅助模型形式选择区，可选有漂移项、有趋势项和漂移项、无趋势项和无漂移项；四是滞后期长度选择区，可选自动设定及用户自定义，若采取用户自定义，可根据 *SIC* 值判断合理的滞后期长度。

3. 调整与判断

首先检验原始序列，有漂移项的辅助模型检验结果如图 6-11 所示。可以看出，原假设是 CT 有一个单位根，而有一个单位根的时间序列是非平稳的，也就是说原假设 CT 是非平稳的。根据检验结论中 *ADF* 统计量所对应的伴随概率 $P=1.0000$，不拒绝原假设，时间序列 CT 非平稳。

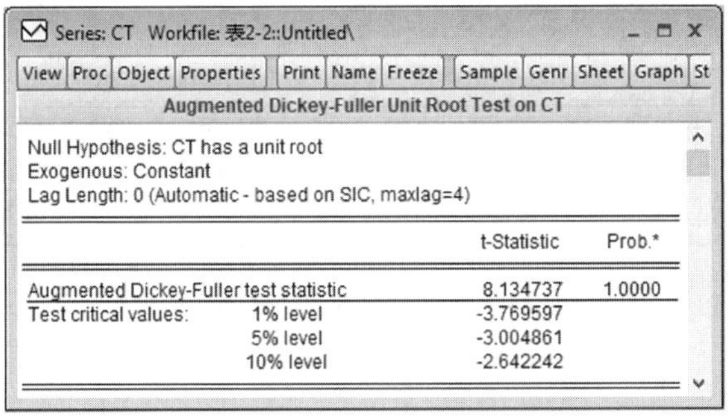

图 6-11　CT 时间序列单位根检验结果

先调整辅助模型设定（有漂移项、有趋势项和漂移项、趋势项和漂移项都没有），再调整时间序列数据类型（原始序列、一次差分、二次差分），直到能够拒绝原假设。

4. 最终结果

经过不断调整辅助模型和时间序列的类型，得到 CT 时间序列单位根检验的最终结果，如图 6-12 所示。

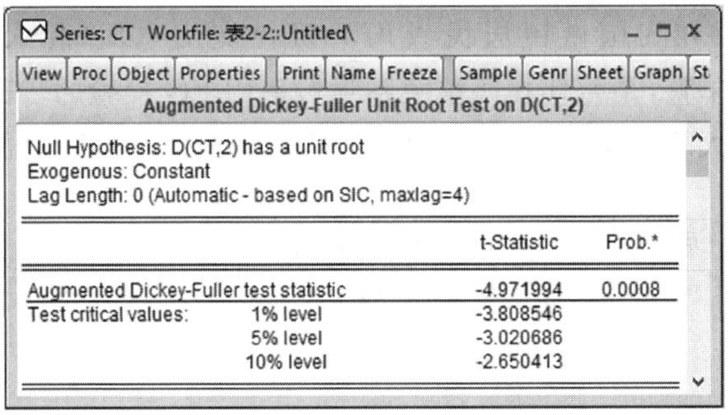

图 6-12　CT 时间序列单位根检验最终结果

显然，*ADF* 统计量所对应的伴随概率 $P=0.0008$，拒绝原假设，可见 CT 经过二次差分后的时间序列是平稳的，因此，1990—2012 年我国城镇居民人均消费性支出（CT）时间序列数据为二阶单整。

同理,通过该检验过程可得到1990—2012年我国城镇居民人均可支配收入(YT)时间序列数据也为二阶单整,如图6-13所示。

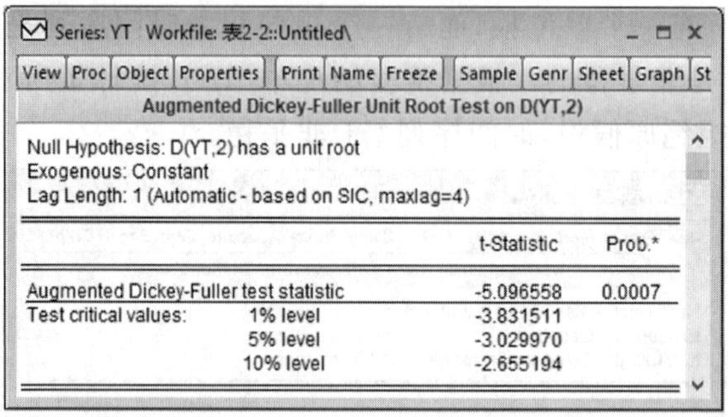
Series: YT Workfile: 表2-2::Untitled\

View Proc Object Properties Print Name Freeze Sample Genr Sheet Graph St

Augmented Dickey-Fuller Unit Root Test on D(YT,2)

Null Hypothesis: D(YT,2) has a unit root
Exogenous: Constant
Lag Length: 1 (Automatic - based on SIC, maxlag=4)

		t-Statistic	Prob.*
Augmented Dickey-Fuller test statistic		-5.096558	0.0007
Test critical values:	1% level	-3.831511	
	5% level	-3.029970	
	10% level	-2.655194	

图6-13 YT时间序列单位根检验最终结果

5. 几点注意

如果一个时间序列经过二次差分仍然是非平稳的,显然在检验设定窗口只能最多设置二次差分,EViews软件处理这样的时间序列时,可以通过数据的运算功能预先对时间序列数据进行差分运算,将差分运算后的时间序列再进行ADF检验。

另外,根据单位根检验的经验可知,对数序列的单整阶数往往低于原始序列的单整阶数。

三、协整检验

1990—2012年我国城镇居民人均消费性支出(CT)和人均可支配收入(YT)都是二阶单整,是否存在协整关系呢?采用EG检验的步骤如下。

首先,打开人均消费性支出(CT)和人均可支配收入(YT)的数据组窗口,如图6-14所示。

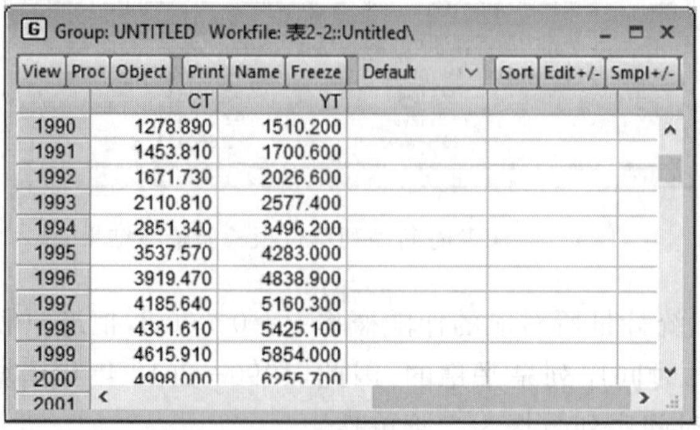
Group: UNTITLED Workfile: 表2-2::Untitled\

View Proc Object Print Name Freeze Default Sort Edit+/- Smpl+/-

	CT	YT
1990	1278.890	1510.200
1991	1453.810	1700.600
1992	1671.730	2026.600
1993	2110.810	2577.400
1994	2851.340	3496.200
1995	3537.570	4283.000
1996	3919.470	4838.900
1997	4185.640	5160.300
1998	4331.610	5425.100
1999	4615.910	5854.000
2000	4998.000	6255.700
2001		

图6-14 数据组窗口

其次，在数据组窗口依次点击“View→Cointegration Test→Single-Equation Cointegration Test”，弹出协整检验设定对话框，如图 6-15 所示。

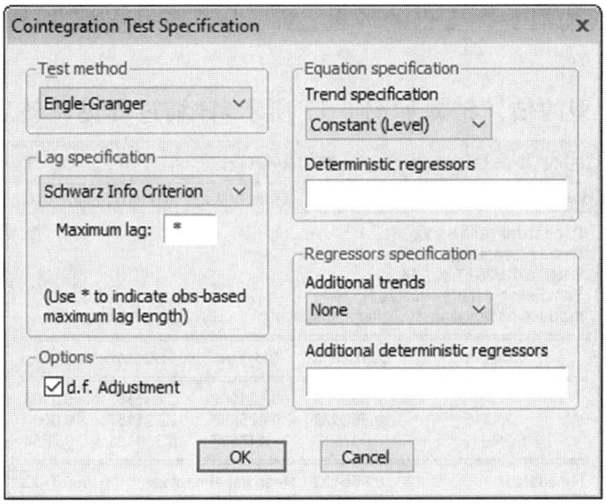

图 6-15　协整检验设定

最后，不断调整协整检验设定，特别是协整方程是否有常数项、线性趋势、二次趋势等设定，得到协整检验结果如图 6-16 所示。可以看出，原假设为时间序列不是协整的，而 t 统计量的伴随概率中最小的为 $P=0.0817$，可以认为拒绝原假设，时间序列存在协整关系，即 1990—2012 年我国城镇居民人均消费性支出(CT)和人均可支配收入(YT)存在协整关系，那么所构建的线性模型是有效的。

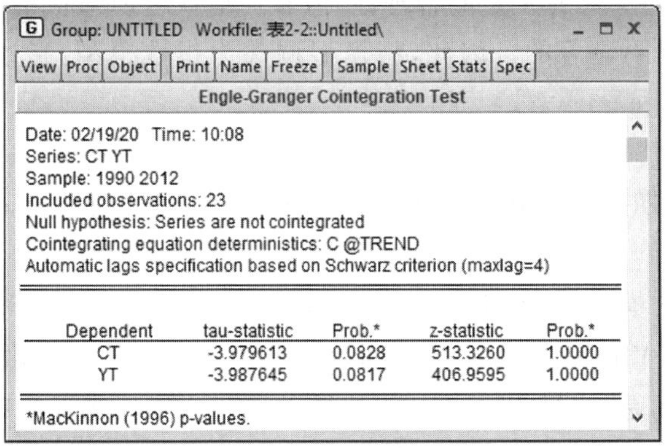

Engle-Granger Cointegration Test

Date: 02/19/20 Time: 10:08
Series: CT YT
Sample: 1990 2012
Included observations: 23
Null hypothesis: Series are not cointegrated
Cointegrating equation deterministics: C @TREND
Automatic lags specification based on Schwarz criterion (maxlag=4)

Dependent	tau-statistic	Prob.*	z-statistic	Prob.*
CT	-3.979613	0.0828	513.3260	1.0000
YT	-3.987645	0.0817	406.9595	1.0000

*MacKinnon (1996) p-values.

图 6-16　协整检验结果

四、误差修正模型

根据协整检验的结论：1990—2012 年我国城镇居民人均消费性支出(CT)

和人均可支配收入(YT)存在协整关系,可构建误差修正模型为

$$\Delta C_t = \alpha_0 + \alpha_1 \Delta Y_t + \lambda ECM_{t-1} + \mu_t$$

模型中,ΔC_t 为人均消费性支出的增量;ΔY_t 为人均可支配收入的增量;ECM_{t-1} 为前期非均衡误差。

误差修正模型的估计结果如图 6-17 所示,详细过程见调整后的模型。

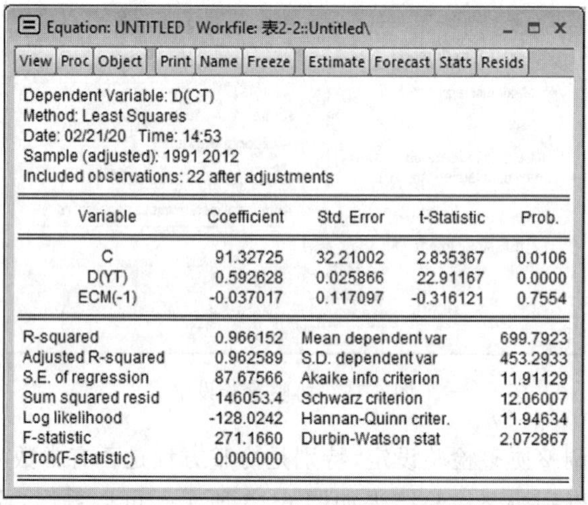
Equation: UNTITLED Workfile: 表2-2::Untitled\

View | Proc | Object | Print | Name | Freeze | Estimate | Forecast | Stats | Resids

Dependent Variable: D(CT)
Method: Least Squares
Date: 02/21/20 Time: 14:53
Sample (adjusted): 1991 2012
Included observations: 22 after adjustments

Variable	Coefficient	Std. Error	t-Statistic	Prob.
C	91.32725	32.21002	2.835367	0.0106
D(YT)	0.592628	0.025866	22.91167	0.0000
ECM(-1)	-0.037017	0.117097	-0.316121	0.7554

R-squared	0.966152	Mean dependent var	699.7923
Adjusted R-squared	0.962589	S.D. dependent var	453.2933
S.E. of regression	87.67566	Akaike info criterion	11.91129
Sum squared resid	146053.4	Schwarz criterion	12.06007
Log likelihood	-128.0242	Hannan-Quinn criter.	11.94634
F-statistic	271.1660	Durbin-Watson stat	2.072867
Prob(F-statistic)	0.000000		

图 6-17 误差修正模型估计结果

从估计结果可以看出,尽管非均衡误差的系数为负,符合负反馈过程的经济原理,参数经济意义具有一定的合理性,但非均衡误差所对应的 P 值很大,意味着非均衡误差是不显著的。因此,将模型调整为指数模型,指数型误差修正模型为

$$\Delta \ln C_t = \alpha_0 + \alpha_1 \Delta \ln Y_t + \lambda ECM_{t-1} + \mu_t$$

模型中,C_t 为现期人均消费性支出;Y_t 为现期人均可支配收入;ECM_{t-1} 为前期非均衡误差。

根据设定的模型,应检验 C_t,Y_t 的对数序列是否存在协整关系。通过检验发现 $\ln C_t$,$\ln Y$ 都是平稳时间序列(检验过程略),显然指数模型是有效模型。需要说明的是,检验 $\ln C_t$,$\ln Y$ 的单整属性,应生成新的序列,即 LCT=LOG(CT),LYT=LOG(YT),再对 LCT、LYT 进行单位根检验。

首先,估计如下消费函数模型

$$\ln C_t = \beta_0 + \beta_1 \ln Y_t + \mu_t$$

估计结果如图 6-18 所示,模型中参数反映了消费与收入之间的长期均衡关系,即参数 β_1 反映了消费的收入弹性。消费与收入之间的关系往往会偏离长期

均衡关系，此时消费者会根据对长期均衡关系的偏离误差(即非均衡误差)不断调整消费，以便逐步恢复消费与收入的长期均衡关系。

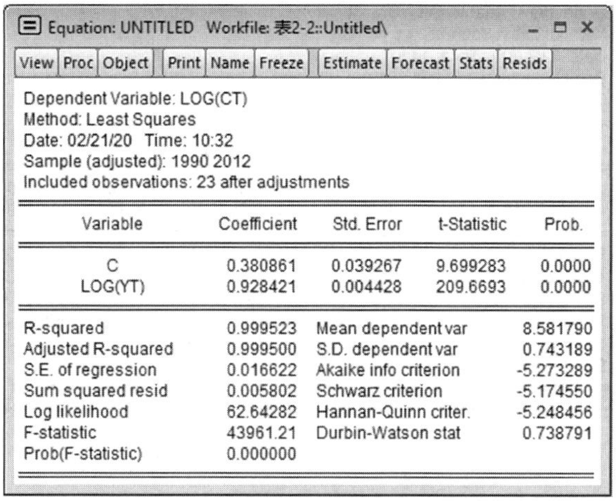

Dependent Variable: LOG(CT)
Method: Least Squares
Date: 02/21/20 Time: 10:32
Sample (adjusted): 1990 2012
Included observations: 23 after adjustments

Variable	Coefficient	Std. Error	t-Statistic	Prob.
C	0.380861	0.039267	9.699283	0.0000
LOG(YT)	0.928421	0.004428	209.6693	0.0000

R-squared	0.999523	Mean dependent var	8.581790
Adjusted R-squared	0.999500	S.D. dependent var	0.743189
S.E. of regression	0.016622	Akaike info criterion	-5.273289
Sum squared resid	0.005802	Schwarz criterion	-5.174550
Log likelihood	62.64282	Hannan-Quinn criter.	-5.248456
F-statistic	43961.21	Durbin-Watson stat	0.738791
Prob(F-statistic)	0.000000		

图 6-18　指数模型估计结果

其次，确定非均衡误差。用残差作为非均衡误差，并新建序列 ECM，如图 6-19 所示。

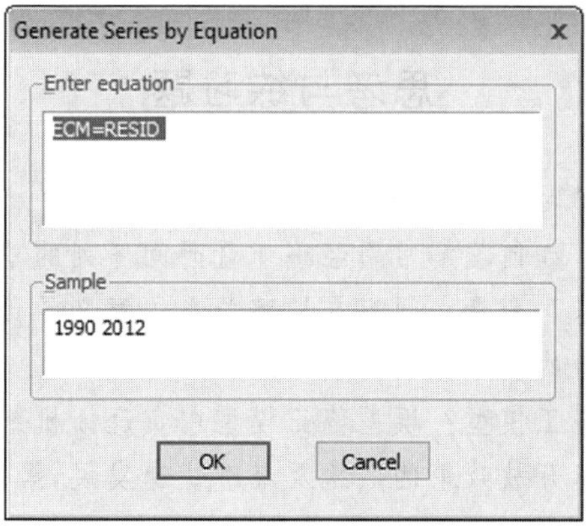

图 6-19　确定非均衡误差

第三，估计误差修正模型，估计结果如图 6-20 所示。

最后，误差修正模型及其分析。根据图 6-18 和图 6-20，消费函数的误差修正模型为

$$\Delta \ln \hat{C}_t = 0.932\,6 \Delta \ln Y_t - 0.395\,8 ECM_{t-1}$$

$$ECM_{t-1} = \ln C_t - (0.381 + 0.928 \ln Y_t)$$

Equation: UNTITLED Workfile: 表2-2::Untitled\

View | Proc | Object | Print | Name | Freeze | Estimate | Forecast | Stats | Resids

Dependent Variable: D(LOG(CT))
Method: Least Squares
Date: 02/21/20 Time: 14:55
Sample (adjusted): 1991 2012
Included observations: 22 after adjustments

Variable	Coefficient	Std. Error	t-Statistic	Prob.
D(LOG(YT))	0.932585	0.020491	45.51182	0.0000
ECM(-1)	-0.395835	0.188645	-2.098310	0.0488

R-squared	0.956795	Mean dependent var	0.116722
Adjusted R-squared	0.954635	S.D. dependent var	0.061813
S.E. of regression	0.013166	Akaike info criterion	-5.735910
Sum squared resid	0.003467	Schwarz criterion	-5.636724
Log likelihood	65.09501	Hannan-Quinn criter.	-5.712544
Durbin-Watson stat	2.053076		

图 6-20 误差修正模型最终结果

因此，误差修正模型描述了可支配收入与消费性支出之间长期的均衡关系和短期的动态关系，即消费的收入弹性为 0.928，反映的是长期均衡关系，表示人均可支配收入每增长 1%，消费总支出将增长 0.928%；而−0.395 8 表示非均衡误差对消费的短期动态调整。

思考与练习题

1. 如何理解平稳时间序列、非平稳时间序列？

2. 什么是单整？如何理解常用经济变量时间序列的单整属性？

3. 什么协整关系？变量之间存在协整关系的意义是什么？

4. 简述协整检验的过程及其判别方法。

5. 什么是误差修正模型？误差修正模型中负反馈机制的意义是什么？

6. 随着我国改革开放政策的实施及经济快速发展，居民收入水平和消费水平也有了显著增长，根据 1978—2006 年我国居民可支配总收入与消费总支出有关统计数据(如表 6-3 所列)，解答以下问题：

(1) 构建消费函数模型并检验是否存在协整关系；

(2) 根据《中国统计年鉴》增加样本数据，再次检验所构建模型是否存在协整关系；

(3) 确定最终消费函数模型并分析收入与消费问题；

(4) 构建误差修正模型。

表 6-3　1978—2006 年我国居民可支配总收入与消费总支出统计数据

单位:亿元

年份	消费总支出	可支配总收入	年份	消费总支出	可支配总收入
1978	3 806.7	6 678.8	1993	13 004.7	25 897.3
1979	4 273.2	7 551.6	1994	13 944.2	28 783.4
1980	4 605.5	7 944.2	1995	15 467.9	31 175.4
1981	5 063.9	8 438.0	1996	17 092.5	33 853.7
1982	5 482.4	9 235.2	1997	18 080.6	35 956.2
1983	5 983.2	10 074.6	1998	19 364.1	38 140.9
1984	6 745.7	11 565.0	1999	20 989.3	40 277.0
1985	7 729.2	11 601.7	2000	22 863.9	42 964.6
1986	8 210.9	13 036.5	2001	24 370.1	46 385.4
1987	8 840.0	14 627.7	2002	26 243.2	51 274.0
1988	9 560.5	15 794.0	2003	28 035.0	57 408.1
1989	9 085.5	15 035.5	2004	30 306.2	64 623.1
1990	9 450.9	16 525.9	2005	33 214.4	74 580.4
1991	10 375.8	18 939.6	2006	36 811.2	85 623.1
1992	11 815.3	22 056.5			

7. 宏观经济理论告诉我们,拉动我国经济增长的主要因素是消费、投资和净出口“三驾马车”。自选全国或各省(自治区、直辖市)国内生产总值(或地区生产总值)、最终消费、固定资产投资、净出口总额和价格指数等样本数据,讨论如下问题:

(1) 检验各经济变量的单整属性;

(2) 若采用价格指数调整后的单整属性是否变化;

(3) 各经济变量对数序列的单整属性有无变化;

(4) 讨论消费、投资和净出口与国内生产总值(或地区生产总值)是否存在协整关系;

(5) 构造经济增长模型。

8. 旅游业的发展是各地区经济发展的新引擎,而旅游业的发展状况与旅游资源、基础设施建设等方面密不可分。以某市旅游业总收入为旅游业发展指标,选取财政支出、海外游客过夜人数和客运量三个影响因素,样本数据如表 6-4 所示,讨论协整关系并构造计量经济模型。

表 6-4　1998—2014 年某市旅游业总收入及影响因素

年份	旅游业总收入 /亿元	财政支出 /亿元	海外游客过夜人数 /万人	客运量 /万人
1998	41.75	25.98	25.98	4 567.00
1999	52.08	38.10	38.10	5 392.30
2000	57.62	44.10	44.10	6 355.70
2001	67.76	53.43	53.43	6 841.20
2002	78.36	64.85	64.85	7 875.80
2003	71.56	75.56	75.56	7 736.30
2004	92.93	92.05	92.05	8 733.50
2005	117.54	114.10	114.10	9 315.00
2006	147.84	143.69	143.69	9 797.60
2007	186.13	174.50	174.50	11 146.40
2008	228.17	209.24	209.24	12 965.00
2009	273.26	248.03	248.03	31 243.73
2010	331.19	323.86	323.86	33 612.76
2011	402.51	407.53	407.53	33 875.31
2012	475.51	564.50	564.50	34 231.00
2013	543.05	693.30	693.30	39 784.00
2014	614.00	840.73	840.73	45 896.10

第七章　非线性模型与面板数据模型

第一节　非线性计量经济模型

经典的计量经济学方法是在线性模型基础上发展起来的，已经趋于成熟和完善。而在现实经济活动中，许多经济变量之间的相互依存关系并不只表现为线性关系，也就是说，若用非线性模型加以描述，将更合理、更吻合客观经济现象。自 20 世纪 70 年代以来，关于非线性计量经济模型的理论、方法及应用研究取得了丰硕的成果，形成了一系列参数估计方法，提出了许多著名的非线性模型，如恩格尔曲线、CES 生产函数模型、关于失业率的 Phillips 曲线等。

一、非线性模型概述

计量经济模型的非线性含义是指什么呢？如果仅仅从模型所表示的函数关系来看，它包括两个方面：一是解释变量和被解释变量之间的非线性问题；二是待估参数和被解释变量之间的非线性问题。但是，模型是线性的还是非线性的，关键在于是否影响参数估计问题，也就是说能否用线性计量经济模型的参数估计方法估计非线性模型。因此，基于这个思路，非线性计量经济模型可分为可线性化和不可线性化两类。

在许多情况下，可以对非线性模型进行线性化处理，特别是解释变量的非线性问题，往往可以通过变量替换将非线性模型转变成线性模型。

例如，对于如下模型

$$Y=\beta_0+\beta_1 X^2+\beta_2 \frac{1}{p}+\beta_3 \ln K+\mu$$

令 $X_1=X^2, X_2=1/p, X_3=\ln K$，则通过变量替换后的模型为

$$Y=\beta_0+\beta_1 X_1+\beta_2 X_2+\beta_3 X_3+\mu$$

经过变量替换后的模型为线性计量经济模型，完全可以采用线性计量经济模型的估计方法估计模型中的参数。

再如，著名的 C-D 生产函数模型

$$Y=AK^{\alpha}L^{\beta}$$

模型两边取对数后，转变为

$$\ln Y=\ln A+\alpha\ln K+\beta\ln L$$

也可以进一步作变量替换，通过变量替换这种方式将非线性模型转变成线性模型，实际上可以理解为经济变量样本的变换，如 C-D 生产函数模型，原来的原始数据变成了对数数据的样本。在 EViews 软件中可以直接输入经济变量的各种形式，不需要经过样本的转换。

对于一些非常复杂的非线性计量经济模型，也可以采用泰勒级数进行展开，得到一个近似的线性计量经济模型。

例如，具有不变替代弹性的 CES 生产函数模型

$$Y=A\left(\delta_1K^{-\rho}+\delta_2L^{-\rho}\right)^{-\frac{1}{\rho}}$$

方程两边取对数后，得到

$$\ln Y=\ln A-\frac{1}{\rho}\ln(\delta_1K^{-\rho}+\delta_2L^{-\rho})$$

将式中 $\ln(\delta_1K^{-\rho}+\delta_2L^{-\rho})$ 在 $\rho=0$ 处采用泰勒级数展开，取关于 ρ 的线性部分，得到

$$\ln Y\approx\ln A+\delta_1\ln K+\delta_2\ln L-\frac{1}{2}\rho\delta_1\delta_2\left(\ln\frac{K}{L}\right)^2$$

显然，再进行变量替换，就形成了线性计量经济模型，可用线性的参数估计方法进行参数估计。

对于一些无法线性化的非线性模型，适用于线性模型的普通最小二乘法已不能解决这类模型的问题，目前对这类模型已有了许多成熟的参数估计方法，较为实用有效的如迭代线性化法等。

二、迭代线性化法

迭代线性化法的基本原理是：如果非线性计量经济模型不能简单地转化为线性模型，将非线性模型在参数估计值的初始值处，首先通过泰勒级数展开，取线性近似部分；然后对这一线性近似部分采用线性参数估计方法进行参数估计，得到新的参数估计值；用新的参数估计值代替原来的估计值，不断重复上述过程，直至参数估计值收敛为止。

可以看出，迭代线性化法也遵循了普通最小二乘原理的基本思想，如果非线性模型接近于线性模型，则只需要很少的迭代次数就能得到模型满意的参数估计值。

迭代线性化法的具体步骤如下：

(1) 选定参数估计值的初始值，在初始值处对非线性模型作泰勒级数展开。

不妨假设只含有一个结构参数的非线性模型为

$$Y = f(X,\beta) + \mu \tag{7-1}$$

假设 β 的初始值为 β_0，利用泰勒级数在初值处展开，取线性近似值，舍去二阶和二阶以上的高阶项，得到

$$f(X,\beta) \approx f(X,\beta_0) + \left.\frac{\mathrm{d}f(X,\beta)}{\mathrm{d}\beta}\right|_{\beta_0}(\beta - \beta_0) \tag{7-2}$$

(2) 对泰勒级数展开后的模型进行变量替换，构造线性模型。

令 $Z(\beta_0) = \left.\frac{\mathrm{d}f(X,\beta)}{\mathrm{d}\beta}\right|_{\beta_0}$，代入式(7-2)，以及将式(7-2) 代入模型(7-1)，得到

$$Y = f(X,\beta_0) + Z(\beta_0)(\beta - \beta_0) + \upsilon \tag{7-3}$$

模型(7-3)中，随机误差项 υ 是泰勒级数展开式中的高阶项与原非线性模型随机误差项 μ 之和，模型(7-3)进行移项处理后为

$$Y - f(X,\beta_0) + Z(\beta_0)\beta_0 = Z(\beta_0)\beta + \upsilon$$

令 $Y^* = Y - f(X,\beta_0) + Z(\beta_0)\beta_0$，$X^* = Z(\beta_0)$，由于 Y、X 有样本，β_0 已知，很显然 Y^*、X^* 都能通过计算得到样本数据，则变量替换后所构造的线性计量经济模型为

$$Y^* = \beta X^* + \upsilon \tag{7-4}$$

(3) 用普通最小二乘法估计模型(7-4)，得新的参数估计值，记为 β_1。用新的估计值 β_1 去替换 β_0，返回步骤(2)。重复这一过程，当两次迭代的参数估计值满足精度要求，即参数估计值达到收敛状态时，参数估计完成。

采用迭代线性化法需要注意的问题：一是迭代过程中参数估计值有可能不收敛，其原因可能与参数估计值的初始值选择有关。二是初始值选择得不合理有可能导致错误的结果，如建模者对客观经济现象认识不足，缺乏经济理论基础，如果选择的初始值不在合理的区间范围内，其迭代的结果可能是局部的最优而不是总体的最优。三是对于可线性化的非线性模型，一般还是将其转化成线性模型进行估计，但可以通过线性模型的估计结果和非线性模型的估计结果进行比较分析，确定有利于分析客观经济问题的回归模型。

三、非线性模型的 EViews 软件处理

【例 7-1】 选取我国 2000 年以来经济发展过程中相关投入产出统计数据，用国内生产总值表示经济增长指标，用全社会固定资产投资表示资金投入，用城镇就业人员工资总额表示劳动力投入，样本数据如表 7-1 所示，构建经济增长模型分析投入产出问题。若采用 C-D 生产函数模型形式，即

$$GDP_t = AK_t^{\alpha}L_t^{\beta}$$

模型中，GDP 为国内生产总值；K 为全社会固定资产投资；L 为城镇就业人员工资总额。

表 7-1　2000—2018 年全国投入产出相关统计数据　　单位：亿元

年份	国内生产总值	固定资产投资	工资总额
2000	100 280.1	32 917.7	10 954.7
2001	110 863.1	37 213.5	12 205.4
2002	121 717.4	43 499.9	13 638.1
2003	137 422.0	55 566.6	15 329.6
2004	161 840.2	70 477.4	17 615.0
2005	187 318.9	88 773.6	20 627.1
2006	219 438.5	109 998.2	24 262.3
2007	270 092.3	137 323.9	29 471.5
2008	319 244.6	172 828.4	35 289.5
2009	348 517.7	224 598.8	40 288.2
2010	412 119.3	251 683.8	47 269.9
2011	487 940.2	311 485.1	59 954.7
2012	538 580.0	374 694.7	70 914.2
2013	592 963.2	446 294.1	93 064.3
2014	643 563.1	512 020.7	102 817.2
2015	688 858.2	561 999.8	112 007.8
2016	746 395.1	606 465.7	120 074.8
2017	832 035.9	641 238.4	129 889.1
2018	919 281.1	645 675.0	141 480.0

1. 设定参数初始值

在 EViews 软件的工作文件窗口双击序列 C，输入参数的初始值，本例中假设参数初始值设定为 1，0.6，0.4，如图 7-1 所示。所设定的初始值隐含了两方面的设想：一是资金产出弹性大于劳动力产出弹性；二是具有不变规模报酬。

2. 输入非线性模型

在主菜单上依次单击“Quick→Estimate Equation”，弹出模型参数估计设定对话框，在“Specification”选项卡中输入非线性计量经济模型的表达式，并确认选择非线性估计方法，如图 7-2 所示。非线性模型的输入应按照 EViews 软件的格式要求，特别是参数必须用 $C(1)$，$C(2)$……表示；另外，非线性估计方法(NLS)包含在线性估计方法(LS)中。

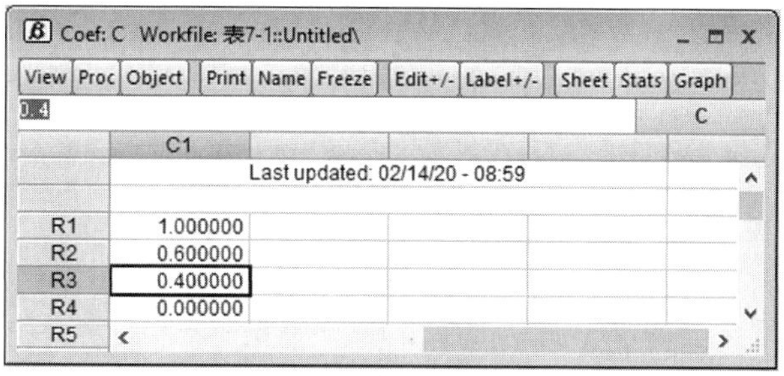

图 7-1 参数初始值设定

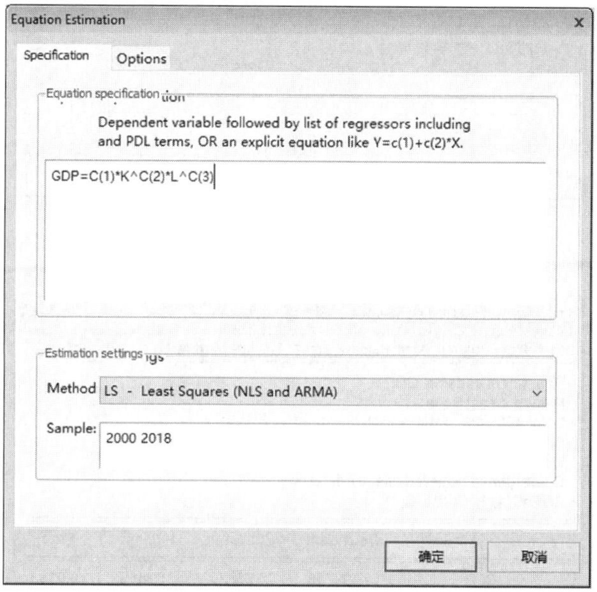

图 7-2 模型结构设定

3. 迭代控制设定

选择参数估计设定对话框的“Options”选项卡，在确定迭代控制选项(Iteration control)中设定迭代的最大次数(Max Iterations)及收敛的误差精度(Convergence)，如图 7-3 所示。一般情况下，默认值能够满足迭代的要求。

4. 参数估计结果及其分析

参数估计结果如图 7-4 所示，则经济增长模型迭代线性化法参数估计结果为

$$\widehat{GDP} = 69.0K^{0.224}L^{0.542}$$

从估计结果可以看出，模型的拟合优度高，但存在参数所对应的解释变量显著性较低的现象。参数经济意义表明固定资产投资每增加 1%，国内生产总值

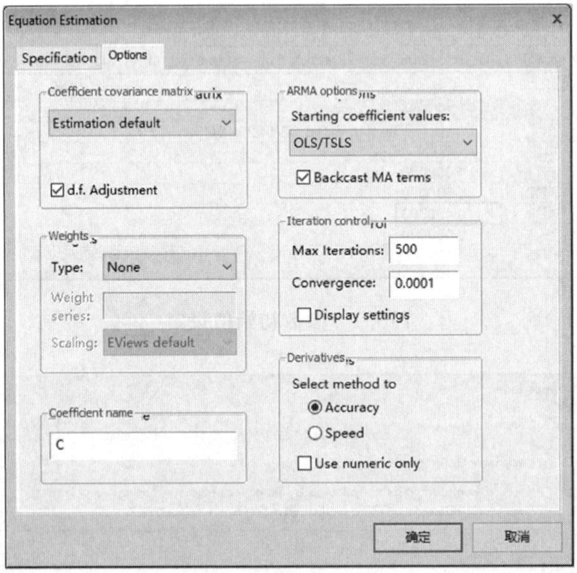

图 7-3 迭代控制设定

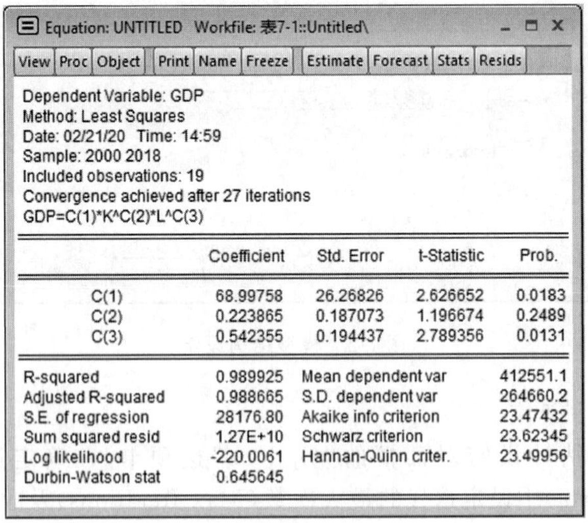

Equation: UNTITLED Workfile: 表7-1::Untitled\

View | Proc | Object | Print | Name | Freeze | Estimate | Forecast | Stats | Resids

Dependent Variable: GDP
Method: Least Squares
Date: 02/21/20 Time: 14:59
Sample: 2000 2018
Included observations: 19
Convergence achieved after 27 iterations
GDP=C(1)*K^C(2)*L^C(3)

	Coefficient	Std. Error	t-Statistic	Prob.
C(1)	68.99758	26.26826	2.626652	0.0183
C(2)	0.223865	0.187073	1.196674	0.2489
C(3)	0.542355	0.194437	2.789356	0.0131

R-squared	0.989925	Mean dependent var	412551.1
Adjusted R-squared	0.988665	S.D. dependent var	264660.2
S.E. of regression	28176.80	Akaike info criterion	23.47432
Sum squared resid	1.27E+10	Schwarz criterion	23.62345
Log likelihood	-220.0061	Hannan-Quinn criter.	23.49956
Durbin-Watson stat	0.645645		

图 7-4 迭代线性化法参数估计结果

将增加 0.224%；工资总额每增加 1%，国内生产总值将增加 0.542%，这个结果表明反映劳动力投入的工资总额的产出弹性大于固定资产投资的产出弹性，也就是说人才、研发、技术创新更能促进经济的增长。从我国的实际情况看可以理解，也就是说参数经济意义可以认为在合理的范围内。

5. 模型估计方法调整

若对经济增长模型进行线性化处理，采用线性估计方法进行参数估计，其参数估计结果如图 7-5 所示，则回归模型为

$$\ln \widehat{GDP} = 4.16 + 0.484\ln K + 0.265\ln L$$

Equation: UNTITLED　Workfile: 表7-1::Untitled\

View | Proc | Object | Print | Name | Freeze | Estimate | Forecast | Stats | Resids

Dependent Variable: LOG(GDP)
Method: Least Squares
Date: 02/21/20　Time: 10:38
Sample: 2000 2018
Included observations: 19

Variable	Coefficient	Std. Error	t-Statistic	Prob.
C	4.016023	0.129405	31.03449	0.0000
LOG(K)	0.484192	0.085454	5.666139	0.0000
LOG(L)	0.264765	0.100603	2.631774	0.0181

R-squared	0.996754	Mean dependent var	12.69830
Adjusted R-squared	0.996348	S.D. dependent var	0.736088
S.E. of regression	0.044482	Akaike info criterion	-3.243520
Sum squared resid	0.031659	Schwarz criterion	-3.094398
Log likelihood	33.81344	Hannan-Quinn criter.	-3.218282
F-statistic	2456.513	Durbin-Watson stat	0.917738
Prob(F-statistic)	0.000000		

图 7-5　经济增长模型线性化参数估计结果

从估计结果可以看出，模型的拟合优度高，解释变量显著。参数经济意义表明固定资产投资每增加 1%，国内生产总值将增加 0.484%；工资总额每增加 1%，国内生产总值将增加 0.265%，这个结果表明反映劳动力投入的工资总额的产出弹性小于固定资产投资的产出弹性，也就是投资仍然是拉动经济增长的最重要的因素。由于投入产出相关统计数据是时间序列数据，弹性反映的是样本范围内平均水平，可以认为在样本期前 10 年我国资金投入仍然不足，随着经济持续增长，后 10 年更加关注人才的需求和技术创新，参数的经济意义也可以理解。

用迭代线性化法对非线性模型进行参数估计，还需要注意两个问题：一是初始值设定是否合理，这可以通过设定不同的初始值进行判断；二是估计结果窗口显示的迭代次数是否大于设定的迭代次数，若大于，应在迭代控制中增加迭代次数。

本例在初始值设定中隐含了不变规模报酬的假设，即 $\alpha+\beta=1$。这个假设是否成立呢？在接下来参数之间线性约束关系检验中予以讨论。需要说明的是，“参数之间线性约束关系检验”并不是非线性模型才可以使用，线性模型中也同样可以进行参数之间线性约束关系检验，只是根据内容的衔接所进行的安排。

四、参数之间线性约束关系检验(Wald 检验)

在计量经济模型的理论分析和实际应用中，模型参数之间往往存在某种关系，如 C-D 生产函数模型是否具有不变规模报酬，就有 $\alpha+\beta=1$ 的假设，那么这个假设是否成立呢？如果这个假设是成立的，在参数估计时是否要考虑这个约束条件呢？因此，根据经济理论对模型中某些参数之间的关系事先所作出的推测，应通过检验加以确认，也就是检验这个假设是否成立的问题，将这类问题称为线性约束关系的检验问题。

1. 线性约束关系的 F 检验

线性约束关系的 F 检验可以用来检验结构参数之间一个或者多个线性约束条件的假设是否成立。仍以 C-D 生产函数为例介绍线性约束关系的 F 检验。

C-D 生产函数模型为

$$Y=AK^{\alpha}L^{\beta}$$

假设样本数据所描述的 C-D 生产函数模型处于不变规模报酬阶段，可增加线性约束条件 $\alpha+\beta=1$，则模型可转变为

$$\frac{Y}{K}=A\left(\frac{L}{K}\right)^{\beta}$$

增加线性约束条件后的模型称为有约束模型，原模型和有约束模型都可以通过取对数转变成线性模型的形式估计参数。估计原模型得到残差平方和 RSS；再估计有约束模型得到残差平方和 RSS_{r}。构造 F 统计量为

$$F=\frac{(RSS_{\mathrm{r}}-RSS)/(k-k_{\mathrm{r}})}{RSS/(n-k-1)}\sim F(k-k_{\mathrm{r}},n-k-1) \tag{7-5}$$

F 统计量中，分子的自由度$(k-k_{\mathrm{r}})$是原模型和有约束模型解释变量个数之差，也可能是约束条件个数。

给定显著性水平 α，查 F 分布表，得到临界值 $F_{\alpha}(k-k_{\mathrm{r}},n-k-1)$。线性约束关系是否显著的判别准则是：

① 若 $F>F_{\alpha}(k-k_{\mathrm{r}},n-k-1)$，线性约束不显著；

② 若 $F\leqslant F_{\alpha}(k-k_{\mathrm{r}},n-k-1)$，线性约束显著。

2. 线性约束关系的 t 检验

对于某计量经济模型，假设模型参数之间存在某种线性约束关系，即

$$\boldsymbol{W}\hat{\boldsymbol{B}}=w_0\hat{\beta}_0+w_1\hat{\beta}_1+\cdots+w_k\hat{\beta}_k=q \tag{7-6}$$

式中，$W=(w_0,w_1,\cdots,w_k)$为常数向量；q 为常数，需要根据所研究的问题及假设的线性约束关系确定 W 和 q。

构造 t 统计量为

$$t=\frac{\boldsymbol{W}\hat{\boldsymbol{B}}-q}{\sqrt{\operatorname{Var}(\boldsymbol{W}\hat{\boldsymbol{B}})}}=\frac{\boldsymbol{W}\hat{\boldsymbol{B}}-q}{\sqrt{\boldsymbol{W}\hat{\sigma}_{\mu}^{2}(\boldsymbol{X}'\boldsymbol{X})^{-1}\boldsymbol{W}'}}\sim t(n-k-1) \tag{7-7}$$

给定显著性水平 α，查 t 分布表得到临界值 $t_{\alpha/2}(n-k-1)$。线性约束关系是否成立的判别准则是：

① 若 $|t|>t_{\alpha/2}(n-k-1)$，线性约束不显著；

② 若 $|t|\leqslant t_{\alpha/2}(n-k-1)$，线性约束显著。

3. EViews 软件中的 Wald 检验方法

EViews 软件中参数之间线性约束关系检验（Wald 检验）的方法为：在参数估计结构窗口（如图 7-5 所示）中依次单击“View→Coefficient Diagnostics→Wald Tests …”，在弹出的窗口中设定线性约束关系。本例中检验 $\alpha+\beta=1$，根据参数序号应设定 $C(2)+C(3)=1$，线性约束关系设定如图 7-6 所示，Wald 检验结果如图 7-7 所示。

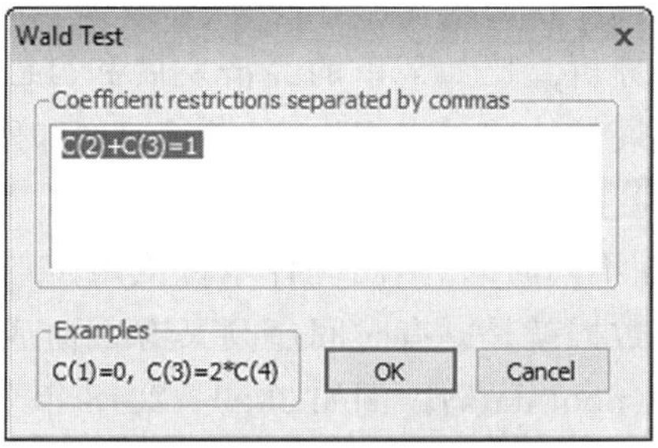

图 7-6　线性约束关系设定

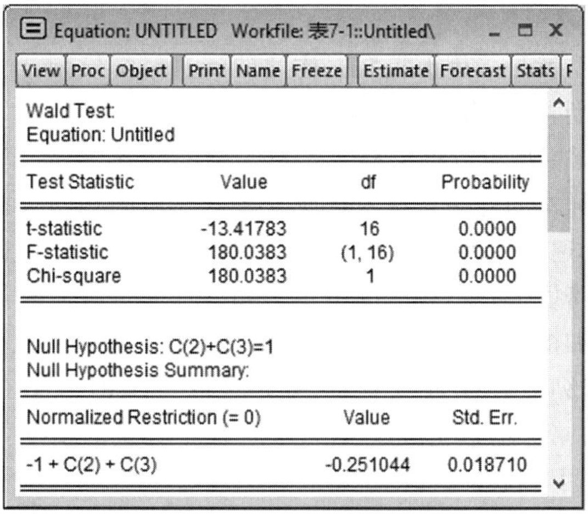

Wald Test:
Equation: Untitled

Test Statistic	Value	df	Probability
t-statistic	-13.41783	16	0.0000
F-statistic	180.0383	(1, 16)	0.0000
Chi-square	180.0383	1	0.0000

Null Hypothesis: C(2)+C(3)=1
Null Hypothesis Summary:

Normalized Restriction (= 0)	Value	Std. Err.
-1 + C(2) + C(3)	-0.251044	0.018710

图 7-7　线性约束关系检验结果

由检验结果可以看出，在原假设 $C(2)+C(3)=1$ 的前提下，t 检验和 F 检验统计量的伴随概率 $P=0.0000$，则拒绝原假设，$C(2)+C(3)=1$ 不成立，也就是说线性约束关系 $\alpha+\beta=1$ 不成立。

第二节　面板数据模型

一、面板数据模型及其特点

1. 什么是面板数据

目前，经济社会已经步入了大数据时代，通过数据借助于模型分析经济问题是政府部门、专家学者、企业家分析客观经济环境及经济发展趋势的常用方法。在采用计量经济模型分析经济问题过程中，尽管时间序列数据是最常用的数据类型，但客观上的不足也是显而易见的，时间序列数据只能分析在时间序列上的变化趋势，不能做对比分析。比如某市的经济发展和自己的过去比有了很大的进步，但和其他经济发展较快的城市相比，在增长速度和发展质量上或许仍有很大的差距。面板数据往往就能克服上述的不足。

面板数据是一批在不同时间、不同统计单位或地点的具有相同统计指标的数据列，简单地说面板数据就是既有时间序列又有截面成员（截面单位）的数据组合，也称为混合数据(pool data)。例如 2000—2018 年全国各省（自治区、直辖市）的地区生产总值，就是面板数据。作为面板数据的地区生产总值可以用一个二维表来表示。

2. 面板数据模型的特点

面板数据模型就是采用面板数据构建的计量经济模型，面板数据模型和一般的计量经济模型相比，有其自身的特点。

(1) 面板数据模型可以解决样本容量不足的问题，提高模型分析客观经济问题的有效性。样本问题一直是困扰研究者对经济问题的分析，比如有些指标是 2000 年以后才逐步完善的；有些指标对统计方法和统计口径进行了调整，这必然造成在时间跨度上样本数据的不足。如果加入了截面成员，显然成倍地扩大了样本容量。如前面提到 2000—2018 年全国各省（自治区、直辖市）的地区生产总值，在时间序列上只有 19 个样本，如果考虑全国 31 个省（自治区、直辖市）（未包括港、澳、台），样本就变成了 31×19。样本容量的增加，增加了相关统计量的自由度，提高了参数估计的有效性。

(2) 面板数据模型既可以分析时间序列上的变化趋势，也可以分析不同的截面成员之间的差异性。仅仅采用时间序列数据，只能分析纵向上的变化趋势，例如某省(自治区、直辖市)随着经济的持续增长,地区生产总值和居民可支配收入都有显著的提高,地区生产总值对居民可支配收入影响的边际效应也有稳定的增长,说明地区经济在增长和人民生活水平在改善。但是仅采用时间序列数据省(自治区、直辖市)之间很难进行有效的相互比较,哪些省(自治区、直辖市)在经济发展的同时,惠及民生、改善人民生活水平做得更好呢?因此,面板数据模型能够很好地解决这方面的问题。

二、面板数据模型的基本类型

面板数据模型的一般形式可表示为

$$Y_{it} = \alpha_{it} + \beta_{it} X_{it} + \mu_{it} \quad (i = 1,2,\cdots,N; t = 1,2,\cdots,T) \tag{7-8}$$

模型中,N 表示截面成员个数;T 表示时间序列样本数。可以看出,被解释变量、解释变量以及参数都用双下标表示,表明既有时间序列又有截面成员的影响。一般地,根据参数 α、β 的不同情况,面板数据模型最典型的三种类型是混合回归模型(不变系数模型)、变截距模型和变系数模型。

1. 混合回归模型

面板数据模型的混合回归模型为

$$Y_{it} = \alpha + \beta X_{it} + \mu_{it} \tag{7-9}$$

混合回归模型反映了不论任何时间序列上某时间点以及任何截面成员,其参数估计值是不变的,即不受时间序列和截面成员的影响。模型实际表示了时间序列和截面数据的堆积,在客观经济问题分析中,模型往往很难满足拟合优度、解释变量显著性的要求。

2. 变截距模型

面板数据模型的变截距模型为

$$Y_{it} = \alpha_i + \beta X_{it} + \mu_{it} \tag{7-10}$$

变截距模型和混合回归模型相比,截距项(常数项)随着截面成员的不同将发生变化,但解释变量系数仍然不变。这是应用最广泛的面板数据模型之一,它反映了所研究问题的基础水平在不同的截面成员中存在差异,如研究消费问题,截距项表示自发消费,自发消费就是受收入水平影响较小的基础消费水平。

另外,变截距模型也有可能描述截距项(常数项)随着时间序列的不同而发生变化,模型为

$$Y_{it} = \alpha_t + \beta X_{it} + \mu_{it}$$

采用面板数据模型往往研究截面成员之间的差异性,而很少在存在截面数据的情况下研究时间序列上的差异性,也就是说描述截距项(常数项)随着时间序列的不同而变化的变截距模型应用不多。

3. 变系数模型

面板数据模型的变系数模型为

$$Y_{it} = \alpha_i + \beta_i X_{it} + \mu_{it} \tag{7-11}$$

变系数模型和变截距模相比，解释变量系数随着截面成员的不同将发生变化，同时，截距项（常数项）随着截面成员的不同也发生变化，实际上变系数模型是截距项和解释变量系数都发生变化的模型，很多经济问题的分析都可能采用变系数模型。变系数模型重点讨论所研究问题的边际效应在不同的截面成员中存在差异，如研究消费问题，解释变量系数反映边际消费倾向，显然，经济学理论表明边际消费倾向随着各省（自治区、直辖市）收入水平的不同而存在差异。

三、面板数据模型形式的设定

混合回归模型、变截距模型和变系数模型是面板数据模型的基本类型，那么在实际问题的分析中应该选择哪个模型进行讨论呢？当然，模型的选择应根据研究者研究问题的客观需要，但如果选择的模型不合适，可能在模型设定上产生偏误，其估计结果与真实情况就会产生很大偏差。因此，模型的设定包括两个方面的考虑：一是模型形式的选择；二是确定是固定效应还是随机效应。

对于模型形式的设定，常用的检验方法为协方差分析检验，该检验建立在如下两个假设的基础上

$$H_1: \beta_1 = \beta_2 = \cdots = \beta_N$$

$$H_2: \alpha_1 = \alpha_2 = \cdots = \alpha_N; \beta_1 = \beta_2 = \cdots = \beta_N$$

从两个假设可以看出，假设 H_1 是指系数不变；而假设 H_2 是指截距和系数都不变。因此，若不能拒绝 H_2，就应该选择混合回归模型；如果拒绝 H_2，就需要继续检验 H_1，若不能拒绝 H_1，应该选择变截距模型；如果拒绝 H_1，应该选择变系数模型。

协方差分析检验的步骤为：

第一，分别估计模型（7-9）、模型（7-10）和模型（7-11），其残差平方和分别为 RSS_1、RSS_2、RSS_3。

第二，构造 F 统计量。

$$F_2 = \frac{(RSS_1 - RSS_3)/[(N-1)(k+1)]}{RSS_3/[N(T-k-1)]} \propto F[(N-1)(k+1), N(T-k-1)] \tag{7-12}$$

$$F_1 = \frac{(RSS_2 - RSS_3)/[(N-1)k]}{RSS_3/[N(T-k-1)]} \propto F[(N-1)k, N(T-k-1)] \tag{7-13}$$

第三，根据 F 统计量和 F 分布的临界值进行比较判断。

若 $F_2 < F_\alpha$，不能拒绝原假设 H_2，即应选择混合回归模型；否则，继续检验 H_1；

若 $F_1 < F_\alpha$，不能拒绝原假设 H_1，即应选择变截距模型；否则，应选择变系数模型。

四、Hausman(豪斯曼)检验

面板数据模型是固定效应还是随机效应，对模型的设定及参数估计有重要的影响，特别是当时间序列数据较少而截面成员数据较大时尤为突出。

面板数据模型中，如果不同的截面成员或者不同的时间序列，模型的截距不同，则可以采用在模型中添加虚拟变量的方法估计结构参数，这种模型称为固定效应模型。固定效应模型有三种类型，即截面固定效应模型、时点固定效应模型和截面时点固定效应模型。

固定效应模型是采用虚拟变量来解释没有纳入模型的变量对被解释变量的影响，然而，这并不是唯一的解决办法，也可以通过对随机误差项的分解来描述缺失因素的影响。随机效应模型就是基于将随机误差项分解出截面随机误差项、时点随机误差项和混合随机误差项，因此，随机效应模型也对应有截面随机定效应模型、时点随机效应模型和截面时点随机效应模型。

如何确定模型是固定效应还是随机效应呢？最常用的检验方法是 Hausman 检验。该检验的原假设是随机效应模型中截面影响与解释变量之间不相关，其 H 统计量服从 χ^2 分布。若

$$H > \chi_\alpha^2$$

则拒绝原假设，模型为随机效应模型；否则，为固定效应模型。

采用 Hausman 检验，应首先估计随机效应模型，再根据 EViews 软件相关检验结论进行判断。

第三节　面板数据模型的 EViews 软件处理

面板数据模型在数据输入、模型设定、参数估计等方面都有自身的特点，为此，通过案例介绍 EViews 软件的处理过程。

【例 7-2】 人身保险是关系到居民身体健康、生活质量的重要问题，特别是在目前我国还存在着多种保险体制，机关事业单位医疗保险、养老保险还没有完全并轨的情况下，商业性的人身保险如何发展、如何为社会大众提供符合需要的保险产品，值得分析和探讨。为此，选择人身保险的保费收入为研究对象，分析城镇居民

可支配收入对人身险保费收入的影响。选取华东六省一市 2005—2018 年相关统计数据(如表 7-2 所示),通过面板数据模型分析其影响程度及其差异性。

表 7-2 华东六省一市人身险保费收入统计数据

项目	年份	上海	江苏	浙江	安徽	福建	江西	山东
保费收入/亿元	2005	243.85	339.82	173.50	101.57	109.41	71.26	219.20
	2006	301.84	381.86	195.50	124.92	106.60	75.77	246.15
	2007	363.22	419.53	228.67	150.13	128.27	85.80	306.81
	2008	468.27	594.30	326.20	232.58	182.15	137.90	435.34
	2009	513.22	679.34	341.76	269.62	199.59	143.01	503.9
	2010	694.64	850.77	430.87	318.63	246.17	184.01	634.64
	2011	519.71	820.10	420.35	289.48	234.02	167.10	614.02
	2012	564.26	860.36	461.65	284.55	251.01	174.22	650.13
	2013	536.18	927.47	597.93	279.17	369.56	201.76	834.83
	2014	666.39	1 077.47	578.17	330.84	372.42	261.62	825.28
	2015	769.77	1 317.72	681.66	425.57	431.95	346.41	1 069.72
	2016	1 157.19	1 946.24	958.30	560.91	543.79	425.08	1 443.00
	2017	1 158.19	2 635.27	1 224.08	741.09	604.03	513.55	1 754.72
	2018	920.78	2 458.44	1 279.90	800.94	636.83	513.65	1 900.18
人均收入/元	2005	18 645.0	12 318.6	16 293.8	8 470.7	12 321.3	8 619.7	10 744.8
	2006	20 667.9	14 084.3	18 265.1	9 771.1	13 753.3	9 551.1	12 192.2
	2007	23 622.7	16 378.0	20 573.8	11 473.6	15 506.1	11 454.7	14 264.7
	2008	26 674.9	18 679.5	22 726.7	12 990.4	17 961.5	12 866.4	16 305.4
	2009	28 837.8	20 551.7	24 610.8	14 085.7	19 576.8	14 021.5	17 811.0
	2010	31 838.1	22 944.3	27 359.0	15 788.2	21 781.3	15 481.1	19 945.8
	2011	36 230.5	26 340.7	30 970.7	18 606.1	24 907.4	17 494.9	22 791.8
	2012	40 188.3	29 677	34 550.3	21 024.2	28 055.2	19 860.4	25 755.2
	2013	44 878.3	31 585.5	37 079.7	22 789.3	28 173.9	22 119.7	26 882.4
	2014	48 841.4	34 346.3	40 392.7	24 838.5	30 722.4	24 309.2	29 221.9
	2015	52 961.9	37 173.5	43 714.5	26 935.8	33 275.3	26 500.1	31 545.3
	2016	57 691.7	40 151.6	47 237.2	29 156.0	36 014.3	28 673.3	34 012.1
	2017	62 595.7	43 621.8	51 260.7	31 640.3	39 001.4	31 198.1	36 789.4
	2018	68 033.6	47 200.0	55 574.3	34 393.1	42 121.3	33 819.4	39 549.4

一、建立工作文件

1. 建立工作文件

在主菜单上依次单击“File→New→Workfile”，出现工作文件(Workfile)设置对话框，如图 7-8 所示，设置数据类型为时间序列数据，并输入开始时间和结束时间。

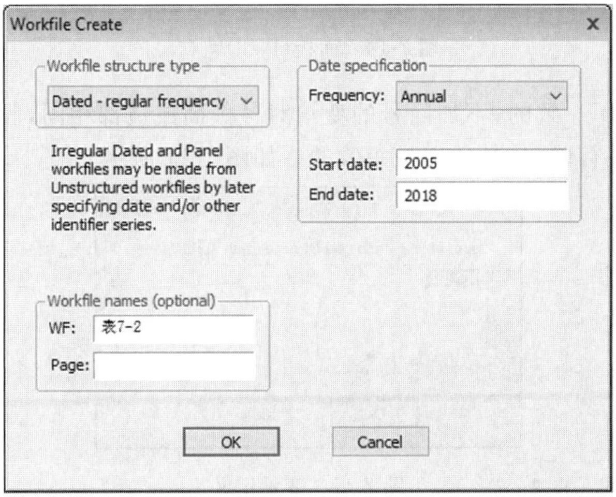

图 7-8 建立面板数据模型工作文件

2. 新建 Pool 对象

在工作文件(Workfile)窗口依次单击“Object→New Object”，在弹出的对话框中选择“Pool”，并输入对象的名称，如图 7-9 所示，出现面板(Pool)窗口，如图 7-10 所示。

3. 定义截面成员和变量组

在面板(Pool)窗口，输入各截面成员的名称，如上海输入“_SH”，每行输入一个截面成员用回车键换行，截面成员前的下划线起到识别的作用，如图 7-10 所示。

截面成员定义完成后，单击“Sheet”，出现变量输入对话框，输入变量序列名称，如“BF?IP?”。变量名称后一般应加问号，加问号的变量表示各截面成员数据不一致，如各省市人均

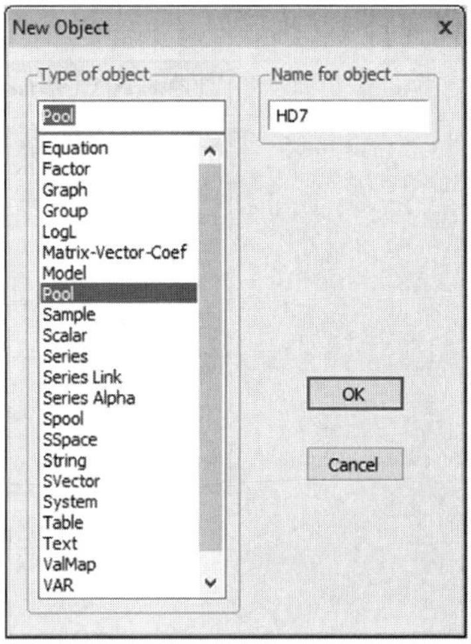

图 7-9 对象选择对话框

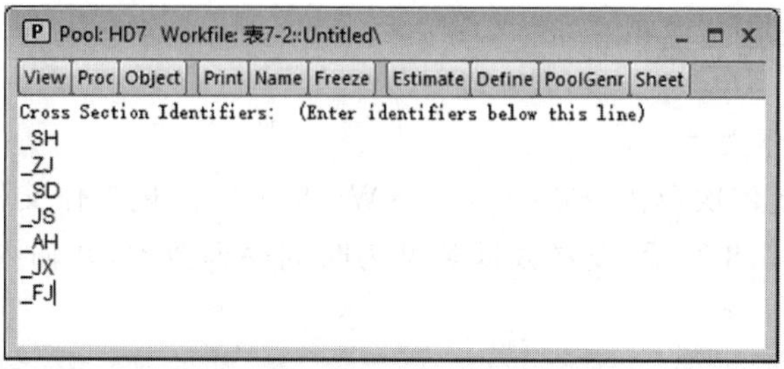

图 7-10 面板(Pool)窗口

可支配收入是不一致的;不加问号的变量对各截面成员都相同,假如有利率这个变量,利率由央行确定,各省市是一致的。如图 7-11 所示。

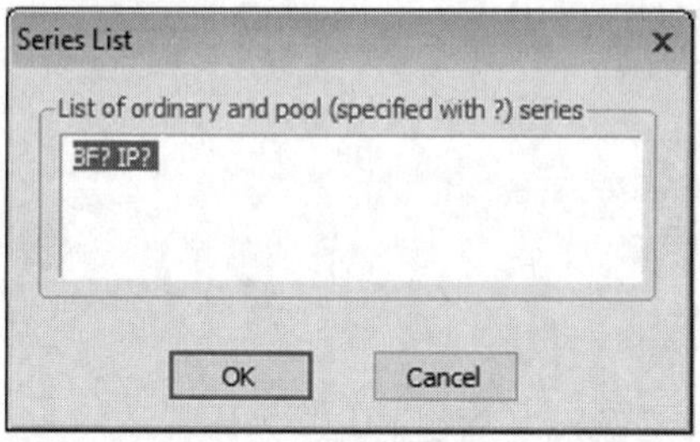

图 7-11 变量定义

4. 数据的输入与保存

变量设定完成,出现面板数据输入窗口,如图 7-12 所示,输入完成后保存工作文件。

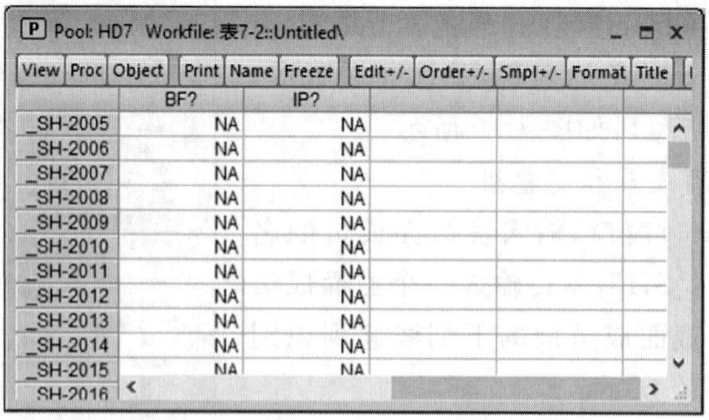

图 7-12 样本数据输入

二、面板数据模型形式的确定

面板数据模型有三种基本类型,即混合回归模型、变截距模型和变系数模型，本例应该选择哪个模型进行分析问题呢？需要估计三个模型，根据 F 统计量进行判断。

1. 混合回归模型

据例 7-2 题意，模型为

$$BF_{it} = \alpha + \beta IP_{it} + \mu_{it}$$

模型中，BF 为人身险保费收入；IP 为人均可支配收入。

参数估计结果如图 7-13 所示，其残差平方和 $RSS_1 = 12\ 729\ 025$。

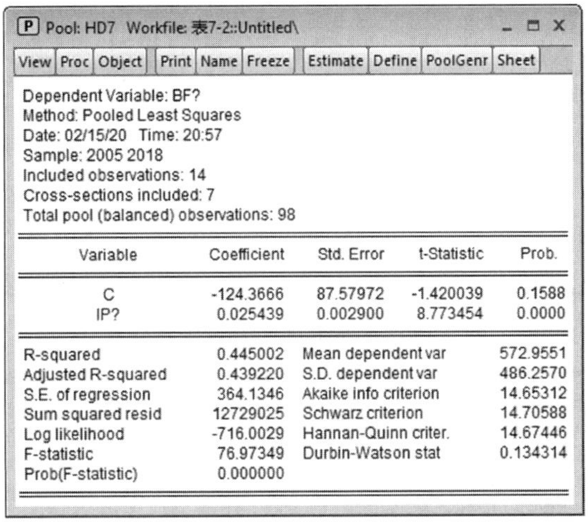

Dependent Variable: BF?
Method: Pooled Least Squares
Date: 02/15/20 Time: 20:57
Sample: 2005 2018
Included observations: 14
Cross-sections included: 7
Total pool (balanced) observations: 98

Variable	Coefficient	Std. Error	t-Statistic	Prob.
C	-124.3666	87.57972	-1.420039	0.1588
IP?	0.025439	0.002900	8.773454	0.0000

R-squared	0.445002	Mean dependent var	572.9551
Adjusted R-squared	0.439220	S.D. dependent var	486.2570
S.E. of regression	364.1346	Akaike info criterion	14.65312
Sum squared resid	12729025	Schwarz criterion	14.70588
Log likelihood	-716.0029	Hannan-Quinn criter.	14.67446
F-statistic	76.97349	Durbin-Watson stat	0.134314
Prob(F-statistic)	0.000000		

图 7-13　混合回归模型参数估计结果

2. 变截距模型

据例 7-2 题意，模型为

$$BF_{it} = \alpha_i + \beta IP_{it} + \mu_{it}$$

参数估计结果如图 7-14 所示，其残差平方和 $RSS_2 = 5\ 201\ 959$。

3. 变系数模型

据例 7-2 题意，模型为

$$BF_{it} = \alpha_i + \beta_i IP_{it} + \mu_{it}$$

参数估计结果如图 7-15 所示，其残差平方和 $RSS_3 = 1\ 872\ 136$。

4. 计算 F 统计量并进行判断

根据相关统计量 RSS_1、RSS_2、RSS_3 和截面成员个数、时间序列数以及式(7-12)，计算得到 $F_2 = 47.6$，查临界值表得 $F_{0.05}(12,84) = 1.88$，由于

$$F_2 = 47.6 > F_{0.05}(12,84) = 1.88$$

则拒绝原假设 H_2，不应选混合回归模型；

Pool: HD7 Workfile: 表7-2::Untitled\

View | Proc | Object | Print | Name | Freeze | Estimate | Define | PoolGenr | Sheet

Dependent Variable: BF?
Method: Pooled Least Squares
Date: 02/21/20 Time: 10:49
Sample: 2005 2018
Included observations: 14
Cross-sections included: 7
Total pool (balanced) observations: 98

Variable	Coefficient	Std. Error	t-Statistic	Prob.
IP?	0.029630	0.002271	13.04863	0.0000
_AH--C	-246.0353	78.86711	-3.119618	0.0024
_FJ--C	-453.2057	87.16794	-5.199225	0.0000
_JS--C	257.3839	90.74234	2.836426	0.0056
_JX--C	-348.2693	78.30742	-4.447462	0.0000
_SD--C	102.0466	84.44284	1.208469	0.2300
_SH--C	-554.6968	111.4845	-4.975553	0.0000
_ZJ--C	-431.8213	99.77382	-4.328003	0.0000

R-squared	0.773189	Mean dependent var	572.9551
Adjusted R-squared	0.755549	S.D. dependent var	486.2570
S.E. of regression	240.4154	Akaike info criterion	13.88072
Sum squared resid	5201959.	Schwarz criterion	14.09174
Log likelihood	-672.1553	Hannan-Quinn criter.	13.96607
F-statistic	43.82954	Durbin-Watson stat	0.328336
Prob(F-statistic)	0.000000		

图 7-14 变截距模型参数估计结果

Pool: HD7 Workfile: 表7-2::Untitled\

View | Proc | Object | Print | Name | Freeze | Estimate | Define | PoolGenr | Sheet

Dependent Variable: BF?
Method: Pooled Least Squares
Date: 02/21/20 Time: 10:51
Sample: 2005 2018
Included observations: 14
Cross-sections included: 7
Total pool (balanced) observations: 98

Variable	Coefficient	Std. Error	t-Statistic	Prob.
_AH--C	-120.1887	106.8266	-1.125082	0.2638
_FJ--C	-162.9228	119.3470	-1.365118	0.1759
_JS--C	-632.0706	111.2642	-5.680811	0.0000
_JX--C	-118.7859	106.8829	-1.111366	0.2696
_SD--C	-517.7940	114.5145	-4.521647	0.0000
_SH--C	-3.215853	110.7661	-0.029033	0.9769
_ZJ--C	-346.2078	116.7620	-2.965072	0.0039
_AH--IP_AH	0.023381	0.004920	4.751999	0.0000
_FJ--IP_FJ	0.018440	0.004336	4.252640	0.0001
_JS--IP_JS	0.061151	0.003681	16.61352	0.0000
_JX--IP_JX	0.017988	0.005030	3.575983	0.0006
_SD--IP_SD	0.055318	0.004448	12.43528	0.0000
_SH--IP_SH	0.015885	0.002575	6.167825	0.0000
_ZJ--IP_ZJ	0.027083	0.003264	8.296374	0.0000

R-squared	0.918373	Mean dependent var	572.9551
Adjusted R-squared	0.905740	S.D. dependent var	486.2570
S.E. of regression	149.2894	Akaike info criterion	12.98121
Sum squared resid	1872136.	Schwarz criterion	13.35050
Log likelihood	-622.0795	Hannan-Quinn criter.	13.13058
F-statistic	72.69779	Durbin-Watson stat	0.775737
Prob(F-statistic)	0.000000		

图 7-15 变系数模型参数估计结果

再据式(7-13)计算得到 $F_1=24.9$，查临界值表得 $F_{0.05}(6,84)=2.22$，由于

$$F_1=24.9>F_{0.05}(6,84)=2.22$$

则拒绝原假设 H_1，故选择变系数模型。

三、固定效应与随机效应检验

采用 Hausman 检验，应首先估计随机效应模型，随机效应的变截距模型估计结果如图 7-16 所示。

Pool: HD7　Workfile: 表7-2::Untitled\

View | Proc | Object | Print | Name | Freeze | Estimate | Define | PoolGenr | Sheet

Dependent Variable: BF?
Method: Pooled EGLS (Cross-section random effects)
Date: 02/15/20　Time: 21:49
Sample: 2005 2018
Included observations: 14
Cross-sections included: 7
Total pool (balanced) observations: 98
Swamy and Arora estimator of component variances

Variable	Coefficient	Std. Error	t-Statistic	Prob.
C	-232.5223	133.3458	-1.743754	0.0844
IP?	0.029385	0.002251	13.05155	0.0000
Random Effects (Cross)				
_AH--C	-8.223364			
_FJ--C	-205.2897			
_JS--C	475.8387			
_JX--C	-106.2422			
_SD--C	326.1003			
_SH--C	-299.1738			
_ZJ--C	-183.0098			

图 7-16　随机效应变截距模型参数估计结果

在图 7-16 所示的参数估计结果窗口依次单击"View→Fixed/Random Effects Testing→Correlated Random Effects-Hausman Test"，检验结果如图 7-17 所示。

Pool: HD7　Workfile: 表7-2::Untitled\

View | Proc | Object | Print | Name | Freeze | Estimate | Define | PoolGenr | Sheet

Correlated Random Effects - Hausman Test
Pool: HD7
Test cross-section random effects

Test Summary	Chi-Sq. Statistic	Chi-Sq. d.f.	Prob.
Cross-section random	0.687479	1	0.4070

图 7-17　Hausman 检验结果

由检验结果可知，原假设是随机效应，Hausman 检验所对应的 $P=0.4070$，不拒绝原假设，应选择随机效应模型。

需要特别说明的是，本例中由于截面成员个数较少，变系数模型不能设定随机效应，为了便于读者熟悉 Hausman 检验，用变截距模型给出了软件处理过

程。由于已经确定采用变系数模型，因此，面板数据模型的最终结果采用固定效应变系数模型。

四、面板数据模型参数估计设置

在面板(Pool)窗口，单击“Estimate”，出现参数估计设置对话框，如图 7-18 所示。

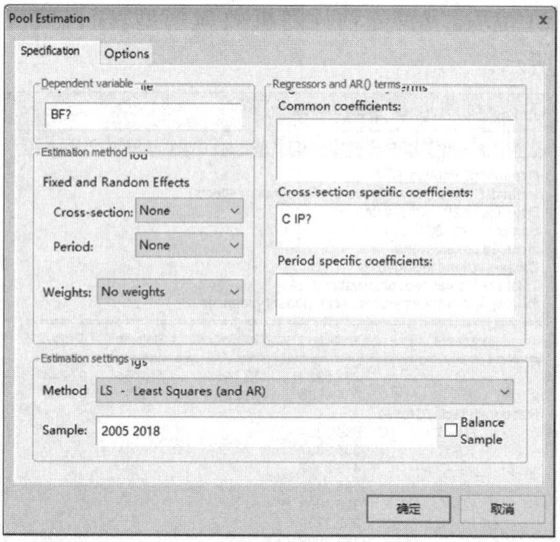

图 7-18　面板数据模型参数估计设置

参数估计设置包括被解释变量、固定及随机效应、解释变量和估计方法等四个区域。若估计混合回归模型，在固定及随机效应区域选择“None”；对截面成员或时间序列还可设定固定效应还是随机效应；另外，可根据截面成员多少、时间序列长短、是否易出现异方差及同期相关，设定权重进行参数估计。

特别要注意解释变量输入区域有三个输入框，即“Common coefficients”“Cross-section specific coefficients”和“Period specific coefficients”，分别对应截面成员系数相同、截面成员系数不同和时间序列系数不同。

五、面板数据模型参数估计结果与分析

固定效应变系数面板数据模型参数估计结果如图 7-19 所示。可以看出，各省市解释变量(人均可支配收入)都非常显著，参数经济意义、特别是解释变量的系数应该在合理的范围内。具体从人均可支配收入对人身险保费收入的影响程度来看，江苏和山东两省边际效应较大，其他省市的边际效应差距不大；从截距变化来看，截距项反映的是基础保费水平，江苏、山东和浙江较小，上海较大，其他省份差异不大。除上海以外，江苏、山东和浙江都是经济发展较快的省份，经

济发展必然带来收入水平的稳定增加，收入增加必然提高了自我保障能力，所以基础保费水平偏低可以理解；从另一角度，收入提高也可能有充裕的资金购买商业人身保险，形成人均可支配收入对保费收入的边际效应较大。

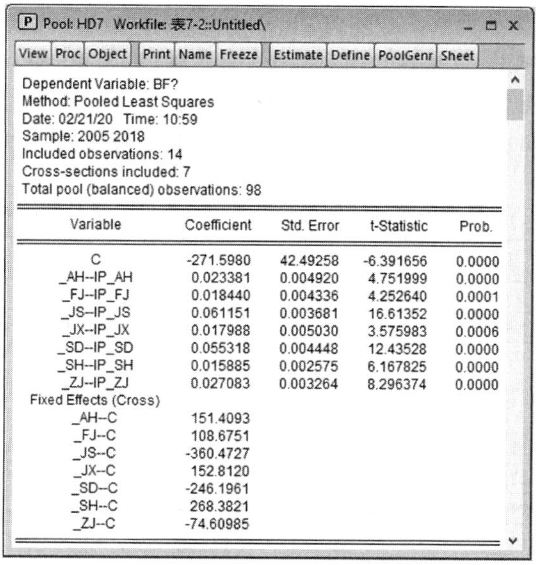

Pool: HD7 Workfile: 表7-2::Untitled\

View | Proc | Object | Print | Name | Freeze | Estimate | Define | PoolGenr | Sheet

Dependent Variable: BF?
Method: Pooled Least Squares
Date: 02/21/20 Time: 10:59
Sample: 2005 2018
Included observations: 14
Cross-sections included: 7
Total pool (balanced) observations: 98

Variable	Coefficient	Std. Error	t-Statistic	Prob.
C	-271.5980	42.49258	-6.391656	0.0000
_AH--IP_AH	0.023381	0.004920	4.751999	0.0000
_FJ--IP_FJ	0.018440	0.004336	4.252640	0.0001
_JS--IP_JS	0.061151	0.003681	16.61352	0.0000
_JX--IP_JX	0.017988	0.005030	3.575983	0.0006
_SD--IP_SD	0.055318	0.004448	12.43528	0.0000
_SH--IP_SH	0.015885	0.002575	6.167825	0.0000
_ZJ--IP_ZJ	0.027083	0.003264	8.296374	0.0000
Fixed Effects (Cross)				
_AH--C	151.4093			
_FJ--C	108.6751			
_JS--C	-360.4727			
_JX--C	152.8120			
_SD--C	-246.1961			
_SH--C	268.3821			
_ZJ--C	-74.60985			

图 7-19　固定效应变系数模型参数估计结果

思考与练习题

1. 非线性计量经济模型一般如何进行线性化处理？

2. 非线性计量经济模型参数估计时初始值如何设定？

3. 选取我国 2000 年以来经济发展过程中相关投入产出统计数据，用国内生产总值表示经济增长指标；用全社会固定资产投资表示资金投入；用城镇就业人员工资总额表示劳动力投入，采用 C-D 生产函数模型形式，即

$$GDP_t = AK_t^{\alpha}L_t^{\beta}$$

模型中，GDP 为国内生产总值；K 为全社会固定资产投资；L 为城镇就业人员工资总额。

样本数据参见表 4-7，构建经济增长模型分析投入产出问题。

4. 经济的持续稳定增长与投资、消费及进出口有直接的关系，而投资规模的多少同时受到客观经济环境的影响，假设选择利率 r 和通货膨胀率 p 作为影响投资 I 的因素，构造计量经济模型为

$$I_t = \beta_0 + \beta_1 r + \beta_2 p + \mu_t$$

如何检验实际利率才是真正影响投资的主要因素?

5. 什么是面板数据?面板数据模型研究问题有哪些特点?

6. 面板数据模型有哪几种形式?如何确定面板数据模型的形式?

7. 我国经济发展的起步阶段就是招商引资,的确外商投资对于经济发展起到了重要的拉动作用,但也应该看到各省(自治区、直辖市)经济发展不平衡性的现状,为此,选取泛环渤海经济圈 2003—2018 年相关统计数据,如表 7-3 所示,通过面板数据模型分析外商投资对经济发展的影响程度及其差异性。

表 7-3 泛环渤海经济圈地区生产总值与外商投资总额统计数据

项目	年份	北京市	天津市	河北省	山西省	内蒙古	辽宁省	山东省
地区生产总值/亿元	2003	5 007.21	2 578.03	6 921.29	2 855.23	2 388.38	6 002.54	12 078.15
	2004	6 033.21	3 110.97	8 477.63	3 571.37	3 041.07	6 672.00	15 021.84
	2005	6 969.52	3 905.64	10 012.11	4 230.53	3 905.03	8 047.26	18 366.87
	2006	8 117.78	4 462.74	11 467.60	4 878.61	4 944.25	9 304.52	21 900.19
	2007	9 846.81	5 252.76	13 607.32	6 024.45	6 423.18	11 164.30	25 776.91
	2008	11 115.00	6 719.01	16 011.97	7 315.40	8 496.20	13 668.58	30 933.28
	2009	12 153.03	7 521.85	17 235.48	7 358.31	9 740.25	15 212.49	33 896.65
	2010	14 113.58	9 224.46	20 394.26	9 200.86	11 672.00	18 457.27	39 169.92
	2011	16 251.93	11 307.28	24 515.76	11 237.55	14 359.88	22 226.70	45 361.85
	2012	17 879.40	12 893.88	26 575.01	12 112.83	15 880.58	24 846.43	50 013.24
	2013	19 800.81	14 442.01	28 442.95	12 665.25	16 916.5	27 213.22	55 230.32
	2014	21 330.83	15 726.93	29 421.15	12 761.49	17 770.19	28 626.58	59 426.59
	2015	23 014.59	16 538.19	29 806.11	12 766.49	17 831.51	28 669.02	63 002.33
	2016	25 669.13	17 885.39	32 070.45	13 050.41	18 128.10	22 246.90	68 024.49
	2017	28 014.94	18 549.19	34 016.32	15 528.42	16 096.21	23 409.24	72 634.15
	2018	30 319.98	18 809.64	36 010.27	16 818.11	17 289.22	25 315.35	76 469.67
外商投资总额/百万美元	2003	46 328	41 555	17 519	6 119	3 836	73 501	59 662
	2004	53 162	47 045	20 057	6 913	10 811	67 915	69 410
	2005	60 670	56 770	21 930	7 710	12 640	81 500	78 620
	2006	69 700	68 600	24 700	11 100	14 800	94 500	88 500
	2007	87 621	82 888	29 113	17 787	17 148	108 767	96 311
	2008	98 295	93 814	33 841	18 000	22 155	124 756	101 163
	2009	106 600	97 700	37 000	20 500	24 000	131 800	112 000
	2010	119 206	109 624	40 348	22 929	23 243	147 615	124 523
	2011	134 364	114 806	45 700	31 899	25 519	165 969	143 374
	2012	149 355	118 913	48 960	31963	25 802	185 564	158 114
	2013	177 105	127 423	54 542	34 182	22 911	183 207	176 491
	2014	201 027	144 146	62 135	39 119	26 449	198 641	199 227
	2015	380 963	181 328	73 624	41 107	35 142	206 639	219 334
	2016	427 371	222 594	84 821	42 163	41 080	213 278	251 874
	2017	486 409	254 823	95 818	49 724	45 979	315 850	304 218
	2018	547 718	290 620	108 665	63 011	44 853	377 494	345 229

第八章　联立方程计量经济模型

单方程多元线性计量经济模型是研究经济变量之间的单向因果关系的，即用一个方程来描述经济系统中某经济变量与引起这个经济变量变化的各因素之间的关系，但经济变量之间的关系是错综复杂的，许多经济变量之间存在相互影响的双向因果关系，这已经通过格兰杰因果关系检验得到了确认。例如某种商品的价格影响该商品的供求；同时供求关系又影响该商品的价格。再如研究消费与收入问题，从静态来看，显然是收入决定消费；但从社会再生产与收入的动态变化过程来看，消费水平与消费结构会导致生产规模与产业结构的调整变化，进而影响国民收入及消费者的收入水平，因而消费又决定收入。由此可见，为了完整地描述经济系统中复杂的因果关系，就需要建立由多个方程组成的联立方程模型，这样才能完整、准确地描述现实经济系统的状况。

第一节　联立方程模型的基本特征

一、什么是联立方程模型

联立方程模型是由多个方程组成的，能够更加完整地反映经济系统中经济关系的模型体系，可以全面描述经济系统的运行规律。例如简单的宏观经济模型为

$$\begin{cases} C_t = \alpha_0 + \alpha_1 Y_t + \mu_{1t} \\ I_t = \beta_0 + \beta_1 Y_t + \beta_2 Y_{t-1} + \mu_{2t} \\ Y_t = C_t + I_t + G_t \end{cases} \tag{8-1}$$

模型中，C_t 为消费支出；I_t 为投资；Y_t 为国民收入；G_t 为政府支出。

联立方程模型可以认为是若干个单方程模型的组合，那么能否按单方程计量经济模型的估计方法去估计联立方程模型中的结构参数呢？简单地看，孤立地估计某一个随机方程会损失本方程未包含的经济变量所提供的信息；另外，由模型(8-1)可以进一步讨论，将模型中的第一个方程和第二个方程分别代入第三个方程，得到

$$Y_t = \alpha_0 + \alpha_1 Y_t + \mu_{1t} + \beta_0 + \beta_1 Y_t + \beta_2 Y_{t-1} + \mu_{2t} + G_t$$

即

$$Y_t=\frac{\alpha_0+\beta_0}{1-\alpha_1-\beta_1}+\frac{\beta_2}{1-\alpha_1-\beta_1}Y_{t-1}+\frac{1}{1-\alpha_1-\beta_1}G_t+\frac{\mu_{1t}+\mu_{2t}}{1-\alpha_1-\beta_1}$$

显然，Y_t 与 μ_{1t}、μ_{2t} 相关，那么模型(8-1)中的第一个方程和第二个方程都存在随机解释变量问题，若用单方程计量经济模型的估计方法估计联立方程模型参数，其估计量将是有偏且不一致的。因此，对联立方程模型进行讨论与分析，必须充分考虑模型中变量的属性和特征。

在联立方程模型中，变量可以分为内生变量、外生变量、滞后内生变量，外生变量和滞后内生变量统称为先决变量。对于每一个随机方程，先决变量只能是解释变量，而内生变量既可能是被解释变量也可能是解释变量。如模型(8-1)中，C_t、I_t 及 Y_t 是内生变量，G_t 是外生变量，Y_{t-1} 是滞后内生变量。先决变量包括 G_t 和 Y_{t-1}，很显然，先决变量 Y_{t-1} 是第二个方程的解释变量，内生变量 Y_t 是第一个方程和第二个方程的解释变量，而内生变量 C_t、I_t 分别是第一个方程和第二个方程的被解释变量。

二、结构式模型

1. 什么是结构式模型

所谓结构式模型，是指根据经济行为理论和经济活动规律，描述经济系统中经济变量之间复杂的双向的经济关系的计量经济模型。其特征在于模型包含多个方程，以体现经济系统的完整性。结构式模型是描述经济变量之间直接影响关系的模型，它所包含的方程又称为结构式方程，结构式方程中变量的系数称为结构式参数(习惯称为结构参数)。

结构式模型具有以下特点：

(1) 结构式模型是对经济变量之间真实的经济结构关系所作出的直接表达，结构式方程的经济意义明确。如模型(8-1)中，第一个方程是消费方程，表示消费受到收入的影响；第二个方程是投资方程，表示投资受到现期收入和前期收入的影响；第三个方程是国民收入分配方程，表示收入用于消费、投资和政府支出。此模型简单地描述了宏观经济系统中各经济变量的总量关系。

(2) 结构式模型是由若干个随机方程和确定性方程组成，每个随机方程都是用随机关系描述了某内生变量受到其他内生变量、先决变量的影响。

(3) 结构参数只表示结构式方程中解释变量对被解释变量的直接影响，没有反映出模型中先决变量对内生变量可能产生的间接影响。如模型(8-1)中，结构参数 α_1 表示边际消费倾向，就是当收入变动一个单位而引起消费的增量，这是内生变量与内生变量之间的直接影响。

(4) 结构式模型中，方程个数和内生变量个数相同，这类模型称为完备模型，一般所讨论的联立方程计量经济模型都是完备模型。

2. 结构式模型的表示方法

不失一般性，假设联立方程模型包含 g 个内生变量（联立方程模型有 g 个方程），k 个先决变量，那么结构式模型的一般形式为

$$\begin{cases}\beta_{11}Y_1+\beta_{12}Y_2+\cdots+\beta_{1g}Y_g+\gamma_{11}X_1+\gamma_{12}X_2+\cdots+\gamma_{1k}X_k=\mu_1\\ \beta_{21}Y_1+\beta_{22}Y_2+\cdots+\beta_{2g}Y_g+\gamma_{21}X_1+\gamma_{22}X_2+\cdots+\gamma_{2k}X_k=\mu_2\\ \cdots\cdots\\ \beta_{g1}Y_1+\beta_{g2}Y_2+\cdots+\beta_{gg}Y_g+\gamma_{g1}X_1+\gamma_{g2}X_2+\cdots+\gamma_{gk}X_k=\mu_g\end{cases}\tag{8-2}$$

模型中，Y 为内生变量；X 为先决变量；β 为内生变量的结构参数；γ 为先决变量的结构参数；μ 为随机误差项。

若定义

$$\boldsymbol{Y}=\begin{pmatrix}Y_1\\Y_2\\\vdots\\Y_g\end{pmatrix},\ \boldsymbol{X}=\begin{pmatrix}X_1\\X_2\\\vdots\\X_k\end{pmatrix},\ \boldsymbol{U}=\begin{pmatrix}\mu_1\\\mu_2\\\vdots\\\mu_g\end{pmatrix},$$

$$\boldsymbol{B}=\begin{pmatrix}\beta_{11}&\beta_{12}&\cdots&\beta_{1g}\\\beta_{21}&\beta_{22}&\cdots&\beta_{2g}\\\vdots&\vdots&&\vdots\\\beta_{g1}&\beta_{g2}&\cdots&\beta_{gg}\end{pmatrix},\ \boldsymbol{\Gamma}=\begin{pmatrix}\gamma_{11}&\gamma_{12}&\cdots&\gamma_{1k}\\\gamma_{21}&\gamma_{22}&\cdots&\gamma_{2k}\\\vdots&\vdots&&\vdots\\\gamma_{g1}&\gamma_{g2}&\cdots&\gamma_{gk}\end{pmatrix}$$

则结构式模型(8-2)矩阵形式可表示为

$$\boldsymbol{BY}+\boldsymbol{\Gamma X}=\boldsymbol{U}\tag{8-3}$$

或

$$(\boldsymbol{B\Gamma})\begin{pmatrix}\boldsymbol{Y}\\\boldsymbol{X}\end{pmatrix}=\boldsymbol{U}$$

【例 8-1】 写出简单宏观经济模型的矩阵描述形式

$$\begin{cases}C_t=\alpha_0+\alpha_1Y_t+\mu_{1t}\\ I_t=\beta_0+\beta_1Y_t+\beta_2Y_{t-1}+\mu_{2t}\\ Y_t=C_t+I_t+G_t\end{cases}$$

将模型改写为

$$\begin{cases}C_t-\alpha_1Y_t-\alpha_0=\mu_{1t}\\ I_t-\beta_1Y_t-\beta_0-\beta_2Y_{t-1}=\mu_{2t}\\ -C_t-I_t+Y_t-G_t=0\end{cases}$$

记

$$\boldsymbol{B}=\begin{pmatrix}1 & 0 & -\alpha_1\\ 0 & 1 & -\beta_1\\ -1 & -1 & 1\end{pmatrix},\ \boldsymbol{\Gamma}=\begin{pmatrix}-\alpha_0 & 0 & 0\\ -\beta_0 & -\beta_2 & 0\\ 0 & 0 & -1\end{pmatrix},$$

$$\boldsymbol{Y}=\begin{pmatrix}C_t\\ I_t\\ Y_t\end{pmatrix},\ \boldsymbol{X}=\begin{pmatrix}1\\ Y_{t-1}\\ G_t\end{pmatrix},\ \boldsymbol{U}=\begin{pmatrix}\mu_{1t}\\ \mu_{2t}\\ 0\end{pmatrix}$$

则模型的矩阵描述为

$$\begin{pmatrix}1 & 0 & -\alpha_1\\ 0 & 1 & -\beta_1\\ -1 & -1 & 1\end{pmatrix}\begin{pmatrix}C_t\\ I_t\\ Y_t\end{pmatrix}+\begin{pmatrix}-\alpha_0 & 0 & 0\\ -\beta_0 & -\beta_2 & 0\\ 0 & 0 & -1\end{pmatrix}\begin{pmatrix}1\\ Y_{t-1}\\ G_t\end{pmatrix}=\begin{pmatrix}\mu_{1t}\\ \mu_{2t}\\ 0\end{pmatrix}$$

结构参数矩阵为

$$(\boldsymbol{B\Gamma})=\begin{pmatrix}1 & 0 & -\alpha_1 & -\alpha_0 & 0 & 0\\ 0 & 1 & -\beta_1 & -\beta_0 & -\beta_2 & 0\\ -1 & -1 & 1 & 0 & 0 & -1\end{pmatrix}$$

三、简化式模型

所谓简化式模型，就是仅用所有的先决变量作为内生变量的解释变量所形成的模型。简化式模型由若干个简化式方程组成，每一个简化式方程描述了某内生变量仅仅受到各先决变量的影响关系，简化式方程中先决变量的系数称为简化式参数。

简化式模型的构造方法为：在已知模型所有先决变量的前提下，将结构式模型中每一个内生变量直接表示为所有先决变量的线性关系。简化式模型也可以理解为将内生变量作为未知数求解结构式模型组而得到的一种描述。构造简化式模型要注意的是不要出现简化式方程和结构式方程矛盾的情况。

简化式模型具有如下特点：

(1) 简化式模型中包含了 g 个简化式方程，每个简化式方程可以用普通最小二乘法估计参数；

(2) 简化式参数表示先决变量对内生变量的直接影响和间接影响的总度量；

(3) 简化式参数不能直接反映内生变量之间的影响关系。

仍以简单的宏观经济模型为例讨论简化式模型的构造。结构式模型为

$$\begin{cases}C_t=\alpha_0+\alpha_1 Y_t+\mu_{1t}\\ I_t=\beta_0+\beta_1 Y_t+\beta_2 Y_{t-1}+\mu_{2t}\\ Y_t=C_t+I_t+G_t\end{cases}\tag{8-4}$$

根据结构式模型推导得到的结果为

$$\begin{cases} C_t = \alpha_0 + \dfrac{\alpha_0+\beta_0}{1-\alpha_1-\beta_1}\alpha_1 + \dfrac{\alpha_1\beta_2}{1-\alpha_1-\beta_1}Y_{t-1} + \dfrac{\alpha_1}{1-\alpha_1-\beta_1}G_t + \dfrac{\mu_{1t}+\alpha_1\mu_{2t}-\beta_2\mu_{1t}}{1-\alpha_1-\beta_1} \\ I_t = \beta_0 + \dfrac{\alpha_0+\beta_0}{1-\alpha_1-\beta_1}\beta_1 + \dfrac{\beta_2(1-\alpha_1)}{1-\alpha_1-\beta_1}Y_{t-1} + \dfrac{\beta_1}{1-\alpha_1-\beta_1}G_t + \dfrac{\beta_1\mu_{1t}+\mu_{2t}-\alpha_1\mu_{2t}}{1-\alpha_1-\beta_1} \\ Y_t = \dfrac{\alpha_0+\beta_0}{1-\alpha_1-\beta_1} + \dfrac{\beta_2}{1-\alpha_1-\beta_1}Y_{t-1} + \dfrac{1}{1-\alpha_1-\beta_1}G_t + \dfrac{\mu_{1t}+\mu_{2t}}{1-\alpha_1-\beta_1} \end{cases} \tag{8-5}$$

模型(8-5)结构比较复杂，从经济变量之间关系来看符合简化式模型的要件，不妨用 π 表示上面复杂的结构参数组合，那么可以简化为

$$\begin{cases} C_t = \pi_{11} + \pi_{12}Y_{t-1} + \pi_{13}G_t + \upsilon_{1t} \\ I_t = \pi_{21} + \pi_{22}Y_{t-1} + \pi_{23}G_t + \upsilon_{2t} \\ Y_t = \pi_{31} + \pi_{32}Y_{t-1} + \pi_{33}G_t + \upsilon_{3t} \end{cases} \tag{8-6}$$

模型(8-6)就是结构式模型(8-4)所对应的简化式模型。

记

$$\boldsymbol{Y}=\begin{pmatrix} C_t \\ I_t \\ Y_t \end{pmatrix},\ \boldsymbol{\Pi}=\begin{pmatrix} \pi_{11} & \pi_{12} & \pi_{13} \\ \pi_{21} & \pi_{22} & \pi_{23} \\ \pi_{31} & \pi_{32} & \pi_{33} \end{pmatrix},\ \boldsymbol{X}=\begin{pmatrix} 1 \\ Y_{t-1} \\ G_t \end{pmatrix},\ \boldsymbol{V}=\begin{pmatrix} \upsilon_{1t} \\ \upsilon_{2t} \\ \upsilon_{3t} \end{pmatrix}$$

则简化式模型的矩阵描述为

$$\boldsymbol{Y} = \boldsymbol{\Pi X} + \boldsymbol{V} \tag{8-7}$$

【例 8-2】 构造下列农副产品供需局部均衡模型的简化式模型

$$\begin{cases} D_t = \alpha_0 + \alpha_1 P_t + \alpha_2 Y_t + \mu_{1t} \\ S_t = \beta_0 + \beta_1 P_t + \beta_2 P_{t-1} + \mu_{2t} \\ D_t = S_t \end{cases}$$

模型中，D_t 为农副产品需求量；S_t 为农副产品供给量；P_t 为农副产品价格；Y_t 为收入水平。

通过对结构式模型及变量属性的分析，模型中的内生变量有 D_t、S_t 和 P_t，Y_t、P_{t-1} 为先决变量，则供需均衡模型所对应的简化式模型为

$$\begin{cases} D_t = \pi_{11} + \pi_{12} Y_t + \pi_{12} P_{t-1} + \upsilon_{1t} \\ S_t = \pi_{12} + \pi_{12} Y_t + \pi_{12} P_{t-1} + \upsilon_{1t} \\ P_t = \pi_{12} + \pi_{12} Y_t + \pi_{12} P_{t-1} + \upsilon_{1t} \end{cases}$$

四、参数关系

由于简化式模型和结构式模型都是反映经济变量之间的影响，只是描述方

式上存在差异，因而结构式参数与简化式参数具有一定的关系（参数关系是否成立在第二节继续讨论）。模型(8-3) 所示结构式模型的矩阵形式与模型(8-7)所示简化式模型的矩阵形式分别为

$$\boldsymbol{BY}+\boldsymbol{\Gamma X}=\boldsymbol{U}$$

$$\boldsymbol{Y}=\boldsymbol{\Pi X}+\boldsymbol{V}$$

用 $\boldsymbol{B}$ 左乘简化式模型

$$\boldsymbol{BY}=\boldsymbol{B\Pi X}+\boldsymbol{BV}$$

根据简化式模型与结构式模型的等价性，得参数关系为

$$\boldsymbol{B\Pi}=-\boldsymbol{\Gamma} \quad \text{或} \quad \boldsymbol{\Pi}=-\boldsymbol{B}^{-1}\boldsymbol{\Gamma} \tag{8-8}$$

结构式参数与简化式参数在经济意义上还表现为直接影响和总影响的差别，可以通过参数关系加以讨论。例如分析例 8-1 所示简单宏观经济模型中前期国民收入 Y_{t-1} 对现期投资 I_t 的影响：

(1) 通过模型(8-4)，可确定前期国民收入 Y_{t-1} 对现期投资 I_t 的直接影响为 β_2；

(2) 通过模型(8-5)，可得前期国民收入 Y_{t-1} 对现期国民收入 Y_t 的总影响为 $\frac{\beta_2}{1-\alpha_1-\beta_1}$；

(3) 通过模型(8-4)，可得现期国民收入 Y_t 对现期投资 I_t 的直接影响为 β_1；

(4) 前期国民收入 Y_{t-1} 通过现期国民收入 Y_t 对现期投资 I_t 的间接影响为 $\frac{\beta_2}{1-\alpha_1-\beta_1}\beta_1$；

(5) 前期国民收入 Y_{t-1} 对现期投资 I_t 的总影响为

$$\beta_2+\frac{\beta_2}{1-\alpha_1-\beta_1}\beta_1=\beta_2\,\frac{1-\alpha_1}{1-\alpha_1-\beta_1}。$$

这一结果正是模型(8-5)中先决变量 Y_{t-1} 对内生变量 I_t 的总影响。

第二节　联立方程模型的识别

联立方程模型的结构式方程能否用普通最小二乘法估计结构参数呢？为什么不能用普通最小二乘法估计结构参数？如何估计结构式模型的结构参数？对于联立方程模型，方程的形式及随机解释变量的数目决定了方程的状态，从而对参数估计的结果产生影响。因此，在参数估计之前，应进行模型识别。

一、什么是模型的识别问题

1. 识别的特征

所谓模型识别，就是讨论模型中的结构式方程是否具有确定的统计形式（或

者称为独立的统计形式）。而统计形式是指变量之间的随机关系（简单地说就是结构式方程是否包含相同的经济变量）。假设有如下联立方程模型

$$Y_1 = \alpha_1 X_1 + \alpha_2 X_2 + \alpha_3 Y_2 + \mu_1 \tag{8-9}$$

$$Y_2 = \beta_1 Y_1 + \beta_2 X_1 + \mu_2 \tag{8-10}$$

对两个方程进行线性组合，得到

$$Y_1 = \frac{\alpha_1 + \beta_1 k}{1-\beta_1 k} X_1 + \frac{\alpha_2}{1-\beta_1 k} X_2 + \frac{\alpha_3 - k}{1-\beta_1 k} Y_2 + \frac{\mu_1 + \mu_2 k}{1-\beta_1 k}$$

将线性组合方程简记为

$$Y_1 = \gamma_1 X_1 + \gamma_2 X_2 + \gamma_3 Y_2 + \upsilon \tag{8-11}$$

若给定一组样本值，分别对方程(8-9)及组合后的方程(8-11)进行参数估计，则必然会出现如下结果：

$$\hat{\alpha}_1 = \hat{\gamma}_1,\ \hat{\alpha}_2 = \hat{\gamma}_2,\ \hat{\alpha}_3 = \hat{\gamma}_3$$

那么，这个结果合理吗？通过它们之间的关系可以看出这一结论是错误的！

假如 $\hat{\alpha}_2 = \hat{\gamma}_2$，则必然有 $1-\beta_1 k=1$，那么必须出现 $\beta_1=0$ 或者 $k=0$，但这两种情况都是没有意义的。其原因就在于方程(8-9)和方程(8-10)的线性组合与方程(8-9)具有相同的统计形式（变量之间随机关系一致）。因此，方程(8-9)不具有确定的统计形式，不可以估计参数，从而得出了这样的结论：若模型中某些方程的线性组合与某一方程具有相同的统计形式，则该方程不可以识别。

2. 识别状态

识别问题的讨论是针对联立方程模型中每一个随机方程而言的。也就是说，由于随机方程中参数估计的需要，必须讨论其识别状态；对于确定性方程，由于不存在参数估计，也就不存在识别问题。总体来看，随机方程具有可以识别和不可识别两种识别状态，可以识别的方程可以采用适合的参数估计方法估计结构参数；不可识别的方程不可以估计参数。可以识别又分为恰好识别（正确识别）和过度识别两种形式。只有当联立方程模型中每一个随机方程都可以识别时，该模型才可以识别；只要有一个随机方程不可识别，该模型就不可识别。

3. 参数关系所表现的随机方程识别状态

模型的识别问题还可以从结构参数与简化式参数之间的参数关系中得到答案。由于结构式模型中存在随机解释变量问题，不能用普通最小二乘法估计，一个很自然的想法是通过构造简化式模型，再对简化式模型采用普通最小二乘法进行参数估计，得到简化式参数的估计值，利用参数关系求出结构参数的估计值。事实上，情况没有这么简单。大量的经济问题分析表明，从简化式参数估计值求结构参数估计值并非在任何情况下都是可行的，这个问题在计量经济学中

也可以认为是识别问题的一种表现形式。但是,通过参数关系能否求出结构参数的估计值,也反映了模型中随机方程的识别状态。

对于结构式模型中的随机方程,在估计出简化式参数的前提下,由参数关系能否得到结构参数估计值,所反映的识别状态为:

(1) 如果能够得到结构参数的唯一解,则随机方程恰好识别;

(2) 如果不能得到结构参数的唯一解,存在有限个表示,则随机方程过度识别;

(3) 如果不能得到结构参数的唯一解,存在无穷多个表示,则随机方程不可识别。

【例 8-3】 讨论下列简单宏观经济模型的识别问题

$$\begin{cases} C_t=\alpha_0+\alpha_1 Y_t+\mu_{1t} \\ I_t=\beta_0+\beta_1 Y_t+\beta_2 Y_{t-1}+\mu_{2t} \\ Y_t=C_t+I_t+G_t \end{cases}$$

该模型所对应的简化式模型为

$$\begin{cases} C_t=\pi_{11}+\pi_{12} Y_{t-1}+\pi_{13} G_t+\upsilon_{1t} \\ I_t=\pi_{21}+\pi_{22} Y_{t-1}+\pi_{23} G_t+\upsilon_{2t} \\ Y_t=\pi_{31}+\pi_{32} Y_{t-1}+\pi_{33} G_t+\upsilon_{3t} \end{cases}$$

根据参数关系 $\boldsymbol{B\Pi}=-\boldsymbol{\Gamma}$,得到

$$\begin{pmatrix} 1 & 0 & -\alpha_1 \\ 0 & 1 & -\beta_1 \\ -1 & -1 & 1 \end{pmatrix}\begin{pmatrix} \pi_{11} & \pi_{12} & \pi_{13} \\ \pi_{21} & \pi_{22} & \pi_{23} \\ \pi_{31} & \pi_{32} & \pi_{33} \end{pmatrix}=-\begin{pmatrix} -\alpha_0 & 0 & 0 \\ -\beta_0 & -\beta_2 & 0 \\ 0 & 0 & -1 \end{pmatrix}$$

通过上述参数关系,可得

$$\begin{cases} \alpha_0=\pi_{11}-\pi_{31}\alpha_1 \\ \alpha_1=\pi_{12}/\pi_{32} \\ \alpha_1=\pi_{13}/\pi_{33} \end{cases}$$

$$\begin{cases} \beta_0=\pi_{21}-\pi_{31}\beta_1 \\ \beta_2=\pi_{22}-\pi_{32}\beta_1 \\ \beta_1=\pi_{23}/\pi_{33} \end{cases}$$

可以看出,第一组方程中参数 α_1 有两个表示,说明了 α_1 所在的随机方程是过度识别的,即消费方程是过度识别的;而第二组方程中参数 β_0,β_1,β_2 具有唯一解,说明投资方程是恰好识别的;第三个方程是确定性方程,不存在识别问题。因此,整个模型是可以识别的。

【例 8-4】 研究下列模型的识别问题

$$\begin{cases}C_t=\alpha_0+\alpha_1Y_t+\alpha_2T_t+\mu_{1t}\\I_t=\beta_0+\beta_1Y_{t-1}+\beta_2R_t+\mu_{2t}\\T_t=\gamma_0+\gamma_1Y_t+\mu_{3t}\\Y_t=C_t+I_t+G_t\end{cases}$$

该模型所对应的简化式模型为

$$\begin{cases}C_t=\pi_{11}+\pi_{12}Y_{t-1}+\pi_{13}R_t+\pi_{14}G_t+\upsilon_{1t}\\I_t=\pi_{21}+\pi_{22}Y_{t-1}+\pi_{23}R_t+\upsilon_{2t}\\T_t=\pi_{31}+\pi_{32}Y_{t-1}+\pi_{33}R_t+\pi_{34}G_t+\upsilon_{3t}\\Y_t=\pi_{41}+\pi_{42}Y_{t-1}+\pi_{43}R_t+\pi_{44}G_t+\upsilon_{4t}\end{cases}$$

注意简化式模型中第二个方程，为什么这样构造？由于结构式模型中第二个随机方程的形式非常特殊，只有一个内生变量，也就是说符合简化式模型中方程的特征。因此，该随机方程与简化式模型中所对应的方程应该一致。

根据参数关系 $\boldsymbol{B\Pi}=-\boldsymbol{\Gamma}$，得到：

$$\begin{pmatrix}1&0&-\alpha_2&-\alpha_1\\0&1&0&0\\0&0&1&-\gamma_1\\-1&-1&0&1\end{pmatrix}\begin{pmatrix}\pi_{11}&\pi_{12}&\pi_{13}&\pi_{14}\\\pi_{21}&\pi_{22}&\pi_{23}&0\\\pi_{31}&\pi_{32}&\pi_{33}&\pi_{34}\\\pi_{41}&\pi_{42}&\pi_{43}&\pi_{44}\end{pmatrix}=\begin{pmatrix}\alpha_0&0&0&0\\\beta_0&\beta_1&\beta_2&0\\\gamma_0&0&0&0\\0&0&0&1\end{pmatrix}$$

通过上述参数关系，可得

$$\begin{cases}\pi_{11}-\alpha_2\pi_{31}-\alpha_1\pi_{41}=\alpha_0\\\pi_{12}-\alpha_2\pi_{32}-\alpha_1\pi_{42}=0\\\pi_{13}-\alpha_2\pi_{33}-\alpha_1\pi_{43}=0\\\pi_{14}-\alpha_2\pi_{34}-\alpha_1\pi_{44}=0\end{cases}$$

$$\begin{cases}\pi_{21}=\beta_0\\\pi_{22}=\beta_1\\\pi_{23}=\beta_2\end{cases}$$

$$\begin{cases}\pi_{32}-\gamma_1\pi_{42}=0\\\pi_{33}-\gamma_1\pi_{43}=0\\\pi_{34}-\gamma_1\pi_{44}=0\\\gamma_0=\pi_{31}-\gamma_1\pi_{41}\end{cases}$$

从上述三组方程组中可知，第一组方程可以认为是无穷多个表示（假设给 α_1 一个值，α_2 就有三种可能性，由于给定 α_1 的随意性，因而为无穷多个表示），说明消费方程不可识别；第二组方程对应的结构式方程和简化式方程本身就是等价的，可以认为不用讨论投资方程的识别问题；第三组方程存在三种可能性，γ_1

存在有限个表示，说明税收方程过度识别；模型中第四个方程是确定性方程，不存在识别问题。

需要特别强调的是，通过参数关系，能否从简化式参数求出结构参数和求解线性方程组时的结论还是有区别的。在求解线性方程组时，如果方程个数大于未知数个数，一般认为无解；如果方程个数小于未知数个数，认为是无穷多个解。这两种情况在识别问题的讨论中都可以认为是无穷多个表示。在求解线性方程组时，出现了若干个矛盾的结果，这是无解的情况，这在识别问题的讨论中，认为是某参数存在有限个表示(尽管相互矛盾)。例 8-4 参数关系所示的三组方程，第一组和第三组若按线性方程组求解其结果都是无解，但在识别问题的讨论中一个是无穷多个表示、一个是有限个表示。

二、结构式识别条件

识别状态反映了联立方程模型中的结构式方程是否具有确定的统计形式，也就是指变量之间的随机关系是否是独立的，鉴于此，可以得到这样一个结论：一个结构式方程能否识别，取决于该方程所不包含的变量个数。从这个角度出发，提出了识别的充分必要条件和必要条件，即识别的秩条件和阶条件。

1. 识别的秩条件

识别的秩条件是联立方程模型中随机方程能否识别的充分必要条件，秩条件可表述为：某随机方程所有未包含的变量其参数组成的矩阵，其秩为$g-1$，即

$$R(\boldsymbol{B}_0\ \boldsymbol{\Gamma}_0)_i = g-1 \tag{8-12}$$

式中，$(\boldsymbol{B}_0\ \boldsymbol{\Gamma}_0)_i$ 为第 i 个随机方程所有未包含的变量在其他结构式方程中对应系数所组成的矩阵，就是结构式模型的系数矩阵$(\boldsymbol{B}\ \boldsymbol{\Gamma})$的剩余矩阵(矩阵的一部分)。如何在矩阵$(\boldsymbol{B}\ \boldsymbol{\Gamma})$中确定其剩余矩阵$(\boldsymbol{B}_0\ \boldsymbol{\Gamma}_0)_i$ 呢？画线口诀为：在矩阵$(\boldsymbol{B}\ \boldsymbol{\Gamma})$中，划去本方程所在的行、划去本方程中非零的列，剩余的就是$(\boldsymbol{B}_0\ \boldsymbol{\Gamma}_0)_i$。

2. 识别的阶条件

如果一个结构式方程包含了模型中所有的变量，则这个方程是不可识别的，因为该方程和其他方程的线性组合与自身具有相同的统计形式，也就是说该方程不具有独立的统计形式。如果一个方程能够被识别，则这个方程不能包含模型中的全部变量，也就是说一定有若干个变量不在这个方程中。至此，识别的阶条件为：如果一个随机方程能够识别，那么这个方程未包含的变量总数应大于等于模型中方程个数减 1，即

$$(g+k)-(g_i+k_i) \geqslant g-1 \tag{8-13}$$

式中，g 为模型中内生变量个数(方程的个数)；k 为模型中先决变量个数；g_i 为第 i 个结构式方程中内生变量的个数；k_i 为第 i 个结构式方程中先决变量的个数。

式(8-13)也可以表示为

$$k - k_i \geqslant g_i - 1 \tag{8-14}$$

式(8-14)表示某随机方程能够识别,该方程未包含的先决变量个数大于等于该方程所包含的内生解释变量个数。先决变量个数可以把常数项包含在内;内生解释变量是指该变量是内生变量,但在随机方程中是作为解释变量出现的。对于联立方程模型中的随机方程,总存在一个内生变量是该方程的被解释变量。因此,某随机方程的内生解释变量个数就等于该方程中内生变量个数减1,即 g_i-1。

于是,识别的阶条件可具体表述为:

若 $k-k_i=g_i-1$,则第 i 个随机方程恰好识别;

若 $k-k_i>g_i-1$,则第 i 个随机方程过度识别;

若 $k-k_i<g_i-1$,则第 i 个随机方程不可识别。

一定要注意,识别的阶条件仅是一个必要条件,模型中每一个结构式方程不满足阶条件(满足阶条件指 $k-k_i\geqslant g_i-1$)就不可识别,但满足阶条件的方程也可能是不可识别的。为什么仅是必要条件呢?从式(8-13)中分析可知,$g-1$ 是方程个数减1,指的是该随机方程以外的其他方程个数,那么尽管该方程未包含的变量总数大于等于 $g-1$,也就是大于等于其他方程个数,但不一定能够保证在其他的每个方程中至少有一个该随机方程未包含的变量。如例8-4所示模型,即

$$\begin{cases} C_t=\alpha_0+\alpha_1 Y_t+\alpha_2 T_t+\mu_{1t} \\ I_t=\beta_0+\beta_1 Y_{t-1}+\beta_2 R_t+\mu_{2t} \\ T_t=\gamma_0+\gamma_1 Y_t+\mu_{3t} \\ Y_t=C_t+I_t+G_t \end{cases}$$

从第一个随机方程可以看出,该方程未包含的变量有 I_t、Y_{t-1}、R_t、G_t,满足识别的阶条件,但这4个变量没有一个在第三个方程中。第一个方程和第三个方程的线性组合与第一个方程具有相同的统计形式,因此,第一个方程不可识别。

3. 结构式识别条件

将识别的秩条件和识别的阶条件结合起来,结构式方程的识别条件是:

(1) 若 $R(\boldsymbol{B}_0\ \ \boldsymbol{\Gamma}_0)_i<g-1$,则第 i 个方程不可识别;

(2) 若 $R(\boldsymbol{B}_0\ \ \boldsymbol{\Gamma}_0)_i=g-1$,则第 i 个方程可以识别,识别状态为:

① 当 $k-k_i=g_i-1$,该随机方程恰好识别;

② 当 $k-k_i>g_i-1$,该随机方程过度识别。

关于随机方程识别问题的讨论,往往并不是在模型建立之后,而是建模者在建模的过程中,对随机方程具有确定的统计形式理解的基础上,以确保随机方程是可以识别的,基本的思路是尽可能每一个随机方程都有自己独立的变量。另外,对于模型中一些特殊的随机方程,往往较容易判别其识别状态,常见的情况有:

(1) 如果第 i 个随机方程包含了第 j 个随机方程的所有变量,则第 i 个随机方程不可识别;

(2) 如果某随机方程仅有一个内生变量和全部或部分先决变量,则该随机方程不需要讨论识别问题。因为该方程满足简化式方程的构成要件,识别的重要作用就是确定随机方程能否进行参数估计以及选定什么参数估计方法进行参数估计,而简化式方程可以直接估计参数。

【例 8-5】 用结构式识别条件讨论如下宏观经济模型的识别状态:

$$\begin{cases} C_t=\alpha_0+\alpha_1 Y_t+\mu_{1t} \\ I_t=\beta_0+\beta_1 Y_t+\beta_2 Y_{t-1}+\mu_{2t} \\ Y_t=C_t+I_t+G_t \end{cases}$$

模型的结构参数矩阵为

$$(\boldsymbol{B}\ \boldsymbol{\Gamma})=\begin{bmatrix} 1 & 0 & -\alpha_1 & -\alpha_0 & 0 & 0 \\ 0 & 1 & -\beta_1 & -\beta_0 & -\beta_2 & 0 \\ -1 & -1 & 1 & 0 & 0 & -1 \end{bmatrix}$$

(1) 识别第一个方程(变量个数情况为:$g=3,k=2,g_1=2,k_1=0$)

剩余矩阵为

$$(\boldsymbol{B}_0\ \boldsymbol{\Gamma}_0)_1=\begin{pmatrix} 1 & -\beta_2 & 0 \\ -1 & 0 & -1 \end{pmatrix}$$

因为 $R(\boldsymbol{B}_0\ \boldsymbol{\Gamma}_0)_1=g-1=2$,该方程可以识别;

又因为 $k-k_1=2-0>g_1-1=2-1$,则该随机方程为过度识别。

(2) 识别第二个方程(变量个数情况为:$g=3,k=2,g_2=2,k_2=1$)

剩余矩阵为

$$(\boldsymbol{B}_0\ \boldsymbol{\Gamma}_0)_2=\begin{pmatrix} 1 & 0 \\ -1 & -1 \end{pmatrix}$$

因为 $R(\boldsymbol{B}_0\ \boldsymbol{\Gamma}_0)_2=g-1=2$,该方程可以识别;

又因为 $k-k_2=2-1=g_2-1=2-1$,则该随机方程为恰好识别。

(3) 第三个方程是确定性方程,不存在识别问题。

因此,整个模型是可以识别的。

【例 8-6】 用结构式识别条件讨论如下宏观经济模型的识别状态:

$$\begin{cases} C_t=\alpha_0+\alpha_1 Y_t+\alpha_2 T_t+\mu_{1t} \\ I_t=\beta_0+\beta_1 Y_t+\beta_2 R_t+\mu_{2t} \\ T_t=\gamma_0+\gamma_1 Y_t+\mu_{3t} \\ Y_t=C_t+I_t+G_t \end{cases}$$

模型的结构参数矩阵为

$$(\boldsymbol{B}\ \boldsymbol{\Gamma})=\begin{pmatrix}1 & 0 & -\alpha_2 & -\alpha_1 & -\alpha_0 & 0 & 0 & 0\\ 0 & 1 & 0 & 0 & -\beta_0 & -\beta_1 & -\beta_2 & 0\\ 0 & 0 & 1 & -\gamma_1 & -\gamma_0 & 0 & 0 & 0\\ -1 & -1 & 0 & 1 & 0 & 0 & 0 & -1\end{pmatrix}$$

(1) 识别第一个方程(变量个数情况为:$g=4,k=3,g_1=3,k_1=0$)

剩余矩阵的秩为

$$R\begin{pmatrix}1 & -\beta_1 & -\beta_2 & 0\\ 0 & 0 & 0 & 0\\ -1 & 0 & 0 & -1\end{pmatrix}=2<g-1=4-1$$

则该随机方程不可识别。

(2) 识别第二个方程(变量个数情况为:$g=4,k=3,g_2=1,k_2=2$)

剩余矩阵的秩为

$$R\begin{pmatrix}1 & -\alpha_2 & -\alpha_1 & 0\\ 0 & 1 & -\gamma_1 & 0\\ -1 & 0 & 1 & -1\end{pmatrix}=3=g-1$$

又因为 $k-k_2=3-2>g_2-1=1-1$,按照阶条件判断该随机方程应该为过度识别。实际上由于该随机方程的特殊性,作者认为不用讨论其识别状态。

(3) 识别第三个方程(变量个数情况为:$g=4,k=3,g_3=2,k_3=0$)

剩余矩阵的秩为

$$R\begin{pmatrix}1 & 0 & 0 & 0 & 0\\ 0 & 1 & -\beta_1 & -\beta_2 & 0\\ -1 & -1 & 0 & 0 & 1\end{pmatrix}=3=g-1$$

又因为 $k-k_3=3-0>g_3-1=2-1$,则该随机方程为过度识别。

(4) 第四个方程是确定性方程,不存在识别问题。

由于该联立方程模型中第一个随机方程是不可识别的,故模型的整体也不可识别。

第三节　联立方程模型的参数估计方法

联立方程模型识别问题是对模型中随机方程的进一步认识,是估计结构参数的重要环节,不同的识别状态应该选择不同的估计方法。参数估计对于联立方程模型来说是一个相当复杂的任务,在多种不同的估计方法中如何选择,必须考虑到各种参数估计方法的适用范围及其统计量的统计性质。本节只介绍几种常用的估计方法。

一、估计方法概述

联立方程模型的估计方法可分为单方程估计法和系统估计法两类。

如果在估计参数时将联立方程模型中每个方程单独进行处理，而不考虑其余方程对所估计方程的影响，这种估计方法就称为单方程估计法。单方程估计法也称为有限信息估计法，主要包括以下四种常用方法：

(1) 间接最小二乘法(ILS)；

(2) 狭义的工具变量法(IV)；

(3) 二阶段最小二乘法(2SLS)

(4) 有限信息最大似然法(LIML)。

如果在估计参数时对联立方程模型中所有随机方程同时进行估计，这种方法称为系统估计法。相应地，系统估计法也称为完全信息估计法，主要包括以下两种方法：

(1) 三阶段最小二乘法(3SLS)；

(2) 完全信息最大似然法(FIML)。

本教材主要介绍间接最小二乘法(ILS)、工具变量法(IV)和二阶段最小二乘法(2SLS)三种单方程估计方法。选择单方程估计法估计联立方程模型中的结构式方程，也必须要充分考虑联立方程模型所具有的特征，即联立方程模型中的结构式方程是否存在随机解释变量问题、是否会损失其他方程中经济变量所提供的信息。因此，采用单方程估计法必须遵循如下三个原则：

(1) 克服或者削弱结构式方程中随机解释变量的影响；

(2) 尽可能利用本方程中未包含的经济变量的样本信息；

(3) 仍以最小二乘原理为核心。

实际上，许多经济学工作者也往往采用普通最小二乘法估计联立方程模型的结构参数。显然，普通最小二乘法也属于单方程估计方法，为什么会采用普通最小二乘法估计联立方程模型中的结构参数呢？一是在小样本情况下，各种估计方法的估计值都是有偏的，尽管程度有高有低，但很难从数学及统计学角度严格证明其优劣；二是采用普通最小二乘法能够充分利用样本数据的信息，不在同一个随机方程的经济变量不一定严格要求其样本容量的一致性；三是可能避免了结构式方程的关系误差和外生变量的观测误差对参数估计的影响，因为采用普通最小二乘法估计参数没有考虑结构式方程之间的关系，没有使用该方程未包含的外生变量的样本信息；四是对于大型宏观经济模型，由于外生变量很多，若估计简化式参数很难满足样本容量的基本要求，而采用普通最小二乘法进行参数估计就不存在这个问题。这些原因通过联立方程模型估计方法的介绍会更容易理解。

二、间接最小二乘法(ILS)

间接最小二乘法是依据参数关系提出的,它以某一个随机方程为研究对象,适用于恰好识别的结构式方程的参数估计。其步骤为:

(1) 构造联立方程模型的简化式模型;

(2) 确定结构式模型的参数矩阵和简化式模型的参数矩阵,构建参数关系;

(3) 采用普通最小二乘法估计各简化式方程的简化式参数;

(4) 利用参数关系,求结构参数。

三、工具变量法(IV)

在联立方程模型的结构式方程中,内生解释变量与随机误差项相关,从而不能用普通最小二乘法估计方程中的结构参数。但是能否有这样一个设想:寻找一些变量来“替代”结构式方程中的内生解释变量,从而用工具变量法估计结构参数。

1. 工具变量法中工具变量的选择要求

(1) 与随机误差项不相关;

(2) 与内生变量高度相关;

(3) 与随机方程中先决变量相关性极小;

(4) 若存在多个工具变量,多个工具变量之间相关性极小。

工具变量法的核心问题是如何选择工具变量,有两种选择方式:一是用某方程未包含的先决变量作为内生解释变量的工具变量,这是大部分教材中所介绍的联立方程模型工具变量的选择方法;二是用内生解释变量的估计值作为内生解释变量的工具变量。根据工具变量选择方式的不同,作者将前后两种方式分别称为狭义的工具变量法和广义的工具变量法。

如果某方程有多个内生解释变量,就需要多个工具变量,工具变量和内生解释变量的对应关系或者“替代”关系是否影响参数估计结果呢?由于工具变量的对应关系只会影响工具变量法正规方程组的先后顺序,而不会影响正规方程组的求解结果,因此其对应关系不影响参数估计结果,估计结果具有唯一性。

2. 狭义的工具变量法

对于联立方程模型中的结构式方程,若某方程恰好识别,$k-k_i=g_i-1$,自然想到用 $k-k_i$ 个先决变量作为 g_i-1 个内生解释变量的工具变量,工具变量与被“替代”的内生解释变量具有一一对应性;若某方程过度识别,$k-k_i>g_i-1$,从 $k-k_i$ 个先决变量中选取 g_i-1 个作为内生解释变量的工具变量,其选法有 $C_{k-k_i}^{g_i-1}$ 种,很显然具有随意性。因此,狭义的工具变量法只适用于恰好识别的方程。

不失一般性，假设联立方程模型中某恰好识别的结构式方程为

$$Y_1=\beta_{12}Y_2+\cdots+\beta_{1g_1}Y_{g_1}+\gamma_{11}X_1+\cdots+\gamma_{1k_1}X_{k_1}+\mu_1$$

可以把该方程看成是单方程多元线性计量经济模型，采用工具变量法估计参数。为了描述工具变量，将解释变量分成两部分，即内生解释变量和先决变量。

(1) 结构式方程用矩阵描述为

$$Y_1=(\boldsymbol{Y}_0\ \ \boldsymbol{X}_0)\begin{pmatrix}\boldsymbol{B}_0\\ \boldsymbol{\Gamma}_0\end{pmatrix}+\mu_i \tag{8-15}$$

式中，$\boldsymbol{Y}_0$ 为该方程包含的内生解释变量向量；$\boldsymbol{X}_0$ 为该方程包含的先决变量向量；$\boldsymbol{B}_0$ 为该方程包含的内生解释变量结构参数；$\boldsymbol{\Gamma}_0$ 为该方程包含的先决变量结构参数。

另记 $\boldsymbol{X}_0^*$ 表示该方程未包含的先决变量向量。

在结构式方程恰好识别的情况下，用该方程未包含的先决变量 $\boldsymbol{X}_0^*$ 作为内生解释变量 $\boldsymbol{Y}_0$ 的工具变量。为了方便描述，不妨选取 $(\boldsymbol{X}_0^*\ \ \boldsymbol{X}_0)$ 作为 $(\boldsymbol{Y}_0\ \ \boldsymbol{X}_0)$ 的工具变量，并记工具变量为

$$\boldsymbol{Z}_0=(\boldsymbol{X}_0^*\ \ \boldsymbol{X}_0) \tag{8-16}$$

(2) 狭义的工具变量法参数估计式

对于结构式方程(8-15)，根据工具变量法参数估计式 $\hat{\boldsymbol{B}}=(\boldsymbol{Z}'\boldsymbol{X})^{-1}\boldsymbol{Z}'\boldsymbol{Y}$，得到

$$\begin{pmatrix}\hat{\boldsymbol{B}}_0\\ \hat{\boldsymbol{\Gamma}}_0\end{pmatrix}=(\boldsymbol{Z}'_0(\boldsymbol{Y}_0\ \ \boldsymbol{X}_0))^{-1}\boldsymbol{Z}'_0\boldsymbol{Y}_1$$

即

$$\begin{pmatrix}\hat{\boldsymbol{B}}_0\\ \hat{\boldsymbol{\Gamma}}_0\end{pmatrix}=((\boldsymbol{X}_0^*\ \ \boldsymbol{X}_0)'(\boldsymbol{Y}_0\ \ \boldsymbol{X}_0))^{-1}\ (\boldsymbol{X}_0^*\ \ \boldsymbol{X}_0)'\boldsymbol{Y}_1 \tag{8-17}$$

3. 广义的工具变量法

用内生解释变量的估计值 $\hat{Y}_0$ 作为内生解释变量 Y_0 的工具变量，其本身就具有一一对应性，因此，既适合于恰好识别的结构式方程，也适合于过度识别的结构式方程。也就是说只要联立方程模型中随机方程是可以识别的，就可以用广义的工具变量法进行参数估计。

采用广义的工具变量法，首先需要对简化式模型进行参数估计，得到内生解释变量的估计值。根据狭义的工具变量法参数估计式推演过程，同理可得广义的工具变量法参数估计式为

$$\begin{pmatrix} \hat{\boldsymbol{B}}_0 \\ \hat{\boldsymbol{\Gamma}}_0 \end{pmatrix} = ((\hat{\boldsymbol{Y}}_0 \quad \boldsymbol{X}_0)'(\boldsymbol{Y}_0 \quad \boldsymbol{X}_0))^{-1}(\hat{\boldsymbol{Y}}_0 \quad \boldsymbol{X}_0)'\boldsymbol{Y}_i \tag{8-18}$$

四、二阶段最小二乘法(2SLS)

在实际经济问题的计量经济模型中，由于模型的规模大、先决变量多，且每一个方程中变量又少，因而恰好识别的结构式方程是很少见的，经常表现为过度识别的状态。在这种情况下，不能用间接最小二乘法或工具变量法去估计结构参数，而实用的方法是二阶段最小二乘法。

二阶段最小二乘法，顾名思义就是在两个阶段分别采用普通最小二乘法进行参数估计。第一阶段是对简化式模型中的简化式参数采用普通最小二乘法进行估计，并利用简化式参数的估计结果计算各内生变量的估计值；第二阶段是用内生变量的估计值作为内生解释变量的样本值，对每一个结构式方程采用普通最小二乘法进行参数估计，从而得到结构式方程中各结构参数的估计值。

不失一般性，假设联立方程模型中某结构式方程为

$$Y_1 = \beta_{12}Y_2 + \cdots + \beta_{1g_1}Y_{g_1} + \gamma_{11}X_1 + \cdots + \gamma_{1k_1}X_{k_1} + \mu_1$$

和狭义的工具变量法一样，结构式方程用矩阵描述为

$$Y_1 = (\boldsymbol{Y}_0 \ \ \boldsymbol{X}_0)\begin{pmatrix} \boldsymbol{B}_0 \\ \boldsymbol{\Gamma}_0 \end{pmatrix} + \mu_i \tag{8-19}$$

式中，$\boldsymbol{Y}_0$ 为该方程包含的内生解释变量向量；$\boldsymbol{X}_0$ 为该方程包含的先决变量向量；$\boldsymbol{B}_0$ 为该方程包含的内生解释变量结构参数；$\boldsymbol{\Gamma}_0$ 为该方程包含的先决变量结构参数。

通过简化式模型的参数估计(参考间接最小二乘法)，能够计算得到内生变量的估计值，也就确定了所有内生解释变量 $\boldsymbol{Y}_0$ 的估计值 $\hat{\boldsymbol{Y}}_0$，用内生解释变量的估计值 $\hat{\boldsymbol{Y}}_0$ 作为内生解释变量 $\boldsymbol{Y}_0$ 的样本值，则结构式方程二阶段最小二乘法的参数估计式为

$$\begin{pmatrix} \hat{\boldsymbol{B}}_0 \\ \hat{\boldsymbol{\Gamma}}_0 \end{pmatrix} = ((\hat{\boldsymbol{Y}}_0 \ \ \boldsymbol{X}_0)'(\hat{\boldsymbol{Y}}_0 \ \ \boldsymbol{X}_0))^{-1}(\hat{\boldsymbol{Y}}_0 \ \ \boldsymbol{X}_0)'Y_i \tag{8-20}$$

第四节　联立方程模型的检验

联立方程计量经济模型在参数估计完成后，也需要进行相关的检验。联立方程模型的检验主要包括两个方面：一是单个随机方程的检验，二是模型整体的

系统检验。对于联立方程计量经济模型中的每一个随机方程，单方程计量经济模型的所有检验均适用，也就是应包括经济意义检验、统计检验、违背假设问题检验和预测检验。但在许多联立方程模型的研究中，由于建模者建模的目的和作用不同，往往对部分检验并不重视；再就是庞大的宏观经济模型体系的每一个方程统计检验指标都能达到要求也是不可能的，但结构参数估计值的经济意义必须是合理的。

由于单方程的各种检验在前面各章已作全面介绍，这里不再重复。下面介绍模型系统检验的主要方法。

一、总体拟合效果检验

对于联立方程模型

$$\boldsymbol{BY}+\boldsymbol{\Gamma X}=\boldsymbol{U}$$

对模型中结构参数进行估计，并将先决变量 X 的样本值代入下列模型

$$\hat{\boldsymbol{B}}\hat{\boldsymbol{Y}}+\hat{\boldsymbol{\Gamma}}\boldsymbol{X}=0 \tag{8-21}$$

求解模型(8-21)，可得各内生变量的估计值 $\hat{\boldsymbol{Y}}$。

设第 i 个内生变量第 t 期样本的估计值为 $\hat{Y}_{it}(i=1,2,\cdots,g;t=1,2,\cdots,n)$，则第 i 个内生变量第 t 期样本的相对误差为

$$\varepsilon_{it}=(Y_{it}-\hat{Y}_{it})/Y_{it}$$

则第 i 个内生变量的相对均方误差为

$$RMSP_i=\sqrt{\frac{1}{n}\sum_{t=1}^{n}\varepsilon_{it}^2}\quad(i=1,2,\cdots,g) \tag{8-22}$$

若相对均方误差 $RMSP_i=0(i=1,2,\cdots,g)$，也就是所有内生变量的实际值与估计值完全相等，即完全拟合，这是一种最佳的情况，但实际上不可能达到完全拟合的情况。一般地，对于联立方程计量经济模型的 g 个内生变量，判断总体拟合效果的标准为：若 $RMSP_i<5\%$ 的内生变量个数在 70%以上；而任一个内生变量的相对均方误差都满足 $RMSP_i\leqslant10\%$，则认为联立方程计量经济模型具有较好的拟合效果。相对均方误差是对模型系统总体拟合效果进行检验的一种有效指标。

二、联立方程计量经济模型的预测检验

联立方程计量经济模型往往用于描述宏观经济系统的运行规律，模型本身是对样本期经济变量之间经济关系的具体量化，显然可利用模型对宏观经济系统的发展和变化趋势进行综合预测。联立方程计量经济模型的预测方法就是给

定模型中先决变量在预测期的期望值，依据模型确定内生变量的预测值。

若以例 8-7 所得到的模型估计结果，即

$$\begin{cases} C_t = 3\ 823.6 + 0.377\ 8Y_t \\ I_t = 0.501\ 7Y_{t-1} \\ Y_t = C_t + I_t + G_t \end{cases}$$

假设模型中先决变量在预测期的期望值 G_{2019} 为 170 000 亿元，而滞后内生变量 Y_{2019-1} 显然就是 Y_{2018} 的实际值 908 720 亿元，将先决变量的值代入模型并求解得到

$$\begin{cases} \hat{C}_{2019} = 386\ 194.9 \\ \hat{I}_{2019} = 455\ 904.8 \\ \hat{Y}_{2019} = 1\ 012\ 099.7 \end{cases}$$

该预测结果是联立方程计量经济模型点预测值，预测结果的好坏也需要评价的标准。一是利用预测值和实际值的比较，根据相对均方误差（$RMSP$）指标进行判断；二是讨论联立方程模型预测值的置信区间，预测时内生变量的真实值可能会偏离点预测值，因此，预测值的置信区间反映了预测结果的稳定性；三是为了保证模型的预测精度，必须充分讨论和分析预测期经济环境和经济结构是否发生了变化，如果样本期和预测期经济行为不一致，所得到的预测值的可靠性必然值得怀疑。

三、误差传递检验

1. 方程间误差传递

联立方程计量经济模型描述一个复杂的宏观经济系统运行状况，反映经济变量之间双向的因果关系，这种因果关系是通过若干个结构式方程表现出来的，因此，在方程间存在误差传递。一个联立方程模型往往在方程之间存在一些明显的特征，这就是建模所要遵循的关键路径。关键路径解释了主要经济行为的活动过程，如包含生产方程、收入方程、分配方程、投资方程及固定资产方程等组成的宏观经济模型，关键路径是十分清晰的，而且还存在着递推关系，如固定资产决定社会总产值、社会总产值决定国民收入、国民收入决定收入分配、收入分配决定投资额、投资额形成固定资产，这就是十分明显的关键路径。

在这样一条关键路径上，形成了误差的传递，根据关键路径上误差传递分析的相关指标如均方根误差，可以检验总体模型的拟合效果与预测精度。

假设关键路径上的方程数为 T，第 i 个结构式方程的残差为 e_i，则

$$均方根误差 = \sqrt{\frac{1}{T}\sum_{i=1}^{T} e_i^2} \tag{8-23}$$

显然，该指标越小越好。

2. 时间序列误差传递

联立方程计量经济模型所体现的宏观经济系统的动态性及相关性，决定了模型中必然存在一定数量的滞后内生变量，从而使模型的长期动态预测误差不仅在方程之间传递，而且在时间序列上传递。

动态预测效果检验也称为滚动预测检验，其核心思想是：滞后内生变量采用内生变量的估计值，而不用实际观测值。只给定外生变量的观测值，滞后内生变量用内生变量估计值代替，依此类推，必将由于滞后内生变量，形成误差在时间序列上的传递和积累，最终可确定某经济变量的实际观测值与滚动预测值的相对误差，从而判断联立方程模型长期预测的精度。

第五节 联立方程模型的 EViews 软件处理

【例 8-7】 讨论与分析我国宏观经济发展指标之间的依存关系。选定 1985—2018 年国内生产总值、投资总额、消费总额、政府消费等有关统计数据（支出法国内生产总值中不包括货物和服务净出口，消费总额中不包括政府消费），如表 8-1 所列。若宏观经济模型如下，分别用各种方法估计模型中结构参数。

$$\begin{cases} C_t = \alpha_0 + \alpha_1 Y_t + \mu_{1t} \\ I_t = \beta_0 + \beta_1 Y_t + \beta_2 Y_{t-1} + \mu_{2t} \\ Y_t = C_t + I_t + G_t \end{cases}$$

模型中，C_t 为消费总额；I_t 为投资总额；Y_t 为国内生产总值；G_t 为政府消费。

表 8-1 我国宏观经济统计数据 单位：亿元

年份	消费总额	投资总额	国内生产总值	政府消费
1985	4 627.5	3 554.4	9 475.2	1 293.3
1986	5 293.5	3 914.6	10 645.5	1 437.3
1987	6 047.6	4 543.7	12 187.2	1 595.9
1988	7 532.2	5 932.2	15 361.7	1 897.2
1989	8 778.0	6 392.4	17 436.0	2 265.7
1990	9 435.0	6 446.6	18 459.0	2 577.4
1991	10 544.5	7 754.0	21 379.6	3 081.1
1992	12 312.2	10 625.4	26 864.7	3 927.1

表 8-1(续)

年份	消费总额	投资总额	国内生产总值	政府消费
1993	15 694.8	15 440.5	36 255.5	5 120.1
1994	21 443.2	19 479.4	47 776.2	6 853.6
1995	28 065.5	23 823.0	60 051.8	8 163.2
1996	33 644.2	26 960.1	70 082.4	9 478.1
1997	36 585.8	28 317.1	75 865.8	10 962.9
1998	38 768.5	29 659.7	81 161.5	12 733.3
1999	41 845.8	30 891.2	87 558.5	14 821.5
2000	46 863.3	33 667.1	97 416.0	16 885.6
2001	50 464.6	39 402.5	10 8063.7	18 196.5
2002	54 667.0	44 005.0	118 232.5	19 560.5
2003	58 689.9	54 446.8	134 181.8	21 045.1
2004	65 724.7	67 725.6	157 120.0	23 669.7
2005	74 153.7	75 576.0	177 448.4	27 718.8
2006	82 842.4	87 578.6	202 942.9	32 521.9
2007	98 231.3	109 339.3	247 076.3	39 505.8
2008	112 654.7	134 941.6	293 840.8	46 244.5
2009	123 121.9	158 074.5	332 613.2	51 416.7
2010	141 465.5	191 866.9	393 448.3	60 115.9
2011	170 390.8	227 673.5	472 420.8	74 356.5
2012	190 584.8	248 960.0	524 403.9	84 859.1
2013	212 477.3	275 128.7	581 792.4	94 186.4
2014	236 238.5	294 906.1	632 937.2	101 792.7
2015	260 202.5	297 826.5	669 747.2	111 718.2
2016	288 668.1	318 198.5	729 004.9	122 138.3
2017	320 689.5	357 886.1	814 404.4	135 828.7
2018	354 124.3	402 585.1	908 720.1	152 010.6

1. 间接最小二乘法估计结构参数

(1) 简化式模型为

$$
\begin{cases}
C_t = \pi_{11} + \pi_{12} Y_{t-1} + \pi_{13} G_t + \upsilon_{1t} \\
I_t = \pi_{21} + \pi_{22} Y_{t-1} + \pi_{23} G_t + \upsilon_{2t} \\
Y_t = \pi_{31} + \pi_{32} Y_{t-1} + \pi_{33} G_t + \upsilon_{3t}
\end{cases}
$$

(2) 构造参数关系

$$\boldsymbol{B\Pi} = -\boldsymbol{\Gamma}$$

根据结构式模型和简化式模型的矩阵描述，其参数关系为

$$\begin{pmatrix} 1 & 0 & -\alpha_1 \\ 0 & 1 & -\beta_1 \\ -1 & -1 & 1 \end{pmatrix}\begin{pmatrix} \pi_{11} & \pi_{12} & \pi_{13} \\ \pi_{21} & \pi_{22} & \pi_{23} \\ \pi_{31} & \pi_{32} & \pi_{33} \end{pmatrix} = -\begin{pmatrix} -\alpha_0 & 0 & 0 \\ -\beta_0 & -\beta_2 & 0 \\ 0 & 0 & -1 \end{pmatrix}$$

(3) 估计简化式模型参数

对简化式模型中各简化式方程分别采用普通最小二乘法进行参数估计。不失一般性，假设估计简化式模型第三个方程，即简化式方程为

$$Y_t = \pi_{31} + \pi_{32}Y_{t-1} + \pi_{33}G_t + \upsilon_{3t}$$

参数估计结果如图 8-1 所示。另外，在估计 Y_t 所对应的简化式方程后，在估计结果窗口(见图 8-1)单击“Forecast”，可得到内生变量 Y_t 的估计值 YTF(系统默认的估计值名称，可以更改)，并将在工作文件窗口增加了数据序列 YTF。

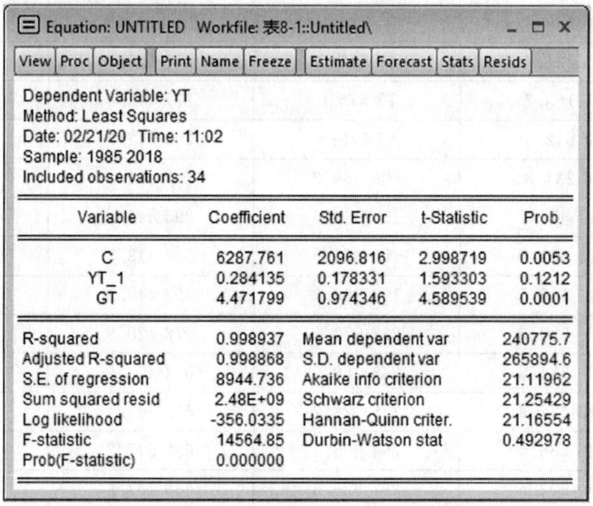

Dependent Variable: YT
Method: Least Squares
Date: 02/21/20 Time: 11:02
Sample: 1985 2018
Included observations: 34

Variable	Coefficient	Std. Error	t-Statistic	Prob.
C	6287.761	2096.816	2.998719	0.0053
YT_1	0.284135	0.178331	1.593303	0.1212
GT	4.471799	0.974346	4.589539	0.0001

R-squared	0.998937	Mean dependent var	240775.7
Adjusted R-squared	0.998868	S.D. dependent var	265894.6
S.E. of regression	8944.736	Akaike info criterion	21.11962
Sum squared resid	2.48E+09	Schwarz criterion	21.25429
Log likelihood	-356.0335	Hannan-Quinn criter.	21.16554
F-statistic	14564.85	Durbin-Watson stat	0.492978
Prob(F-statistic)	0.000000		

图 8-1 简化式方程参数估计结果

同理，可估计简化式模型第一个方程和第二个方程，因此，得到简化式模型的参数估计结果为

$$\begin{pmatrix} \hat{\pi}_{11} & \hat{\pi}_{12} & \hat{\pi}_{13} \\ \hat{\pi}_{21} & \hat{\pi}_{22} & \hat{\pi}_{23} \\ \hat{\pi}_{31} & \hat{\pi}_{32} & \hat{\pi}_{33} \end{pmatrix} = \begin{pmatrix} 6\,553.1 & -0.053 & 2.563 \\ -265.35 & 0.337 & 0.909 \\ 6\,287.8 & 0.284 & 4.472 \end{pmatrix}$$

(4) 利用参数关系体系求结构参数

由于该模型只有第二个随机方程是恰好识别的，那么采用间接最小二乘法只能估计第二个随机方程，即估计投资方程中的结构参数，从参数关系中可得

$$(0 \quad 1 \quad -\beta_1)\begin{pmatrix}\pi_{11} & \pi_{12} & \pi_{13} \\ \pi_{21} & \pi_{22} & \pi_{23} \\ \pi_{31} & \pi_{32} & \pi_{33}\end{pmatrix} = (\beta_0 \quad \beta_2 \quad 0)$$

解得

$$\hat{\beta}_1 = \hat{\pi}_{23}/\hat{\pi}_{33} = 0.203$$

$$\hat{\beta}_0 = \hat{\pi}_{21} - \hat{\pi}_{31}\hat{\pi}_{23}/\hat{\pi}_{33} = -1\ 543.44$$

$$\hat{\beta}_2 = \hat{\pi}_{22} - \hat{\pi}_{32}\hat{\pi}_{23}/\hat{\pi}_{33} = 0.279$$

则投资方程估计结果为

$$\hat{I}_t = -1\ 543.44 + 0.203Y_t + 0.279Y_{t-1}$$

2. 狭义的工具变量法估计结构参数

模型中投资方程是恰好识别的,可以用狭义的工具变量法进行参数估计。投资方程为

$$I_t = \beta_0 + \beta_1 Y_t + \beta_2 Y_{t-1} + \mu_{2t}$$

该方程未包含先决变量 G_t,用 G_t 作为内生解释变量 Y_t 的工具变量。

EViews 软件中工具变量法参数估计过程为:在主窗口选择"Quick→Estimate Equation",在弹出窗口中选择参数估计方法为"Two Stage Least Squares";在方程设定区域,输入原方程变量序列;在先决变量设定区域,输入工具变量序列。参数估计结果如图 8-2 所示。

Equation: UNTITLED Workfile: 表8-1::Untitled\

View | Proc | Object | Print | Name | Freeze | Estimate | Forecast | Stats | Resids

Dependent Variable: IT
Method: Two-Stage Least Squares
Date: 02/21/20 Time: 11:03
Sample: 1985 2018
Included observations: 34
Instrument specification: GT YT_1
Constant added to instrument list

Variable	Coefficient	Std. Error	t-Statistic	Prob.
C	-1543.696	2281.457	-0.676628	0.5037
YT	0.203307	0.216060	0.940972	0.3540
YT_1	0.278885	0.238196	1.170822	0.2506

R-squared	0.995008	Mean dependent var	107162.4
Adjusted R-squared	0.994686	S.D. dependent var	121673.8
S.E. of regression	8869.745	Sum squared resid	2.44E+09
F-statistic	3083.140	Durbin-Watson stat	0.331642
Prob(F-statistic)	0.000000	Second-Stage SSR	3.43E+09
J-statistic	1.08E-37	Instrument rank	3

图 8-2 先决变量作为工具变量的投资方程估计结果

3．广义的工具变量法估计结构参数

整个模型中内生解释变量只有 Y_t，因此，用内生解释变量 Y_t 的估计值 YTF 作为工具变量，估计消费方程和投资方程，如图 8-3 及图 8-4 所示。

Equation: UNTITLED Workfile: 表8-1::Untitled\

View | Proc | Object | Print | Name | Freeze | Estimate | Forecast | Stats | Resids

Dependent Variable: CT
Method: Two-Stage Least Squares
Date: 02/21/20 Time: 15:02
Sample: 1985 2018
Included observations: 34
Instrument specification: YTF
Constant added to instrument list

Variable	Coefficient	Std. Error	t-Statistic	Prob.
C	3823.606	1367.297	2.796471	0.0087
YT	0.377807	0.003844	98.28512	0.0000

R-squared	0.996693	Mean dependent var	94790.39
Adjusted R-squared	0.996590	S.D. dependent var	100491.7
S.E. of regression	5868.374	Sum squared resid	1.10E+09
F-statistic	9659.965	Durbin-Watson stat	0.214015
Prob(F-statistic)	0.000000	Second-Stage SSR	5.85E+08
J-statistic	8.74E-44	Instrument rank	2

图 8-3 估计值作为工具变量的消费方程估计结果

Equation: UNTITLED Workfile: 表8-1::Untitled\

View | Proc | Object | Print | Name | Freeze | Estimate | Forecast | Stats | Resids

Dependent Variable: IT
Method: Two-Stage Least Squares
Date: 02/21/20 Time: 11:05
Sample: 1985 2018
Included observations: 34
Instrument specification: YTF YT_1
Constant added to instrument list

Variable	Coefficient	Std. Error	t-Statistic	Prob.
C	-1543.696	2281.457	-0.676628	0.5037
YT	0.203307	0.216060	0.940972	0.3540
YT_1	0.278885	0.238196	1.170822	0.2506

R-squared	0.995008	Mean dependent var	107162.4
Adjusted R-squared	0.994686	S.D. dependent var	121673.8
S.E. of regression	8869.745	Sum squared resid	2.44E+09
F-statistic	3083.140	Durbin-Watson stat	0.331642
Prob(F-statistic)	0.000000	Second-Stage SSR	3.43E+09
J-statistic	5.52E-37	Instrument rank	3

图 8-4 估计值作为工具变量的投资方程估计结果

4．二阶段最小二乘法估计结构参数

（1）EViews 软件中二阶段最小二乘法的单个方程参数估计过程

用内生解释变量 Y_t 的估计值 YTF 作为其样本值(变量设定如图 8-5 所示),消费方程的参数估计结果如图 8-6 所示。

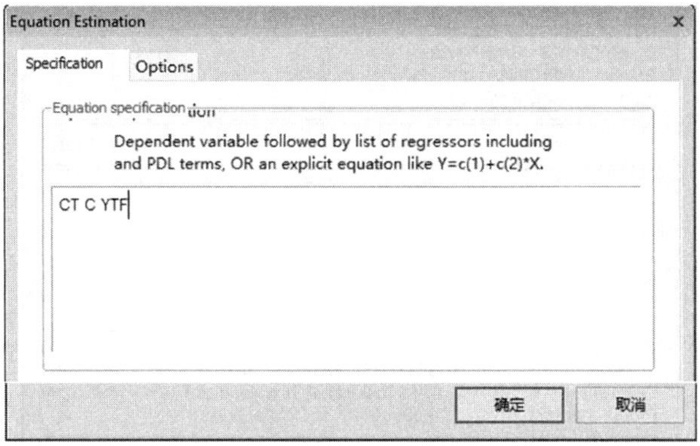

图 8-5　消费方程二阶段最小二乘法变量设定

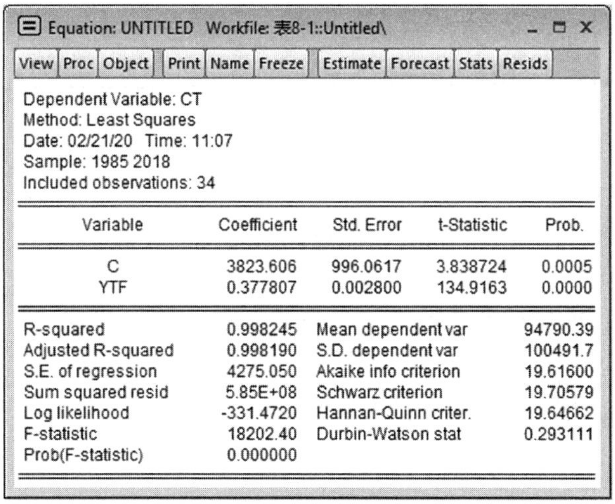
Equation: UNTITLED　Workfile: 表8-1::Untitled\

View | Proc | Object | Print | Name | Freeze | Estimate | Forecast | Stats | Resids

Dependent Variable: CT
Method: Least Squares
Date: 02/21/20　Time: 11:07
Sample: 1985 2018
Included observations: 34

Variable	Coefficient	Std. Error	t-Statistic	Prob.
C	3823.606	996.0617	3.838724	0.0005
YTF	0.377807	0.002800	134.9163	0.0000

R-squared	0.998245	Mean dependent var	94790.39
Adjusted R-squared	0.998190	S.D. dependent var	100491.7
S.E. of regression	4275.050	Akaike info criterion	19.61600
Sum squared resid	5.85E+08	Schwarz criterion	19.70579
Log likelihood	-331.4720	Hannan-Quinn criter.	19.64662
F-statistic	18202.40	Durbin-Watson stat	0.293111
Prob(F-statistic)	0.000000		

图 8-6　消费方程二阶段最小二乘法估计结果

投资方程的变量设定和消费方程类似,用 YTF 代替 Y_t,投资方程的参数估计结果如图 8-7 所示。

(2) EViews 软件中二阶段最小二乘法的模型整体参数估计过程

在主窗口依次单击"Object→New Object→System",在模型系统(System)设定窗口分别输入先决变量和各随机方程[结构参数用 $C(1)$,$C(2)$……表示],如图 8-8 所示;在模型系统(System)设定窗口单击"Estimate",选择"Two-Stage Least Squares"估计方法,确定后得到参数估计结果如图 8-9 所示。

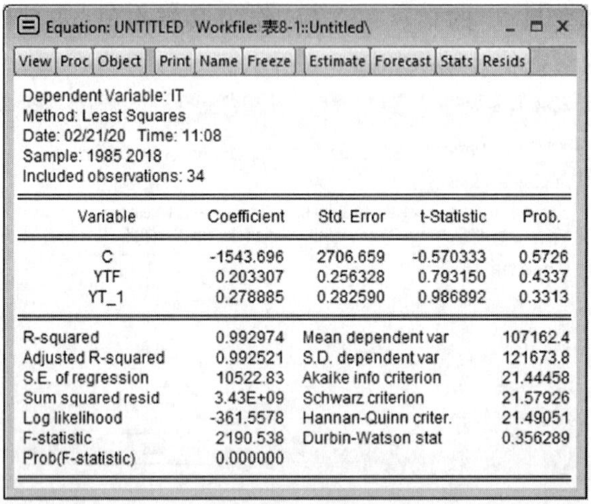

Equation: UNTITLED Workfile: 表8-1::Untitled\

View | Proc | Object | Print | Name | Freeze | Estimate | Forecast | Stats | Resids

Dependent Variable: IT
Method: Least Squares
Date: 02/21/20 Time: 11:08
Sample: 1985 2018
Included observations: 34

Variable	Coefficient	Std. Error	t-Statistic	Prob.
C	-1543.696	2706.659	-0.570333	0.5726
YTF	0.203307	0.256328	0.793150	0.4337
YT_1	0.278885	0.282590	0.986892	0.3313

R-squared	0.992974	Mean dependent var	107162.4
Adjusted R-squared	0.992521	S.D. dependent var	121673.8
S.E. of regression	10522.83	Akaike info criterion	21.44458
Sum squared resid	3.43E+09	Schwarz criterion	21.57926
Log likelihood	-361.5578	Hannan-Quinn criter.	21.49051
F-statistic	2190.538	Durbin-Watson stat	0.356289
Prob(F-statistic)	0.000000		

图 8-7 投资方程二阶段最小二乘法估计结果

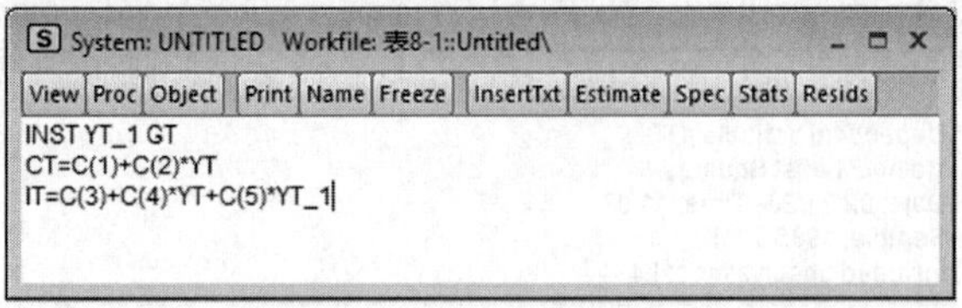

System: UNTITLED Workfile: 表8-1::Untitled\

View | Proc | Object | Print | Name | Freeze | InsertTxt | Estimate | Spec | Stats | Resids

```
INST YT_1 GT
CT=C(1)+C(2)*YT
IT=C(3)+C(4)*YT+C(5)*YT_1
```

图 8-8 模型系统设定窗口

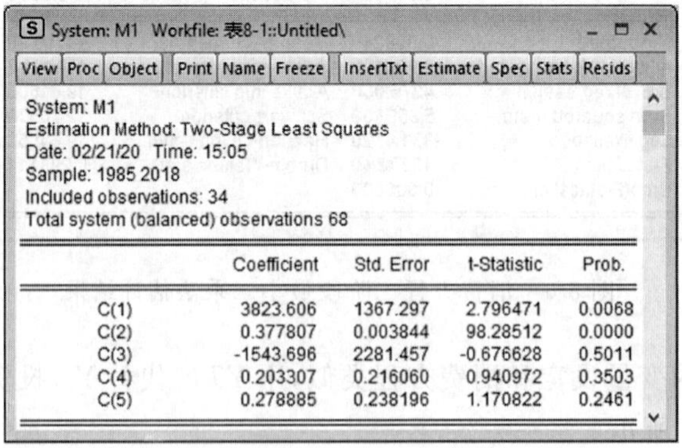

System: M1 Workfile: 表8-1::Untitled\

View | Proc | Object | Print | Name | Freeze | InsertTxt | Estimate | Spec | Stats | Resids

System: M1
Estimation Method: Two-Stage Least Squares
Date: 02/21/20 Time: 15:05
Sample: 1985 2018
Included observations: 34
Total system (balanced) observations 68

	Coefficient	Std. Error	t-Statistic	Prob.
C(1)	3823.606	1367.297	2.796471	0.0068
C(2)	0.377807	0.003844	98.28512	0.0000
C(3)	-1543.696	2281.457	-0.676628	0.5011
C(4)	0.203307	0.216060	0.940972	0.3503
C(5)	0.278885	0.238196	1.170822	0.2461

图 8-9 宏观经济模型参数估计结果

综合以上可以看出，对于过度识别的消费方程，广义的工具变量法和二阶段最小二乘法的参数估计结果完全一致；而对于恰好识别的投资方程，各种方法都具有相同的估计结果。因此，回归模型为

$$
\begin{cases}
C_t = 3\ 823.6 + 0.377\ 8Y_t \\
I_t = -543.7 + 0.203\ 3Y_t + 0.278\ 9Y_{t-1} \\
Y_t = C_t + I_t + G_t
\end{cases}
$$

根据图 8-9 可以看出，尽管参数的经济意义在合理范围内，消费方程所对应的解释变量是显著的，但投资方程中各参数所对应的 P 值都较大，投资方程中解释变量显著性不高。为此，可以考虑调整宏观经济模型，如投资应该更多地受到前期国民收入的影响，而往往现期国民收入对投资影响较小。调整后的模型为

$$
\begin{cases}
C_t = \alpha_0 + \alpha_1 Y_t + \mu_{1t} \\
I_t = \beta_0 + \beta_1 Y_{t-1} + \mu_{2t} \\
Y_t = C_t + I_t + G_t
\end{cases}
$$

继续优化和调整，模型最终估计结果如图 8-10 所示，模型回归结果为

$$
\begin{cases}
C_t = 3\ 823.6 + 0.377\ 8Y_t \\
I_t = 0.501\ 7Y_{t-1} \\
Y_t = C_t + I_t + G_t
\end{cases}
$$

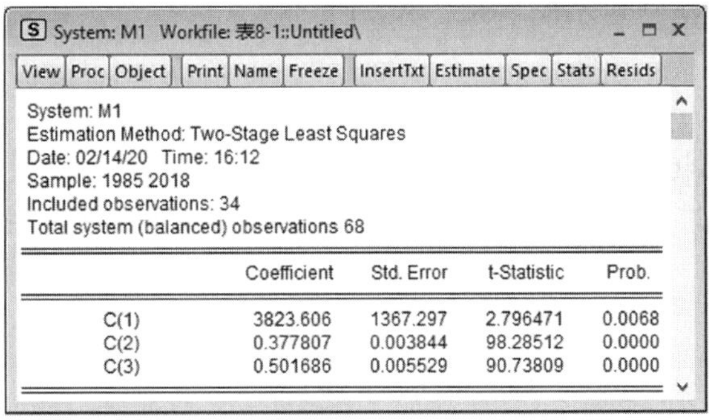
System: M1 Workfile: 表8-1::Untitled\
View Proc Object Print Name Freeze InsertTxt Estimate Spec Stats Resids

System: M1
Estimation Method: Two-Stage Least Squares
Date: 02/14/20 Time: 16:12
Sample: 1985 2018
Included observations: 34
Total system (balanced) observations 68

	Coefficient	Std. Error	t-Statistic	Prob.
C(1)	3823.606	1367.297	2.796471	0.0068
C(2)	0.377807	0.003844	98.28512	0.0000
C(3)	0.501686	0.005529	90.73809	0.0000

图 8-10　宏观经济模型参数估计结果

思考与练习题

1. 什么是联立方程计量经济模型，其构成要素有哪些？
2. 如何理解联立方程模型中内生变量、外生变量和先决变量？
3. 联立方程模型中方程有哪些类型，其含义是什么？
4. 写出结构式模型的一般形式和结构参数矩阵。
5. 什么是简化式模型，如何构造简化式模型。
6. 结构式参数和简化式参数的经济含义是什么？
7. 模型的识别问题及其意义是什么？如何理解结构式方程具有“确定的统

计形式”？

8. 联立方程模型识别状态有哪些？

9. 怎样理解识别的阶条件和识别的秩条件？

10. 为什么狭义的工具变量法不适用于过度识别的方程？

11. 如何理解二阶段最小二乘法也是工具变量法？

12. 联立方程模型总体检验的内容包括哪些？

13. 模型预测误差传递的方式有几种，误差传递的前提分别是什么？

14. 讨论以下模型的识别问题

$$\begin{cases} C_t = \alpha_0 + \alpha_1 (Y_t - T_t) + \mu_{1t} \\ I_t = \beta_0 + \beta_1 Y_{t-1} + \mu_{2t} \\ T_t = \gamma_0 + \gamma_1 Y_t + \mu_{3t} \\ Y_t = C_t + I_t + G_t \end{cases}$$

模型中，各随机方程分别为消费方程、投资方程和税收方程。

(1) 确定模型的内生变量、外生变量；

(2) 判断模型中各方程的识别状态；

(3) 若将税收方程修改为

$$T_t = \gamma_0 + \gamma_1 Y_t + \gamma_2 G_t + \mu_{3t}$$

讨论模型的识别状态。

15. 国民经济运行指标的统计数据采用表 8-1 样本数据，若宏观经济模型为

$$\begin{cases} C_t = \alpha_0 + \alpha_1 Y_t + \alpha_2 C_{t-1} + \mu_{1t} \\ I_t = \beta_0 + \beta_1 Y_{t-1} + \mu_{2t} \\ Y_t = C_t + I_t + G_t \end{cases}$$

(1) 讨论模型的识别问题；

(2) 估计模型中结构参数，并分析参数的经济意义。

16. 在国民经济运行中，经济发展受到投资需求、消费需求、进出口等要素的影响，若讨论消费问题，显然消费与工资水平、价格水平关系密切。为此建立如下联立方程模型，讨论该模型的识别问题；若存在不可识别的方程，如何根据经济行为调整结构式方程使得模型可以识别。

$$\begin{cases} W_t = \alpha_0 + \alpha_1 I_t + \mu_{1t} \\ C_t = \beta_0 + \beta_1 I_t + \beta_2 W_t + \mu_{2t} \\ P_t = \gamma_0 + \gamma_1 I_t + \gamma_2 W_t + \gamma_3 C_t + \mu_{3t} \end{cases}$$

模型中，W_t 为职工平均工资水平；I_t 为固定资产投资；C_t 为居民消费水平指数(以上年为 100%)；P_t 为价格指数(以上年为 100%)。

17. 著名经济学家克莱因于 1950 年建立了战争间模型，旨在分析美国在两

次世界大战之间的经济发展状况，这个简单的宏观计量经济模型是大多数西方国家计量经济模型的原型。战争间模型讨论了消费、投资、就业、国民收入、利润及资本存量等宏观经济指标之间的相互依存关系。模型如下所示，如何讨论该模型的识别状态；采用表 8-2 所示样本数据，估计模型中结构参数。

$$\begin{cases} C_t=\alpha_0+\alpha_1 P_t+\alpha_2 P_{t-1}+\alpha_3(W_t^p+W_t^g)+\mu_{1t} \\ I_t=\beta_0+\beta_1 P_t+\beta_2 P_{t-1}+\beta_3 K_{t-1}+\mu_{2t} \\ W_t^p=\gamma_0+\gamma_1(Y_t+T_t-W_t^g)+\gamma_2(Y_{t-1}+T_{t-1}-W_{t-1}^g)+\gamma_3 t+\mu_{3t} \\ Y_t=C_t+I_t+G_t-T_t \\ P_t=Y_t-W_t^p-W_t^g \\ K_t=K_{t-1}+I_t \end{cases}$$

模型中，C_t 为消费支出；I_t 为净投资；Y_t 为国民收入；W_t^p 为私营企业工资；P_t 为利润；K_t 为资本存量；T_t 为间接税；W_t^g 为政府工资；G_t 为政府非工资支出。

表 8-2 美国两次世界大战之间宏观经济统计数据 单位：亿美元

年份	消费支出	净投资	国民收入	私营工资	利润	资本存量	间接税	政府工资	政府支出
1920	39.8	2.7	43.7	28.8	12.7	182.8	3.4	2.2	2.4
1921	41.9	−0.2	40.6	25.5	12.4	182.6	7.7	2.7	3.9
1922	45.0	1.9	49.1	29.3	16.9	184.5	3.9	2.9	3.2
1923	49.2	5.2	55.4	34.1	18.4	189.7	4.7	2.9	2.8
1924	50.6	3.0	56.4	33.9	19.4	192.7	3.8	3.1	3.5
1925	52.6	5.1	58.7	35.4	20.1	197.0	5.5	3.2	3.3
1926	55.1	5.6	60.3	37.4	19.6	203.4	7.0	3.3	3.3
1927	56.2	4.2	61.3	37.9	19.8	207.6	6.7	3.6	4.0
1928	57.3	3.0	64.0	39.2	21.1	210.6	4.2	3.7	4.2
1929	57.8	5.1	67.0	41.3	21.7	215.7	4.0	4.0	4.1
1930	55.0	1.0	57.7	37.9	15.6	216.7	7.7	4.2	5.2
1931	50.9	−3.4	50.7	34.5	11.4	213.3	7.5	4.8	5.9
1932	45.6	−6.2	41.3	29.0	7.0	207.1	8.3	5.3	4.9
1933	46.5	−5.1	45.3	28.5	11.2	202.0	5.4	5.6	3.7
1934	48.7	−3.0	48.9	30.6	12.3	199.0	6.8	6.0	4.0
1935	51.3	−1.3	53.3	33.2	14.0	197.7	7.2	6.1	4.4
1936	57.7	2.1	61.8	36.8	17.6	199.8	8.3	7.4	2.9
1937	58.7	2.0	65.0	41.0	17.3	201.8	6.7	6.7	4.3
1938	57.5	−1.9	61.2	38.2	15.3	199.9	7.4	7.7	5.3
1939	61.0	1.3	68.4	41.6	19.0	201.2	8.9	7.8	6.6
1940	65.6	3.3	74.1	45.0	21.1	204.5	9.6	8.0	7.4
1941	69.7	4.9	85.3	53.3	23.5	209.4	11.6	8.5	13.8

18. 某一家用电器市场的供需均衡模型如下，统计数据如表 8-3 所示，识别各随机方程；分别用各种估计方法估计模型中结构参数。

$$\begin{cases} D_t = \alpha_0 + \alpha_1 P_t + \alpha_2 Y_t + \mu_{1t} \\ S_t = \beta_0 + \beta_1 P_t + \beta_2 P_{t-1} + \mu_{2t} \\ D_t = S_t \end{cases}$$

模型中，D_t 为家电产品需求量；S_t 为家电产品供给量；P_t 为家电产品价格；Y_t 为可支配收入。

表 8-3 家电产品供需均衡模型统计资料

样本序号	供需量/件	价格/元	前期价格/元	可支配收入/元
1	397.3	160.0	156.0	1 396
2	425.9	160.8	160.0	1 450
3	417.6	161.8	160.8	1 502
4	399.0	162.2	161.8	1 553
5	467.5	162.4	162.2	1 673
6	598.0	177.6	162.4	1 910
7	704.5	202.2	177.6	2 223
8	710.0	210.8	202.2	2 473
9	752.5	212.0	210.8	2 688
10	797.5	218.6	212.0	2 957
11	844.5	228.2	218.6	3 395
12	916.4	274.9	228.2	4 235
13	956.0	302.2	274.9	4 757

第九章　经典计量经济模型

经典计量经济模型伴随着计量经济学的发展过程，应用非常普遍，很多经济问题借助于经典模型都得到了有效的实证分析和合理的经济解释，因而对经典模型的分析、改进与应用越来越得到经济学家的重视。本章通过对生产函数、需求函数、消费函数和投资函数等模型的特征分析与参数估计，进一步阐述单方程经典计量经济模型在客观经济问题分析中的作用。

第一节　生 产 函 数

一、生产函数及其属性

生产函数是描述生产过程中投入的生产要素的某种组合，同它可能生产的最大产出量之间的函数关系，即

$$Y = f(A, K, L, \cdots) \tag{9-1}$$

式中，Y 为产出量；A 为技术效率；K 为资本投入；L 为劳动力投入。

在生产函数模型分析和应用的过程中，要重视分析模型的因果要件，即投入的生产要素和可能生产的最大产出量。投入的生产要素是指：实际投入的并在生产过程中发挥作用的生产要素，包括自然资源、资本和劳动力，实际上生产要素也包括企业家能力。除自然资源外，资本、劳动力及企业家能力都存在内涵的技术进步问题。可能生产的最大产出量是指：在一定的技术条件下，各种生产要素的组合在生产过程中能够达到的产出量，可能是某个特定的时期或者某种特定的环境能够达到的产出，而不是生产过程中平均的产出量。生产函数反映了产业或者企业的投入产出关系，也有经济学家和管理者认为生产函数反映了投入和产出之间的技术关系。

关于生产函数的合理性，在相关文献中已有阐述，其主流观点认为：以西方国家生产理论为基础的生产函数模型在我国具有一定的合理性，可以通过一定的理论和实证方法对西方国家的生产函数模型加以调整，以便更适合我国在投入产出问题分析方面的需要。事实上，我国通过经济体制改革并逐步建立和完善社会主义市场经济以后，已具备应用经典生产函数模型的条件。但是，我们不

要过分迷信和盲目借鉴经典生产函数模型,因为许多无法量化的因素有时会对生产效率起重要影响。

生产函数既然研究的是投入产出问题,那么边际产量、规模报酬、产出弹性及替代弹性等方面都直接关系到生产要素的投入与产品的产出,反映了生产函数在特定时期的属性和特征。

1. 边际产量

边际产量也称为边际生产率,它反映了生产要素的绝对变化对产出增量的影响程度,即

$$MP_{K}=\Delta Y/\Delta K,\ MP_{L}=\Delta Y/\Delta L \tag{9-2}$$

一般情况下,MP_{K}、$MP_{L}\geqslant 0$,也就是说随着投入要素的增加,产品的产出也会增加。从边际产量大于等于零角度分析,是否应无限制地增加投入呢?或者说增加等量的投入能否带来等量的产出呢?显然,一方面受到管理幅度、管理层次及管理水平等管理方面问题的影响,另一方面也受到经济环境、市场因素及区位优势是否存在等方面问题的影响,边际生产率会随着投入要素的不断增加有下降的趋势,这就是生产要素的边际收益递减规律,可表示为

$$\frac{\partial^2 Y}{\partial K^2}<0,\ \frac{\partial^2 Y}{\partial L^2}<0$$

2. 规模报酬

规模报酬是指在技术水平和要素价格一定的情况下,所有的投入要素都按同一比例变动所引起产出的变动问题,在客观实际经济分析中,存在递增、递减及不变规模报酬等三种情况,可描述为

$$f(\lambda K,\lambda L,\cdots)>(=,<)\lambda f(K,L,\cdots) \tag{9-3}$$

企业的生产发展过程一般表现为成长期、成熟期和衰退期三个阶段,一般来说,企业(或某种产品)的成长期表现为规模报酬递增阶段,也就是随着投入的增加,产出的增长比例超过了投入的增长比例,反映了在成长期资金、技术、人才等投入的不足;成熟期表现为不变规模报酬阶段,当然投入的增长比例和产出的增长比例相同是理想的、瞬间的状况,特别应该注意到国际经济的一体化趋势、市场的快速反应、产品的更新换代对企业的发展过程会产生直接的影响;衰退期表现为规模报酬递减阶段,当还没有进入衰退期时,就应该考虑到新产品的研发或技术创新,企业的研发投入和研发力量是关键,必须不断地推出新的产品,从而保持良性的发展过程。在实际问题的研究和分析中,有学者认为不变规模报酬是较普遍的情况,而规模报酬递增往往与生产工艺有关,规模报酬递减往往与自然条件有关。

3. 产出弹性

产出弹性是指在技术水平和要素价格不变的条件下,一种投入要素按某一

比例变动所引起产出变动的程度，即

$$E_{\mathrm{K}} = \frac{\Delta Y}{Y} \Big/ \frac{\Delta K}{K},\ E_{\mathrm{L}} = \frac{\Delta Y}{Y} \Big/ \frac{\Delta L}{L} \tag{9-4}$$

式中，E_{K}、E_{L} 分别为资金和劳动力的产出弹性。弹性是相对数之比，在经济问题分析中得到广泛应用。

4. 替代弹性

替代弹性反映了企业在特定的生产环境下，投入要素之间相互替代的可能性大小。显然，对于劳动密集型企业或者技术资金密集型企业，要素之间替代可能性是有差别的。

当企业各种生产要素的数量、质量及技术发生变动时，就会引起各自边际产量的变动，导致边际替代率的变动。边际替代率是指在产出不变的前提下，某一要素的增加与另一要素减少的比例。因此，替代弹性可定义为边际替代率的相对变动所引起投入比例的相对变动。假设投入要素为资金和劳动力，则替代弹性为

$$\sigma = \frac{\mathrm{d}\left(\frac{K}{L}\right) \Big/ \frac{K}{L}}{\mathrm{d}\left(\frac{MP_{\mathrm{L}}}{MP_{\mathrm{K}}}\right) \Big/ \frac{MP_{\mathrm{L}}}{MP_{\mathrm{K}}}} \tag{9-5}$$

二、常用生产函数模型

1. 柯布-道格拉斯(C-D)生产函数

1928 年，美国数学家柯布和经济学家道格拉斯提出了著名的生产函数模型，其形式为

$$Y = AK^{\alpha}L^{\beta} \tag{9-6}$$

一般将该模型简称为 C-D 生产函数模型。模型中，Y 为产出；K 和 L 分别为资本和劳动力的投入；α 和 β 分别为资金和劳动力的产出弹性；A 为效率系数。

C-D 生产函数模型具有如下特征：

(1) 具有一次齐次性

所谓生产函数具有一次齐次性，是指假定研究对象的规模报酬不变，即 $\alpha+\beta=1$，当资本和劳动力的数量同时增长 λ 倍时，有

$$A\ (\lambda K)^{\alpha}\ (\lambda L)^{\beta}=\lambda^{\alpha+\beta}AK^{\alpha}L^{\beta}=\lambda AK^{\alpha}L^{\beta}$$

可见，产出 Y 也增长 λ 倍。

在实际问题分析中，这一假设与现实有一定的偏离，规模报酬可以是递增的，也可以是递减的。1937 年杜兰德(Durand)对这一假定提出了修正。

(2) 要素替代弹性为 1

根据替代弹性的定义，C-D 生产函数的要素替代弹性为

$$\sigma=\frac{\mathrm{d}(K/L)}{(K/L)}\Bigg/\frac{\mathrm{d}(MP_{\mathrm{L}}/MP_{\mathrm{K}})}{(MP_{\mathrm{L}}/MP_{\mathrm{K}})}=\frac{\mathrm{d}[\ln(K/L)]}{\mathrm{d}[\ln(MP_{\mathrm{L}}/MP_{\mathrm{K}})]}$$

$$=\frac{\mathrm{d}\left[\ln\left(\frac{K}{L}\right)\right]}{\mathrm{d}\left[\ln\left(\frac{\alpha K}{\beta L}\right)\right]}=\frac{\mathrm{d}\left[\ln\left(\frac{K}{L}\right)\right]}{\mathrm{d}\left[\ln\left(\frac{\beta}{\alpha}\right)+\ln\left(\frac{K}{L}\right)\right]}=1$$

要素替代弹性为 1 表示劳动力与资本之间存在着始终不变且等于 1 的替代弹性,也就是两种投入要素相互替代的可能性始终是一致的、不变的。显然,这对于不同产业、不同技术条件的企业,都采用 C-D 生产函数研究投入产出问题存在一定的局限性。

(3) 体现技术进步

在 C-D 生产函数模型中,效率系数 A 的变化与其他投入要素的变化无关,A 反映了投入产出中技术进步的某些特征。事实上,除自然资源外,资本、劳动力、企业家等都存在技术水平问题,因此,将技术进步作为内生变量,作为最主要的生产要素,是很多经济学家用生产函数研究问题的基本出发点。在这种思想的影响下,生产函数模型得到了不断的改进,其中以索洛(Solow)提出的生产函数模型最为典型。

1957 年 Solow 对 C-D 生产函数模型进行了改进,改进后的模型为

$$Y=A(t)K^{\alpha}L^{\beta} \tag{9-7}$$

关于 $A(t)$,一般有两种形式,即

$$A(t)=A_0\,(1+\gamma)^t$$

$$A(t)=A_0\,\mathrm{e}^{\gamma t}$$

在这两种形式中,都可以将 γ 理解为年技术进步速度,表明技术会随着时间的推移而在不断地提升和进步。通过上述改进可将传统 C-D 生产函数表示为

$$Y=A_0\,(1+\gamma)^tK^{\alpha}L^{\beta}$$

$$Y=A_0\,\mathrm{e}^{\gamma t}K^{\alpha}L^{\beta}$$

2. 常替代弹性生产函数(CES 生产函数)

CES(Constant Elasticity of Substitution)生产函数意指常替代弹性生产函数。常替代弹性即不变替代弹性,假定在某生产问题研究的总体中,要素替代弹性与样本无关。

在 C-D 生产函数研究中,资本与劳动力之间的替代弹性恒为 1,这虽然使许多问题的讨论简单化了,实际上是不合理的,也由此说明 C-D 生产函数在某些情况下存在着很大的缺陷,因而经济学家提出了不变替代弹性的生产函数模型,尽管这一假定仍与实际有出入,但相对 C-D 生产函数来说,CES 生产函数已有了进步。这里主要介绍两要素 CES 生产函数模型。

两要素 CES 生产函数模型是由阿罗(Arrow)、切尼(Chenery)、明翰斯(Minhas)和索洛四位学者于 1961 年提出,其基本形式为

$$Y = A\,(\delta_1 K^{-\rho} + \delta_2 L^{-\rho})^{-\frac{1}{\rho}} \tag{9-8}$$

模型中,A 为效率系数;$0<\delta_1,\delta_2<1$ 为分配参数,且 $\delta_1+\delta_2=1$;ρ 为替代参数。

(1) 不变规模报酬

由 CES 生产函数模型有

$$\begin{aligned} A[\delta_1(\lambda K)^{-\rho}+\delta_2(\lambda L)^{-\rho}]^{-\frac{1}{\rho}} &= A[\lambda^{-\rho}(\delta_1 K^{-\rho}+\delta_2 L^{-\rho})]^{-\frac{1}{\rho}} \\ &= \lambda A(\delta_1 K^{-\rho}+\delta_2 L^{-\rho})^{-\frac{1}{\rho}} \end{aligned}$$

即资本与劳动力的投入量增长 λ 倍,产出量也将增长 λ 倍。

(2) 要素替代弹性

根据替代弹性的定义,CES 生产函数模型的要素替代弹性为

$$\sigma=\frac{\mathrm{d}(K/L)}{K/L}\Bigg/\frac{\mathrm{d}(MP_{\mathrm{L}}/MP_{\mathrm{K}})}{MP_{\mathrm{L}}/MP_{\mathrm{K}}}=\mathrm{d}\left[\ln\left(\frac{K}{L}\right)\right]\Bigg/\mathrm{d}\left[\ln\left(\frac{MP_{\mathrm{L}}}{MP_{\mathrm{K}}}\right)\right]$$

$$\begin{aligned} MP_{\mathrm{K}} &= \frac{\partial Y}{\partial K}=A\left(-\frac{1}{\rho}\right)(\delta_1 K^{-\rho}+\delta_2 L^{-\rho})^{-\frac{1}{\rho}-1}\delta_1(-\rho)K^{-\rho-1} \\ &= AK^{-\rho-1}(\delta_1 K^{-\rho}+\delta_2 L^{-\rho})^{-\frac{1}{\rho}-1}\delta_1 \\ MP_{\mathrm{L}} &= \frac{\partial Y}{\partial L}=A\left(-\frac{1}{\rho}\right)(\delta_1 K^{-\rho}+\delta_2 L^{-\rho})^{-\frac{1}{\rho}-1}\delta_2(-\rho)L^{-\rho-1} \\ &= AL^{-\rho-1}(\delta_1 K^{-\rho}+\delta_2 L^{-\rho})^{-\frac{1}{\rho}-1}\delta_2 \end{aligned}$$

所以

$$\begin{aligned} \sigma &= \mathrm{d}\left[\ln\left(\frac{K}{L}\right)\right]\Bigg/\mathrm{d}\left[\ln\left(\frac{MP_{\mathrm{L}}}{MP_{\mathrm{K}}}\right)\right]=\mathrm{d}\left[\ln\left(\frac{K}{L}\right)\right]\Bigg/\mathrm{d}\left\{\ln\left[\frac{\delta_2}{\delta_1}\left(\frac{K}{L}\right)^{1+\rho}\right]\right\} \\ &= \mathrm{d}\left[\ln\left(\frac{K}{L}\right)\right]\Bigg/\mathrm{d}\left[\ln\left(\frac{\delta_2}{\delta_1}\right)+(1+\rho)\ln\left(\frac{K}{L}\right)\right] \\ &= \frac{1}{1+\rho} \end{aligned}$$

(3) 可变规模报酬 CES 生产函数模型

实际问题分析中,规模报酬存在递增、不变及递减三种情况。因此,应对原始的 CES 生产函数模型做一修正,即取消不变规模报酬这一假设,则可变规模报酬 CES 生产函数模型为

$$Y = A\,(\delta_1 K^{-\rho} + \delta_2 L^{-\rho})^{-\frac{m}{\rho}} \tag{9-9}$$

显然

$$\begin{aligned} A[\delta_1(\lambda K)^{-\rho}+\delta_2(\lambda L)^{-\rho}]^{-\frac{m}{\rho}} &= A[\lambda^{-\rho}(\delta_1 K^{-\rho}+\delta_2 L^{-\rho})]^{-\frac{m}{\rho}} \\ &= \lambda^{m} A(\delta_1 K^{-\rho}+\delta_2 L^{-\rho})^{-\frac{m}{\rho}} \end{aligned}$$

参数 m 为规模报酬参数，即当 $m=1$ 时表示规模报酬不变；当 $m>1$ 时表示规模报酬递增；当 $m<1$ 时表示规模报酬递减。

三、技术进步分析

1. 技术进步

生产函数描述的是投入要素与产出量之间的技术关系，也就是说同样的投入要素、不同的技术条件，其产出也是有差异的，因而在研究生产函数时要考虑到技术进步；从另一个角度说，用生产函数研究投入产出问题，要素质量的提高往往是通过要素本身的价值来体现，但忽视了能否充分发挥要素质量在生产过程中的作用。

在投入要素中，不仅包括资本、劳动力等有形要素(硬要素)，还包括管理等软要素，为此可将技术进步分为广义技术进步和狭义技术进步。所谓广义技术进步，是指要素质量的提高和独立于要素之外的其他因素的提高，比如管理水平的提高，也就是说广义技术进步体现在知识的创新、技术装备的改进、生产工艺的变革、劳动者素质的提高、管理水平的提高等多方面。而狭义技术进步，仅指要素质量的提高，即狭义技术进步体现在要素上。因此，技术进步问题的研究必须全面考虑要素质量的提高、技术水平的提高和管理水平的提高等多方面的问题。

西方经济理论中，假设在生产活动中，除了技术以外，只有资本与劳动力两种要素，定义这两种要素的产出弹性之比为相对资本密集度，即

$$W = E_K / E_L \tag{9-10}$$

根据相对资本密集度的定义，技术进步有如下三种类型：

(1) 如果技术进步使 W 越来越小，即劳动力的产出弹性增长幅度大于资本的产出弹性增长幅度，称为劳动节约型技术进步。

(2) 如果技术进步使 W 越来越大，即劳动力的产出弹性增长幅度小于资本的产出弹性增长幅度，称为资本节约型技术进步。

(3) 如果技术进步使 W 不变，即劳动力的产出弹性与资本的产出弹性的增长速度相同，称为中性技术进步。

2. 技术进步速度及其对经济增长的贡献

技术进步分析中，很重要的指标是技术进步的速度及其对经济增长的贡献，它属于纵向技术进步研究。我国经过 30 余年的经济体制改革，国内生产总值跃居世界第二位，但是经济的发展显然不能仅仅关注这一指标，经济发展的不平衡性客观存在，对于新型城市可以说技术进步发挥了重要的作用，但老工业城市技术落后，所以在部分省份及其城市，技术进步的速度及其对经济增长的贡献是各级政府追求的发展指标。在技术进步问题的讨论中，当然也可以进行部门、企业

之间的技术进步水平的比较，它属于横向技术进步研究。这两个方面都可以通过生产函数模型来讨论。

(1) 技术进步速度

年技术进步速度是反映一定时期内技术进步的速度指标，可用索罗增长速度方程表示为

$$\gamma = y - \alpha k - \beta l \tag{9-11}$$

式中，γ 为年技术进步速度；α，β 为资本与劳动力的产出弹性；y，k，l 分别为产出、资本和劳动力的年增长速度。实际上，这是将资本与劳动力增长之外的所有因素全部纳入“技术进步”之中。

(2) 技术进步对经济增长的贡献

通过式(9-11)，构造要素对经济增长的贡献方程为

$$\frac{\gamma}{y} + \frac{\alpha k}{y} + \frac{\beta l}{y} = 1 \tag{9-12}$$

则技术进步对经济增长的贡献为

$$E_{\mathrm{A}} = \frac{\gamma}{y} \tag{9-13}$$

根据式(9-12)还可以看出，资本投入、劳动力投入对经济增长的贡献分别为

$$E_{\mathrm{K}} = \frac{\alpha k}{y},\ E_{\mathrm{L}} = \frac{\beta l}{y} \tag{9-14}$$

可见，在资本和劳动力两投入要素的情况下，技术进步、资本投入、劳动力投入对经济增长的贡献之和等于1，对于三个以上投入要素也会有相同的结论。

四、生产函数模型案例分析

下面通过一个经济增长模型案例，讨论促进经济增长的因素并分析各因素对经济增长的贡献。经济增长模型属于生产函数模型的范畴，对这个问题的讨论尽管有些方面尚待完善，并且可能会出现不同的分析方法所得的结论存在一些差异，但该模型的一些结论的确为我们分析经济问题提供了一个有效的思路。

【例 9-1】 以我国 1978 年以来的经济发展数据为依据，建立经济增长模型，以分析资本、劳动力、结构变动、技术进步对经济增长的贡献。

首先，构建经济增长模型为

$$\ln Y_t = \gamma t + \alpha \ln K_t + \beta \ln L_t + \mu_t$$

式中，K_t，L_t 分别为资本和劳动力的投入；α，β 为资本和劳动力的产出弹性；γ 为外生的技术进步率。研究者选用 1978～1996 年时间序列数据，对模型进行参数估计，得到

$$\ln\hat{Y}_t = 0.0196t + 0.7475\ln K_t + 0.1381\ln L_t$$
$$(0.6725) \quad (2.0828) \quad (0.4606)$$
$$R^2 = 0.9981, \quad DW = 1.0345, \quad F = 2417.78$$

从结果可明显看出，资本弹性远高于劳动力弹性，说明资本增加对经济增长的贡献远高于劳动力增加对经济增长的贡献，并且劳动力这个解释变量在统计上是不显著的，因而劳动力对经济增长的贡献并不明显，这一实证结果与中国经济的实际运行情况基本吻合。我国是一个人口大国，劳动力相对过剩，资本则相对稀缺，经济增长的最重要的源泉来自储蓄与投资的增加所不断形成的资本积累。另外，我国经济在此期间的技术进步率为 1.96%，其中包含了结构配置效应、制度创新效率及技术进步水平提高等方面对经济增长的贡献份额。各种影响因素对经济增长的贡献份额如表 9-1 所示。

表 9-1　1978—1996 年间经济增长的测算结果之一

项　目	技术参数	对经济增长的贡献
产出增长/%	9.39	100
资本产出弹性	0.747 5	76.1
劳动力产出弹性	0.138 1	3.8
技术进步率/%	1.96	20.1

为了进一步分析结构变动对经济增长的影响，模型中引入结构变动因素，重新建立带有结构变量的经济增长模型为

$$\ln Y_t = \gamma t + \alpha\ln K_t + \beta\ln L_t + \eta\ln U_{1t} + \mu_t$$

模型中，U_{1t}为第一产业的产值占国内生产总值的比重，它很好地反映了产业结构的变动情况，也可以将它称为结构转换系数。U_{1t}的值越小，说明结构变换的速度越快。为什么用第一产业的产值占国内生产总值的比重作为结构变动因素，读者可根据现实的经济环境及区域经济发展特征进行分析和调整。模型估计结果为

$$\ln\hat{Y}_t = 0.0127t + 0.6828\ln K_t + 0.2721\ln L_t - 0.2243\ln U_{1t}$$
$$(0.5339) \quad (2.4637) \quad (1.1706) \quad (-2.3318)$$
$$R^2 = 0.9987, \quad DW = 1.1944, \quad F = 2442.6$$

对比经济增长模型引进结构变量前后发现，资本弹性有所下降(从 0.747 5 下降到 0.682 8)，劳动力弹性则有所上升(从 0.138 1 上升到 0.272 1)，这是因为产业结构变动引起了劳动力从生产率较低的部门向生产率较高的部门流动，从而大大提高了劳动力的生产效率，提高了劳动力对经济增长的贡献份额；而技

术进步率却从 1.96%下降到 1.274%，下降的部分(0.686%)恰好是由于结构变动所引起的资源优化配置对经济增长的贡献；结构变量的产出弹性是负值，正好说明第一产业产出比重的下降将对经济增长产生正影响，这便是资源再配置产生的效应。各种影响因素对经济增长的贡献份额如表 9-2 所示。

表 9-2 1978—1996 年间经济增长的测算结果之二

项 目	技术参数	对经济增长的贡献
产出增长/%	9.39	100
资本产出弹性	0.682 8	71.1
劳动力产出弹性	0.272 1	7.5
结构变动产出弹性	−0.224 3	7.9
技术进步率/%	1.274	13.5

应当指出，这里定义的结构转换系数不同于 Clark 系数，它是第一产业的产值比重，而不是第一产业的劳动力比重。随着经济的增长，人均收入水平不断提高，引起需求结构发生变动；而需求结构的变动必然要求产业结构发生相应的变动，这必然引发各种资源在各部门之间的重新配置，最终引起各产业的产值比重发生变动。因此，无论是需求结构的变动，还是重新配置，都是一些中间过程，而对经济增长产生最终影响的是各部门之间的产值比重的变动。

按照经济增长的新古典分析，由资本和劳动力投入所解释的部分($\alpha\ln K+\beta\ln L$)可以定义为外延式增长，而资本和劳动力投入未解释的部分 $\ln Y-(\alpha\ln K+\beta\ln L)$则定义为内涵式增长。通常，人们在进行经济增长测算时要估算外延式增长及内涵式增长的贡献份额，并且非常关注内涵式增长的贡献份额，即全要素生产率的贡献份额。通过引进结构变量，具体测算出资源配置效应，从而解释全要素生产率的一小部分，那么余下的部分又是怎样产生的呢?

根据前面的有关分析，经济增长的决定因素分别是：资本、劳动力、结构变量、技术进步，而技术进步又取决于人力资本和研发(R&D)资本。所以经济增长模型应包含的投入要素可以考虑有：实物资本、劳动力、结构变量、人力资本、R&D 资本。那么模型应为

$$\ln Y_t=\gamma t+\alpha\ln K_t+\beta\ln L_t+\eta\ln U_{1t}+\xi\ln H_t+\theta\ln R_t+\mu_t$$

式中，H_t，R_t 分别代表 t 时刻的人力资本数及 R&D 资本数。这里仍然引进一个随时间变化的外生项 γ，以表明那些未包含在模型中但对经济增长起影响作用的其他因素，如制度创新效率等。

关于人力资本的测算方法，这里采用沈利生、朱运法等学者的有关计算结

果，即劳动者的人力资本数取决于劳动者所受教育水平，其值的大小等于在某个时期劳动者获得这样的教育水平所需要的国家教育投资。社会总人力资本数等于全体劳动者所内含的人力资本数之和。这样测算出来的人力资本数在一定程度上反映了劳动者所受教育的年限与教育程度。人均人力资本数为社会总人力资本数对全体劳动者求平均而得。

关于R&D资本的测算方法，采用刘遵义所使用的计算办法。由于我国有关研发投入的统计数据不够完全(自1988年以后才有这方面的统计)，所以这里使用国家财政科技拨款代替研发投入近似地计算R&D资本数。有关统计数据如表9-3所示。

表9-3　1981—1995年间中国经济的人力资本、R&D资本的有关测算结果

年份	总人力资本/亿元	人均人力资本/(元/人)	R&D资本/亿元
1981	2 584.54	596.01	556.074 6
1982	3 229.28	718.09	579.007 3
1983	4 239.09	918.05	603.218 6
1984	5 283.14	1 096.49	646.373 7
1985	6 519.02	1 309.34	706.435 5
1986	6 485.74	1 271.89	756.399 6
1987	6 456.89	1 227.57	802.701 2
1988	7 266.90	1 340.63	830.445 2
1989	7 447.58	1 353.90	831.868 3
1990	8 561.16	1 512.19	818.793 3
1991	10 191.91	1 750.57	818.744 1
1992	11 297.29	1 901.10	824.399 0
1993	11 803.30	1 972.92	836.744 5
1994	12 818.30	2 086.54	854.241 4
1995	13 068.28	2 099.81	862.166 3

注：表中数据以1990年的不变价计算。

根据表9-3提供的数据，对模型进行参数估计，得到如下结果

$$\ln \hat{Y}_t = 0.705\ln K_t + 0.294\ln L_t - 0.195\ln U_{1t} + 0.156\ln H_t + 0.008\ln R_t$$

$$(6.81)\qquad (1.67)\qquad (2.65)\qquad (0.06)\qquad (-1.31)$$

$$R^2 = 0.997,\quad DW = 0.683\,6,\quad F = 87$$

从结果可以看出，有形资本及人力资本对经济增长的贡献是显著的，而R&D资本对经济增长的贡献并不显著。模型中通过引进人力资本及R&D资

本后，提高了有形资本对经济增长的贡献份额（有形资本弹性从 0.682 8 上升到 0.705）以及劳动力对经济增长的贡献份额（劳动力弹性从 0.272 上升到0.294），这是因为无形资本（人力资本及 R&D 资本）的增加提高了有形资本及劳动力的生产效率。各种影响因素对经济增长贡献份额如表 9-4 所示。

表 9-4　1981—1995 年间经济增长的测算结果

项　　目	技术参数	对经济增长的贡献
产出增长/%	10.226	100
资本产出弹性	0.705	70
劳动力产出弹性	0.294	8
结构变动产出弹性	−0.195	6
人力资本产出弹性	0.156	15
R&D资本产出弹性	0.008	1

第二节　需求函数

对需求问题的研究是计量经济模型研究的重要领域之一，经济的发展依赖于需求，通过需求拉动经济持续稳定增长，特别是在国际金融危机等世界经济大环境的影响下，如何拉动内需成为一个国家制定经济政策的首要考虑。在我国市场经济体制下，收入与价格是影响需求的重要因素，当然借鉴国外市场经济发达国家成熟的需求函数模型，建立与我国国情相适应、符合我国经济运行规律的需求函数模型，是计量经济模型研究和应用的课题。

需求函数是以商品的需求量为研究对象，分析影响商品需求量的影响因素。从经济学角度看，需求函数反映了商品的需求规律和消费者对商品的需求行为，反映了收入、价格等主要影响因素与商品需求量之间的因果关系。

一、效用与需求

经典的需求函数模型是由效用函数直接推导得到的，若以 q_i 表示消费者对第 i 种商品的需求量；以 U 表示消费者取得这些商品产生的效用，则直接效用函数可表示为

$$U=U(q_1,q_2,\cdots,q_m)$$

由于需求函数是由效用函数在效用最大化条件下导出的，所以首先消费者

应该满足预算约束条件，即

$$p_1q_1+p_2q_2+\cdots+p_mq_m=I$$

式中 p_i 为第 i 种商品的价格；I 表示可支配收入。按照效用最大化思想，构造拉格朗日函数可得到最优商品组合，则拉格朗日函数为

$$L(q_1,q_2,\cdots,q_m;\lambda)=U(q_1,q_2,\cdots,q_m)+\lambda\Big(I-\sum_{i=1}^{m}p_iq_i\Big)$$

最优商品需求量组合应满足

$$\begin{cases}\dfrac{\partial L}{\partial q_i}=\dfrac{\partial U}{\partial q_i}-\lambda p_i=0 \quad (i=1,2,\cdots,m)\\ \dfrac{\partial L}{\partial \lambda}=I-\sum\limits_{i=1}^{m}p_iq_i=0\end{cases}$$

求解上述方程组，得到商品需求函数，即

$$Q=f(p_1,p_2,\cdots,p_m;I) \tag{9-15}$$

据经济学理论可知，需求函数具有零阶齐次性条件，即当收入、价格和其他商品的价格等都增长 λ 倍时，商品需求量没有发生变化，即

$$f(\lambda p_1,\lambda p_2,\cdots,\lambda p_m;\lambda I)=f(p_1,p_2,\cdots,p_m;I)$$

需求函数的零阶齐次性反映了尽管名义收入水平提高，由于价格同比上升实际收入水平并未发生改变，消费者需求结构不变，效用也未发生改变。

二、需求弹性

1. 需求的收入弹性

需求的收入弹性是指当所有商品的价格不变时，第 i 种商品需求量的变化率与收入变化率的比值，即

$$\eta_i=\frac{\Delta q_i}{q_i}\Big/\frac{\Delta I}{I} \tag{9-16}$$

一般地，对于生活必需品，这是消费者正常的生活需要，但收入的增加也往往会引起商品需求量的增加，商品需求量的增加幅度会小于收入的增加幅度，即 $0<\eta_i<1$；而对于某些低劣商品，消费者收入的增加会减少对低劣商品的购买，即 $\eta_i<0$；对于高档消费品，消费者在对预期收入增加比较乐观的情况下，商品需求量的增加幅度会大于收入的增加幅度，即 $\eta_i>1$。

2. 需求的自价格弹性

需求的自价格弹性是指在其他商品价格和收入不变的情况下，商品需求量的变化率与自身价格变化率的比值，即

$$\varepsilon_i=\frac{\Delta q_i}{q_i}\Big/\frac{\Delta p_i}{p_i} \tag{9-17}$$

按照需求法则，价格的上升往往引起商品需求量的下降。但对于不同类型的商品，需求的自价格弹性也具有如下特征：对于生活必需品，价格的上升所引起需求量尽管有可能减少，但减少的幅度不会太大，即 $-1<\varepsilon_i<0$；对于高档消费品，需求对于价格的变化比较敏感，往往出现 $\varepsilon_i<-1$ 的情况；而吉芬商品(Giffen goods)需求的自价格弹性是比较特殊的情况。所谓吉芬商品，就是在其他因素不变的情况下，当商品价格上升时，需求量增加；价格下降时，需求量减少。吉芬商品是劣质商品，但不一定劣质商品都是吉芬商品，显然 $\varepsilon_i>0$。

3. 需求的互价格弹性

需求的互价格弹性又称为需求的交叉价格弹性。它是指在其他商品价格、收入不变的情况下，第 i 种商品需求量的变化率与第 j 种商品价格的变化率的比值，即

$$E_{ij}=\frac{\Delta q_i}{q_i}\Big/\frac{\Delta p_j}{p_j} \tag{9-18}$$

一般地，对于替代品，由于某种商品价格上升引起该种商品需求量的减少，必然会引起替代品需求量的增加，即 $E_{ij}>0$；对于互补品，由于某种商品价格上升引起该种商品需求量的减少，必然会引起互补品需求量的减少，即 $E_{ij}<0$；对于相互无关的商品，由于商品价格上升引起该种商品需求量的减少，用于该商品支出也减少，可能使本来相互无关的商品需求量有所增加，但往往增加幅度不大，即 $E_{ij}>0\to 0$。

三、常用需求函数模型

1. 线性需求函数模型

线性需求函数模型是将商品的需求量与价格、收入等影响因素之间用线性关系描述，即

$$q_i=\alpha+\sum_{j=1}^{m}\beta_j p_j+\gamma I+\mu \tag{9-19}$$

从需求理论的角度来看，该模型缺少一些合理的经济解释，也不满足需求函数的零阶齐次性条件，但由于在需求问题的分析中该模型往往能通过样本观测值很好地拟合，所以其应用范围也较广。更由于该模型的结构简单，特别适合在联立方程模型中讨论某类商品的需求问题。

显然，线性需求函数模型的参数估计方法可以采用普通最小二乘法。

2. 对数需求函数模型

对数需求函数模型也可以认为是通过对指数需求函数模型线性化而得到的，模型的形式一般描述为

$$\ln q_i = \alpha + \sum_{j=1}^{m} \beta_j \ln p_j + \gamma \ln I + \mu \tag{9-20}$$

该模型与线性需求函数模型相比，具有更符合需求理论的经济解释，参数有明确的经济意义。模型中，参数 β,γ 分别为需求的价格弹性和需求的收入弹性。模型同样是由样本观测值拟合得到的一种形式，能够满足需求函数的零阶齐次性条件。

该模型可采用普通最小二乘法估计参数。

3. 存量调整型需求函数模型

存量调整型需求函数模型是以时间序列数据为样本，一般采用线性需求函数模型的形式，属于广义的需求函数模型。其常用形式为

$$q_t = \beta_0 + \beta_1 p_t + \beta_2 I_t + \beta_3 S_{t-1} + \mu_t \tag{9-21}$$

模型中，S_{t-1} 为状态变量，对于不同类型的商品，其含义不同。对于耐用品，S_{t-1} 即为存量；对于非耐用品，S_{t-1} 表示消费习惯等"心理存量"。存量调整型需求函数模型是以期望存量的调整为理论基础。

对于非耐用品的存量调整模型，习惯用 q_{t-1} 代替 S_{t-1}，因而模型可表示为

$$q_t = \beta_0 + \beta_1 p_t + \beta_2 I_t + \beta_3 q_{t-1} + \mu_t \tag{9-22}$$

由于模型引入了 q_{t-1} 作为解释变量，变成了自回归模型的一种形式，讨论随机误差项是否存在序列相关是模型参数估计的关键。若模型通过检验的确存在序列相关，就存在随机解释变量，应采用广义差分法或工具变量法进行参数估计。

4. 线性支出系统需求函数模型

线性支出系统需求函数模型是由 Klein 和鲁宾(Rubin)于 1947 年通过效用函数导出的。假设效用函数为

$$U = \sum_{i=1}^{m} b_i \ln(q_i - r_i)$$

模型中，r_i 为第 i 种商品的基本需求量(也称为基本生存需要量)；b_i 为边际预算份额。那么，消费者必然在预算约束的前提下安排消费并满足效用。用 V 表示预算总支出，则预算约束为

$$\sum_{i=1}^{m} p_i q_i = V$$

从而导出如下线性支出系统需求函数模型，即

$$q_i = r_i + \frac{b_i}{p_i}\left(V - \sum_{j=1}^{m} p_j r_j\right) \quad (i = 1, 2, \cdots, m) \tag{9-23}$$

或者

$$p_i q_i = p_i r_i + b_i \left(V - \sum_{j=1}^{m} p_j r_j \right) \quad (i = 1,\ 2, \cdots, m) \tag{9-24}$$

该模型的经济意义表明：将第 i 种商品的需求量分解成基本生存需求量和额外需求量两部分。额外需求量是总预算满足基本生存需求后的剩余部分分摊到第 i 种商品的需求。额外需求量是与边际预算份额 b_i 联系在一起，边际预算份额是指总预算在满足基本生存需求的前提下，第 i 种商品的额外需求所占的份额。模型(9-24)便于更好地理解边际预算份额 b_i 的含义。

线性支出系统需求函数模型不是线性模型，也无法进行线性化处理，参数估计存在困难。为此，学者们提出了两种近似的参数估计方法：一是先给定各种商品的基本生存支出，估计边际预算份额；二是先给定边际预算份额，估计各种商品的基本生存需求量。

5. 扩展线性支出系统需求函数模型

为了克服线性支出系统需求函数模型在参数估计上的困难，1973 年路迟(Lluch)对模型(9-23)进行了修改，用可支配收入代替预算总支出，用边际消费倾向代替边际预算份额，其模型为

$$q_i = r_i + \frac{\beta_i}{p_i} \left(I - \sum_{j=1}^{m} p_j r_j \right) \quad (i = 1,2,\cdots,m) \tag{9-25}$$

模型中，r_i 为第 i 种商品的基本生存需求量；β_i 为边际消费倾向；I 为可支配收入。

扩展线性支出系统需求函数模型与线性支出系统需求函数模型的差异不仅仅在于调整了经济变量及参数，从边际消费倾向与边际预算份额的经济含义上看，两者之间的差异可表示为

$$\sum_{i=1}^{m} \beta_i < 1;\ \sum_{i=1}^{m} b_i = 1$$

扩展线性支出系统需求函数模型是关于参数的非线性模型，参数估计也比较困难。有人提出可采用截面数据进行参数估计，但这是基于在同一截面上的商品价格是相同的假设。

若将扩展线性支出系统需求函数模型表示为

$$p_i q_i = p_i r_i + \beta_i I - \beta_i \sum_{j=1}^{m} p_j r_j + \mu_i \quad (i = 1,2,\cdots,m) \tag{9-26}$$

为了便于用计量经济学方法对模型进行参数估计的讨论，模型(9-26)与模型(9-25)相比，引入了随机误差项。记

$$\alpha_i = p_i r_i - \beta_i \sum_{j=1}^{m} p_j r_j \quad (i = 1,2,\cdots,m) \tag{9-27}$$

则模型(9-26)为

$$p_i q_i = \alpha_i + \beta_i I + \mu_i \quad (i = 1,2,\cdots,m) \tag{9-28}$$

模型(9-28)就是需求理论中经典的恩格尔曲线模型，描述了某类商品的需求与可支配收入之间的关系。恩格尔曲线中最为著名的是食品恩格尔曲线，其恩格尔系数是反映某国家或某地区生活水平状况的重要指标。

采用普通最小二乘法可方便地估计恩格尔曲线模型(9-28)中的参数，得到 $\hat{\alpha}_i$，$\hat{\beta}_i$ 的估计值。再根据式(9-27)得到

$$\sum_{i=1}^{m} \alpha_i = \sum_{i=1}^{m} p_i r_i - \sum_{j=1}^{m} p_j r_j \sum_{i=1}^{m} \beta_i = \sum_{i=1}^{m} p_i r_i (1 - \sum_{i=1}^{m} \beta_i)$$

即

$$\sum_{i=1}^{m} p_i r_i = \sum_{i=1}^{m} \alpha_i \Big/ (1 - \sum_{i=1}^{m} \beta_i)$$

则

$$p_i r_i = \alpha_i + \beta_i \sum_{j=1}^{m} p_j r_j = \alpha_i + \beta_i \Big[\sum_{i=1}^{m} \alpha_i \Big/ (1 - \sum_{i=1}^{m} \beta_i) \Big] \tag{9-29}$$

因此，据恩格尔曲线模型(9-28)中参数估计值 $\hat{\alpha}_i$，$\hat{\beta}_i$，按照式(9-29)可计算基本生存需求量的估计值 $\hat{r}_i$。至此，扩展线性支出系统需求函数模型中所有参数都得到了估计值。

四、需求函数模型案例分析

1. 数据的选取及处理

根据《中国统计年鉴(2001)》中有关数据，分析 2000 年城镇居民家庭消费需求情况。按照当时的住户调查指标体系，把消费性总支出分成八大类：食品、衣着、家庭设备用品及服务、医疗保健、交通通讯、娱乐教育文化服务、居住、杂项商品与服务，相关调查统计资料如表 9-5 所示。

表 9-5 2000 年全国城镇居民家庭抽样调查资料 单位：元

项目	可支配收入	消费支出								
		消费性总支出	食品	衣着	设备用品	医疗保健	交通通讯	娱乐教育文化	居住	杂项商品
总平均	6 280.0	4 998.0	1 958.3	500.5	439.3	318.1	395.0	627.8	500.5	258.5
最低收入户	2 653.0	2 540.1	1 256.6	190.1	118.5	162.7	142.7	286.8	301.4	81.3
低收入户	3 635.5	3 274.0	1 524.5	279.1	184.3	198.9	212.5	390.2	368.2	117.2
中等偏下户	4 623.5	3 947.9	1 748.9	375.1	256.9	247.8	281.3	469.2	407.0	161.0

表 9-5(续)

项　目	可支配收入	消费支出								
		消费性总支出	食品	衣着	设备用品	医疗保健	交通通讯	娱乐教育文化	居住	杂项商品
中等收入户	5 897.9	4 794.6	1 960.8	504.7	376.3	300.3	353.2	597.6	471.0	230.8
中等偏上户	7 487.4	5 894.9	2 215.6	627.8	526.4	373.8	487.1	758.8	578.9	326.5
高收入户	9 434.2	7 102.3	2 458.6	760.4	780.5	442.7	628.2	925.4	681.6	425.1
最高收入户	13 311.0	9 250.6	2 847.0	933.5	1 219.8	638.3	876.6	1 224.0	864.7	646.7

2. 各类消费品恩格尔曲线

假定各类消费品恩格尔曲线为线性函数

$$V_i = \alpha_i + \beta_i I + \mu_i$$

模型中,V_i 为第 i 类消费品的人均消费支出(本案例将消费品分成八大类);I 为人均可支配收入。

根据表 9-5 的调查资料,利用普通最小二乘法进行参数估计,得到食品、衣着、家庭设备用品及服务、医疗保健、交通通讯、娱乐教育文化服务、居住、杂项商品与服务等各类消费品恩格尔曲线,其参数估计结果如表 9-6 所示。

表 9-6　各类消费品恩格尔曲线参数估计值

消费品类别	$\hat{\alpha}_i$	$\hat{\beta}_i$	R^2
食品	1 021.087	0.145 919(12.056)	0.966 746
衣着	46.998 81	0.071 035(13.175)	0.972 004
家庭设备用品及服务	−210.791 7	0.104 970(24.481)	0.991 726
医疗保健	40.321 53	0.044 265(47.900)	0.997 826
交通通讯	−41.438 23	0.069 548(60.429)	0.998 633
娱乐教育文化服务	68.894 07	0.088 636(38.943)	0.996 714
居住	167.405 7	0.053 180(41.336)	0.997 082
杂项商品与服务	−78.056 99	0.053 886(47.263)	0.997 767
总消费支出	1 014.465	0.631 439(41.428)	0.997 095

注:表中括号内数字为 t 统计量。

由表 9-6 可以看出,2000 年我国城镇居民边际消费倾向约为 0.63,应该说这一指标反映了我国改革开放政策实施以来经济持续稳定发展,人民的生活水平已经有了大幅度的提高。另外,在食品消费上的边际消费倾向最大,表明

2000 年我国城镇居民收入的增加中用在食品消费上所占比重较大，这同发达国家相比还有一定的差距；在家庭设备用品、娱乐教育文化及衣着等方面边际消费倾向较大，表明城镇居民家庭消费需求的趋势，特别是娱乐教育文化方面，更多地体现在子女的教育支出上而不是自身的提高，或者说而不是娱乐文化等消费需求的支出。

3. 扩展线性支出系统需求函数模型的估计

在各类消费品恩格尔曲线的基础上，估计扩展线性支出系统需求函数模型，其参数估计结果如表 9-7 所示。

表 9-7　城镇居民的基本需求支出、边际消费倾向和边际预算份额

消费品类别	参数估计值		
	基本需求支出 $p_i r_i$	边际消费倾向 $\hat{\beta}_i$	边际预算份额 $\hat{b}_i$
食品	1 422.73(51.69%)	0.145 9	0.231 1
衣着	242.52(8.81%)	0.071 0	0.112 5
家庭设备用品及服务	78.14(2.83%)	0.105 0	0.166 2
医疗保健	162.16(5.89%)	0.044 3	0.070 2
交通通讯	150.00(5.44%)	0.069 5	0.110 1
娱乐教育文化服务	312.86(11.37%)	0.088 6	0.140 4
居住	313.78(11.40%)	0.053 2	0.084 2
杂项商品与服务	70.26(2.55%)	0.053 9	0.085 3
合计	2 752.45(100%)	0.631 4	1.000 0

在城镇居民的全部消费需求中，基本消费需求占有特殊的地位，它既是保证人类自身再生产的基本生存消费，也是进一步提高生活水平、不断丰富物质和文化生活的起点。由表 9-7 可知，我国城镇居民平均每人每年的基本需求支出为 2 752.46 元，其中用于食品方面的支出最多，占 51.69%；居住方面次之，占 11.40%；娱乐教育文化服务占 11.37%。这说明在基本消费需求中，仍以食品消费为主；随着住房改革政策的实施，居住消费在基本消费需求中的比重已经上升到第二位。

4. 城镇居民各类消费品的需求弹性分析

根据相关数据及模型的估计结果，我国城镇居民各类消费品的需求弹性如表 9-8 所示。

表 9-8　城镇居民各类消费品的需求弹性

类别	收入弹性	价格弹性							
		食品	衣着	设备用品	医疗保健	交通通讯	娱乐文教	居住	杂项
食品	0.467 94	−0.620 4	−0.018 0	−0.005 8	−0.012 0	−0.011 1	−0.023 3	−0.023 3	−0.005 2
衣着	0.891 38	−0.201 9	−0.450 1	−0.011 0	−0.023 0	−0.021 2	−0.044 4	−0.044 5	−0.009 9
设备用品	1.500 62	−0.339 9	−0.057 9	−0.159 2	−0.038 7	−0.035 8	−0.074 7	−0.074 9	−0.016 7
医疗保健	0.873 96	−0.197 9	−0.033 7	−0.010 8	−0.487 2	−0.020 8	−0.043 5	−0.043 6	−0.009 7
交通通讯	1.105 69	−0.250 4	−0.042 7	−0.013 7	−0.028 5	−0.353 3	−0.055 0	−0.055 2	−0.012 3
娱乐文教	0.886 61	−0.200 8	−0.034 2	−0.011 0	−0.022 8	−0.021 1	−0.454 1	−0.044 3	−0.009 9
居住	0.667 28	−0.151 1	−0.025 7	−0.008 3	−0.017 2	−0.015 9	−0.033 2	−0.593 6	−0.007 4
杂项	1.308 89	−0.296 5	−0.050 5	−0.016 2	−0.033 7	−0.031 2	−0.065 2	−0.065 4	−0.257 1

从需求的收入弹性方面来看，2000 年我国城镇居民的设备用品、杂项、交通通讯类消费品的收入弹性大于 1，属于富弹性或高档的消费品。食品、居住、医疗保健、娱乐文教、衣着类消费品的收入弹性均小于 1，说明这些消费品在日常生活中都是必需的，属于生活必需品范畴。其中，食品类的收入弹性值最低，意味着它受收入变动的影响最不明显，是消费支出中最为稳定的。从价格弹性方面来看，所有消费品的价格弹性都为负，说明不管是自身价格上涨还是其他消费品价格上涨，都将不同程度地影响该类消费品的需求量，表现为下降的趋势。在自价格弹性中，以食品类绝对值最大，居住类次之，表明这两类消费品的需求受自身价格变化的影响最大。

第三节　消 费 函 数

消费既是经济活动的终点，又是经济活动的起点。根据世界各国国民经济有关数据统计分析，消费占总需求的 60%以上，是拉动经济增长的主要动力，显然消费作为最终需求起着重要的作用，生产能促进消费，消费也能促进生产。那么，什么决定了消费呢？消费本身的变动规律如何呢？这些问题一直受到经济学家们的高度重视，众多的经济学家提出了不同的消费理论来解释这些问题。消费函数模型正是在消费理论的指导下建立与发展起来的，研究关于总消费与其影响因素之间的关系，是计量经济学经典与现实问题研究的一个重要方向。

一、消费假说与消费函数模型

在西方消费理论中，在凯恩斯之前的经济学家一般是从微观经济学角度分析个人的消费行为，试图说明在收入水平既定的情况下，消费需求是价格的函数。凯恩斯在其被后人视为经典著作的《就业、利息和货币通论》(1936)中，第一次清晰地说明了消费是绝对收入的稳定函数(臧旭恒于 1995 年研究发现我国 1978 年以前的居民消费函数模型基本符合绝对收入假说)。虽然绝对收入假说同客观实际相比还存在很多不合理或者难以解释之处，但却为后人的进一步研究提供了基本框架。正是根据绝对收入假说，消费函数理论得以迅速发展。在这些消费函数理论中，持久收入假说(费里得曼，1957)和生命周期假说(莫利安尼和布伦贝格，1954)能够很好地解释消费者的消费行为并得到了实证检验。

1. 绝对收入假说理论

凯恩斯在对影响消费的主观因素和客观因素进行分析后得出：收入的绝对水平决定了消费，或者说消费主要取决于收入的多少。这就是绝对收入假说，按绝对收入假说理论建立的消费函数模型为

$$C_t = \alpha + \beta Y_t + \mu_t \tag{9-30}$$

模型中，C_t 为消费总支出；Y_t 为消费者收入水平；参数 α 称为自发性消费，也可以称为基础消费水平，就是消费者为维持生存所需要的最低消费，一般有 $\alpha>0$；参数 β 为边际消费倾向，反映了消费支出增加占收入增加的比重，一般地 $0<\beta<1$。

凯恩斯认为，消费支出与实际收入之间存在稳定的函数关系，随着收入的增加，消费也增加，但消费增加的幅度小于收入增加的幅度($0<\beta<1$)；随着收入水平的提高，边际消费倾向具有递减的趋势，总体来看最终会稳定在某值的一定范围内。对于按绝对收入假说理论建立的消费函数模型，由于边际消费倾向 β 为常数，难以反映不同时期、不同收入阶层边际消费倾向的特征，因而有学者提出采用变参数模型的形式讨论消费问题。

2. 相对收入假说理论

相对收入假说理论是美国经济学家杜森贝利提出的。他认为，凯恩斯的消费理论否认了消费者之间的相互影响，否认了消费者行为的不可逆性，进而提出消费并不仅仅取决于现期绝对收入水平，而是取决于人们的相对收入水平，即人们在收入分配中的相对地位及历史上曾有过的最高收入水平。

(1) 受“示范性”影响的消费函数模型

所谓消费的“示范性”，即一个人的消费并不仅仅取决于他的绝对收入，而且还取决于他在收入分配中的地位。在收入分配中处于高收入的个人往往具有较低的消费倾向，而在收入分配中处于低收入的个人往往具有较高的消费倾向，也就是说消费会受到周围消费水平的影响。实际上，消费的“示范性”也可以认为是消费者在消费过程中消费的攀比心理发挥的作用，其相应的消费函数模型为

$$\frac{C_i}{Y_i}=\alpha_0+\alpha_1\frac{\overline{Y}_i}{Y_i} \tag{9-31}$$

模型中，$\overline{Y}$ 为消费者所处群体的平均收入水平。

（2）“不可逆性”所体现的消费函数模型

所谓消费的“不可逆性”，是指现期消费不仅取决于现期收入，而且还取决于过去的收入，尤其是过去的高峰收入。人们在收入高峰期间形成的消费习惯往往难以改变，从而当现期收入减少时，人们不会立即减少其消费，而是减少其储蓄，甚至举债支付高水平的消费。

根据消费的不可逆性，本期的平均消费倾向取决于本期收入与过去最高收入的比率，其消费函数模型为

$$\frac{C_i}{Y_i}=\alpha_0+\alpha_1\frac{Y_0}{Y_i} \tag{9-32}$$

模型中，Y_0 是过去的最高收入水平。

一般地，收入往往具有随时间递增的趋势，可以用前期收入 Y_{t-1} 来代替曾经达到的最高收入水平 Y_0，因而模型可表示为

$$C_t=\alpha_0 Y_t+\alpha_1 Y_{t-1}+\mu_t \tag{9-33}$$

3. 生命周期假说理论

生命周期假说又称为消费与储蓄的生命周期假说，是由 1985 年诺贝尔经济学奖获得者、美国经济学家莫迪利安尼等学者于 1954 年提出的，其主要观点是：每个家庭在任一时点上的消费与储蓄决策都反映了该家庭谋求在其生命周期内达到消费的理想状态，各期消费受到整个生命周期内所获得的总收入的制约。因此，他强调现期消费不仅与现期收入有关，而且与消费者以后各期收入的期望值以及开始时的资产和消费者的年龄大小有关。

在生命周期假说条件下，消费函数模型可表示为

$$C_t=\beta_0+\beta_1 Y_t+\beta_2 A_t+\mu_t \tag{9-34}$$

模型中，A_t 为 t 时刻的资产存量。已经积累的财富越多，其当前的消费倾向越大。

4. 持久收入假说理论

持久收入假说是美国经济学家弗里德曼提出的，他的代表作《消费函数理论》从消费者行为理论出发，认为消费者不是依据其现期收入，而是根据过去的收入及未来的长期收入来安排自己的消费支出。持久收入假说理论将收入分为两部分：一部分是瞬时收入，一部分是持久收入；同样消费也可分解为瞬时消费和持久消费。根据持久收入假说理论，于是有

$$Y_t = Y_t^p + Y_t^t$$
$$C_t = C_t^p + C_t^t$$

式中，Y_t, Y_t^p, Y_t^t 分别为实际收入、持久收入和瞬时收入；C_t, C_t^p, C_t^t 分别为实际消费、持久消费和瞬时消费。那么持久收入假说的消费函数模型可表示为

$$C_t = \beta_0 + \beta_1 Y_t^p + \beta_2 Y_t^t + \mu_t \tag{9-35}$$

由于难以区分瞬时收入和持久收入、瞬时消费和持久消费，费里得曼用过去收入递减的无穷加权级数来度量持久收入，即

$$Y_t^p = \lambda Y_t + \lambda(1-\lambda)Y_{t-1} + \lambda(1-\lambda)^2 Y_{t-2} + \cdots$$

式中，$0<\lambda<1$。经过变换可得

$$Y_t^p - Y_{t-1}^p = \lambda(Y_t - Y_{t-1}^p) \tag{9-36}$$

式(9-36)为调整方程，λ 为调整速度。实际参数估计时，应首先给定 λ 值并反复调整，直至取得符合要求的拟合结果。

5. 合理预期假说理论

合理预期假说理论认为，消费是收入预期值的函数，也就是消费者按收入预期安排消费支出，即

$$C_t = \alpha + \beta Y_t^* + \mu_t \tag{9-37}$$

模型中，Y_t^* 为收入的预期值，它可表示为现期实际收入与前一期预期收入的加权和，即

$$Y_t^* = (1-\lambda)Y_t + \lambda Y_{t-1}^* = (1-\lambda)(Y_t + \lambda Y_{t-1} + \lambda^2 Y_{t-2} + \cdots)$$

式中，λ 为预期系数，$0<\lambda<1$。据此可推出合理预期假说的消费函数模型为

$$C_t = \alpha(1-\lambda) + \beta(1-\lambda)Y_t + \lambda C_{t-1} + \mu_t$$

二、适应我国消费特点的消费函数模型

1. 我国居民消费的特点及消费函数模型分析

西方消费理论在我国已经得到了成功的验证，特别是持久收入假说和生命周期假说，不仅能够在解释消费者行为上有助于分析我国的实际情况，而且能充分支持样本数据的实证分析。但是，我国目前不仅缺乏生命周期假说中所需要的财产收入的相关数据，而且一般居民财产收入数据也较为有限。基于上述原因，我国的消费函数模型以持久收入假说理论为基础。

由于我国国内现有的各种著作对持久收入假说的解释存在较大的差别，而且该假说中隐含的消费者行为假定同我国实际也不尽相同，因此有必要先分析持久收入假说的准确含义，以建立适合我国经济发展状况的消费函数模型。费里得曼第一次提出了持久收入和瞬时收入的区别，并指出由于受到很多偶然且不确定因素的影响，短期的可支配收入经常变动，但人们的消费却不会随瞬时收

入的波动而经常变动。因此，人们在计划自己的消费水平时，不是依据瞬时的可支配收入，而是依据长期的持久收入，即持久消费 C_t^p 是持久收入 Y_t^p 的稳定函数。因此，持久消费和持久收入之间的关系表示为

$$C_t^p = \delta Y_t^p$$

式中，δ 表示持久消费在持久收入中所占的比重，也就是持久的边际消费倾向。由于瞬时收入和持久收入难以准确区分，在实际建模过程中，可以将一定时期的持久收入认为是由过去的持久收入和现期的实际收入共同影响的结果，可以表示为

$$Y_t^p = \theta Y_t + (1-\theta) Y_{t-1}^p$$

式中，Y_t 表示第 t 期的实际收入；Y_{t-1}^p 表示第 $t-1$ 期的持久收入；θ 的大小取决于人们根据过去经验对未来作出的预期，它表示人们对于过去收入变动的持续可能性的信心，即 θ 值越大表示人们越相信过去收入的变动是长期的。

根据实际消费由持久消费和瞬时消费组成的描述，即

$$C_t = C_t^p + C_t^t$$

由于瞬时消费 C_t^t 呈不稳定的变化（费里得曼将瞬时消费的均值视为 0），可以将其归入随机误差项之内，因此，通过变换得到我国居民消费函数模型为

$$C_t = \delta\theta Y_t + (1-\theta) C_{t-1} + \mu_t \tag{9-38}$$

2. 消费函数模型的一般形式与参数估计方法

模型(9-38)能够反映除绝对收入假说消费函数模型以外所有消费假说的典型特征，或者说对于相对收入假说、生命周期假说、持久收入假说及合理预期假说等理论所形成的消费函数模型，都可以通过简单的变换形成和模型(9-38)在随机关系上一致的模型结构，这本身说明了西方消费理论的相关假说在我国现实消费问题的研究中具有很重要的指导意义。

因此，消费函数模型的一般形式可表示为

$$C_t = \beta_0 + \beta_1 Y_t + \beta_2 C_{t-1} + \mu_t \tag{9-39}$$

研究消费问题时往往都选择 Y_t、C_{t-1} 作为解释变量，从而形成了消费函数模型的自回归形式。对于自回归模型，应注意序列相关问题的检验及是否存在随机解释变量问题，若存在可选择广义差分法或工具变量法进行参数估计。

另外，在消费函数模型研究中还应注意如何选择适当的收入及消费指标的问题。以往的研究大多选择总量指标，由于总收入和总消费之中隐含了人口总量及人口结构的变化，而人口结构对消费结构和消费方式都有较大的影响，因而根据总量指标得出的模型会在一定程度上扭曲收入和消费的实际关系，而采用家庭预算数据则不会出现上述问题。因此，可采用城镇居民家庭人均可支配收入和消费性支出、农村居民家庭人均纯收入和生活消费支出等指标来度量收入和消费。

第四节 投资函数

经典计量经济模型中，除了生产函数、需求函数和消费函数外，投资函数也是用计量经济模型分析经济问题的一个重要方面。投资函数模型是在投资行为理论和客观经济环境分析的基础上，描述投资与决定投资的诸因素之间关系的经济数学模型。

从企业生产的角度考虑，投资是指企业在某一特定时期内用于增加资本存量的支出；从投资去向的角度认识，投资可以分为固定资产投资和流动资产投资；从宏观经济的角度分析，投资主要来源于国家预算内投资、预算外投资、企业自筹资金及国内外贷款等。因此投资函数模型所反映的经济行为，即投资行为与经济体制、决策方式等非经济指标因素都有密切的联系。我国随着经济体制的改革，市场机制、法律约束机制逐步健全，投资行为也正在步入规范的轨道，这样才能建立既能很好地描述历史又有合理的经济解释的投资函数模型。本节介绍西方国家投资函数模型的发展以及比较成功的经典模型，以期对我国投资函数模型的建立有借鉴的作用。

一、加速投资模型

在西方传统的市场经济国家，投资行为理论研究主要包括两个问题：一是最优资本存量是如何决定的；二是实际资本存量如何调整到最优资本存量。投资活动是形成资本存量的过程，所以它与经济增长之间的关系是通过资本存量的变化实现的。这就决定了投资函数是由投资额、资本存量或其增量、经济活动水平或其增量以及它们之间的关系构成的计量经济模型。因此，常见的投资函数模型的一般描述为

$$I_t = f(Y_t, Y_{t-1}, \Delta Y_t, K_{t-1}, I_{t-1}) + \mu_t$$

式中，I_t 为第 t 年的投资额；Y_t 为第 t 年的经济活动水平，如国内生产总值；K_{t-1} 为第$t-1$年的资本存量，如固定资产原值；ΔY_t 为经济活动水平的增量。

可见，投资函数模型可以用不同的经济变量作为投资额的解释变量，当然它们反映的经济行为是不同的。但通过分析可以看出，它们其实都是加速模型的变形，或者说它们本质上都是加速投资模型。

1. 原始加速投资模型

加速投资模型是西方国家用于投资研究的主要模型，经历了漫长的发展过程。1917 年首先由克拉克提出了原始的加速投资模型，它是以不变的固定资产产出比为基础的模型。即

$$K_t^e = \alpha Y_t$$

模型中，K_t^e 为最优资本存量；Y_t 为第 t 年的产出水平；α 为固定资产产出比，也称为产出的资本系数。如果假定在每个时期实际资本存量都能及时调整为最优资本存量，则有

$$I_t = K_t - K_{t-1} = K_t^e - K_{t-1} = \alpha(Y_t - Y_{t-1})$$

从而原始的加速投资模型可表示为

$$I_t = \alpha \Delta Y_t + \mu_t \tag{9-40}$$

原始的加速投资模型以产出的资本系数不变、实际资本存量都能及时调整为最优资本存量的假设为前提，这与实际投资行为和生产经营活动难以吻合，往往模型拟合效果较差，但模型揭示产出的增量决定投资额的行为理论是投资函数模型发展的基础。

2. 灵活的加速投资模型

1954 年柯依克放弃实际资本存量都能及时调整为最优资本存量的假设，提出了灵活的加速投资模型。该模型认为实际资本存量与最优资本存量之间存在如下关系

$$K_t - K_{t-1} = \lambda(K_t^e - K_{t-1})$$

式中，λ 为调整系数（$0<\lambda<1$）。

如果考虑到折旧，δ 为折旧率，则净投资可表示为

$$I_t - \delta K_{t-1} = K_t - K_{t-1}$$

则

$$I_t = K_t - K_{t-1} + \delta K_{t-1} = \lambda(K_t^e - K_{t-1}) + \delta K_{t-1} = \lambda\alpha Y_t + (\delta - \lambda)K_{t-1}$$

从而灵活的加速投资模型可表示为

$$I_t = \alpha\lambda Y_t + (\delta - \lambda)K_{t-1} + \mu_t \tag{9-41}$$

加速投资模型假设没有资本闲置，生产力被完全利用，因此，需求扩大时要增加投资。实际上需求增加时也可以通过提高劳动生产率的方式来增加产出，而不是立即采用增加投资这一外延式扩大再生产来解决这一矛盾，可以说加速投资模型存在着一些缺陷，但它揭示了投资活动的原动力，从总体上反映了投资活动中的因果关系，所以具有较大的实际应用价值。

二、利润决定的投资函数模型

由于投资活动是一个多周期过程，投资决策必然与资金的回报有关，也就是投资项目决策的目标是投资项目的价值达到最大，所以就要考虑市场条件、税率、利率、产品与资本品的价格等因素。那么，资本存量的预期值并不单纯取决于产出水平，还取决于利润水平。从这一假设出发，格伦费尔德（Grunfeld）于

1961 年提出了最优资本存量与利润水平的关系，即

$$K_t^e = \alpha_0 + \alpha_1 V_t$$

式中，V_t 表示利润水平。充分考虑折旧后资本存量的调整过程，投资函数模型为

$$I_t = \lambda(K_t^e - K_{t-1}) + \delta K_{t-1}$$

则最终利润决定的投资函数模型为

$$I_t = \lambda\alpha_0 + \lambda\alpha_1 V_t + (\delta - \lambda)K_{t-1} + \mu_t \tag{9-42}$$

思考与练习题

1. 什么是规模报酬、边际生产力和替代弹性？

2. 根据我国目前的经济环境，选择某区域经济增长问题作为研究对象，分析其影响经济增长的主要要素。

3. 对我国现有统计数据进行筛选，若生产函数模型为 $Y = A_0 e^{rt} K^{\alpha} L^{\beta}$，估计模型中参数并确定平均技术进步贡献率。

4. 选取某时间序列统计资料，利用 CES 生产函数模型分析投入产出问题。

5. 如何应用生产函数模型进行纵向技术进步分析和横向技术进步比较研究？

6. 建立适应我国目前需求现状的需求函数，在此基础上提出我国扩大内需的有效措施。

7. 需求函数有哪些基本特征？其经济含义各是什么？

8. 简述需求函数、需求曲线和恩格尔曲线之间的关系。

9. 什么是需求收入弹性、需求的自价格弹性和需求的交叉价格弹性？

10. 线性支出系统需求函数模型和扩展线性支出系统需求函数模型之间的异同。

11. 选取某统计年鉴中的有关数据，估计各类消费品的恩格尔曲线，估计扩展线性支出系统的各种弹性并进行实证分析。

12. 各种消费假说之间有何关系？部分消费假说理论之间可否统一？

13. 分析、比较持久收入假说理论消费函数模型与生命周期假说理论消费函数模型的异同。

14. 根据改革开放前后的有关统计数据，建立我国城乡居民的消费函数模型，并分析改革开放前后消费结构的变化。

15. 对影响我国居民消费的因素进行排序分析，并对如何提高我国居民的消费水平提出切实可行的建议。

第十章　宏观计量经济模型

第一节　宏观计量经济模型概述

宏观计量经济模型是宏观经济模型中的一类，是计量经济学方法研究客观经济问题的一个重要领域。宏观计量经济模型是以宏观经济学理论为指导，在总量水平上反映宏观经济要素在国民经济运行过程中相互依存以及复杂的因果关系。宏观计量经济模型一般采用联立方程模型的形式，其中每一个方程都对应着宏观经济的发展目标及要素之间的相互关系，建立宏观计量经济模型的最主要的目的就是用于结构分析、经济预测及政策评价。

一、宏观计量经济模型的历史与发展

最早出现的宏观计量经济模型是由荷兰经济学家、诺贝尔奖获得者丁伯根(Tinbergen)于 1939 年建立的美国商业循环模型，从此，西方一些发达资本主义国家开始重视对宏观计量经济模型的研发与应用。尤其是在美国，构建了具有各种功能的宏观计量经济模型，具有代表性的有：

1950 年 Klein 建立的美国两次世界大战之间的战争间模型；

1955 年 Klein 和戈登伯格(Goldberger)建立的 KG 模型；

1967 年沃顿(Wharton)建立的一个中等规模的用于经济预测的季度模型；

20 世纪 60 年代布鲁金斯(Brookings)建立的一个早期大型季度模型。

另外，由美国联邦储备委员会、麻省理工学院和宾夕法尼亚大学共同开发的 MPS 模型也是一个大型季度模型。

宏观计量经济模型发展到今天，大致经历了 20 世纪 30～40 年代的初步发展阶段；50～60 年代的盛行阶段；60～70 年代的广泛应用阶段。20 世纪 70 年代初期和中期，由于两次石油危机的冲击、布雷顿森林公约的崩溃以及世界经济形势的动荡不安，使许多著名的模型纷纷失效，这给宏观计量经济模型的发展带来了很大的冲击，人们开始怀疑模型的功能，混沌经济学的兴起也说明了这一点。混沌经济学属于非线性科学应用的一个前沿领域，它认为经济系统由非线性范式所主宰，尝试用混沌理论来解释客观经济现象。一般认为，混沌理论能够

解释少数的巨大变化或者突变;而计量经济模型则能反映大多数的微小变化,在经济发展的平稳时期,运用它去描述经济行为,仍然是可靠的和有效的。宏观计量经济模型的最新发展是国家间模型和世界模型,由 Klein 教授倡导并于 1968 年开始实施将国家间模型进行连接,当时包括了 30 多个国家和地区的模型,方程数目达到 7000 多个;1977 年开始建立的 WEFA 模型已经连接 60 多个国家和地区的模型。

我国宏观计量经济模型的研究与应用虽然起步较晚,但发展较为迅速,在中型模型及大型模型方面都取得了一些显著的进展。1979 年于清文和宫著铭两位学者建立了我国宏观经济中短期预测模型,该模型由 103 个方程组成;1984 年唐国兴编制的宏观计量经济模型由 88 个方程组成,其中包含 88 个内生变量和 38 个外生变量;国务院经济技术发展中心张风波主持建立的"中国宏观经济模型"由 20 个方程组成,其中包含 20 个内生变量和 15 个外生变量;中国社会科学院的"中国宏观经济模型"建立于 20 世纪 80 年代中期,基本上是一个供给导向的模型,它共有 8 个模块、220 个方程、220 个内生变量和 35 个外变量;90 年代,国家信息中心研制了"中国宏观经济季度模型 CEMOQ(1992 年版)"和世界计量经济连接模型系统中的"中国宏观计量经济模型(1996 年版)"。当然,宏观经济模型建立并用于经济分析后,为了适应经济发展变化的需要,每年都应进行及时更新,每次更新时除了增加一年新的数据并对模型中结构参数重新估计外,有时也需要根据当时情况的变化,修改模型中的若干个结构式方程。此外,由于我国的行政区划比较完备,各地区的经济发展相对独立,近年来,区域计量经济模型也得到了政府、科研院所等单位研究人员的关注,许多地区的中观计量经济模型相继问世。

随着计算机科学技术的不断发展,宏观计量经济模型也存在着总体规模不断扩大的趋势。20 世纪 50 年代初,最大的宏观经济年度模型只有 20 个方程,而目前最大的宏观季度模型的方程数就多达数千个以上,目前世界上最大的特大型模型包括 5 000 多个方程。值得一提的是,在不同的经济环境下和不同的历史时期,即使对同一问题的研究所建立的模型也可能是不同的。随着经济的不断发展,需要对原先建立的模型进行补充和修正,使其更新换代,这样宏观计量经济模型也有了自己的"版本"问题,这本身就是宏观经济模型发展的显著特征。

二、宏观计量经济模型的分类

1. 按照建立模型的目的分

根据建立模型的目的不同,可以将其分为结构分析模型、经济预测模型、政策评价模型和专门模型。

(1) 结构分析模型

结构分析模型主要用于解释宏观经济总量之间的相互依存关系，分析模型中政策变量及参数的变动对宏观经济总量的影响，分析的手段主要包括：比较静力学分析、弹性分析和乘数分析。由于这类模型主要功能在于结构分析，必须充分认识参数的作用，因而它对模型参数估计的要求较高，从估计值的性质来看应该具有最佳线性的无偏估计量，无论如何，回归模型拟合程度和参数估计精度的要求应该是首选。

(2) 经济预测模型

经济预测模型主要用于经济预测，对经济发展变化趋势作出科学、准确的判断。进行经济预测时必须分析预测的趋势值及预测值的置信区间，从而便于分析预测的波动范围。预测精度是一个很重要的指标，提高模型预测精度是模型设计及在参数估计过程中应注意的一个重要问题。因此在建立模型时，应特别注意模型对历史数据的拟合，强调拟合优度的作用，强调模型对现实经济行为的描述。经济预测模型另一个很重要的特征是：短期预测模型一般对部门划分较为细致，模型包含方程数目较多，规模较大；而中长期预测模型主要是总量化模型，模型包含方程数目较少，相对规模较小。

(3) 政策评价模型

政策评价模型主要用于模拟经济政策的实施效果和评价经济政策的效能，起到一个“仿真的经济实验室”的功能。它强调模型对经济系统运行机制的分析和模拟，因此在建立政策评价模型时，有时以牺牲拟合优度为代价；强调政策变量在模型中的运用，因而在模型中可能有很多外生的政策变量。也就是说，建立政策评价模型时非常重视模型对经济行为的描述，为了一些特殊的目的，对于拟合优度比较低的模型，有时也可能在宏观计量经济模型中出现。

(4) 专门模型

专门模型主要突出对国民经济某一方面的研究，或者是为了特殊的目的而专门设立的模型。因而它并不强调对国民经济系统进行完整、全面的描述，而是围绕专门目的设计模型结构。比如，专门模型有侧重于生产分配的模型；有侧重于消费需求方面的模型。再如，在世界连接模型中的中国宏观计量经济模型，除了应具有一般国家宏观计量经济模型的共性外，对外贸、外汇和资本流动模块必须进行专门处理。

2. 按照样本数据类型和时间长度分

按照建立模型时所需样本数据类型和模型分析的时间长度，可以将其分为季度模型、年度模型和中长期模型。

(1) 季度模型

季度模型一般以季度数据为样本,主要用于短期经济预测和结构分析,模型的规模往往较大。在建立季度模型时,由于季度数据容易受季节变动的影响,因而比较重视对季节变动的处理。随着人们越来越重视短期预测的效果,故季度模型也是宏观计量经济模型的一个发展方向。

(2) 年度模型

年度模型以年度数据为处理对象,主要用于短期预测和政策模拟,一般来说模型规模适中,是现实中应用最广泛的一类模型。这主要是由于统计资料大部分是年度资料,并且在多数情况下,建立宏观计量经济模型的目的就是为了进行政策模拟。

(3) 中长期模型

中长期模型也是以年度数据为样本,主要用于政策评价及模拟,模型的规模较小。其建模要求与年度模型相似,主要为决策提供依据,因而注重对经济行为(特别是中长期经济行为)的描述。

3. 按照模型研究对象的经济范围分

根据宏观计量经济模型研究对象的经济范围不同,可以将其划分为地区模型、国家模型和国家间模型。

(1) 地区模型

地区计量经济模型反映了一个地区的经济运行,由于我国各地区在体制政策、社会经济发展水平等方面差异的存在,建立地区模型是必要的。我国地区与地区之间的条块分割还很明显,各省、市、自治区市场经济体系具有相对的独立性和完整性,区域经济发展的不平衡也不可能在短时期内消除,这就决定了有必要针对不同地区的不同经济特点建立相应的计量经济模型。地区计量经济模型也可以称为中观计量经济模型。

(2) 国家模型

国家宏观计量经济模型反映了一个国家的宏观经济运行状况。由于国家一级的经济系统和经济运行机制较为完整和独立,宏观经济的主要研究对象也是国家一级的经济系统,特别是宏观经济的调控,因而它成为研究最广泛的一类宏观计量经济模型。国家模型与地区模型的建模技术相似,只是在部门划分、模型规模等方面略有不同。

(3) 国家间模型

国家间模型以国际贸易和国际金融往来为纽带,将不同国家的宏观计量经济模型连接起来,它主要反映国与国之间的宏观经济联系。随着全球经济一体化的推进,对国家间模型的研制和开发必将得到越来越多的研究机构和学者的重视。如 Klein 教授倡导的世界计量经济连接模型(Project LINK),就是将各国宏观计量经济模型连接为一体的国家间模型。

此外,根据宏观计量经济模型中所包含的方程数目不同,可将其分成小型模型、中型模型、大型模型和特大型模型;根据建模的经济理论基础不同,可将其分为均衡模型和非均衡模型;根据建模时各国的市场发达程度不同,可将其分为发达国家模型和发展中国家模型等。宏观计量经济模型还可以按照其他特点进行分类,在此就不一一列举了。

三、宏观计量经济模型的特点

我国在利用宏观计量经济模型分析经济问题的过程中,许多模型是在发达国家成熟模型的基础上引进后为我所用,这些模型是否适合我国的国情、是否适合我国经济发展过程中经济体制改革和经济政策制定的特点?我们需要对这些引进的模型做哪些改进?此类问题是摆在从事计量经济分析工作者面前的现实问题。因此,将发展中国家和发达国家的经济背景做比较全面的分析,才能更好地体现宏观计量经济模型中的差异,才能建立适合我国国情的宏观计量经济模型。

1. 发达国家宏观计量经济模型的特点

从第一个宏观计量经济模型的建立至今,发达国家对宏观计量经济模型的研究已有70多年的历史,模型的种类繁多、数目庞大。这些模型的主要特点可以概括如下:

(1) 宏观计量经济模型的建模理论属于不同的经济流派

西方发达的市场经济国家建立宏观计量经济模型的理论基础主要有两个:凯恩斯主义经济理论和货币主义经济理论。凯恩斯学派主张以需求为中心,对经济各部门进行细分,对不同的市场类型进行划分,认为只有如此才能较准确地刻画复杂的宏观经济系统,模型主要是通过产品市场、货币市场和劳动力市场所体现的经济关系组成;货币学派则主张应当避免这种详尽的划分,强调金融在整个国民经济中的作用。西方发达市场经济国家在建立宏观计量经济模型时,强调对不同流派的兼收并蓄,在模型中吸收各种不同理论学说之所长(比如在以凯恩斯经济理论为基础建立的模型中,也包含货币金融模块),使模型能够更好地描述社会客观经济环境。

(2) 依据国民经济核算体系(SNA)确定国民经济总量指标

由指标体系所组成的核算体系是宏观计量经济模型的数据来源,模型中变量的选择与数据的口径必须与所依据的核算体系保持一致。西方市场经济国家在建立计量经济模型时,所使用的总量指标是根据SNA体系核算得到的。在该体系中,对国民经济总量从生产、收入和支出等三个方面,形成了国民生产总值、国民收入总额和国民支出总额三个基本指标,并且由此产生了一系列的派生总量指标。因此,发达国家的宏观计量经济模型反映了 SNA 体系的内容和要求。

(3) 以需求为导向

根据凯恩斯的有效需求不足理论,资本主义社会存在大量闲置的、没有充分利用的生产能力及处于失业状态的劳动力资源。因而,一般认为在发达国家,供给是不成问题的,而需求不旺盛则成为制约经济增长的一个重要因素,只要能够扩大需求,整个经济系统就能够顺利有效地运转。所以,刺激需求成为宏观经济政策的主要目标,模型中需求模块则是构成模型的一个重要模块,模型体现了以需求为导向。有关模型的导向问题在本章第二节还有更详细的论述。

(4) 体现分散决策

在西方发达的市场经济国家,注重市场的功能和作用,一般采用财政政策和货币政策间接调控经济运行状况,这种决策方式被称为分散决策。发达国家在构造宏观计量经济模型时,包括模块的设计、方程的设定和变量的选择都体现了这种分散决策方式的特点,这种决策方式对宏观计量经济模型的总体结构和个体结构都产生了重要影响。例如,投资总量是由各个投资主体自行决定的,而不是由政府独立决定的;价格模块成为模型一个极重要的模块,因为价格是由需求和供给双方共同决定的,而需求和供给则是由消费主体的消费行为和投资主体的生产行为产生的;财政模块和金融模块体现了对宏观经济进行间接调控的特点,因为在分散决策方式中,强调政府主要通过经济手段(财政政策及货币政策等)而不是行政手段来实现宏观调控。

(5) 模型充分体现预测功能

西方发达国家的宏观计量经济模型的功能往往从短期预测开始,直至比较关注未来一段时期内经济发展变化的趋势。例如 2008 年美国次贷危机发生后,国际货币基金组织、世界银行等金融机构以及一些宏观经济研究机构都采取各种方式分析次贷危机对各国经济发展产生的影响,给出了大量的预测结果,特别是分析各国经济触底反弹的时间预期,这些往往都借助于模型分析未来一定时期内经济发展的变化趋势。另外,美国等一些经济发达国家有许多专门从事经济预测的机构,这些公司都有自己研制的宏观计量经济模型,其主要目的就是进行预测和规划。

2. 发展中国家宏观计量经济模型的特点

清华大学李子奈教授曾在 20 世纪末对发展中国家的经济体系特点概括为:生存经济大、制度因素大、政府干预大;多元经济、多重价格、多种分配;市场不发达、结构不合理、发展不稳定。这些观点对于当时处于发展阶段的我国以及国际上的一些发展中国家具有一定的指导意义,在很大程度上反映了发展中国家经济发展过程中的特点。当然,随着我国经济持续稳定的发展,多元经济体制、多重价格体系、多种分配方式得到了有效的调整,市场逐渐成熟,经济发展的走势趋于稳定。但是,结构不合理的矛盾依然突出,发展过程中政府干预仍然明显,市场这只"看不见的手"的作用还没有得到很好的发挥,当然人口大国必然面临着生存经济的压力。因此,我国建立宏观计量经济模型必须要考虑这些因素。

Klein 也曾撰文指出发展中国家宏观计量经济模型的五个特点,即:一是产出能力是生产的主要限制,反映了产能不足、内需得不到满足;二是投资机会和无组织的资本市场并存,反映了资本市场的不完善,政府干预过多以及法律约束欠缺;三是政府的经济政策对经济运行有显著性影响,这充分体现了政府在经济发展过程中的主导作用依然存在;四是环境因素对经济政策有重要影响,发展中国家经济发展的起初往往以牺牲环境为代价,经济发展到一定程度必然将环境治理与保护放在国家经济政策重要的层面;五是对外贸易以及与国际组织和发达国家的合作十分重要,发展中国家经济的薄弱性使充分利用国际产品市场和国际金融市场显得格外重要,可以说我国的经济发展经验也充分地体现了这一点。

因此,发展中国家宏观计量经济模型的特点具体表现在:

(1) 发展中国家的模型主要用于经济决策

在发展中国家,不存在生产力无限扩大的趋势与有支付能力需求相对不足的矛盾,生产发展还不能充分满足日益增长的社会需要。由于发展中国家市场经济还不发达,市场的功能也就较弱,强调政府干预经济的必要性,因而更加注重国家的宏观调控,需要对未来的经济发展作出一个比较合理的长期规划。同时,由于这些国家的经济都是处于变动之中的"非常态",往往用所建立的模型进行预测时,其结果与实际经济现象往往相差甚远。因此,模型主要用于长期的或者中长期的经济决策,而不是预测。

(2) 体现集中决策

发展中国家的资源由行政计划配置及进行集中式决策,这些特点在宏观计量经济模型的总体结构和个体结构中必将得到充分的反映。尽管我国经济体制改革取得了显著的成果,市场经济体制不断趋于完善,逐步改变了政府计划、政府分配、政府制定等中央集权式国民经济运行体系,但政府在产业投资、价格等方面的导向作用仍然作用较大,市场机制还没有充分发挥作用。

(3) 发展中国家的模型具有较高的外生性

从宏观计量经济模型中所包含的外生变量和内生变量的性质和特点看,通常认为模型中变量的内生化程度越高,模型的质量就越高,避免了变量的内生性与外生性的划分和模型识别等复杂问题,建模时主张经济系统的运行与变化由自身所包含的变量就可以完全决定。但在发展中国家的模型中不得不引入更多的外生变量，主要因为：第一，发展中国家的市场不发达、市场机制不完善，市场作为调节经济的功能较弱，提供给政府进行选择的经济手段非常有限，因而经常采取大量的行政手段干预经济运行，这些政策变量应该是外生的；第二，发展中国家的环境因素（如制度变迁、政局变换等）对经济也是有显著性影响的，这些因素难以定量化，更难以内生化；第三，模型的外生性越强，意味着模型的开放程度越高，便于政府适时地实施行政干预，常受到政策制定者的欢迎。

(4) 模型以供给为导向

发展中国家几乎面临着同一问题，即资源不足，这种不足既包括自然资源的匮乏，又包括投资所需资金的严重短缺。所以在很多发展中国家，生产能力成为制约生产与经济发展的重要因素，刺激生产、增加供给成为宏观经济的主要目标。因此，在模型中供给模块是构成模型的一个主要模块，就是说模型是以供给为导向的。应该看到这样的一个问题，我国是否仍存在自然资源匮乏、投资资金短缺状况，客观地说目前表面上看资源丰富、资金充裕、产能过剩，但原因在于我国仍存在大量的农村人口、众多的贫困地区、区域经济发展的不平衡等现状，导致购买力不足、需求不旺。

(5) 对外贸易模块是模型反映经济结构的重要特征

国际贸易中的游戏规则不完善，致使国际贸易过程中存在着许多事实上的不平等，而发展中国家的国际收支赤字严重，面临着债务危机。这就要求发展中国家在建立宏观计量经济模型时，必须将反映对外经济联系的变量作为重要的解释变量，因而对外贸易模块是构成模型的一个重要模块。

(6) 统计数据质量问题严重

统计制度不完善、统计机构不健全、统计方法陈旧、统计手段落后、统计数据失真是存在于发展中国家的一个普遍现象，这一切必将导致统计数据存在严重的质量问题，主要表现在数据不完备、资料不连续、口径不一致、数据不准确等方面。统计数据是模型的核心要件，统计数据质量问题就成为模型能否准确反映现实客观经济现象以及经济关系的关键。在西方国家，建模者将精力主要放在模型的设计和参数估计上；而发展中国家的建模者80%以上的工作只能放在数据的收集、整理、审查和加工处理上，唯有如此才能建立准确反映客观经济现实的模型，以便于经济分析和决策。

第二节 宏观计量经济模型的建立

宏观计量经济模型是以整个国民经济系统为研究对象，在宏观经济总量水平上描述国民经济系统的运行规律和变化过程。因此，分析和构建宏观计量经济模型必须对宏观经济的运行机制有充分的掌握、必须充分认识制约或影响经济持续稳定发展的关键环节，只有这样才能建立一个与现实经济环境相吻合的宏观计量经济模型。当然，探讨和分析建立我国宏观计量经济模型所面临的主要问题也是十分重要的。

一、宏观经济的运行机制

国民经济系统是由一系列相互联系、相互依赖、相互制约的各个经济部门组成的有机统一的整体，宏观计量经济模型正是这种关系的结构描述。要想建立能够反映客观经济运行规律的模型，首先必须了解宏观经济运行机制，它是宏观计量经济模型建立的基础。

任何国家的国民经济都是一个多部门、多要素、多层次的复杂的经济系统，各个总量之间有着极其错综复杂的关系。从宏观经济运行特点上看，随着社会的进步、政府作用的发挥以及国际经济的一体化趋势，宏观经济运行也是有两部门经济向三部门经济直至形成四大部门的经济运行体系。

首先考察简单的两部门经济，即由家庭部门(individual sector)和企业部门(business sector)所组成的要素市场和产品市场，家庭的要素收入全部用于消费支出，企业的销售收入全部用于要素支出，也就是说，要素市场和产品市场同时达到均衡，则整个国民经济的总量就在原有的规模上循环运行。事实上，国民经济总量的流通并不那么简单，会有一系列漏出。如家庭部门不一定把要素收入全部用于消费支出，而会多少有一部分漏出——储蓄，产品市场上就会有一部分产品销售不出去，导致企业减少销售收入。这时就需要建立资本市场，使储蓄转化为向企业的投资，注入相应的收入。只要企业愿意接受及得到的投资等于家庭的储蓄，注入等于漏出，整个国民经济仍然可以达到均衡。

其次把政府部门(government sector)引进来，讨论三部门经济。政府部门向家庭和企业收取税收净额，然后，通过购买产品形成政府支出。这样，家庭的要素收入除了用于消费、储蓄外，又用于纳税，多了一个漏出。企业的收入，除了来自销售、投资外，又加上政府购买，多了一个注入。只要政府收入等于政府支出，或者政府支出与投资之和等于政府收入与储蓄之和，即注入总量等于漏出总量，整个国民经济的运行照常能够保持在均衡的水平上。

一般讨论的宏观经济系统都是指由家庭、企业、政府和国外四部门组成的一个开放系统，而不是封闭系统。例如，家庭、企业和政府都要从国外进口产品，企业也会向国外出口产品；同时，国内外政府之间、企业之间的资本往来也日渐频繁。因此，对外开放势必影响到各个部门的供求总量及其构成，形成错综复杂的漏出和注入。但是，只要国际收支相等，或者总注入等于总漏出，国民经济仍然能达到综合平衡。在四部门经济中,一般都有如图 10-1 所示的国民收入货币流向,国民收入货币流向及其循环说明经济系统中各经济单位之间的联系,以及各经济总量的决定机制及相互影响。

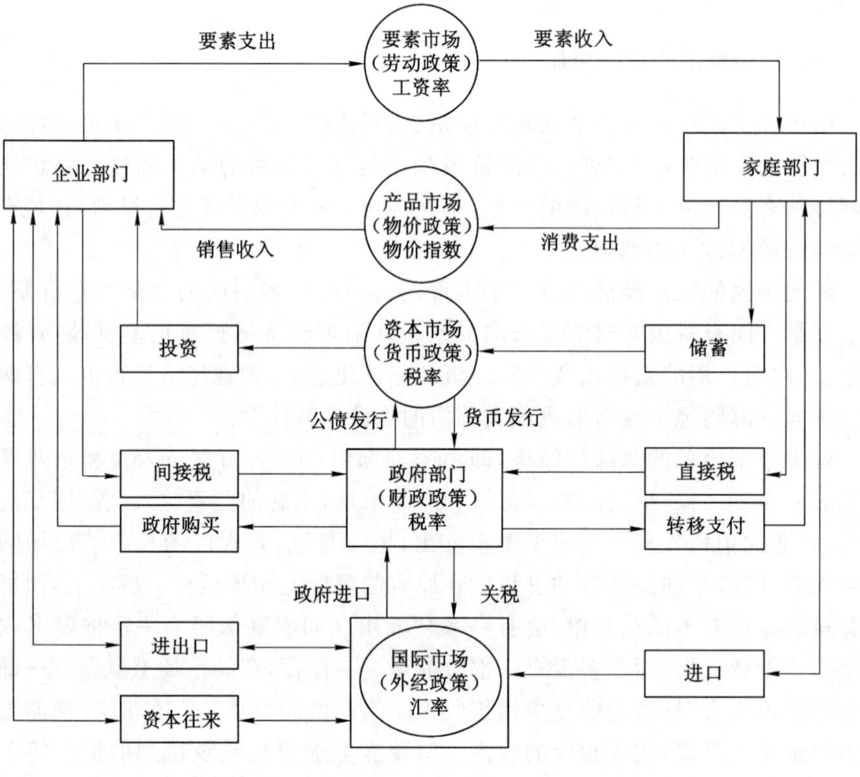

图 10-1 简化的四部门经济国民收入货币流向图

图 10-1 中,箭头方向代表货币流向,双箭头表示货币流向是双向的;大方框代表四大经济部门,小方框代表经济部门之间发生的经济关系,圆圈代表所形成的市场。可以看出,四大部门之间的主要经济关系是:

(1) 家庭部门向企业部门提供包括劳动力、土地和资本等在内的生产要素;企业部门向提供生产要素的所有者支付报酬,这种交易是在要素市场里完成的。

(2) 企业部门将所购得的生产要素加工成产品销售给消费者;而作为消费者的家庭部门要用所得的收入去购买产品进行消费,这种交易是在产品市场里完成的。

(3) 资本市场的一个主要功能是将漏出的储蓄以贷款的形式提供给企业,以企业投资的形式注入经济系统。

(4) 政府以税收的形式取得收入，这是一个漏出量；又以政府支出的形式将其注入经济系统。

(5) 若只存在商品贸易，不存在资本往来，国外作为生产要素的供给者，向国内提供商品和输入劳务，对本国来说就是进口，这也是一个漏出量；而国内也会向国外提供商品和输出劳务，对本国来说就是出口，这是一个注入量。

至此，我们讨论了在四部门经济中国民收入的流向，整个国民收入 Y 由消费 C、储蓄 S、税收 T 和进口 IM 四部分组成，即

$$Y=C+S+T+IM$$

其中储蓄、税收和进口都是漏出量，而国民收入的大小反映了总供给的水平。

对国内最终产品和劳务的总需求 AD 也由四部分组成：消费需求 C、投资需求 I、政府需求 G 和国外需求(出口)EX。总需求实际上是经济系统总支出的反映，可以将其表示为

$$AD=C+I+G+EX$$

其中投资、政府支出和出口是注入量。

若要求经济系统处于一种均衡状态，则应该满足总需求与总供给相等的原则，即

$$Y=AD$$

也就是

$$C+S+T+IM=C+I+G+EX$$

即

$$S+T+IM=I+G+EX$$

上式左边与右边相等表明：经济系统要想处于总需求与总供给相等这样一种均衡状态，就必须要求经济系统的漏出量与注入量相等。

家庭部门是生产要素的所有者，并且是消费行为决策的主体；企业部门是生产要素的使用者，使用生产要素生产有形的物质产品和无形的劳务，是生产行为决策的主体；政府部门提供公共物品和转移支付，这通过财政收支来实现；国外部门则通过进出口贸易与国内各经济部门发生经济联系，通过出口形成外国对本国商品的需求，通过进口形成外国对本国商品的供给。综上所述，宏观经济分析包括五大平衡及其它们之间的综合平衡：要素市场，主要指劳动力市场，通过工资率和劳动政策，调整劳动力的总供给和总需求，达到劳动均衡；产品市场，主要指消费品市场，通过物价指数和物价政策，调整产品的总供给和总需求，达到产品均衡；资本市场，通过利率和货币政策，调整货币的总供给和总需求，达到货币均衡；政府收支，指政府的税收和支出，通过税率和财政政策，调整财政收入和财政支出，达到财政均衡；国际市场，既包括进出口等经常项目，也包括国际信贷

等资本项目，可以通过汇率和对外经济政策，达到外汇平衡和国际收支平衡。宏观计量经济模型就是建立在这五大平衡关系及其综合平衡基础之上的，是国民经济各部门之间真实关系的再现。

二、宏观计量经济模型的导向问题

宏观计量经济模型是对宏观经济运行机制的结构描述及对宏观经济变量之间关系的数量描述。构建宏观计量经济模型时，不仅要依据相应的宏观经济理论、宏观经济运行机制，而且要依据现实的宏观经济运行状况，即宏观经济环境。宏观经济环境是由矛盾着的社会总需求和社会总供给所共同决定的，它决定了模型的导向问题，模型的导向包括需求导向型、供给导向型和混合导向型。宏观计量经济模型的结构会因模型导向的不同而产生很大的差别，导向问题是模型赖以建立的假设前提和基础。

所谓需求导向，简单地说就是社会需求决定社会生产，有效需求不足成为经济增长的主要制约因素，刺激需求成为宏观经济政策的主要目标。若模型以需求为导向，需求模块成为宏观计量经济模型的主要模块，在模型中表现为总需求（包括：消费需求、投资需求和净出口需求等）决定总产量或国民收入。这要求建立模型时，应从需求模块开始，而且需求模块可以更加细化；然后，由需求决定生产，生产决定收入、就业和分配等模块。通常，西方发达国家的宏观计量经济模型多属于需求导向型。根据凯恩斯需求理论的论述，在发达国家中社会存在着各种闲置的资源，生产能力过剩，社会产品的供给是不成问题的，矛盾的主要方面在于需求，只要需求能够有所增加，整个经济就能够不断增长。

所谓供给导向，简单地说就是社会生产决定社会需求，供给不足成为经济增长的主要制约因素，刺激生产、增加供给成为宏观经济政策的主要目标。若模型以供给为导向，生产模块成为宏观计量经济模型的主要模块，在模型中表现为总产出（包括：消费资料的生产、生产资料的生产和服务的生产）决定总产量或者国民收入。这要求建立模型时，应从生产模块开始，生产决定收入、就业和其他模块。一般情况下，发展中国家的宏观计量经济模型多属于供给导向型。因为发展中国家生产力水平低下，资源相对短缺，供不应求，矛盾的主要方面在于供给，只有刺激生产、增加供给，才有可能保证经济增长。

所谓混合导向，简单地说就是社会需求与社会生产相互制约、相互影响，存在交互作用，故又称之为双导向。它是指需求与供给两个方面同时存在约束，都是影响经济增长的重要因素，需求模块和生产模块应该同时在模型中体现其主导性，由需求与供给的均衡决定国民收入或总产量以及价格等。在混合导向模型中需要引入价格模块，它是联系需求模块与供给模块的桥梁。实际上，需求与供给的矛盾，既表现在总量上是否平衡，又表现在结构上是否协调，因而既不存在绝对的需求过剩，也不存在绝对的供给过剩，建立模型既要考虑需求对国民收入的影响，又要考虑供给对国民收入的影响，这就形成了需求与供给的混合导向模型。

单纯的需求导向和供给导向是两个极端的情况，其共同的特点是：模型仅具有需求模块或供给模块，即使同时存在这两个模块，二者之间只存在着单方向的传递关系，不存在任何反馈，表现为模型的方程之间或模块之间存在着简单的递推关系，可以采用递归估计的方法解决联立方程模型的估计问题。混合导向模型则要求需求模块与供给模块必须同时存在，而且二者之间通过价格模块连接，使得模型在需求模块和供给模块之间具有相互反馈的特点，能够更好地反映客观经济现象的特征，但模型的参数估计方法往往较为复杂。

值得注意的是：第一，我们所说的发达国家的模型一般是需求导向的，发展中国家的模型一般是供给导向的，但这并不是绝对的。因为模型的导向是由总需求与总供给的矛盾运动所决定的，不是由国家的经济发展水平所决定的，所以在发达国家也可能出现供给导向问题，在发展中国家也会存在需求导向问题，这主要取决于宏观经济运行环境。第二，任何一个社会的宏观经济运行机制都不能简单地概括为是需求导向还是供给导向，因为在不同的历史时期，宏观经济运行环境也会出现不同的变化。第三，需求的变化是迅速的，可以在较短的时期内表现出来；而供给的变化则属于缓慢的过程，因为供给的增加涉及生产能力提高的问题。因此我们认为，当研究短期经济问题时，模型应该以需求导向为主；当研究中长期经济问题时，模型应该是混合导向型的；当研究长期经济问题时，模型应该以供给导向为主。这与经济理论描述的总供给曲线的三个阶段的划分及其形状相吻合。

在进行宏观计量经济模型总体设计时，首先要确定模型的导向。既然模型的导向是由国民经济中社会总供给与社会总需求的矛盾决定的，那么在一定时期内，供给与需求双方谁是矛盾的主要方面，谁就决定模型的导向。

三、宏观计量经济模型的建立

宏观计量经济模型的建立过程和一般形式的计量经济模型基本一致，也包括四个阶段：理论模型设计阶段、模型参数估计阶段、模型检验阶段和模型应用阶段。其中，第一阶段是最为关键的，宏观经济现象中复杂的经济关系往往难以把握，当然这一阶段也最具有挑战性和创造性。因此，理论模型设计的成败决定了模型能否客观地描述经济环境及能否用于经济分析。由于模型参数估计、模型检验和模型应用都已经有相应的章节专题介绍，这里主要讨论宏观计量经济模型的设计思想和具体特点。

1. 模型设计

模型设计流程如图 10-2 所示。

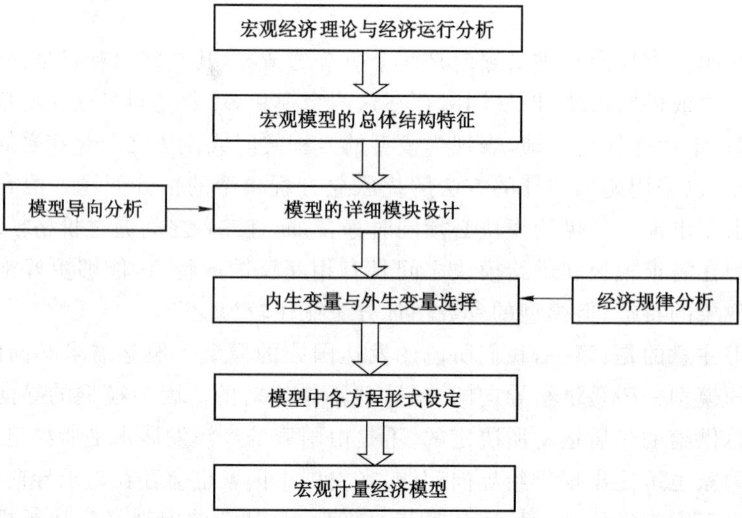

图 10-2　宏观经济模型设计流程图

宏观计量经济模型描述了宏观经济运行规律，模型的建立必须依据宏观经济理论和相应的经济行为规律及基本假设，也可以利用相关的数理经济学原理和结论。西方国家建立宏观计量经济模型大多数是依据凯恩斯主义经济理论和货币主义经济理论；我国建立宏观计量经济模型时，应该以中国特色社会主义市场经济理论为指导，结合我国经济社会发展的现状，建立有中国特色的反映各地区、各部门之间相互联系、相互依赖经济关系的宏观计量经济模型。

建立宏观计量经济模型是一个十分复杂的过程，从理论体系的确立、客观经济环境的分析、模型的构建思路到宏观计量经济模型的具体描述，每一步都将决定模型的成败。目前流行的宏观计量经济模型的设计思路主要有两条，即"从简单到复杂"和"从一般到简单"。

"从简单到复杂"的基本思路形成于 20 世纪 40 年代，主要工作是由美国的考尔斯经济研究委员会完成的。在建模时，大体上遵循从简单到复杂的原则，即以包含几个被认为具有重要影响作用的变量的简单模型为起点，对模型进行参数估计和假设检验。若模型对样本观测数据的拟合效果较好，则将其作为最终的模型；否则，在模型中增加解释变量，提高模型的解释能力，直至得到令人满意的拟合效果，最后得到一个比较复杂的模型。因而，这一时期对模型的参数估计技术比较重视，现在使用的许多参数估计方法就是在那个时期提出的。这种建模思路的弊端是显而易见的，它将拟合优度作为检验模型的唯一标准。

随着计算机科学技术的迅速发展，“从简单到复杂”的建模思路受到了严重挑战。20 世纪 60 年代中期，以英国经济学家韩德瑞（Hendry）为代表的新派提出了“从一般到简单”的建模思路。他们认为，任何一个客观经济现象背后都有一个数据生成过程（data generation process），该过程是客观存在的，可以用样本数据的联合分布来表示，计量经济模型的建立过程实质上就应该是一次科学地发现数据生成过程。因此他们主张，开始时建立一个比较一般的模型，模型中应将对被解释变量有影响的所有变量都包含进来，让模型能够充分地描述经济行为特征，而不论变量显著与否；之后，在不危及模型对经济行为描述的前提下对模型进行“简约化”，最终得到一个简单的模型。显然，新派们的建模思路大大降低了人们在建立模型时的随意性和主观性，它的不足是只能起到检验理论的作用，而不能从中发现理论。

宏观计量经济模型的结构特征包括模型的总体结构特征和个体结构特征。模型的总体结构是同它所反映的特定的经济系统运行方式密切联系的，其中主要包括模型导向问题、核算体系问题和决策方式问题。而核算体系决定模型的数据来源，目前国际上最为流行的就是国民经济核算体系（System of National Accounts，SNA），一般市场经济国家使用 SNA 体系。当然早期一些计划经济体制国家采用物质产品平衡体系（Material Product System，MPS），如我国在实行社会主义市场经济体制之前一直使用 MPS 体系，随着市场经济体制的不断完善和国际经济一体化的趋势，以及为了适应国际经济秩序，我国已经形成了较为完备的国民经济核算体系。模型的个体结构主要是指在描述宏观经济现象的联立方程模型中，每个结构式方程都与它所描述的经济活动的行为密切相关。我们对一个宏观经济系统进行分析，并且把它划分为若干个子系统（如消费、生产、投资、劳动力、收入、分配、价格、对外贸易等子系统），对每一个子系统还可以细分，掌握各子系统之间的内在联系和结构，为此就可以有针对性地设定方程和选择变量，为理论模型设计做好铺垫。

一个大型的宏观计量经济模型实际上是由若干个模块（如生产模块、消费需求模块、投资需求模块、金融模块、财政模块等）所组成，它们分别反映现实经济系统不同组成部分的客观经济运行状况。在分析宏观计量经济模型的总体结构特征及进行模型总体设计时，应对构成模型的各模块以及各模块之间的衔接关系进行设计；在分析模型的个体结构特征及进行模型个体设计时，应该确立变量以及模块的具体数学表达形式。必须注意的是，在确立模型的模块结构时，应充分重视模型导向问题及导向对模型结构设计的影响。

建立宏观计量经济模型过程中比较关键的一步是:变量选择和方程形式设定。首先,根据研究的目的和要求以及所研究问题的性质,选择哪些变量是内生变量,选择哪些变量是外生变量。选择变量时应该注意如下问题:

(1) 变量数据的可获得性。如果所选择的变量或者指标,其样本数据是无法获取的,那么所构建的模型只能停留在理论水平,而不能上升为实证的计量经济模型。

(2) 外生变量的可预测性。对于所选择的外生变量,需要通过模型以外的其他方法或途径对它进行设定。如果其取值无法设定,将直接影响到联立方程模型的功能和作用,从而使模型既不能进行经济预测,也不能进行政策评价。

(3) 尽量避免变量之间的样本数据相关而引起的多重共线性。因为多重共线性会造成很严重的后果,如参数估计值的方差增大,甚至会导致参数估计值的失效。因而在建立模型时,应尽量避免将相关变量引入到模型中来,建议使用逐步回归的方法进行变量的选择。

(4) 虚拟变量的使用。对于一些无法直接度量的因素,如某项经济政策的出台、大的自然灾害的影响、经济发展区域的特征等因素,必要时应选择适当的虚拟变量加以描述。

2. 宏观计量经济模型的构造

国民经济是一个错综复杂的大系统,在建立模型时,需要利用经济理论将所研究的经济系统分解成若干个子系统,如消费、生产、投资、劳动力等子系统,对每一个子系统又可以做进一步的分解。消费系统可以分为居民消费和社会消费,也可以分为商品性消费和非商品性消费,商品性消费又可分为耐用商品消费和非耐用商品消费;生产系统可以分为工业生产和农业生产等,工业生产又可分为重工业生产和轻工业生产等。还有很重要的一个方面是必须同时分析各个子系统之间的相互联系,以此形成模型的各个方程。

构造宏观计量经济模型的两大理论基础是:凯恩斯主义经济理论和货币主义经济理论。这两个理论体系并没有严重分歧,在建立模型时注重兼收并蓄,通常在以凯恩斯经济理论为基础建立的宏观经济模型中,加入货币金融模块。按照凯恩斯的有效需求理论,可以构造如下收入-支出模型:

$$\begin{cases} C_t = \alpha_0 + \alpha_1 Y_t + \mu_{1t} \\ I_t = \beta_0 + \beta_1 Y_{t-1} + \mu_{2t} \\ Y_t = C_t + I_t + G_t \end{cases}$$

模型中,C_t 为消费支出;I_t 为投资;Y_t 为国民收入;G_t 为政府支出。

该模型是一个反映封闭经济系统的模型，此时的总需求主要包括消费需求、投资需求和政府需求。该模型显然是属于需求导向型的，因为模型中没有给出供给约束，认为供给能够适应需求的变化而变化，这也是凯恩斯有效需求理论的最重要体现。这个模型规模虽小，但在宏观计量经济模型发展史上占有一定的地位，它是绝大多数宏观计量经济模型的雏形。

1950 年，Klein 在原模型的基础上做了简单的扩充，建立了著名的"Klein 战争间模型"，模型反映了美国在两次世界大战之间（1920～1941 年）的经济发展状况，Klein 战争间模型如下

$$\begin{cases} C_t=\alpha_0+\alpha_1 P_t+\alpha_2 P_{t-1}+\alpha_3(W_t^p+W_t^g)+\mu_{1t} \\ I_t=\beta_0+\beta_1 P_t+\beta_2 P_{t-1}+\beta_3 K_{t-1}+\mu_{2t} \\ W_t^p=\gamma_0+\gamma_1(Y_t+T_t-W_t^g)+\gamma_2(Y_{t-1}+T_{t-1}-W_{t-1}^g)+\gamma_3 t+\mu_{3t} \\ Y_t=C_t+I_t+G_t-T_t \\ P_t=Y_t-W_t^p-W_t^g \\ K_t=K_{t-1}+I_t \end{cases}$$

模型中，C_t 为消费支出；I_t 为净投资；Y_t 为国民收入；W_t^p 为私营企业工资；P_t 为利润；K_t 为资本存量；T_t 为间接税；W_t^g 为政府工资；G_t 为政府非工资支出。

模型中有 6 个内生变量和 4 个外生变量（包括时间趋势变量），除了时间趋势变量属于非政策性外生变量外，其他都属于政策性外生变量，可以由政府控制。模型中第一个方程为消费方程，表明本期总消费主要由本期工资（私营企业工资和政府部门工资）及本期利润和上期利润决定；第二个方程为投资方程，表明净投资受到本期利润和上期利润及年初资本存量的影响；第三个方程为就业方程，表明私营企业工资与本期生产规模、上期生产规模及时间趋势项有关；其余三个方程分别为收入、利润和资本存量的定义方程。显然，Klein 战争间模型是在原模型基础上，加进了工资、利润和税收，并且把原模型中的政府支出细分为政府工资性支出和政府非工资性支出。

第三节　宏观计量经济模型案例分析

本节主要通过中国宏观经济模型的实例，阐述宏观计量经济模型的建立与应用，全面把握宏观经济系统的动态运行规律，准确反映各宏观经济变量或指标的相互依赖关系，详细描述国民经济各部门和社会生产各环节之间的相互联系，进而可以利用该模型对国民经济运行和宏观经济政策进行评价，也可对未来经济发展趋势作出预测。

中国宏观经济模型是国家信息中心祝宝良、梁优彩同志发表在《中国实用宏

观经济模型1999》一书中的研究成果，它是世界计量经济连接模型系统中代表中国的宏观计量经济模型(1997年版)。该书对模型的设计思想、模型的基本结构、模型的核算基础和数据修正、模型模拟与政策评价等方面的应用，都做了详细的分析与说明，对于宏观计量经济模型的建立具有指导和实践意义。

一、模型设计的基础

随着社会主义市场经济的不断发展，我国告别了"短缺时代"，供给已不再是制约经济的主要因素，经济形态已从供给推动型转变为需求拉动型。因此，建立需求导向型的年度宏观计量经济模型是符合客观实际的。该模型设计的基本思想：从分析国民生产入手，生产由需求决定，而需求可分为消费需求、投资需求和净出口需求；同时，生产决定收入，而收入又决定消费、投资和净出口，形成反馈作用；价格由成本和需求两方面共同决定；货币需求等于货币供给，且货币需求由总需求和利率共同决定；劳动力需求由生产决定。

自1985年起，我国的核算体系由MPS体系逐步向SNA体系接轨。同时改革开放前后我国经济体制也发生了很大的转变，改革开放前，我国的经济体制是纯粹的计划经济体制；而改革开放后，我国的经济体制经历了从计划经济体制到社会主义商品经济再到社会主义市场经济体制的转变。因此，很多学者在研究我国经济时，都要区分改革开放前后的这种变化，在构造计量经济模型时也要考虑这种变化。为使模型能够正确地反映我国目前的经济运行规律，模型中的数据取自1979年以后的数据。尽管统计部门对部分统计数据按照SNA体系进行了估算和调整，但仍有一些数据需建模者自己估算完成。

二、模型的基本结构与方程体系

该模型由90个方程组成，其中行为方程52个，确定性方程38个；变量109个，其中内生变量90个，外生变量19个，变量名称及含义详见表8-1及表8-2；模型由生产模块、消费模块、投资和资本存量模块、金融模块、财政模块、价格模块、对外贸易模块、劳动力模块和收入分配模块共9个模块组成。下面列出了模型中的所有方程。方程中，T为时间趋势项；$PCH(X)$为变量X的增长率；D为虚拟变量。模型中未特别注明的，按不变价格核算。

1. 生产模块

(1) 农业增加值：

$$\ln(NVA/LFA)=0.766\ln(KFA/LFA)+0.014T$$

(2) 农业增加值(现价)：

$$NVAN=NVA\times PNVA/100$$

(3) 商业增加值：

$NVCM=140.479+0.14CH$

(4) 建筑业增加值：

$NVCS=32.659+0.38NVCS_{-1}+0.109I$

(5) 工业增加值：

$NVIND=-1\,708.55+0.596(I+CH)+0.168EXM\times RATE$

(6) 工业增加值(现价)：

$NVINDN=NVIND\times PNVIND/100$

(7) 其他服务业增加值：

$\ln(NVNM)=0.874\ln(NVNM_{-1})+0.12\ln(YH/CPI\times 100)-0.173D_{81}$

(8) 运输和邮电业增加值：

$NVTR=-280.526+0.177NVA+0.074NVIND$

(9) 国内生产总值：

$GDP=NVA+NVIND+NVCS+NVCM+NVTR+NVNM$

(10) 国内生产总值(现价)：

$GDPN=GDP\times PGDP/100$

2. 消费模块

(1) 总消费：

$C=CH+CG$

(2) 总消费(现价)：

$CN=CHN+CGN$

(3) 社会消费：

$\ln(CG)=0.43+0.87\ln(CG_{-1})+0.19\ln(GTEB/PGDP)+0.11D_{91}-0.1D_{88}$

(4) 社会消费(现价)：

$CGN=CG\times CPI/100$

(5) 居民消费：

$CH=CHR+CHU$

(6) 居民消费(现价)：

$CHN=CHRN+CHUN$

(7) 农村居民消费：

$CHR=-99.9+0.176CHR_{-1}+0.31YHR/CPIR\times 100-4.66[INRD-PCH(CPIR)]+316.7D_{92}$

(8) 农村居民消费(现价)：

$CHRN = CHR \times CPIR/100$

(9) 城镇居民消费：

$$CHU = -127.7 + 0.8CHU_{-1} + 0.27YHU/CPIU \times 100 - 5[INRD - PCH(CPIU)] + 360D_{92} + 278D_{93}$$

(10) 城镇居民消费(现价)：

$CHUN = CHU \times CPIU/100$

3. 投资和资本存量模块

(1) 固定资产投资：

$I = IFD + IFF$

(2) 固定资产投资(现价)：

$IFN = IFDN + IFFN$

(3) 国内固定资产投资：

$$IFD = 1\,433.6 + 0.3(IFGN + LOANF - LOANF_{-1})/PIF \times 100 + 0.54(GDPN - YH - GTRB)/PIF \times 100 - 21[INRD - PCH(PIF)]$$

(4) 国内固定资产投资(现价)：

$IFDN = IFD \times PIF/100$

(5) 农业固定资产投资：

$IFDA = I \times RIFDA/100$

(6) 商业固定资产投资：

$IFDCM = I \times RIFDCM/100$

(7) 建筑业固定资产投资：

$IFDCS = I \times RIFDCS/100$

(8) 工业固定资产投资：

$IFDIND = I \times RIFDIND/100$

(9) 其他服务业固定资产投资：

$IFDNM = I \times RIFDNM/100$

(10) 运输邮电业固定资产投资：

$IFDTR = I \times RIFDTR/100$

(11) 外商直接投资：

$IFF = IFFUS \times RATE \times PIF/100$

(12) 外商直接投资(现价)：

$IFFN = IFF \times PIF/100$

(13) 固定资产投资净值：

$KF = KF_{-1} \times (1 - RDEPR/100) + I$

(14) 农业固定资产投资净值：

$KFA = KFA_{-1} \times (1 - PRDEPR/100) + IFDA$

4. 金融模块(均按现价)

(1) 贷款总额：

$LOAN = LOANOT + LOANF$

(2) 固定资产贷款总额：

$$\ln(LOANF) = -2.224 + 0.48\ln(LOANF_{-1}) + 0.73\ln(IFN) - 0.52\ln\{1 + [INRD - PCH(PIF)]/100\}$$

(3) 其他贷款总额：

$$\ln(LOANOT) = 1.007\ln(GDPN) + 0.73\ln(IFN) - 0.21\ln(INRI)$$

(4) 货币流通量：

$$MO = 0.62MO_{-1} + 0.11LOAN - 30.7INRD - 414.8D_{90} - 470.4D_{91}$$

(5) 存款总额：

$$TSD = 1\,389.5 + 1.05(TSDF + TSDU + TSDR)$$

(6) 企业存款总额：

$$TSDF = 215.6 + 0.55TSDF_{-1} + 0.36(GDPN - YH - GTRB) - 1\,243.87D_{93}$$

(7) 农村居民存款总额：

$$TSDR - TSDR_{-1} = -214.6 + 0.12YHR + 7.45[INRD - PCH(CPRI)] + 355D_{94}$$

(8) 城镇居民存款总额：

$$TSDU - TSDU_{-1} = -642.14 + 0.47YHU + 5.1[INRD - PCH(CPRU)]$$

5. 财政模块(均按现价)

(1) 债务还本付息额：

$$GBE = 0.23GB + 0.172GB_{-1} + 0.115GB_{-2} + 0.057GB_{-3} + 146.1D_{92} - 66.6D_{89} - 35.6D_{88}$$

(2) 财政赤字：

$GDEF = GTEB - GTRB$

(3) 财政总支出(包括债务支出)：

$GTE = GTEB + GBE$

(4) 财政支出(不包括债务支出)：

$GTEB = GTEE + GTEOT$

（5）财政经济建设支出：

$$GTEE=0.88GTEE_{-1}\times PIF/PIF_{-1}+13.9T+275.67D_{86}$$

（6）财政其他支出：

$$GTEOT=0.85GTEOT_{-1}\times PRS/PRS_{-1}+25.16T+366.87D_{93}$$

（7）财政总收入（包括债务收入）：

$$GTR=GTRB+GB$$

（8）财政收入（不包括债务收入）：

$$GTRB=TAX+GTRO$$

（9）税收收入：

$$TAX=612.37+0.99(TAXA+TAXCUS+TAXIC)$$

（10）农业税收入：

$$TAXA=-3.96+0.034NVAN-5.054T-24.7D_{93}-14D_{90}-15.42D_{91}$$

（11）关税收入：

$$TAXCUS=5.48+0.015RATE\times IMMN+101.24D_{85}+9.93T$$

（12）工商税收入：

$$TAXIC=84.23+0.086(GDPN-NVAN)+53.9T-335.1D_{92}-151.24D_{91}+132.75D_{85}$$

6. 价格模块（1990 年为 100）

（1）居民消费价格指数：

$$CPI=0.402CPIU+0.6CPIR$$

（2）农村居民消费价格指数：

$$\ln(CPIR)=-0.107+1.022\ln(PRS)$$

（3）城镇居民消费价格指数：

$$\ln(CPIU)=-0.622+1.143\ln(PRS)-0.039D_{90}$$

（4）出口价格总指数：

$$\ln(PEXM)=0.915\ln(PWM)+0.085\ln(PGDP)-0.162D_{87}-0.062D_{86}$$

（5）国内生产总值平减指数：

$$PGDP=15.13+0.265PIF+0.557CPI+0.01PEXM\times RATE$$

（6）固定资产投资价格指数：

$$\ln(PIF)=-1.19+0.86\ln(PNVIND)+0.125\ln(PIMM\times RATE)+0.13D_{93}+0.125\ln(IFN)+0.07D_{92}$$

（7）进口价格总指数：

$$\ln(PIMM)=0.576\ln(PIMM_{-1})+0.43\ln(PWM)-0.132D_{82}$$

（8）农业增加值价格指数：

$$\ln(PNVA) = -0.392 + 0.85\ln(PPAS) + 0.234\ln(PNVIND) - 0.116D_{89}$$

(9) 工业增加值价格指数：

$$\ln(PNVIND) = 0.845\ln(PNVIND_{-1}) + 0.101\ln(WAGEA)$$

(10) 其他服务业增加值价格指数：

$$\ln(PNVNM) = 0.54\ln(PNVNM_{-1}) + 0.174D_{81} + 0.185D_{82} + 0.283\ln(WAGEA)$$

(11) 社会商品零售价格指数：

$$\ln(PRS) = -0.68 + 0.433\ln(PRS_{-1}) + 0.348\ln(PNVA) + 0.37\ln(PNVIND)$$

7. 对外贸易模块

(1) 总出口：

$$EX = EXM + EXS$$

(2) 商品出口：

$$\ln(EXM) = 1.084\ln(WGDP) - 0.422\ln[PEXM/(RATE + RATE_{-1})]/PWM + 0.164\ln(IFFUS/PIMM)$$

(3) 商品出口(现价)：

$$EXMN = EXM \times PEXM/100$$

(4) 服务出口：

$$EXS = -15.3 + 0.283EXS_{-1} + 0.152EXM$$

(5) 总进口：

$$IM = IMM + IMS$$

(6) 商品进口：

$$\ln(IMM) = -4.1 + 0.293\ln(IMM_{-1}) + 1.041\ln(GDP) + 0.559\ln[PIF/(RATE + RATE_{-1})/2/PIMM]$$

(7) 商品进口(现价)：

$$IMMN = IMM \times PIMM/100$$

(8) 服务进口：

$$IMS = 0.699IMS_{-1} + 0.404\,9(IMM + EXM)$$

8. 劳动力模块

(1) 劳动力资源：

$$LF = 1.01LF_{-1} + 0.486(POP_{-16} - POP_{-17})$$

(2) 农业劳动力：

$$LFA = 0.97LFA_{-1} + 0.652(POP_{-16} - POP_{-17}) + 2\,726.94D_{95}$$

（3）商业劳动力：

$$LFCM=112.9+0.947LFCM_{-1}+0.9IFDCM+202.55D_{85}+135.57D_{84}$$

（4）建筑业劳动力：

$$LFCS=80.63+0.69LFCS_{-1}+0.764NVCS+299.2D_{84}+325.4D_{85}+190.5D_{86}$$

（5）工业劳动力：

$$LFIND=707+0.92LFIND_{-1}+0.116IFDIND+276.5D_{84}+396.5D_{86}$$

（6）其他服务业劳动力：

$$LFNM=2\,059.1+0.23LFNM_{-1}+0.844NVNM+457.9D_{84}+508.9D_{94}$$

（7）运输和邮电业劳动力：

$$LFTR=45.92+0.97LFTR_{-1}+0.114IFDTR+132.14D_{84}+105.74D_{85}$$

（8）城镇劳动力资源：

$$LFU=459+0.992LFU_{-1}+0.238(POPU_{-16}-POPU_{-17})$$

（9）城镇劳动力：

$$LFUE=2\,786.2+0.74LFUE_{-1}+0.087(GDP-NVA)$$

（10）城镇失业人数：

$$UEM=LFU-LFUE$$

（11）城镇失业率：

$$UEMR=UEM/LFU\times 100$$

9. 收入分配模块(除工资率外,按现价)

（1）工资率：

$$\ln(WAGEA)=4.564+0.45\ln(WAGEA_{-1})+0.6\ln[(GDPN-NVAN)/LFNA]$$

（2）居民可支配收入：

$$YH=YHU+YHR$$

（3）农村居民纯收入：

$$YHR=0.22YHR_{-1}+0.96(NVAN-TAXA)+0.01IFN$$

（4）城镇居民可支配收入：

$$YHU=0.734YHU_{-1}+0.14(GDPN-NVAN-TAXIC)+1053.74D_{94}$$

（5）折旧：

$$DEPR=KFN\times RDEPR/100$$

（6）企业收入：

$$YF=GDPN-YH-DEPR-TAX$$

表 10-1　宏观计量经济模型内生变量经济含义

变量名称	变量的经济含义	计量单位
C	总消费(不变价)	亿元
CG	社会消费(不变价)	亿元
CGN	社会消费(现价)	亿元
CH	居民消费(不变价)	亿元
CHN	居民消费(现价)	亿元
CHR	农村居民消费(不变价)	亿元
CHRN	农村居民消费(现价)	亿元
CHU	城镇居民消费(不变价)	亿元
CHUN	城镇居民消费(现价)	亿元
CN	总消费(现价)	亿元
CPI	居民消费价格指数(1990 年为 100)	
CPIR	农村居民消费价格指数(1990 年为 100)	
CPIU	城镇居民消费价格指数(1990 年为 100)	
DERP	折旧额(现价)	亿元
EX	总出口(不变价)	美元
EXM	商品出口(不变价)	美元
EXMN	商品出口(现价)	美元
EXS	服务出口(不变价)	美元
GBE	债务还本付息额(现价)	亿元
GDEF	财政赤字(现价)	亿元
GDP	国内生产总值(不变价)	亿元
GDPN	国内生产总值(现价)	亿元
GTE	财政总支出,包括债务支出(现价)	亿元
GTEB	财政总支出,不包括债务(现价)	亿元
GTEE	财政经济建设支出(现价)	亿元
GTEOT	财政其他支出(现价)	亿元
GTR	财政总收入,包括债务收入(现价)	亿元
GTRB	财政总收入,不包括债务收入(现价)	亿元
I	固定资产投资(不变价)	亿元
IFD	国内固定资产投资(不变价)	亿元
IFDA	农业固定资产投资(不变价)	亿元

表 10-1(续)

变量名称	变量的经济含义	计量单位
IFDCM	商业固定资产投资(不变价)	亿元
IFDCS	建筑业固定资产投资(不变价)	亿元
IFDIND	工业固定资产投资(不变价)	亿元
IFDN	国内固定资产投资(现价)	亿元
IFDNM	其他服务业固定资产投资(不变价)	亿元
IFDTR	运输邮电业固定资产投资(不变价)	亿元
IFF	外商直接投资(不变价)	亿元
IFFN	外商直接投资(现价)	亿元
IFN	固定资产投资(现价)	亿元
IM	总进口(不变价)	美元
IMM	商品进口(不变价)	美元
IMMN	商品进口(现价)	美元
IMS	服务进口(不变价)	美元
KF	资本存量(不变价)	亿元
KFA	农业资本存量(不变价)	亿元
LF	劳动力资源	
LFA	农业劳动力	
LFCM	商业劳动力	
LFCS	建筑业劳动力	
LFIND	工业劳动力	
LFNM	其他服务业劳动力	
LFTR	运输和邮电业劳动力	
LFU	城镇劳动力资源	
LFUE	城镇劳动力	
LOAN	贷款总额(现价)	亿元
LOANF	固定资产投资贷款总额(现价)	亿元
LOANOT	其他贷款总额(现价)	亿元
MO	货币流通量(现价)	亿元
NVA	农业增加值(不变价)	亿元
NVAN	农业增加值(现价)	亿元
NVCM	商业增加值(不变价)	亿元

表 10-1(续)

变量名称	变量的经济含义	计量单位
NVCS	建筑业增加值(不变价)	亿元
NVCS	工业增加值(不变价)	亿元
NVIND	工业增加值(现价)	亿元
NVINDN	其他服务业增加值(不变价)	亿元
NVNM	运输和邮电业增加值(不变价)	亿元
NVTR	出口价格总指数(1990 年为 100)	
PEXM	国内生产总值平减指数(1990 年为 100)	
PGDP	固定资产投资价格指数(1990 年为 100)	
PIMM	进口价格总指数(1990 年为 100)	
PVNA	农业增加值价格指数(1990 年为 100)	
PVNIND	工业增加值价格指数(1990 年为 100)	
PNVNM	其他服务业增加值价格指数(1990 年为 100)	
PRS	社会商品零售价格指数(1990 年为 100)	
TAX	税收收入(现价)	亿元
TAXA	农业税(现价)	亿元
TAXCUS	关税(现价)	亿元
TAXIC	工商税(现价)	亿元
TSD	储蓄总额(现价)	亿元
TSDF	企业储蓄总额(现价)	亿元
TSDR	农村居民储蓄总额(现价)	亿元
TSDU	城镇居民储蓄总额(现价)	亿元
UEM	城镇失业人数	
UEMR	城镇失业率	
WAGEA	工资率	
YF	企业总收入	
YH	居民可支配收入(现价)	亿元
YHR	农村居民纯收入(现价)	亿元
YHU	城镇居民可支配收入(现价)	亿元

表 10-2 宏观模型外生变量经济含义

变量名称	变量的经济含义	计量单位
GB	债务收入(现价)	美元
IFFUS	外商直接投资(现价)	美元
INRD	储蓄利率(一年期)	
POP	人口数	
POPU	城镇人口数	
PPAS	农副产品收购价格指数(1990 年为 100)	
PWM	世界出口价格指数(1990 年为 100)	
RATE	汇率	人民币元/美元
RDERP	折旧率	
RIFDA	对农业的投资比重	
RIFDCM	对商业的投资比重	
RIFDCS	对建筑业的投资比重	
RIFDIND	对工业的投资比重	
RIFDNM	对其他服务业的投资比重	
RIFDTR	对运输和邮电业的投资比重	
WGDP	世界经济增长	

三、模型的特征与应用

1. 模型的特征

(1) 模型属于需求导向型。在模型的模块系统中,处于核心地位的是需求模块,包括消费需求和投资需求两大模块。由需求决定生产,生产决定供给,在总需求与总供给的矛盾中以需求为基准,这是与模型研究时期我国宏观经济总体运行特征相联系的。

(2) 模型是按照 SNA 体系建立,模型中以国内生产总值作为主要研究变量,探讨它的形成过程,如居民消费引起了商业增加值,而商业增加值又是国内生产总值的一个构成部分。

(3) 模型注重了对财政、金融、对外贸易和劳动就业模块的研究和应用,但模型中仍然保留了集中决策的宏观经济运行机制的痕迹。如重要的投资分配是外生变量给定的;重要的价格指数也是外生变量给定的,而不是由总需求与总供给双方所决定的,因而对总需求与总供给的矛盾起不到平衡作用。

(4) 模型中的生产、消费和投资等几个模块相对简单,不能很好地描述我国经济结构的变化以及对经济发展的影响。

2. 模型的应用

在用模型分析经济问题之前，应讨论模型是否具有较好的检验结果。研究者对模型所包含的随机方程都做了相应的检验，基本上通过了统计检验和违背假设问题的检验。对模型总体进行检验可以采用样本期模拟检验、预测检验、关键路径检验和滚动预测最终检验等方法完成。在对模型作样本期模拟检验时发现，70%以上的主要内生变量的均方百分比误差在5%以内，说明该模型具有较高的模拟精度。但也有一些内生变量，如服务出口、总进口、服务进口、建筑业劳动力、企业储蓄等均方百分比误差超出了10%。

利用该模型可以对我国的宏观经济政策的有效性进行评价分析，为制定合适的经济政策提供决策依据。在进行政策评价时，首先要对外生变量的取值做合理的估计或根据政策需要选定；其次，将外生变量的取值代入模型，求得内生变量的估计值，用内生变量的估计值与实际值做比较，得出相应的评价结果。通过该模型可以分析外商直接投资增加、利率调整、汇率变动、社会消费变动、税收调整等对宏观经济发展指标的影响和变化趋势。

思考与练习题

1. 什么是宏观计量经济模型，如何认识宏观模型中的经济变量？

2. 宏观计量经济模型有哪些分类方法？

3. 什么是模型的导向问题，模型导向是由哪些因素决定的，模型导向的类型有哪些？

4. 为什么发展中国家的模型一般以供给为导向？如何理解我国宏观模型的导向问题。

5. 国民经济系统与宏观计量经济模型之间的关系是什么？

6. 建立宏观计量经济模型的基本理论依据有哪些？

7. 什么是模型的外生性程度，影响外生性程度的因素有哪些，外生性程度高的优缺点是什么？

8. 试述宏观计量经济模型的建立过程。

9. 以国民经济主要指标为内生变量，设计我国宏观计量经济模型的总体结构框图，建立一个包含8个主要经济指标的完备的理论模型，并且保证模型具有可识别性。主要经济指标包括：国内生产总值、财政收入、居民收入、企业收入、最终消费总额、资本形成总额、全社会固定资产原值、全社会就业人数。

10. 用于经济预测、结构分析、政策评价的宏观计量模型通常应具备什么特点？

11. 简单的凯恩斯收入决定模型如下：

$$\begin{cases} Y = C + I + G + (EX - IM) \\ C = 30 + 0.8(Y - T + TR) \\ I = 50 + 0.1Y \\ T = -20 + 0.2Y \\ IM = 25 + 0.01Y \end{cases}$$

模型中，Y 为国民收入；C 为消费支出；I 为投资支出；T 为税收；G 为政府购买；$EX-IM$ 为出口减去进口，即净出口；TR 为转移支付。

(1) 该模型反映了几部门经济的运行，模型的导向类型是哪一种？

(2) 模型中哪些是内生变量，哪些为外生变量？

(3) 模型的识别情况如何？

(4) 若给定 $G=100$，$EX=40$，$TR=100$，均衡的国民收入、消费、投资、税收和进口各为多少？

(5) 利用该模型计算投资乘数。

附录　统计分布表

附表 1　标准正态分布表

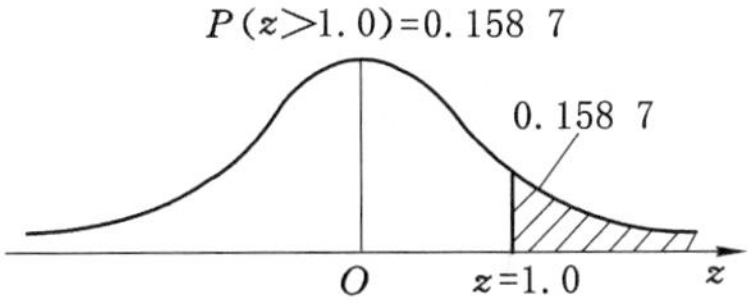

z	0.00	0.01	0.02	0.03	0.04	0.05	0.06	0.07	0.08	0.09
0.0	0.500 0	0.496 0	0.492 0	0.488 0	0.484 0	0.480 1	0.476 1	0.472 1	0.468 1	0.464 1
0.1	0.460 2	0.456 2	0.452 2	0.448 3	0.444 3	0.440 4	0.436 4	0.432 5	0.428 6	0.424 7
0.2	0.420 7	0.416 8	0.412 9	0.409 0	0.405 2	0.401 3	0.397 4	0.393 6	0.389 7	0.385 9
0.3	0.382 1	0.378 3	0.374 5	0.370 7	0.366 9	0.363 2	0.359 4	0.355 7	0.352 0	0.348 3
0.4	0.344 6	0.340 9	0.337 2	0.333 6	0.330 0	0.326 4	0.322 8	0.319 2	0.315 6	0.312 1
0.5	0.308 5	0.305 0	0.301 5	0.298 1	0.294 6	0.291 2	0.287 7	0.284 3	0.281 0	0.277 6
0.6	0.274 3	0.270 9	0.267 6	0.264 3	0.261 1	0.257 8	0.254 6	0.251 4	0.248 3	0.245 1
0.7	0.242 0	0.200 9	0.235 8	0.232 7	0.229 6	0.226 6	0.223 6	0.220 6	0.217 7	0.214 8
0.8	0.211 9	0.209 0	0.206 1	0.203 3	0.200 5	0.197 7	0.194 9	0.192 2	0.189 4	0.186 7
0.9	0.181 4	0.181 4	0.178 8	0.176 2	0.173 6	0.171 1	0.168 5	0.166 0	0.163 5	0.161 1
1.0	0.158 7	0.156 2	0.153 9	0.151 5	0.149 2	0.146 9	0.144 6	0.142 3	0.140 1	0.137 9
1.1	0.135 7	0.133 5	0.131 4	0.129 2	0.127 1	0.125 1	0.123 0	0.121 0	0.1190	0.117 0
1.2	0.115 1	0.113 1	0.111 2	0.109 3	0.107 5	0.105 6	0.103 8	0.102 0	0.100 3	0.098 5
1.3	0.096 8	0.095 1	0.093 4	0.091 8	0.090 1	0.088 5	0.086 9	0.085 3	0.083 8	0.082 3
1.4	0.080 8	0.079 3	0.077 8	0.076 4	0.074 9	0.073 5	0.072 1	0.070 8	0.069 4	0.068 1
1.5	0.066 8	0.065 5	0.064 3	0.063 0	0.061 8	0.060 6	0.059 4	0.058 2	0.057 1	0.055 9
1.6	0.054 8	0.053 7	0.052 6	0.051 6	0.050 5	0.049 5	0.048 5	0.047 5	0.046 5	0.045 5
1.7	0.046 6	0.043 6	0.042 7	0.041 8	0.040 9	0.040 1	0.039 2	0.038 4	0.037 5	0.036 7
1.8	0.035 9	0.035 1	0.034 4	0.036 6	0.032 9	0.032 2	0.031 4	0.030 7	0.030 1	0.029 4
1.9	0.028 7	0.028 1	0.027 4	0.026 8	0.026 2	0.025 6	0.025 0	0.024 4	0.023 9	0.023 3
2.0	0.022 8	0.022 2	0.021 7	0.021 2	0.020 7	0.020 2	0.019 7	0.019 2	0.018 8	0.018 3
2.1	0.017 9	0.017 4	0.017 0	0.016 6	0.016 2	0.015 8	0.015 4	0.015 0	0.014 6	0.014 3
2.2	0.013 9	0.013 6	0.013 2	0.012 9	0.012 5	0.012 2	0.011 9	0.011 6	0.011 3	0.011 0
2.3	0.010 7	0.010 4	0.010 2	0.009 9	0.009 6	0.009 4	0.009 1	0.008 9	0.008 7	0.008 4
2.4	0.008 2	0.008 0	0.007 8	0.007 5	0.007 3	0.007 1	0.006 9	0.006 8	0.006 6	0.006 4
2.5	0.006 2	0.006 0	0.005 9	0.005 7	0.005 5	0.005 4	0.005 2	0.005 1	0.004 9	0.004 8
2.6	0.004 7	0.004 5	0.004 4	0.004 3	0.004 1	0.004 0	0.003 9	0.003 8	0.003 7	0.003 6
2.7	0.003 5	0.003 4	0.003 3	0.003 2	0.003 1	0.003 0	0.002 9	0.002 8	0.002 7	0.002 6
2.8	0.002 6	0.002 5	0.002 4	0.002 3	0.002 3	0.002 2	0.002 1	0.002 1	0.002 0	0.001 9
2.9	0.001 9	0.001 8	0.001 8	0.001 7	0.001 6	0.001 6	0.001 5	0.001 5	0.001 4	0.001 4
3.0	0.001 3	0.001 3	0.001 3	0.001 2	0.001 2	0.001 1	0.001 1	0.001 1	0.001 0	0.001 0

附表 2 χ^2 分布表

例：对于自由度 $v=10$，$P(\chi^2>15.99)=0.10$

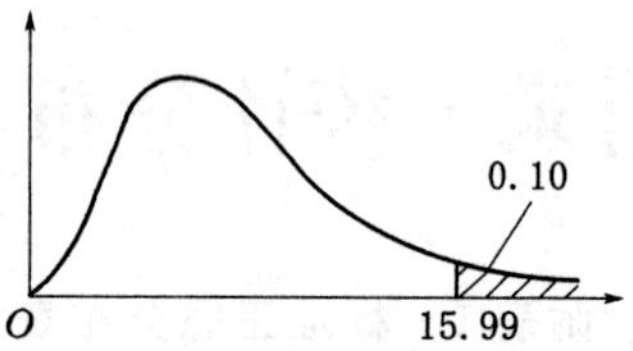

v \ α	0.99	0.975	0.95	0.90	0.75	0.50	0.25	0.10	0.05	0.025	0.01	0.005
1	$0.0^3 157$	$0.0^3 982$	$0.0^2 393$	0.015 8	0.102	0.455	1.323	2.71	3.84	5.02	6.63	7.88
2	0.020 1	0.050 6	0.103	0.211	0.575	1.386	2.77	4.61	5.99	7.38	9.21	10.60
3	0.115	0.216	0.352	0.584	1.213	2.37	4.11	6.25	7.81	9.35	11.34	12.84
4	0.297	0.484	0.711	1.064	1.923	3.36	5.39	7.78	9.49	11.14	13.28	14.86
5	0.554	0.831	1.145	1.610	2.67	4.35	6.63	9.24	11.07	12.83	15.09	16.75
6	0.872	1.237	1.635	2.20	3.45	5.35	7.84	10.64	12.59	14.45	16.81	18.55
7	1.239	1.690	2.17	2.83	4.25	6.35	9.04	12.02	14.07	16.01	18.48	20.3
8	1.646	2.18	2.73	3.49	5.07	7.34	10.22	13.36	15.51	17.53	20.1	22.0
9	2.09	2.70	3.33	4.17	5.90	8.34	11.39	14.68	16.92	19.02	21.7	23.6
10	2.56	3.25	3.94	4.87	6.74	9.34	12.55	15.99	18.31	20.5	23.2	25.2
11	3.05	3.82	4.57	5.58	7.58	10.34	13.70	17.28	19.68	21.9	24.7	26.8
12	3.57	4.40	5.23	6.30	8.44	11.34	11.85	18.55	21.0	23.3	26.2	28.3
13	4.11	5.01	5.89	7.04	9.30	12.34	15.98	10.81	22.4	24.7	27.7	29.8
14	4.66	5.63	6.57	7.79	10.17	13.34	17.12	21.1	23.7	26.1	29.1	31.3
15	5.23	6.26	7.26	8.55	11.04	14.34	18.25	22.3	25.0	27.5	30.6	32.8
16	5.81	6.91	7.96	9.31	11.91	15.34	19.37	23.5	26.3	28.8	32.0	34.3
17	6.41	7.56	8.67	10.09	12.79	16.34	20.5	24.8	27.6	30.2	33.4	35.7
18	7.01	8.23	9.39	10.86	13.68	17.34	21.6	26.0	28.9	31.5	34.8	37.2
19	7.63	8.91	10.12	11.65	14.56	18.34	22.7	27.2	30.1	32.9	36.2	38.6
20	8.26	9.59	10.85	12.44	15.455	19.34	23.8	28.4	31.4	34.2	37.6	40.0
21	8.90	10.28	11.59	13.24	16.34	20.3	24.9	29.6	32.7	35.5	38.9	41.4
22	9.54	10.98	12.34	14.04	17.24	21.3	26.0	30.8	33.9	36.8	40.3	42.8
23	10.20	11.69	13.09	14.85	18.14	22.3	27.1	32.0	35.2	38.1	41.6	44.2
24	10.86	12.40	13.85	15.66	19.04	23.3	28.2	33.2	36.4	39.4	43.0	45.6
25	11.52	13.12	14.61	16.47	19.94	24.3	29.3	34.4	37.7	40.6	44.3	46.9
26	12.20	13.84	15.38	17.29	20.8	25.3	30.4	35.6	38.9	41.9	45.6	48.3
27	12.88	14.57	16.15	18.11	21.7	26.3	31.5	36.7	40.1	43.2	47.0	49.6
28	13.56	15.31	16.93	18.94	22.7	27.3	32.6	37.9	41.3	44.5	48.3	51.0
29	14.26	16.05	17.71	19.77	23.6	28.3	33.7	39.1	42.6	45.7	49.6	52.3
30	14.95	16.79	18.49	20.6	24.5	29.3	34.8	40.3	43.8	47.0	50.9	53.7

附表 3　t 分布表

例：自由度 $v=10$，$P(t>1.812)=0.05$，$P(t<-1.812)=0.05$

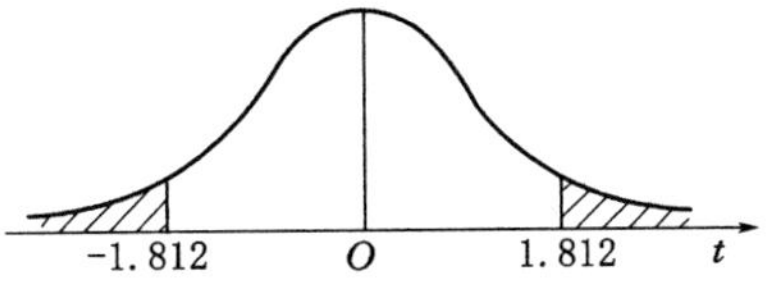

v \ α	0.25	0.20	0.15	0.10	0.05	0.025	0.01	0.005	0.000 5
1	1.000	1.376	1.963	3.078	6.314	12.706	31.821	63.657	636.619
2	0.816	1.061	1.386	1.886	2.920	4.303	6.965	9.925	31.598
3	0.765	0.978	1.250	1.638	2.353	3.182	4.541	5.841	12.941
4	0.741	0.941	1.190	1.533	2.132	2.776	3.747	4.604	8.610
5	0.727	0.920	1.156	1.476	2.015	2.571	3.365	4.032	6.859
6	0.718	0.906	1.134	1.440	1.943	2.447	3.143	3.707	5.959
7	0.711	0.896	1.119	1.415	1.895	2.365	2.998	3.499	5.405
8	0.706	0.889	1.108	1.397	1.860	2.306	2.896	3.355	5.041
9	0.703	0.883	1.100	1.383	1.833	2.262	2.821	3.250	4.781
10	0.700	0.879	1.093	1.372	1.812	2.228	2.764	3.169	4.587
11	0.697	0.876	1.088	1.363	1.796	2.201	2.718	3.106	4.437
12	0.695	0.873	1.083	1.356	1.782	2.179	2.681	3.055	4.318
13	0.694	0.870	1.079	1.350	1.771	2.160	2.650	3.012	4.221
14	0.692	0.868	1.076	1.345	1.761	2.145	2.624	2.977	4.140
15	0.691	0.866	1.074	1.341	1.753	2.131	2.602	2.947	4.073
16	0.690	0.865	1.071	1.337	1.746	2.120	2.583	2.921	4.015
17	0.689	0.863	1.069	1.333	1.740	2.110	2.567	2.898	3.965
18	0.688	0.862	1.067	1.330	1.734	2.101	2.552	2.878	3.922
19	0.688	0.861	1.066	1.328	1.729	2.093	2.539	2.861	3.883
20	0.687	0.860	1.064	1.325	1.725	2.086	2.528	2.845	3.850
21	0.686	0.859	1.063	1.323	1.721	2.080	2.518	2.831	3.819
22	0.686	0.858	1.061	1.321	1.717	2.074	2.508	2.819	3.792
23	0.685	0.858	1.060	1.319	1.714	2.069	2.500	2.807	3.767
24	0.685	0.857	1.059	1.318	1.711	2.064	2.492	2.397	3.745
25	0.684	0.856	1.058	1.316	1.708	2.060	2.485	2.787	3.725
26	0.684	0.856	1.058	1.315	1.706	2.056	2.479	2.779	3.707
27	0.684	0.855	1.057	1.314	1.703	2.052	2.473	2.771	3.690
28	0.683	0.855	1.056	1.313	1.701	2.048	2.467	2.763	3.674
29	0.683	0.854	1.055	1.311	1.699	2.045	2.462	2.756	3.659
30	0.683	0.854	1.055	1.310	1.697	2.042	2.457	2.750	3.646
40	0.681	0.851	1.050	1.303	1.684	2.021	2.423	2.704	3.551
60	0.679	0.848	1.046	1.296	1.671	2.000	2.390	2.660	3.460
120	0.677	0.845	1.041	1.289	1.658	1.980	2.358	2.617	3.373
∞	0.674	0.842	1.036	1.282	1.645	1.960	2.326	2.576	3.291

附表4　*F*分布表

例：自由度 $v_1=5$，$v_2=10$，$P(F>3.33)=0.05$，$P(F>5.64)=0.01$。

注：表中下面的数字为1%的显著性水平，上面的数字为5%的显著性水平。

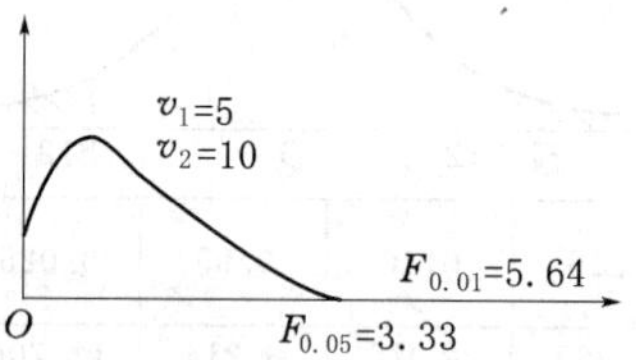

v_2 \ v_1	1	2	3	4	5	6	7	8	9	10	11	12
1	161 4 052	200 4 999	216 5 403	225 5 625	230 5 764	234 5 859	237 5 928	239 5 982	241 6 022	242 6 056	243 6 082	244 6 106
2	18.51 98.49	19.00 99.00	19.16 99.17	19.25 99.25	19.30 99.30	19.33 99.33	19.36 99.34	19.37 99.36	19.38 99.38	19.39 99.40	19.40 99.41	19.41 99.42
3	10.13 34.12	9.55 30.82	9.28 29.46	9.12 28.71	9.01 28.24	8.94 27.91	8.88 27.67	8.84 27.49	8.81 27.34	8.78 27.23	8.76 27.13	8.74 27.05
4	7.71 21.20	6.94 18.00	6.59 16.69	6.39 15.98	6.26 15.52	6.16 15.21	6.09 14.98	6.04 14.80	6.00 14.66	5.96 14.54	5.93 14.45	5.91 14.37
5	6.61 16.26	5.79 13.27	5.41 12.06	5.19 11.39	5.05 10.97	4.95 10.67	4.88 10.45	4.82 10.27	4.78 20.15	4.74 10.05	4.70 9.96	4.68 9.89
6	5.99 13.74	5.14 10.92	4.76 9.78	4.53 9.15	4.39 8.75	4.28 8.47	4.21 8.25	4.15 8.10	4.10 7.98	4.06 7.87	4.13 7.79	4.00 7.72
7	5.59 12.25	4.74 9.55	4.35 8.45	4.12 7.85	3.97 7.46	3.87 7.19	3.79 7.00	3.73 6.84	3.68 6.71	3.63 6.62	3.60 6.54	3.57 6.47
8	5.32 11.26	4.46 8.65	4.07 7.59	3.84 7.01	3.69 6.63	3.58 6.37	3.50 6.19	3.44 6.03	3.39 5.91	3.34 5.82	3.31 5.74	3.28 5.67
9	5.12 10.56	4.26 8.02	3.86 6.99	3.63 6.42	3.48 6.06	3.37 5.80	3.29 5.62	3.23 5.47	3.18 5.35	3.13 5.26	3.10 5.18	3.07 5.11
10	4.96 10.04	4.10 7.56	3.71 6.55	3.48 5.99	3.33 5.64	3.22 5.39	3.14 5.21	3.07 5.06	3.02 4.95	2.97 4.85	2.94 4.73	2.91 4.71
11	4.84 9.65	3.98 7.20	3.59 6.22	3.36 5.67	3.20 5.32	3.09 5.07	3.01 4.88	2.95 4.74	2.90 4.63	2.86 4.54	2.82 4.46	2.79 4.40
12	4.75 9.33	3.88 6.93	3.49 5.95	3.26 5.41	3.11 5.06	3.00 4.82	2.92 4.65	2.85 4.50	2.80 4.39	2.76 4.30	2.72 4.22	2.69 4.16
13	4.67 9.07	3.80 6.70	3.41 5.74	3.18 5.20	3.02 4.86	2.92 4.62	2.84 4.44	2.77 4.30	2.72 4.19	2.67 4.10	2.63 4.02	2.60 3.96
14	4.60 8.86	3.74 6.51	3.34 5.56	3.11 5.03	2.96 4.69	2.85 4.46	2.77 4.28	2.70 4.14	2.65 4.03	2.60 3.94	2.56 3.86	2.53 3.80

（表头：v_1 为分子自由度，v_2 为分母自由度）

附表 4(续)

v_2 \ v_1	分子自由度											
	1	2	3	4	5	6	7	8	9	10	11	12
分母自由度 15	4.54	3.68	3.29	3.06	2.90	2.79	2.70	2.64	2.59	2.55	2.51	2.48
	8.68	6.36	5.42	4.89	4.56	4.32	4.14	4.00	3.89	3.80	3.73	3.67
16	4.49	3.63	3.24	3.01	2.85	2.74	2.66	2.59	2.54	2.49	2.45	2.42
	8.53	6.23	5.29	4.77	4.44	4.20	4.03	3.89	3.78	3.69	3.61	3.55
17	4.45	3.59	3.20	2.96	2.81	2.70	2.62	2.55	2.50	2.45	2.41	2.38
	8.40	6.11	5.18	4.67	4.34	4.10	3.93	3.79	3.68	3.59	3.52	3.45
18	4.41	3.55	3.16	2.93	2.77	2.66	2.58	2.51	2.46	2.41	2.37	2.34
	8.28	6.01	5.09	4.58	4.25	4.01	3.85	3.71	3.60	3.51	3.44	3.37
19	4.38	3.52	3.13	2.90	2.74	2.63	2.55	2.48	2.43	2.38	2.34	2.31
	8.18	5.93	5.01	4.50	4.17	3.94	3.77	3.63	3.52	3.43	3.36	3.30
20	4.35	3.49	3.10	2.87	2.71	2.60	2.52	2.45	2.40	2.35	2.31	2.28
	8.10	5.85	4.94	4.43	4.10	3.87	3.71	3.56	3.45	3.37	3.30	3.23
21	4.32	3.47	3.07	2.84	2.68	2.57	2.49	2.42	2.37	2.32	2.28	2.25
	8.02	5.78	4.87	4.37	4.04	3.81	3.65	3.51	3.40	3.31	3.24	3.17
22	4.30	3.44	3.05	2.82	2.66	2.55	2.47	2.40	2.35	2.30	2.26	2.23
	7.94	5.72	4.82	4.31	3.99	3.76	3.59	3.45	3.35	3.26	3.18	3.12
23	4.28	3.42	3.03	2.80	2.64	2.53	2.45	2.38	2.32	2.28	2.24	2.20
	7.88	5.66	4.76	4.26	3.94	3.71	3.54	3.41	3.30	3.21	3.14	3.07
24	4.26	3.40	3.01	2.78	2.62	2.51	2.43	2.36	2.30	2.26	2.22	2.18
	7.82	55.61	4.72	4.22	3.90	3.67	3.50	3.36	3.25	3.17	3.09	3.03
25	4.24	3.38	2.99	2.76	2.60	2.49	2.41	2.34	2.28	2.24	2.20	2.16
	7.77	5.57	4.68	4.18	3.86	3.63	3.46	3.32	3.21	3.13	3.05	2.99
26	4.22	3.37	2.98	2.74	2.59	2.47	2.39	2.32	2.27	2.22	2.18	2.15
	7.72	5.53	4.64	4.14	3.82	3.59	3.42	3.29	3.17	3.09	3.02	2.96
27	4.21	3.35	2.96	2.73	2.57	2.46	2.37	2.30	2.25	2.20	2.16	2.13
	7.68	5.49	4.60	4.11	3.79	3.56	3.39	3.26	3.14	3.06	2.98	2.93
28	4.20	3.34	2.95	2.71	2.56	2.44	2.36	2.29	2.24	2.19	2.15	2.12
	7.64	5.45	4.57	4.07	3.76	3.53	3.36	3.23	3.11	3.03	2.95	2.90
29	4.18	3.33	3.93	2.70	2.54	2.43	2.35	2.28	2.22	2.18	2.14	2.10
	7.60	5.42	4.54	4.04	3.73	3.50	3.33	3.20	3.08	3.00	2.92	2.87
30	4.17	3.32	2.92	2.69	2.53	2.42	2.34	2.27	2.21	2.16	2.12	2.09
	7.56	5.39	4.51	4.02	3.70	3.47	3.30	3.17	3.06	2.98	2.90	2.84
32	4.15	3.30	2.90	2.67	2.51	2.40	2.32	2.25	2.19	2.14	2.10	2.07
	7.50	5.34	4.46	3.97	3.66	3.42	3.25	3.12	3.01	2.94	2.86	2.80
34	4.13	3.28	2.88	2.65	2.49	2.38	2.30	2.23	2.17	2.12	2.08	2.50
	7.44	5.29	4.42	3.93	6.61	3.38	3.21	3.08	2.97	2.89	2.82	2.76
36	4.11	3.26	2.86	2.63	2.48	2.36	2.28	2.21	2.15	2.10	2.06	2.03
	7.39	5.25	4.38	3.89	3.58	3.35	3.18	3.04	2.94	2.86	2.78	2.72
38	4.10	3.25	2.85	2.62	2.46	2.35	2.26	2.19	2.14	2.09	2.05	2.02
	7.35	5.21	4.34	3.86	3.54	3.32	3.15	3.02	2.91	2.82	2.75	2.69

附表 5　DW 检验表

5％的上下界

n	$k=2$		$k=3$		$k=4$		$k=5$		$k=6$	
	d_L	d_U	d_L	d_U	d_L	d_U	d_L	d_U	d_L	d_U
15	1.08	1.36	0.95	1.54	0.82	1.75	0.69	1.97	0.56	2.21
16	1.10	1.37	0.98	1.54	0.86	1.73	0.74	1.93	0.62	2.15
17	1.13	1.38	1.02	1.54	0.90	1.71	0.78	1.90	0.67	2.10
18	1.16	1.39	1.05	1.53	0.93	1.69	0.82	1.87	0.71	2.06
19	1.18	1.40	1.08	1.53	0.97	1.68	0.86	1.85	0.75	2.02
20	1.20	1.41	1.10	1.54	1.00	1.68	0.90	1.83	0.79	1.99
21	1.22	1.42	1.13	1.54	1.03	1.67	0.93	1.81	0.83	1.96
22	1.24	1.43	1.15	1.54	1.05	1.66	0.96	1.80	0.86	1.94
23	1.26	1.44	1.17	1.54	1.08	1.66	0.99	1.79	0.90	1.92
24	1.27	1.45	1.19	1.55	1.10	1.66	1.01	1.78	0.93	1.90
25	1.29	1.45	1.21	1.55	1.12	1.66	1.04	1.77	0.95	1.89
26	1.30	1.46	1.22	1.55	1.14	1.65	1.06	1.76	0.98	1.88
27	1.32	1.47	1.24	1.56	1.16	1.65	1.08	1.76	1.01	1.86
28	1.33	1.48	1.26	1.56	1.18	1.65	1.10	1.75	1.03	1.85
29	1.34	1.48	1.27	1.56	1.20	1.65	1.12	1.74	1.05	1.84
30	1.35	1.49	1.28	1.57	1.21	1.65	1.14	1.74	1.07	1.83
31	1.36	1.50	1.30	1.57	1.23	1.65	1.16	1.74	1.09	1.83
32	1.37	1.50	1.31	1.57	1.24	1.65	1.18	1.73	1.11	1.82
33	1.38	1.51	1.32	1.58	1.26	1.65	1.19	1.73	1.13	1.81
34	1.39	1.51	1.33	1.58	1.27	1.65	1.21	1.73	1.15	1.81
35	1.40	1.52	1.34	1.58	1.28	1.65	1.22	1.73	1.16	1.80
36	1.41	1.52	1.35	1.59	1.29	1.65	1.24	1.73	1.18	1.80
37	1.42	1.53	1.36	1.59	1.31	1.66	1.25	1.72	1.19	1.80
38	1.43	1.54	1.37	1.59	1.32	1.66	1.26	1.72	1.21	1.79
39	1.43	1.54	1.38	1.60	1.33	1.66	1.27	1.72	1.22	1.79
40	1.44	1.54	1.39	1.60	1.34	1.66	1.29	1.72	1.23	1.79
45	1.48	1.57	1.43	1.62	1.38	1.67	1.34	1.72	1.29	1.78
50	1.50	1.59	1.46	1.63	1.42	1.67	1.38	1.72	1.34	1.77
55	1.53	1.60	1.49	1.64	1.45	1.68	1.41	1.72	1.38	1.77
60	1.55	1.62	1.51	1.65	1.48	1.69	1.44	1.73	1.41	1.77
65	1.57	1.63	1.54	1.66	1.50	1.70	1.47	1.73	1.44	1.77
70	1.58	1.64	1.55	1.67	1.52	1.70	1.49	1.74	1.46	1.77
75	1.60	1.65	1.57	1.68	1.54	1.71	1.51	1.74	1.49	1.77
80	1.61	1.66	1.59	1.69	1.56	1.72	1.53	1.74	1.51	1.77
85	1.62	1.67	1.60	1.70	1.57	1.72	1.55	1.75	1.52	1.77
90	1.63	1.68	1.61	1.70	1.59	1.73	1.57	1.75	1.54	1.78
95	1.64	1.69	1.62	1.71	1.60	1.73	1.58	1.75	1.56	1.78
100	1.65	1.69	1.63	1.72	1.61	1.74	1.59	1.76	1.57	1.78